WIZARD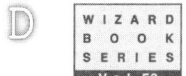

ターナーの短期売買入門

3日から3週間で最大の利益を手にする法

Toni Turner
トニ・ターナー [著]
古河みつる [訳]

A Beginner's Guide to

Short-Term Trading

: How to Maximize Profits in 3 Days to 3 Weeks

訳者まえがき

　本書は、トニ・ターナー女史による『A Beginner's Guide to Short-term Tranding』の翻訳です。日本生まれのローソク足を欧米に紹介したスティーブ・ナイソンが序文を寄せていることからも想像できるように、短期トレーディングの手法や考え方を、ローソク足チャートの分析を中心に説明しています。

　とはいっても、チャート分析のためのチャート分析ではなく、ごく基本的な幾つかのパターンを例に、株価パターンからマーケット参加者たちの心理を読み解くことによって、参加者たちのコンセンサスである相場の行方を探り、ファンダメンタルズ分析と絡ませて、どのようにすれば儲けることができるかを具体的に解き明かしてくれます。

　著者のスタンスを一言で言えば「バランス」かもしれません。テクニカル分析とファンダメンタルズ分析、そしてトレーディングとトレーディング以外の生活とのバランスです。

　本書でも紹介されている本間宗久は、ローソク足（テクニカル）を考案して米相場で百戦連勝し、巨万の富を築いたことで知られていますが、本間家は豪農であり、米の収穫・出荷などの実体的な情報（ファンダメンタルズ）にも通じていたと言われています。

　「月指す指は月にあらず」という言葉があります。「あれが月だよ」と指で指し示されたとき、その指自体が月だと勘違いしてしまいがちだということです。テクニカル分析を食わず嫌いしている方も多いと思いますが、本書で新しい視点を提供することができれば幸いです。

2003年芳春

古河みつる

A Beginner's Guide to Short-Term Trading : How to Maximize Profits in 3 Days to 3 Weeks by Toni Turner

copyright © 2002 by Toni Turner
All rights reserved.

Japanese translation rights arranged with Toni Turner through Amer-Asia Books,
via Japan UNI Agency, Inc., Tokyo.

本書を全世界におられる私の「生徒」の皆様にささげます。あなたは私の師であり、私の友人です。皆様の絶えることのないご支持、激励、笑い声、そしてインスピレーションに感謝します。

CONTENTS

目次

訳者まえがき ─────────────────────────── 1
謝辞 ──────────────────────────────── 13
序文　スティーブ・ナイソン ─────────────── 15

はじめに ─────────────────────────── 17
 アメリカが恋のとりこに ───────────────── 17
 ロマンスはこうして始まった ───────────── 18
 インターネットがキューピット役 ─────────── 18
 デイトレーダーの台頭 ────────────────── 19
 株式市場とのかかわり ────────────────── 20
 本書を書いた理由 ──────────────────── 21
 戦略の概要 ───────────────────────── 22
 成功するために必要なもの ─────────────── 23
 短期トレーディング──まずはグッドニュースから ── 23
 次にバッドニュース ────────────────── 24
 旅路…… ───────────────────────── 26
 さあ腹を決めよう！ ────────────────── 26
 ジェシー・リバモアを紹介します…… ──────── 28

第1章　ウォール街──地上最大のゲーム ─── 29
 すべてここから始まった ───────────────── 29
 混沌から秩序へ──1929年の大暴落 ─────────── 32
 1987年の大暴落──さらなる混乱と秩序 ───────── 33
 ニューヨーク証券取引所──その仕組み ───────── 34
 ナスダック証券市場──その仕組み ─────────── 37
 アメリカン証券取引所──その仕組み ───────── 38
 指数を解剖する ──────────────────── 39
 ウォール街は動物園──雄牛と熊に羊や豚まで ──── 41

CONTENTS

市場(にかぎらず、この世の中のほとんど)を支配する2つの感情 ——— 42
需要と供給 ——— 45
理解度チェック ——— 50
「センターポイント」とは？ ——— 52
センターポイント ——— 53
　　あなたは……黄金の仏陀 ——— 53

第2章　スタートを切る前に──態勢を整えよう ——— 55
ビジネスプランを立てる ——— 55
充てられる時間は？ ——— 56
最も重要な決断──資金 ——— 57
簡単な資産配分プラン ——— 59
オフィス機器の選択と買い替え ——— 59
ブローカーを選択する ——— 61
手数料の迷路 ——— 69
スリッページ──とは何か ——— 71
信用取引口座──その仕組み ——— 72
ゴールを持つことが必要 ——— 73
理解度チェック ——— 77
センターポイント ——— 79
　　夢をゴールに変える決意 ——— 79

第3章　成功をもたらす発想を身につける ——— 81
マーケットは機械ではない ——— 82
マーケットは常に正しい ——— 83
自分の感情と向き合う──深く、集中して ——— 86
成功をもたらす発想──脳みそを鍛える ——— 87
最終成果──どんなものか ——— 93

責任感と敬意——出かけるときは忘れずに ─────── 94
　　自尊心と正当性 ─────────────────── 95
　　理解度チェック ─────────────────── 97
　　センターポイント ────────────────── 98
　　　自分の環をもっと大きくする ─────────── 98

第4章　マーケットの読み方〈その1〉
——エネルギーを生み出す原動力 ─────── **101**
　　最終責任は自分が取る ──────────────── 101
　　ファンダメンタル分析とテクニカル分析——綱引き ─── 102
　　ファンダメンタル分析——手っ取り早くしかも充実した情報源 ── 104
　　IBD独自の企業格付け ─────────────── 105
　　その他の情報源——CNBC、CNN、ブルームバーグ ── 107
　　ぜひアクセスしたいウエブサイト ────────── 108
　　雑誌 ──────────────────────── 113
　　理解度チェック ─────────────────── 114
　　センターポイント ────────────────── 115
　　　人生に衝動を招き入れる ──────────── 115

第5章　マーケットの読み方〈その2〉
——儲けをもたらす基本的なチャートテクニック ── **117**
　　サイクル——世界のオペレーティングシステム ───── 117
　　ステージ分析を始めよう ───────────── 119
　　ステージごとに異なる対応が必要 ────────── 123
　　サイクルを構成するその他の要素 ────────── 125
　　サポートとレジスタンス、あるいは作用と反作用 ─── 129
　　クイズ ─────────────────────── 138
　　解答 ─────────────────────── 139

CONTENTS

　センターポイント————————————————————140
　　成功をもたらす発想をはぐくむ————————————140

第6章　チャート分析入門————————————————143
　チャートの基本——ラインチャートとバーチャート———145
　ローソク足チャートの基本————————————————147
　クイズ——————————————————————————166
　解答——————————————————————————167
　センターポイント————————————————————168
　　自分の可能性を最大限に引き出す————————————168

第7章　チャート分析の詳細——パズルの断片————171
　あなたのフレンド、上昇トレンドの構造————————171
　買いシグナル——何に着目するか————————————175
　上昇トレンドラインの描き方——————————————180
　レンジ内取引、コンジェスチョン、コンソリデーション——182
　下降トレンドの構造——————————————————192
　売りシグナルの概要——何に着目するか————————193
　下降トレンドラインの描き方——————————————198
　クイズ——————————————————————————200
　解答——————————————————————————201
　センターポイント————————————————————202
　　共時性の力——————————————————————202

第8章　パズルの断片をつなぎ合わせる————————205
　出来高——きわめて重要な指標—————————————206
　移動平均——とは何で、どう使うか———————————214
　クイズ——————————————————————————223

  解答 —————————————————————— 224
  センターポイント ———————————————— 225
   思いが「もの」になる ————————————— 225

第9章　ベルとホイッスル——指標とオシレーター —— 227
  オシレーター——とは何か ———————————— 227
  RSI——とは何で、どう使うか —————————— 228
  ストキャスティックオシレーター——とは何で、どう使うか — 232
  MACD——とは何で、どう機能するか ——————— 234
  OBV——とは何で、どう読むか ————————— 237
  ボリンジャーバンド——とは何で、どう読むか ———— 240
  フィボナッチリトレイスメント——とは何で、どう読むか — 242
  ギャップ——トレーダーのブラックホール —————— 245
  クイズ ——————————————————— 253
  解答 —————————————————————— 255
  センターポイント ———————————————— 257
   あなたはすでに完璧だ！ ———————————— 257

第10章　いよいよショータイムだ！ ————————— 259
  継続パターンと反転パターン——とは何か —————— 260
  反転パターン——その形状 ———————————— 264
  トレンドのない相場では反転パターンで仕掛ける ——— 279
  いよいよ勝負だ！ ———————————————— 281
  大局的なダイナミックス ————————————— 281
  先行産業の先行株を選ぶ ————————————— 282
  ファンダメンタルズを調べる ———————————— 284
  現在、産業セクターが強気 ———————————— 285
  各種指標——すべての条件がゴーサイン！ —————— 286

CONTENTS

- 例外はあり？ ——— 287
- トリガーを引く準備をしよう——買い場 ——— 287
- 買いトリガーリスト ——— 288
- クイズ ——— 290
- 解答 ——— 291
- センターポイント ——— 293
  - 許すことに目覚めよう ——— 293

第11章 真価が問われる場 ——マネーマネジメント・テクニック ——— 295

- トレードのプランを立て、そのプランに従ってトレードする ——— 296
- パイを切り分ける ——— 298
- リスクリターン・レシオ——その意味と計算方法 ——— 299
- ストップロスを設定する場所 ——— 302
- それからどうするか？ ——— 306
- 日中の反転タイム——とは何で、どういう意味があるか ——— 309
- マーケットオーダー、リミットオーダー、その他 ——— 311
- 有事の際の対処法 ——— 314
- 結論 ——— 315
- クイズ ——— 316
- 解答 ——— 317
- センターポイント ——— 318
  - 与えることの循環 ——— 318

第12章 勝利をもたらす空売り戦略 ——— 321

- 空売りに対する抵抗感を克服する ——— 323
- 空売り——そのルール ——— 325
- 手順はこうなる ——— 326

空売りがうまくいく条件 ― 327
ファンダメンタルズ ― 何に着目するか ― 327
チャートのパターンとセットアップ ― 何に着目するか ― 329
空売りの指標 ― ブサイクなのがグッド！ ― 331
注文のタイミング ― 335
空売り戦略 ― 行き過ぎの株 ― 336
空売り戦略 ― 行き過ぎのダブルトップ ― 339
空売りトリガーリスト ― 343
空売りの秘訣 ― FAQ（よくある質問） ― 344
クイズ ― 347
解答 ― 348
センターポイント ― 350
　恐怖心を払いのけ、自分の光を輝かせよう ― 350

第13章　トレードの構造　353

ターゲットにする産業セクターを見つける ― 354
準備 ― 355
旅の日誌 ― 359
その後のストーリー…… ― 371
日中チャートを見てみる ― 373
センターポイント ― 377
　執着しない心が新しい可能性をもたらす ― 377

第14章　あなたはオッズの魔法使い　379

後ろに下がって大局を見る ― 379
「もし、なら／たら」発想法 ― 380
ブロードマーケットを分析する ― 382
トレーディング環境を評価する ― 383

CONTENTS

騰落ライン──マーケットを要約して伝えてくれるナレーター ── 385
経済指標や決算に要注意 ── 386
オプション行使期限日──はい、それまでよ〜！ ── 389
FOMCレポート ── 389
母なるマーケットのコントラリアン指標 ── 391
コンディションの変化に注目しておく ── 392
損失について一言 ── 394
自分に与える最高の贈り物──トレード日誌 ── 394
レベルⅡトレーディング──あなた向き？ ── 395
クイズ ── 400
解答 ── 401
センターポイント ── 402
 センターに戻ろう ── 402

トレード金融用語の解説 ── 405
オススメの本 ── 429

謝辞

　愛と忍耐から生まれた本があるとすれば、本書こそ、そうでしょう！

　本書執筆中、私の周りには激励とサポートを与えてくださる方がたくさんいてくれました。私は本当に恵まれていると思います。以下の皆さんに感謝します。

　まず、私の人生の光であり、親友でもある、娘のエイドリエンに。

　エージェントのデイドラ・ナイトに。ビジネスパートナーであり、友人でもあり、愛らしいタイラーの母親でもあり、物書きが得られる最高の盟友です。

　本書の企画から最終的な仕上げまで手伝ってくれた編集者のゲリー・クレブスに。驚嘆すべき忍耐を示してくれた編集助手のエリザベス・ギルバートに。ビジネス編集者のジル・アレキサンダーに。そして同様に忍耐強い、コピーチーフのローラ・マクラフリンに。

　いつもサポートとたくさんのハグをくれた、ハロルド・コーンハウスに。

　私がスランプ気味なときに、何よりも必要だった優しい励ましとともに、賢明な助言をくれた親友のダン・ギビー、デビッド・コーン、ビンス・ショーブに。

　師であり友人でもあるマーク・フラウマンに。そしてマイク・マックマホン、キャシー・ブラッド、ジェニファー・ペリエ、クロード・"OEX"・ステイプルス、クリス・ドーバーにも。

　私の素晴らしい友人たちである「ホット・ドッグス」とともに、私を動機付け、私の殻を破るように後押ししてくれた、テサーラックのデイル・タウンゼント博士に。

　毎日「トニ・オン・トレーディング」に集まってくれ、今では家族

同然の、私のインターネットグループに。
　さらに、本書の読者の皆様に感謝します。皆様に神の祝福がありますように！

序文

　トニと初めて会ったのは、僕がオンライン取引セミナーで講師を務めたときだ。彼女のほうから声をかけてくれた。トニは、ローソク足チャートが彼女にとっていかに大切であるかを話してくれた。僕は、瞬時に、彼女が知性が高く、知覚が鋭く、心が広く、おまけに趣味が素晴らしく良い女性であることが理解できた。いや、ひょっとしたら、あまりに褒められたのでひいき目に見てしまったかもしれない。

　冗談はさておき、正直に打ち明けると、僕が彼女に初めて会ったとき（それまでの僕のセミナーは金融機関だけを対象にしていたので）、一般向けのセミナーの世界について何も知らなかったのだ。彼女がどういう人で、どれだけ人気があるかということも知らなかった。

　だが、なぜだか、彼女の名前には聞き覚えがあった。その理由はすぐに分かった。僕は彼女の『ビギナーズ・ガイド・トゥ・デイ・トレーディング・オンライン（A Beginner's Guide to Day Trading Online）』というオンライントレーディングに関する本をその数カ月前に購入していたのだ。トニは、僕に本書の序文を依頼してくれた。彼女と知り合う前、あちこちの書店を回ってオンライントレーディングに関する良い本を探していたときに、結局たくさんの本のなかから選んだのが彼女の本だった。そのことをお伝えするのが、何よりもの推薦の言葉になると思う。

　僕がその本を選んだ理由は、本書を推薦するのと同じ理由だ。毎日のトレーディングにおける戦いを勝ち抜くために必要なツールや心理的な要素が完璧にまとめられているからだ。

　トニは本書で「私は、このビジネスを学ぶために試練の道を歩んできました。あなたは私の過ちから学ぶことによって、同じ過ちを避けることができます」と書いている。この言葉は、「道を求むれば、先

人に聞け」という日本の格言をほうふつさせる。オンライントレーディングで成功するための道先案内人として、トニは私が推奨できる最高のガイドだ。

　スティーブ・ナイソン（CANDLECHARTS.COMの社長）
　『ジャパニーズ・キャンドルスティック・チャーティング・テクニック（Japanese Candlestick Charting Techniques）』と『ビヨンド・キャンドルスティック（Beyond Candlesticks）』の著者

はじめに
Introduction

アメリカが恋のとりこに

　アメリカは、株式市場との恋のとりこになっています。それも、とてつもなく熱々の恋に！　もちろん、この恋にも盛衰があります。私たちの気持ちも、バラ色の期待から先行きに対する不安まで、大きく揺れ動きます。でも恋は恋なので、純粋で単純です！

　それにしても、私たちを誘惑するこの恋人は、なんと荒っぽく気まぐれな恋人でしょうか。この相手は、あるときは優しく思慮深く、あるときは意地悪で怒りっぽい。好材料をあたかも毒であるかのように扱ったり、悪材料を材料がまったくなかったかのように一蹴したりします。「インフレ」という言葉ひとつだけで、この恋人は絶望の底へ落ち込み、戦争のうわさだけで有頂天になります。乱暴で、横柄で、しとやかで、愛らしい。この恋人のご気分は、利己と寛大、敵意と慈悲、悲観と至福の間で目まぐるしく揺れ動きます。

　この恋人はあなたにプレゼントを贈ったでしょうか？　あるいは、あなたが与えようと思っていたより多くのものを奪い取ったでしょうか？　あなたの感謝も、ののしりも、同様に無視されます。この恋人は、あなたが泣くときに笑い、あなたが幸せそうにしていると薄ら笑

いを浮かべています。

　堪忍袋の緒がついに切れ、あなたが縁を切ろうとすると、この恋人はそのタイミングを待っていましたとばかりに、あなたが拒絶できないような甘い言葉をささやき、恋人の腕のなかに戻るように誘惑するのです。

ロマンスはこうして始まった

　アメリカが株式市場に夢中になったのは、この10年間にわたる「大強気相場」の始まりと時を同じくしています。この期間中、株式市場におけるリターン（収益率）は、債券や不動産など、ほかのほとんどの金融商品を上回っていました。

　ボラティリティの増大、つまり値動きの幅が大きいことが今日の特徴です。90年代の初頭から中ごろだったら、ダウ工業平均が100ポイント以上動いたら、私たちは仰天したでしょう。今日では、この伝統を誇る指数が100ポイント動くのは普通のことになっています。

　21世紀に入ってからも、大きな値動きを利用することを学んだ人たちは、がっちり儲けています。1日に何ポイントも上昇・急落する株もあるので、機転の利くプレーヤーたちは、押しで買い、戻しで売ることによって、上昇下降の両局面で儲ける方法に習熟しています。

インターネットがキューピット役

　インターネットの普及が、私たちを株式市場に夢中にさせることに大きく貢献しました。私たちアメリカ人は、あっという間に、テレビよりもパソコンの前で過ごす時間のほうが長くなりました。

　偉大なるウエブがグローバルコミュニケーションを一変させました。そのおかげで、自分自身で投資について検討し、行動できるようにな

りました。企業に関するアナリストレポートを郵送してもらうなど、ファイナンシャルアドバイザーに依存する必要はもうなくなりました。ノドから手が出るほど欲しかったあらゆる投資データが、指先ひとつの操作で手に入るのです。株式の調査レポート、詳細なニュース、ファンダメンタル情報、機関投資家の保有株、各種のランキングなどが、マウスクリックだけで自分のものになるのです。

自分のポートフォリオを自分でコントロールしようとする人が増えたことに対応し、証券会社は株式のオンライン取引サービスの提供を開始しました。私たちは自力で調査をするので、トレードするために多額の手数料を支払う気はありません。低額の手数料のディスカウントブローカーが登場し、多くの大手証券会社も追随しました。それでもフルサービスブローカーに気前よく払おうというトレーダーや投資家たちもいることはいますが、3桁の手数料はなくなりました。1996年に48ドルだった取引1回当たりの手数料は、今では平均で12ドルにまで下がっています。

本書執筆時点で、オンラインブローカーによって1800万件の口座が管理され、インターネットを介して毎日106万件の取引が処理されています。2003年にはオンライン口座の総数が倍増すると予測されています。電話経由ではなく、オンライン経由で注文されたリテール取引の割合は、1997年の17%から1999年には43%に伸びました。2000年末には50%を超えています。

デイトレーダーの台頭

90年代の終わりにかけて、小さなスプレッド（株の買値と売値の差額）、「株のフリーマーケット」のようなECN（電子取引ネットワーク）、取引所へダイレクトアクセスできる高度な発注システムに引かれ、マーケットに大量のデイトレーダーが現れました。なかには大儲

けしたトレーダーもいましたが、丸裸にされたトレーダーもいました。そういう野望を抱いた人たちは、一夜にして金持ちになれると確信し、知識も、規律も、経験もなしに、地球上で最も困難な闘技場に向こう見ずに飛び込んだのです。

その人たちは、「高値で買い、安値で売れ」と言い終わるよりも速く資金を失っているのです。

株式市場にとって、その人たちは飛んで火に入る夏の虫ようなものでした。マーケットは待ってましたとばかり、ニンマリと微笑みながら、その人たちを朝食としてのみ込んでしまったのです。おまけに、のみ込んだとたん、お金と自尊心だけを胃袋に残して、それ以外を吐き出してしまったのです。

幸いなことに、株式取引をもっと本格的にやろうと決意した私は、もう少しの慎重さと、はるかに多くの勉強をしながら取り組みました。私は訓練期間を生き延び、マーケットでコンスタントに儲けることができる、自立したトレーダーになることができたのです。

株式市場とのかかわり

私が投資を始めたのは30年以上前のことです。投資で生計を立てていくなら、株式ブローカーと同じぐらいの知識を身につけることが必要だと最初に心に決めました。ほとんどのブローカーには、私たちが自分でやるほど、あるいはやるべきほど、私たちのポートフォリオの面倒を見ている時間がないのです。

５年前、私は本格的にトレーディングに入りました。それから１年半、私は過ちを山ほど犯しました。マーケットは私を手荒く扱いました。徹底的に！

損をし続け、不安でいっぱいでしたが、あきらめませんでした。目がしょぼしょぼになるまでCNBCを見続けました。夜には、うとうと

して椅子から転げ落ちるまでチャート類をチェックしました。手に入るかぎりのトレーディングに関する本を読みました。ニューヨークを訪れ、私の師となったトップトレーダーのもとで勉強し、周囲の人たちを苛立たせるほどたくさんの質問をしました。いつしか、学習曲線をはい上がり、目標を達成しました。マーケットでコンスタントに儲け続ける方法を見つけたのです。

友人たちは、私が「火の試練」を乗り越えたことに安堵し、トレーディングを学びたい人たちに教えたらどうかと提案してくれました。私もそう思い、私のライターとしての経歴（14年間プロのライターをやっていました）と私のトレーディングのスキルを合体させて、『ビギナーズ・ガイド・トゥ・デイ・トレーディング・オンライン（A Beginner's Guide to Day Trading Online）』を書き上げました。2000年3月にアダムス・メディア社から出版されたこの本は、デイトレーディングの分野でベストセラーになりました。

現在、講演で聴衆に対して、私は株を「2分間から2年間」保有していると話しています。実際にそのようにしています。でも、私が気に入っている時間枠は、本書のテーマであるスイングトレーディングとポジショントレーディングをターゲットとしたものです。これら2つのトレーディングスタイルを適切に実践すれば、良いときにだけトレードし、調整局面には手を引いていることができます。

本書を書いた理由

本書でスイングトレーディングとポジショントレーディングと定義している短期トレーディングの諸原則を学べば、あなたも最小の時間とリスクで最大の利益を上げることができるようになります。

◆デイトレードをすれば、手早く儲けることができるでしょう。で

も、マーケットが開いている間中、パソコン画面に釘付けになっていなければなりません。それにはロケット科学者並みの集中力とラクダ並みの膀胱を持っていることが必要です。

◆「バイ・アンド・ホールド」という伝統的な投資スタンスは、その尊厳の多くを失っています。数少ない例外を除いて、アメリカ産業のアイドル的な銘柄を購入しておけば、子供の大学資金や退職後のフロリダの住宅購入に充てられると安心していられるような時代は過ぎ去ったのです。

◆適切に実践すれば、スイングトレーディング（2〜5日間の保有を想定）とポジショントレーディング（4〜8週間の保有を想定）と呼ばれるスタイルは、最小限のリスクで最大の利益をもたらすことができます。

戦略の概要

戦略はこうです。この惑星上の森羅万象と同様、株価の動きにはサイクル（周期）があります。後ほどさらに詳しく説明しますが、ここでは、ひとつのサイクルが4つのステージから構成されていることを覚えてください。

頭のなかでイメージしてください。谷間があって、そこから斜面を登ると山の頂上に着き、さらにその山を下ると、また別の谷間に降ります。次に、そのイメージに株価のパターンを重ねてください。株価は谷間でベーシングを形成し、それからブレイクして数週間から数カ月続く可能性のある上昇トレンド（山の斜面）を登っていきます。上昇トレンドの勢いが尽きると、短期間、株価は横ばい（山頂）に推移します。買い手がそれ以上の上値で買うことを拒むと、株価は「ロールオーバー」し、下降トレンドに移ります（山の反対側の斜面）。下降トレンドが終わると、前の谷間価格の近辺でそのサイクルが完了し、

新しいサイクルが始まります。

比較的短期なトレーダーである私たちの狙いは、株価の上昇トレンド（または下降トレンド）の真ん中、つまり「スイートスポット」をとらえることにあります。いつ買いに入り、いつ手仕舞いし、いつ手控えるかを学びます。これら原則はどんなトレーディングスタイルにも適用できるので、あなたがどんな時間枠でプレーするにしても役立つ大切な知識になります。

成功するために必要なもの

トレーディングのために用意する必要があるものといっても、特別なものはありません。皆さんはおそらくすでにほとんど持っているでしょう。最新型のパソコン（信頼性の高い高速インターネット接続を含む）とテレビを、オフィスか静かな部屋の一角に置きましょう。

おそらく、最も必要なことは、あなたの最も貴重な資源である「時間」を割かなければならないことです。世界で最もタフな「闘技場」でコンスタントに利益を上げ続ける方法を学ぶには、熱意と粘りが必要です。でも、それだけの価値はあります！

短期トレーディング──まずはグッドニュースから

あなたは何かの分野のプロであったり、企業家、退職者、学生、それとも主婦であるかもしれません。おそらく、株式市場を観察して、現在のようなボラティリティなら相当な利益を上げられると踏んでいることでしょう。フルタイムとパートタイムのどちらでトレードするつもりであっても、トレーディングは途方もない利益をもたらしてくれます。

トレーディングをフルタイムの仕事にすれば、働く時間、働く場所、

働くかどうかを選ぶことができます。パソコンがインターネットに接続されてさえいれば、どこからでもトレードできます。オフィス内の人間関係？　そんなものはありません。気難しい上司？　あなたが上司です！　バニーちゃんスリッパを履いて仕事がしたい？　どうぞ！　風邪をひいた？　毛布を頭までかぶって、好きなだけベッドで眠ってください。お金の余裕ができたので1週間休みたい？　思う存分楽しんでください！

　パートタイムでトレードしたければ、本業にしわ寄せがこないように努めながら、ゴージャスなお小遣いを稼いでください。

　慎重かつ賢明にトレードする方法を学べば、稼いだお金で夢を現実に変えることができるかもしれません。例えば、ずっと欲しかったヨット、山の別荘、お子さんの大学教育などです。

　一部の人たちには考えつかない利点もあります。適切に実践すれば、短期トレーディングのリスクは長期投資より低いのです。多くの伝統的なバイ・アンド・ホールダーたちは、弱気相場でも投資をそのままにしておき、資金がしぼんでいくのを歯ぎしりしながら見ているだけなのです。

　あなたは「フラット」にするとき、つまりポジションをすべて閉じるタイミングについて学ぶことになります。調整局面や弱気相場になったら、落ち着いてポジションを現金にするのです。そうすれば、再び強気の雄牛が支配し始めたとき、豊富な資金を持って買いに入ることができるのです。

次にバッドニュース

　株式市場は地球上で最も激烈な「闘技場」です。負ければ、捕虜ではなく容赦なく殺されます。食うか食われるかの世界であり、適者だけが生存できます。適切な知識や規律なしに飛び込む人は、たちまち

餌食になってしまうのが常です。

　このフィールドで戦うには、粘り強く一生懸命に勉強したいと思うことが必要です。爆弾の起爆装置並みの神経を身につけ、海兵隊の教練指導官並みの規律を養わなければなりません。

　短期トレーディングは、国債やマネーマーケットファンドなどの固定利付き商品に投資するよりリスクは高くなります。正直に言えば、あなたは損をすることもあるでしょう。特に最初のころは。ただし、損する額はあなたがコントロールできます。あなたは極端なリスク回避型ですか？　損をすると考えるだけで、胃薬が必要になりますか？　もしそうなら、別の投資法を選んだほうがいいでしょう。

　あなたは生まれながら規律のある人間ですか？　自分の感情をコントロールできますか？　あるいは、衝動のままに行動してしまうタチですか？　大儲けしているマーケットプレーヤーたちは、感情に流されず、冷たく鋭い目つきで、ロボットのようにトレードします。あなたはそういう態度を貫けますか？

　トレーディングの最初の一歩を踏み出すとき、「そのスピードが死を招く」という交通標語を思い出してください。亀のペースでマーケットに入り、小さな利益を稼ぎながら、ゲームのやり方を学びたいと思いますか？　賢明なトレーダーのように、観察し、自分の知識を適用し、次のステップを計画し、それからそのプランを忠実に守りながらそのステップを実行することができますか？　それが、プロたちが財布を太らせている方法です。あなたもその足跡をたどれば、同じように儲けることができるのです。

　短期トレーディングは、すべての人に適しているわけではありません。ですから、実際にお金を注ぎ込む前に、前述した各質問をよく考えてください。自己分析は必ずしも簡単なことではありませんが、自分自身のニーズに最も適した道を指し示してくれます。

旅路……

　本書では、地球上で最もエキサイティングな街、ウォール街の概要について説明します。それから、あなたのトレーディングビジネスの立ち上げ方についてお話しし、成功をもたらす市場心理について掘り下げ、ファンダメンタルとテクニカルの両分析方法について説明します。株価パターンの読み方、銘柄の選択法、プレーのやり方について学ぶことになります。また、マネーマネジメント・テクニックについても学ぶことになります。株を買うことは簡単ですが、難しいのは売り時です。ニュースやマーケットで繰り返し起こる出来事、それらの解釈方法についても説明します。何より重要なことですが、楽しみながら学んでいきましょう。

　私は友人同士のような話し方で話していきます。コーヒーを飲みながらおしゃべりする仲良しのように。あなたに保証します。本書の文章のひとつひとつが、私の心から発したものです。私は、このビジネスを学ぶために試練の道を歩んできました。あなたは私の過ちから学ぶことによって、同じ過ちを避けることができます。以降の部分で、マーケットの落とし穴を避け、知恵とコモンセンスを駆使して儲ける方法を学ぶことになります。本当です。私にできることなら、あなたにもできます。

さあ腹を決めよう！

　さて、紳士淑女の皆さん。ここが正念場です。あなたが短期トレーディングに適しているかどうか決断するときです。この決断を下せるのはあなただけです。

　繰り返しになりますが、時間とお金に関して、あなた自身による、あなた自身のための固い決意が必要になります。あなたが私と一緒に

この旅に出ることを決意したら、さあ出発しましょう。あなたの人生で最もエキサイティングな旅になりますから、しっかりとついて来てくださいね。

　では、グッドラック。そして、グッドトレーディング！

ジェシー・リバモアを紹介します……

　この業界で「バイブル」と目されている本があるとすれば、『欲望と幻想の市場』(東洋経済新報社)でしょう。1923年に出版されたこの本は、世紀の節目に活躍した伝説のトレーダー、ジェシー・リバモアの古典的な伝記です。

　著者のエドウィン・ルフェーブルは、数週間にわたってリバモアをインタビューしました。それから、リバモアをラリー・リビングストンという名前に変えて(訳者注　邦訳ではジェシー・リバモアのまま)、リバモアの考え方やトレードに関する回想をまとめた傑作を著しました。

　リバモアが騒々しいもぐりのブローカーでコモディティーと株式のトレードで財を成し、かつ失ってから70年以上たった今日でも、彼のものの見方には真実と正確さがあるように思えます。各章の先頭に彼の言葉を掲げました。それらをかみしめ、よく考え、あなたのトレーディングの参考にしてください。

第1章
ウォール街——地上最大のゲーム
Wall Street : The Greatest Game on Earth

そのゲームがおれにゲームについて教えてくれた。
————ジェシー・リバモア

　ウォール街と金融市場は、心臓麻痺を起こしかねないようなリスクを賭けて行われるグローバルなトーナメントです。そこには、全世界から人々がお金を夢に変えるために集ってきています。
　人間が取引をやめることはあるでしょうか？　おそらくないでしょう。賭ける資産が有形なものであれ無形なものであれ、トレーディングという行為は、私たちの魂そのものに本来的に備わっているように思えます。

すべてここから始まった

　人類のトレーディング——つまり同等な価値を有するものとの交換——に対する愛着は、私たちの最古の祖先である原始人の時代から始まっています。彼らは肉を魚や毛皮と交換することを思いつきました。原始人たちの思考プロセスは次第に複雑な枠組みに発展し、それにつれて取引制度も発展しました。私たち現代人は、同等な価値を持つと見られる物品の交換を、さまざまな駆け引きが絡む、洗練された芸術的なスタイルへと変貌させました。
　最初の本格的な株式取引は、1602年にオランダのアムステルダムでその扉が開かれました。それは「ダッチブウス」（ブウスは「財布」

の意味)と呼ばれ、オランダ東インド会社が後ろ盾になっていました。

　アメリカの金融センターであるウォール街は、その字義どおり、現在のマンハッタンに相当する農場地帯の南端周辺に、牛が入り込まないように1644年に構築された土盛りにそのルーツがあります。1663年に、当時、ニューアムステルダムと呼ばれていたニューヨークの市長スティーブ・ストイフェサントは、ニューヨークに陸地経由で攻め込むのではないかと疑われていたイギリスからの入植者たちから守るために、この土盛りを丸太を使って高くし、強化することを命じました。ところが、イギリス人たちは、1644年に海からやってきたのです。彼らは一発の銃弾も発射することなく入植地を確保しました。後に、イギリスはそのガタガタの防壁を焼き払いました。それでも、壁に沿って走っていた通りは残り、名前もそのままウォール街と残っているのです。

　アメリカの証券市場は、新しい植民地や政府の債券の投機取引から始まりました。1789年にニューヨークのフェデラルホールで初の議会が開催されたとき、およそ8000万ドルの政府証券を発行し、エキサイティングな新しい証券市場が生まれました。これらの証券は、その他の新しい株式、債券、商品注文書、倉庫証券とともに、一般大衆に向けて売り出されました。

　市場に参加するために、投資家たちは分担所有権を買ってアメリカの企業に出資しました。そのようにして、一般市民が「エクイティ(持分)」を保有し、投資した資金と交換に企業が発行した「株券」によってその事実が証明されました。株式は投資家の参加を証明し、それによって負債が担保されます。株式が株、エクイティ、証券などと呼ばれるのはそのためです。

　1791年に、アメリカ初の証券取引所がフィラデルフィアに設立されました。その当時、ニューヨーク市の取引所はまだ非公式なものでした。ウォール街68番地にあるスズカケノキの下に毎日トレーダーたち

が集まって売買していました。

　NYSE（ニューヨーク証券取引所）は、1792年に公式に取引を開始しました。当時、24軒のブローカーがひとつのクラブを結成していました。競争は激烈でした。ブローカーたちは、顧客そっちのけで、自分の利益と手数料を稼ぐことに専念していました。大衆からの反発が起きたために、ブローカーたちはグループを再編し、株式を公正な価格で一般大衆に提供する幾つかの証券会社が設立されました。

　1827年に、ウォール街とハノーバー街に面した場所に建設された商業手形交換所ビル内に、ニューヨーク証券取引ボードが開設されました。1842年までには、AMEX（アメリカン証券取引所）がその扉を開き、NYSEが現在のその名前に変更されました。両取引所は株式の販売に関して厳しい規則を設けました。

　1900年代初頭、1929年の大暴落に向けて、「バケットショップ（もぐりの株屋）」が横行しました。取引所とは無関係のこういうビジネスでは、個人トレーダーや投資家たちが、店員が運び回るバケツにお金を投げ入れる形で、証券投機をしていたのです。

　ほとんどが無許可で非合法のこれらショップは、異様な活気に満ちていました。ある店員がティッカーテープを読みあげ、ほかの店員が黒板に価格を書き留めています。投機家たちは、その店員が「ティッカー」というエンドレスな電報から読みあげる価格を聞きながら株式の売買を決めていました。

　ショップの運営者の正直度がトレードの勝敗の額を決めていました。正直さは貴重な「商品」だったのです。エドウィン・ルフェーブルの『欲望と幻想の市場』で、世紀の節目に活躍したトレーダーであるジェシー・リバモアをモデルにした登場人物のラリー・リビングストンは、「ここニューヨークには信じるにたるバケットショップは存在しない」と嘆いています。

　1930年代に入ると取引所は厳しく規制されるようになり、NYSE

（ニューヨーク証券取引所、ビッグボード）、ナスダック証券取引所、AMEX（現在はナスダックの一部）など、主要な金融センターへと発展しました。地方取引所としては、PSE（パシフィック証券取引所）、BOS（ボストン証券取引所）、PHLX（フィラデルフィア証券取引所）、CBOT（シカゴ商品取引所、商品取引）、CBOE（シカゴオプション取引所、オプション取引）があります。

前述したように、NYSEとAMEXの立会場はニューヨーク市にあります。ナスダックには実際の取引立会場は存在しませんが、電子的な市場はコネチカット州トランブルに設置されているコンピューターネットワーク内に存在します。

混沌から秩序へ——1929年の大暴落

1929年の大暴落、それに続く大恐慌は、アメリカのトレーディングビジネスのやり方を一変させました。上院の銀行通貨委員会がNYSEの運営方法を調査した結果を受け、1934年にアメリカ議会によって規制委員会として、SEC（証券取引委員会）が設立されました。

NYSEはビジネス倫理的に見て、控えめに言っても、かなり危ないものでした。二度と大暴落が起きないようにするために、新たに設立されたSECが大々的な規制を設けました。その使命は、1929年の大暴落の発生に一役買った、人を惑わせる販売方法と株価操作をやめさせることで投資家の信頼を回復することにありました。

SECは手始めに、取引の裏づけとなる十分な資金を持たずに株式を購入することを禁止する規制を設けました。次に、アメリカのすべての証券市場と株式ブローカーの登録と監視に関する規定を設け、委任状の取りまとめに関する規則を作成し、株式取引における非公開情報の不公正な使用を禁じました。SECは、証券を発行する企業がす

べての関連データを完全に一般公開することを義務づけました。また、SECは、企業破産の事案で、裁判所に対するアドバイザーを務めることを決断しました。

SECによる最新の裁定は、レギュレーションFDです。この規則は、公開企業が重要な非公開情報をファンドマネジャーなどの証券のプロに開示した場合、一般にも公開しなければならないと規定しています。どういうことかと言うと、まずその情報をウエブ、電話サービス、またはその他の公表方法によって一般に提供しないかぎり、企業が新製品に関する情報をお気に入りのファンドマネジャーに特別に漏らすことができないということです。

では、カレンダーに戻りましょう。1971年に、NASD（全米証券業者協会）は、ナスダック（全米証券業者協会自動株価情報／NASDAQ）と呼ばれる、完全に統合化されたコンピューターによる取引システムを構築しました。その目的は店頭証券の取引の自動化にあり、コネチカットに設置されているその自動システムは500以上のマーケットメーカーの端末と結ばれました。ナスダックは、1990年代にアメリカで第2位、世界で第3位の規模の証券市場に成長しました。

1987年の大暴落——さらなる混乱と秩序

各取引所は、1970年代と1980年代を通じて強気相場と弱気相場を繰り返し、1987年10月18日の暴落を迎えました。その「大暴落」はアメリカの大衆投資家たちをパニックに陥れました。株式ブローカーには、「何でもいいから売れ」と叫ぶ、おびえた顧客たちからの売り注文が殺到しました。スペシャリストとマーケットメーカーには、株式ブローカーたちからのパニックによる注文が殺到しました。一部のマーケットメーカーたちは、ある時点で、電話を受けるのをやめました。それにいら立った株式ブローカーたちも電話を受けるのをやめました。そ

のため、一部の投資家たちは売り逃げることができなかったのです。

　パニックが収まった後、SECは個人投資家を保護するための新しい規制を再び設けました。SECは、個人投資家が売りたいとき、ナスダックのマーケットメーカーは指定された数量の株式をその人たちから買わなければならないと裁定しました。後に、個人投資家たちが自分のコンピューターとインターネットを介して市場にダイレクトに接続する形で参加できるようにし、マーケットメーカーはその取引に応じなければならないという規制が追加されました。NYSEのスペシャリストのように、マーケットメーカーは「公正かつ秩序」ある市場の運営に責任を持っているのです。

ニューヨーク証券取引所——その仕組み

　NYSE（www.nyse.com）は、時価総額で世界最大の証券市場です。「ビッグボード」とも呼ばれるのはそのためです。ブロードストリートとウォールストリートに面し、ギャラリーウィンドウを通してだれでもいつでもその取引立会場を見ることができるため、「サンシャインマーケット」と呼ばれています。CNBCなどの投資家向けチャンネルでは、毎日この活気ある立会場がテレビ中継されています。

　NYSEには3000を超える企業が上場され、株数で2530億株、時価で11兆ドルを超えています。これら証券は「上場株」と呼ばれ、ほとんどが時価総額の大きい株です。「時価総額」は、発行済み株式数（企業のインサイダーが保有していない一般に取引されている株式数）に1株当たり価格を乗じて計算されます。例えば、本書執筆時点で、巨大企業のゼネラルエレクトリック（GE）の発行済み株式数は99億800万株です。1株当たり価格は約50ドルです。ですからGEの時価総額は4954億ドルという途方もない額になります！

　GEが「ブルーチップ（優良株）のなかで最もブルー」と称される

ことをお聞きになったことがあるかもしれません。雑学クイズが好きな方はメモを取ってください。「ブルーチップ」という言葉は、ダウジョーンズ工業株平均を構成する30銘柄に適用される別名で、ポーカーゲームに由来します。一定のドル額に対応する各種チップのなかで、ブルーのチップが500ドルと最も高額なのです。

　NYSEには多数の主要指数があり、この市場の状況に関するヒントを日々伝えてくれます。もちろん、最も有名なのは、先ほど言及した、ダウジョーンズ工業株平均です。

　105年の歴史を有するウォール街では短く「ダウ」と呼ばれているこの指数は、12銘柄から始まりましたが、現在はアメリカ産業を代表する30銘柄で構成されています。従来は、NYSEの株だけがダウに採用されていました。ところが、この2～3年に、どちらも1990年代後期にナスダックを目まいがするほどの高見に導いた、800ポンド級のテクノロジーゴリラであるインテル（INTC）とマイクロソフト（MSFT）が同指数に組み込まれました。

　NYSEに関係するその他の指数としては、代表的な輸送関係の20銘柄で構成されるダウジョーンズ輸送指数、公益事業関係の15銘柄で構成されるダウジョーンズ公共指数があります。

　NYSEは、集中オークション形式で運営されています。それぞれの銘柄に対応するさまざまな「ポスト」が、取引所の立会場内に点在しています。各ポストでは、スペシャリスト（つまり「競売人」）が買い手と売り手の間で双方向のオークションを運営し、その銘柄の市場を提供します。ひとつの銘柄には1人のスペシャリストだけが対応します。例えば、GEのスペシャリストは1人だけです。ただし、1人のスペシャリストが複数の銘柄を担当することはできます。

市場に参加する方法

　例えば、シティコープ社（C）を100株買いたいとします。注文を出すには、基本的に3つの方法があります。

　1．ブローカーに電話するか、オンラインブローカーを通じて注文を出します。ブローカーは、あなたの注文をNYSEの立会場へ送ります。そのブローカーの代理を務めるフロアブローカーは、あなたの注文をシティコープが取引されているポストへ持っていき、シティコープを担当するスペシャリストにマーケットメイクを依頼します。スペシャリストは、マーケットの「サイズ」、つまりベスト価格で売りに提示されているシティコープ株の数量と、そのベスト価格で買いに提示されている数量をアナウンスします。あなたの注文が執行されると、ブローカーからあなたにその価格が通知されます。

　2．電話またはインターネットでブローカーに注文を出します。ブローカーは、その注文をスペシャリストに回送する電子システムであるSuperDOTマシンに入力します（SuperDOTはNYSEに出される全注文の約80％を処理しています）。スペシャリストはその注文を執行し、それを係員に知らせます。係員は「約定」情報（約定した株数と価格）をブローカーに知らせ、ブローカーがあなたに知らせます。

　3．自分のダイレクト・アクセス・トレーディング（DAT）ソフトウエアシステム（次章で説明）を利用して自分で注文を出します。このシステムでは、あなたからの注文がスペシャリストに送られ、通常、約定情報を1分以内に受け取ることができます。

　スペシャリストがシティコープの「マーケット」をアナウンスするとき、例えば「48.95×49、サイズ5000×10000」という表現になります（「×」は「バイ」を意味します）。その意味を説明すると、1人以上の買い手が、シティコープの株を合計で5000株を1株48.95ドルで買う意思があり、1人以上の売り手が現在1株当たり49ドルで合計

10000株を売る意思がある、ということになります。

買い手にとってのベスト（最低）価格と売り手にとってのベスト（最高）価格の差は「スプレッド」と呼ばれます。前記の例で言えば、1株当たり5セントになります。

株を人間に例えるなら、NYSE株は傲慢な政治家か政府高官でしょう。おそらくNYSEのスペシャリストたちには「公正かつ秩序ある市場」を維持する責任が課せられているためでしょうが、上場株の値動きは速いとはいえ、ほとんどの株は、価格レンジ内でおとなしく上下している傾向があります。

株式投資が初めてなら、まずNYSE株をターゲットにすることをお勧めします。ナスダックの値がさ株にありがちな、目玉が飛び出るような、胃袋をつかまれるような攻撃を受ける可能性は低いでしょう。

ナスダック証券市場——その仕組み

ナスダック（www.nasdaq.com）は、ナスダックナショナル市場とナスダックスモールキャップ市場という2つの市場から構成される、株主所有の営利会社です。

ナスダックナショナル市場は、私たちが普通「ナスダック」と呼んでいる市場です。現在5000社近くが上場されていて、全体の時価総額は6兆ドル近くに達します。平均的な1日の出来高は約17億株で、1日1000万件近い取引が行われています。

ナスダックスモールキャップ市場は、時価総額の小さい銘柄を扱う市場です。この取引所に上場される企業の時価総額の最低限度は5000万ドルです。

ナスダックは「ハイテク中心」だと言われるのを今までに聞いたことがあるでしょう。ナスダックの企業は、銀行、バイオ、運輸など、アメリカ経済のあらゆる業種を網羅していますが、その主要銘柄はハ

イテク株です。携帯電話、ソフトウエア、コンピューター、半導体、ブロードバンドなどのセクターに属する企業です。もちろん、シスコシステムズ（CSCO）、マイクロソフト（MSFT）、インテル（INTC）など、ナスダックを代表する幾つかのハイテク株についてはご存じでしょう。

ナスダックはNYSEの「荒くれ者の従兄弟」です。前にも言ったように、ほとんどのNYSE株はいくぶん上品かつ品位のある形で売買される傾向があります。しかし、荒くれ者のナスダック株は、騒々しい乱闘のように取引されることがあります。その理由は間違いなくその取引方法にあります。1人のスペシャリストがひとつの上場株の取引をすべて仕切るのに対し、ナスダック株には50人から60人のマーケットメーカー（仲介人のようなもの）と、トレーダーたちによる「株のフリーマーケット」のような10種類のECN（電子取引システム）がいつでもビッドとオファーを提示しています。気を失いそうなほどのスピードで株価が乱高下することがあります！

例えば、ブローカーに電話やオンラインでデル（DELL）の気配値を尋ねると、「30.25バイ30.26」というような答えが返ってくるかもしれません。30.25は「インサイドビッド」、つまりデルをマーケットオーダー（成り行き注文）で売りたいときに期待できる最高値です。30ドルと26セントは「インサイドオファー」、つまり「アスク」です（「オファー」と「アスク」は同じ意味です）。この価格は、成り行き価格でデルを買うことができる最低値です。忘れてならないのは、取引所から気配値を得る場合、口頭でも書面でも、ビッドが最初で続いてオファーがアナウンスされることです。

このゲームに不慣れなうちは、変動の激しいナスダック株のトレードは避けたほうがいいでしょう。十分に経験を積んでからにしましょう。そういうローラーコースターは、あなたとあなたの資金に、生涯忘れられない恐ろしい体験をさせる可能性があるからです。本当です

よ！

アメリカン証券取引所――その仕組み

立会場形式の取引所としてはアメリカで第2位、出来高では第3位のAMEX（www.amex.com）には、800銘柄を超える普通株、指数銘柄、株式派生証券が上場されています。ウォール街にほど近いトリニティプレイス86番地にあるAMEXでは、NYSEのように、売り手と買い手が集中オークション形式で競い合います。AMEX（アメリカン証券取引所）に上場されている企業は比較的若く、株価のボラティリティはNYSEやナスダックと比べて小幅です。

指数を解剖する

賢明な市場参加者としては、金融市場でベンチマークとして使用されている指数（インデックス）について把握しておくことが重要です。

ダウジョーンズ工業株平均

DJIA（ダウジョーンズ工業株平均）は、アメリカの主要企業30社の平均価格加重型指数です。平均価格加重とは、安値株より高値株のほうに大きなウエートが置かれることを意味します。DJIAには「ブルーチップ」と呼ばれることの多い、マイクロソフト、インテル、IBM、ゼネラルエレクトリック、ゼネラルモーターズを始めとする大企業が組み込まれています。一般に「ダウ」と呼ばれているこの指数は、ダウジョーンズ社によって作成・公表され、すべての市場指数のなかで最も古く、最も頻繁に引用されています。平均は、組み入れ株の終値を加算し、株の市場価格の10％以上に相当する分割や配当を調整するための除数を使用して計算されます。ここで説明するすべて

の平均と同様、単位はドルではなくポイントです。

NYSE総合指数

NYSE総合指数は、NYSEの全銘柄から構成される市場価値加重型指数です。市場価値加重は平均価格加重と同じです。ダウと同様、各企業の証券は、その市場価値、つまり1株当たり価格が高いほど指数への影響が大きくなっています。

スタンダード・アンド・プアーズ500指数

普通「S&P500」と呼ばれるこの「ブロードマーケット」指数であるSPX（スタンダード・アンド・プアーズ500指数）は、時価総額加重型指数です（発行済み株数を1株当たり価格で乗じる）。この総合指数は現在、NYSE、AMEX、ナスダックの代表的な株で構成される400の工業株、20の輸送株、40の金融株、40の公益事業株を追跡しているため、アメリカ経済を表すベンチマークになっています。マグロウヒル社の一部門であるスタンダード・アンド・プアーズ社がこの指数を発表しています。

ナスダック100指数

ナスダック100指数にはナスダックナショナル市場に上場されている金融系を除く大手アメリカ企業100社が組み込まれています。1985年に創設されたこの指数では、時価総額が高い銘柄ほど指数への影響が大きくなっています。この指数にはナスダックの各主要産業グループの高成長企業が反映されています。すべての指数構成銘柄は、最低時価総額5億ドルで、1日の平均出来高が10万株以上です。

ナスダック総合指数

ナスダック総合指数は、ナスダックのすべての普通株を網羅してい

る、ナスダック株式市場における変化を示す統計値です。市場価値加重型で、安値より高値の株のウエートが高くなっています。

ウィルシャー総合市場指数

ウィルシャー総合市場指数は、網羅する範囲が最も広い指数です。NYSE、AMEX、ナスダックに上場されているアメリカに本社があるすべての企業（現在約6800社）を対象にした市場価値加重型指数です。

ラッセル2000指数

ラッセル2000指数は、小型株の指数です。投資の権威のなかには、小型株が弱気相場の始まりと終わりの先導役になると主張している人もいます。そのため、この指数に注目しておくことは価値があります。また、自分が小型株を保有している場合は、そのトレンドと比較するために使うことができます。

ウォール街は動物園——雄牛と熊に羊や豚まで

マンハッタン島は以前農地だったためか、ウォール街の著名なプレーヤーたちは今でも動物の名前で呼ばれています。これらのお祭り騒ぎが好きな「動物」たちは、はっきりとした特徴を持っています。

雄牛（ブル）は角で相手を突き上げて攻撃します。それで、株式市場の「牛たち（強気筋）」は、値が上がるときに儲けます。上げ相場で儲けます。牛たちは、調整曲面や下げ相場のときに「すぐに反転するさ」とほえる楽観主義者たちです。

熊（ベア）たちは爪を振り下ろして攻撃します。市場の「熊たち（弱気筋）」は、下げ相場で儲けます。多くの熊たちは、下がっている株を売り、さらに下がったところで買い戻すことで忌まわしい下げ相

場で儲ける、空売り手です（空売りの方法については第12章で説明します）。相場が上がり始めるたびに、悲観主義者の熊たちは、洞穴からはい出してきて、上げはすぐに終わるとうなり声をあげます。

羊は太鼓をたたいている人にならだれにでもついていきます。自分では勉強しない怠け者で、「日替わりの権威」が与えるアドバイスに従って株の売買に走ります。羊たちは、ポートフォリオが打撃を受けると「メーメー」という鳴き声をあげます。

ウォール街には「牛は儲け、熊は儲け、豚は殺される」という古い格言があります。それは確かです。豚はいつも薄切りベーコンにされます。豚さんたちが市場へ行くと、上がる速さの何倍もの速さで下落するようなハイフライヤー株をいっぱい買い込みます。欲張りの暴食家さんたちは、リスクの大きい株で「一か八か」の勝負をしたり、もう十分な利益を確定できるときでも深追いします。市場が豚さんたちの資金を食いつぶしたとき、豚さんたちが出す悲鳴を聞いてみましょう。

市場（にかぎらず、この世の中のほとんど）を支配する2つの感情

世界の金融市場に君臨する2つの正反対の感情に、欲望と恐怖があります。この支配者コンビは、その王位交代のペースをますます速めながら、私たちが毎日、目撃し、巻き込まれているボラティリティを誘発しています。

欲望には、中庸な楽観主義のレベルから病的な多幸症のレベルまであります。恐怖には、不安から完璧なパニックまでの範囲があります。これら2つの感情が発揮する力の度合いが株価を上へ下へと動かします。これら感情が尽き果てることはありません。そいつらが支配するマーケットと同様に永遠に不滅であり、圧倒的な支配力を持ち、自分自身をエネルギー源にしています。

実際にこれらの感情が威力を発揮しているところを見たいですか？ 取引がある日ならいつでも株価を支配しているところを見ることができます。例えば、動きの大きい午前中に、流動性の高い（出来高の大きい）株を1時間ごとにチェックしてみます。ソフトウエア大手のピープルソフト（PSFT）を観察することにしましょう。市場が開くと、38という価格が付きます。お昼には42に上がります。

　では、ピープルソフトのファンダメンタルズ（すなわち、四半期業績、製品、売上高）がこの時間内に大きく変わったのでしょうか？ おそらく変わっていないでしょう。強欲が価格を押し上げたのです。強欲と、その株をもっと高値でも買おうと考えた買い手たちによってつくられた需要です。値下がりするときは（いつかはそうなりますが）、恐怖心が容疑者です。ほとんどの期間、これら2つの感情が、論理ではなく認識・感覚によって支配しています。

　それが自分とどんな関係があるかって？　大ありです！

　あなたは欲張りですか？　もちろん！　あなたは怖がりですか？ イエスに私のアヒルのスリッパを賭けてもいいですよ。あなたは腕を組み、にらみつけながら言うでしょう。「そんなこと言って、あんたこそどうなんだ。あんただって欲張りで怖がりじゃないのか？」と。

　もちろんです。経験（と苦難）が私のなかのこれら2つの感情を穏やかにしてはくれましたが、トレードを始めたころは、自分の口座にハイフライヤー株を詰め込んで喜んでいました。そういう株が値下がり始めると、怖くて口がカラカラに乾き、いたたまれずに慌てて売ってしまい、だいたい大損していました。私はどうしようもない人間だったのでしょうか？　いいえ。それが人間というものです。あなたもそうでしょう。

　あなたが普通の人間だとすれば、初めて株式投資をするときには、強欲と恐怖心がいつもあなたにべっとり寄り添っていることでしょう。それらの感情は人間性の一部なのです。問題は、そいつらが大き過ぎ

ると、市場に対するあなたの認識をゆがめ、冷静なときにはしないような選択をさせてしまうことです。そういう選択肢のなかには、あなたの健康に有害なものさえあります。

　強欲は私たちに株を追いかけさせます。言い換えれば、ロケット並みに上昇している株をさらに上値でも買いにいくという、一時的な多幸感に身をまかせてしまうのです。その注文が執行されるころには、熱病的な買い圧力はほとんど消え失せています。株価は失速して下落に転じ、私たちのお金も消えてしまうのが普通です。

　世の中の人たちみんなが、特定の銘柄が大きく値上がりすると叫んでいるとき、強欲は私たちに「トラックに積めるだけ積め」とそそのかすのです。まともな感覚は麻痺してしまい、子供の大学進学資金とぜいたくな旅行を確実にかなえてくれるそのドリームベイビーで取引口座をいっぱいにします。ところが、その夢は「売れ！」と叫ぶ間もない速さでしぼんでしまい、アテにしていた利益は消えてしまうのです。悔しいったら、悔しいの二乗です。

　強欲は、難しい相場でも、ばかでかいポジションを持たせるように私たちを説き伏せます。IPO（新規公開株）を取引初日に仕入れるようにけしかけます。「割安だから」と出遅れ株を買い尽くせとそそのかします。

　一方、強欲の相棒である恐怖心は、もっと速く行動しろとせかします。損に対する恐怖は、私たちの心のなかで最も高い地位を占めています。恐怖心は、勝っているポジションは早めに売らせるのに、どういうわけか、負けているポジションはいつまでも保有させるのです。相場で手痛い目に遭うと、恐怖心から次の絶好の機会をものにすることができません。なぜなら、また痛い目に遭うのが恐いからです。

　トレーディングや投資判断から、こういうつまらない感情を排除するにはどうしたらいいでしょうか？　もっと前向きな感情と入れ替えるのです。本書や、そういうテーマを扱っている本を読みましょう。

相場の動きや反応を読み取る方法を学びましょう。ゆっくりと歩み、一生懸命に勉強し、学んだ事柄を規律のある、冷静沈着な態度で実践しましょう。それができれば、あなたはマーケットの全プレーヤーの99％より優位に立つことができます！

需要と供給

　強欲と恐怖心は、需要と供給という昔ながらの経済要素に対して、先導役として機能します。多くのマーケットアドバイザーたちは、恐怖心・強欲と需要・供給をまるっきり別の事柄であるかのように話します。別物ではないのです。それらは互いに絡み合い、互いに誘発し続けているのです。

　強欲と恐怖心がどのように働くかについては説明したので、次は需要と供給について考えてみましょう。これら２つの要素は１日中、ロケットからジェリービーンまで、世界の市場を動かしています。

　そのコンセプトは単純です。人は手に入りにくいものを欲しがるのです。

　今日があなたの誕生日だとしましょう。あなたはうきうき気分。この６カ月間、今までに買ったことのない、とても高価なプレゼントを自分に贈るためにお金を貯めてきたとします。嫌というほど働きました。それぐらいのプレゼントは当然なのです。

　あなたは、組立ラインから送り出されてくるなかで、最も優美で斬新なスポーツカーを即金で購入するために、ショールームに向かっています。あなたの心臓は激しく鼓動を打っています。午後いっぱい使って電話やインターネットで確認したところ、この地域ではその１台しかありません。光沢のあるディープレッドという完璧なカラーに、バターのように柔らかいキャメルのレザーシート。以前に試運転でハイウエーを飛ばしたとき、そいつは実に心地よいエンジン音をたてま

した。まるで自分の居場所を発見したかのように。

　ディーラーに到着し、駐車場に車を停め、ショールームに向かって歩き出します。そこになかったら？　ほかにもあなたと同じことを考えている人がいたとしたら？　いや、そんなことはあり得ません。その輝かしい精密なマシンは、あなたにこそふさわしいのですから。

　ショールームに入ると、その車があなたの目に飛び込んできます。照明を反射して輝き、光沢のある、燃えるようなレッドのそいつは、あなたを呼んでいるように思えます。震える足をごまかし、平静を装いながらその車に近づきます。手を伸ばし、その冷たく輝く金属に触れます。これだあ！！！！！　そのベイビーはあなたのものです。あなたのためにつくられたのです。あなただけのために。

　あなたはドアを開き、運転席にすべり込みます。シートに身を沈め、なめし革のにおいを吸い込みます。サテンのような木目のハンドルが、あなたの左の手のひらに吸い付いてきます。右足でアクセルペダルを踏んでみます。音はまったくしませんが、完璧なフィット感が伝わります。指でギアシフトのノブを包みます。この世で最も扇情的なマシンをコントロールする準備ができました。

　「前にもいらっしゃいましたよね？」というセールスマンの声で、あなたは白昼夢から現実に引き戻されます。

　あなたはいったん深呼吸をしてから、「このベイビーは、いくらまでまけてもらえるのかな？」と声を発します。

　そのセールスマンは得意げな笑みを浮かべながら、「これは売却済みです。たった今売れました」と答えます。

　「なんだって！」あなたは座席から飛び出し、冷たく硬い床に立ちます。あなたの胃はひっくり返っています。「そんなばかなあ」

　「申し訳ありません。このかわいいベイビーには新しいパパができちゃいました」

　「待て、ちょっと待て」と窓ガラスに「売却済み」というスティッ

カーを張り付けようとしているセールスマンの腕を、あなたはつかみます。「僕はもっと払うよ。その人よりもっと。思い切りもっと」

そのセールスマンはあなたの手を払いのけます。彼の目がメガネの奥でピカリと光ります。「それは無理です。もう契約書にサインが終わってますから」

あなたは逆上して、小切手帳を握りつぶします。「次はいつ入荷するの？」

セールスマンはため息をついて、視線をそらします。「もう入りません。うわさによると生産中止だそうです」

「生産中止？」あなたの頭の血管が大きく脈打ちます。

「それより」と彼はずるそうな目つきであなたを見ます。「ほかにもいい車がありますよ。別のモデルはどうですか？ とってもかっこいい……」

「いや。いらないよ」胸が締め付けられる思いで、あなたはショールームを重い足取りで後にします。

数日後、市内のほかの地域をあなたは車で通っていました。すると目の前に大型の自動車ディーラーが現れました。あなたの視線は手前に並んでいる自動車をながめます。あなたは見たものが信じられない気持ちでまばたきします。あなたには見えていますか？ あなたが欲しかったスポーツカーが雁首そろえて並んでいるのです。アンテナに付けた旗をはためかせながら、陽光を浴びてじっとたたずんでいるのです。あなたは速度を落とし、停車します。

自動車から降りる間もなく、セールスマンが歩み寄ってきます。「このベイビーをひとついかがですか？ 家の前に止めておけばご近所さんがよだれを垂らして見ますよ」

あなたはその場に立ち、陽光がまぶしいので目を細めます。「このモデルは何台あるんですか？ 生産中止だと聞いたけど」

「生産中止ですって？」彼は含み笑いをします。「この人気モデル

にかぎってそんなことはないです。表だけで12台、裏にもっとあります。ですから、とびきりの条件でお売りできるのです」

あなたは彼を警戒しならが「いくら？」と尋ねます。

彼の口からは、ほかのディーラーが提示していた値札表示価格と同じ金額が返ってきます。

あなたは両肩をすくめ、彼を退けます。「もうちょっと勉強してくれないとねぇ。また来るから考えといてね」

運転しながら、あなたはこう考えます。同じモデルがあれだけあるのに、値札どおりの価格を払わせようなんて、あいつはイカレているぞ。自分はあの車が大好きだけど、カモにはされないぞ！、と。

分かっていただけたでしょうか？

質が良くて数量が限定されている商品の場合——マニアにとってのハーレーダビドソンなど——それを手に入れるためなら言い値で、ときにはそれ以上でも支払う気になるものです（需要）。でも、その同じ品物が市場に大量に存在している場合（供給）、売るためには販売価格を下げることが必要になることが多いのです。

コモディティー市場の価格には、需要と供給が強く反映されています。冬の厳しい気候がフロリダのオレンジの木を凍らせると、オレンジの収穫が減少し、食料品店のオレンジジュースのコストを上昇させます（需要）。

同様に、あなたが注目しているタカビシャ銀行の株が、52週新高値の50ドルを付けたとします。あなたは急いでその価格で200株買います。翌日、タカビシャは40ドル台の前半を目指して下がり始めます。「あのバカッ株め」とあなたはぶつぶつ言いながら、がっくりして様子を見ています。「もし50ドルまで戻ることがあったら、そこで売ってトントンにしたいなあ！」

翌週になると、タカビシャは35に落ち込みます。数日間30ドル台の中ごろで横ばい状態を続けた後、上向いて40ドルまで上がります（需

要——買い手たちはもっと上値でも買う意思がある）。それから2週間後、需要のさらなる増大に押し上げられて、なんとか50ドルに戻ります。

あなたは安堵のため息を漏らし、タカビシャ200株を50ドルで売るためにリミット・セル・オーダー（売りの指値注文）を入れます。するとタカビシャは48.75ドルに下落します。あれっ、どういうこと？ 50ドルで売りに出されていた株数（供給）を、買い手の数が少なくて吸収できなかったのです。あなたの注文は執行されませんでした。あなたは価格を48.75ドルに下げてオーダーを入れ直します。遅過ぎました。株価は48.65ドルに下落したのです。

あせったあなたはまたオーダーをキャンセルし、そのときのインサイドビッドで売ろうと、マーケットオーダー（成り行き注文）を入れます。あなたの注文はすぐに48.50ドルで執行されます。ちなみに、これが「株を下に追いかける」ということです。

これには恐怖心と強欲という、動機となる要素が関係しています。あなたが最初にタカビシャ銀行を50ドルで買ったときにすぐに下落したのは、1株50ドルより高い価格は払えないというほかの買い手たちが示した恐怖心が、価格を押し下げたのです。それが供給を生み出しました。供給が続いたために価格がさらに押し下げられ、30ドル台中ごろまで下がりました。新しい買い手が現れたために供給が枯渇すると、株価は横ばい状態に推移しました（迷い）。買い手たちが上値を受け入れるようになると（強欲によって生まれた需要）、価格は上昇に転じました。

直近高値の50ドルに達したとき、また痛い目に遭うの嫌だという恐怖心から、あなたは売り注文を出します。ほかの人たちも同じように感じ、あなたと一緒に市場を供給であふれさせ、再び株価を48.50ドルに下げ戻します。しばらくすると、強欲が復活し、需要を生み出し、そのサイクルが繰り返されるのです。

このように、強欲と恐怖心は需要と供給の直接的な先導役として働くことを覚えておいてください。後ほど、この方程式にサポートとレジスタンスを付け加えます。

理解度チェック

市場に関する基本的な知識を説明し終わったところで、簡単に復習してみましょう。

1．アメリカの証券市場は、新しい植民地や政府の債券の投機取引から始まりました。1789年にニューヨークのフェデラルホールで初の議会が招集されたときに、約8000万ドルの政府証券が発行され、証券市場が生まれました。

2．1934年にアメリカ議会は規制委員会としてSEC（証券取引委員会）を設置しました。

3．NYSEには3000社以上が上場されていて、それらの証券は「上場株式」と呼ばれ、ほとんどが時価総額の大きい大型株です。

4．「時価総額」は発行済み株式数（企業のインサイダーが保有していない、一般に売買可能な株式数）に1株当たりの価格を乗じた額です。

5．NYSEでは、株式が集中オークション形式で取引されています。株ごとに取引を円滑化するために1人の「スペシャリスト」がいて、その株式の「公正かつ秩序ある市場」を実現する責任が課せられています。

6．株式を購入できるベスト（最低）価格と、株式を売ることができるベスト（最高）価格の差は「スプレッド」と呼ばれています。

7．ナスダックナショナル市場には、5000社近くが上場されていて、その時価総額を合計すると6兆ドル近くにのぼります。ナスダックにはアメリカ経済のあらゆる分野の企業が網羅されていますが、主役は

ハイテク株です。

　8．ナスダックの株は、仲介人として機能するマーケットメーカーが代表するブローカーやディーラー経由で取引されます。一時点にひとつの株に多数のマーケットメーカーが参加できます。トレーダーや機関投資家たちは、ECN（電子取引ネットワーク）を通じて注文を出すこともできます。

　9．「牛／ブル／強気筋」は値上がりで儲けます。「熊／ベア／弱気筋」は値下がりで儲けます。

　10．強欲と恐怖心が金融市場を支配しています。これらの感情が需要と供給の先導役になっています。

　11．品質が良く、数量が限定されている商品は、需要を生み出します。強欲が買い手にもっと高値で買うように煽り立てているかぎり、売り手は価格を上げ続けることができます。

　12．大量の商品が市場にあふれると、供給が生み出されます。恐怖心を抱いた買い手が逃げ出すと、売り手は在庫を減らすために価格をさらに下げなければならなくなります。

「センターポイント」とは？

　金融市場にどっぷりと漬かっていると、多くの人は、この闘技場の絶え間なく動く、目まいを誘うようなペースにのみ込まれてしまいがちです。うっかりすると、自分がバランスのとれた生活を必要とする「全人的な存在」であることを忘れてしまいます。数字やチャートやテクニカルなレトリックで満たされたリニアな世界にのみ込まれてしまい、計算に忙しく、我に返って自覚することが難しいのです。

　マーケットは速いだけでなく、荒っぽく動きます。心臓が一拍する間にひと財産を手に入れたり、失ったりします。適者だけが生存できる場所です。

　私が初めてこの世界に足を踏み入れたころは、うちひしがれて過ごしたことが何日もありました。自分が果たして、精神的・金銭的にまともな状態で生還できるか、よく不安におそわれました。勝利を勝ち取ろうという固い決意と強い信念だけが、私をこのゲームにとどまらせました。

　前著の『ビギナーズ・ガイド・トゥ・デイ・トレーディング・オンライン（A Beginner's Guide to Day Trading Online）』では、各章の最後に「センターポイント」と題して1ページを割き、バランスを取り戻していただくめのエッセイを付け加えました。そのセンターポイントが読者の皆さんに好評だったので、本書でも続けることにしました。

　これらのエッセイで伝えようとした考え方は、投資と投資以外の自分の夢の追求を続けるよう、何年にもわたって、私を元気づけてくれました。

　あなたが成功への道を歩むときも、あなたを元気づけてくれることを願います！

センターポイント

「崖っぷちまで来い」と彼は言った。彼らは「おれたちは怖いんだ」と言った。「崖っぷちまで来い」と彼は言った。彼らは来た。彼は彼らを押した……そして彼らは飛んだ。──ギヨーム・アポリネール

あなたは……黄金の仏陀

　それは1957年、タイでの話です。仏僧院を移転するに際して、そのなかにある巨大な粘土製の仏像を移動する仕事が何人かの僧に命じられました。その僧たちは、その巨大な像を運ぼうとしましたが、1カ所にひびが入っていることに気が付きました。僧たちはその仕事を翌日に延ばしました。そのころには、この貴重な荷物を破損することなく移動させる方法を思い付くだろうと考えたのです。

　その夜、好奇心の強い1人の僧が、その粘土製の仏像を見るために戻ってきました。その僧はひびに光を当てました。驚いたことに、そこで何かが輝いたのです！

　その僧はカナヅチをつかみ、粘土をたたいて、少しずつ削り取りました。何時間かがたち、削り終わりました。数歩下がって見て驚きました。自分の目をとても信じることができませんでした。その僧の前には、巨大な純金の仏陀が現れたのです！

　後に分かったことは、数世紀前、ビルマ軍がその地域に侵攻したとき、タイの僧たちがその仏像を守るために粘土でおおったのです。しかし、その攻撃で、すべての僧が殺され、そのため1957年までその宝の真の姿は隠されていたのです。

　あなたも、私も、この黄金の仏陀に似ています。私たちはとかく自分の真の輝きを粘土のよろいで隠しています。私たちは社会的仮面、乱暴な仮面、忍耐のない仮面、頑固な仮面、鈍感な仮面、そして偽の

ユーモアや情熱の仮面をかぶり、自分の真の姿を隠しています。自分の不適切な感情を隠すことによって、それらの仮面は、自分を外の世界からおおってしまいます。やりきれない、不快、あるいはなんとなく退屈だと感じている世界から。

　それらの仮面の存在に気が付けば、その粘土を少しずつ削り取り、投げ捨てることができます。そのとき初めて、夢とビジョンの実現を目指す、光輝く、愛すべき、成功に値する存在である、本当の自分を明るみに出すことができるのです！

第2章
スタートを切る前に──態勢を整えよう
Off to a Running Start: Setting Up Your Business

このゲームで食べていく気なら、自分と自分の判断を信じることが必要だ。──ジェシー・リバモア

　短期トレーディングはあらゆるビジネスと同じです。プランを立て、ゴールを設定し、明確な方向性を持っていることが必要です。
　まず、自分の「トレーディングビジネス」に、現実的にどれくらいの時間と資金を充てることができるかを判断することが必要です。それから、オフィス機器を選んだり、いまある機器を買い替えましょう。それから、どういう注文の出し方が自分に適しているかを考えて、ブローカーに口座を開くことになります。

ビジネスプランを立てる

　今まで行ったことのない所にドライブしようとするときは、地図でチェックしたり、そこに行ったことがある人に相談するでしょう。そうしないと、行き着けないことはないとしても、道に迷ったり、予想以上に時間がかかってしまう可能性があります。
　トレーダーとして金融市場へ旅することは、それと同じようなものです。その道を通ったことがないのであれば、地図やプランがあったほうがはるかに速く、簡単に目的を達成することができます。
　最高のプランは、書かれたプランです。うそではありません。自分のプランを紙に書き留める人は、たいていそのゴールを達成できます。

頭のなかでプランを漠然と描いているだけの人は、達成する可能性がはるかに低くなります。自分の目標を少しでも速く達成したいなら、この数ページで説明する基本的な考え方を読みながら、自分のトレーディングビジネスのプランを書いてみてください。

充てられる時間は？

まず、フルタイムとパートタイムのどちらでトレードしようと思っていますか？ フルタイムでマーケットに挑戦するなら、大きなポートフォリオを持っているのかもしれませんね。おそらく今までパートタイムでトレードしてきて、これからはフルタイムでやりたいと考えているのかもしれません。あるいは、短期集中的に勉強したいと考えているのかもしれません。マーケットの動きをできるかぎり多く見ることが、最も速いペースで最も多くの知識を吸収できる方法だと考えているなら、それは正解です！

ポジションを２～５日間保有するスイングトレーディングと４～６週間保有するポジショントレーディングの利点は、デイトレーディングより時間枠が長いため、パートタイムによるトレーディングに向いていることです。ほとんどのパートタイムトレーダーは、以下の３つのカテゴリーのいずれかに属します。

１．クローゼット派トレーダー。この人たちは、例えば、歯に穴を開けたり、虫垂炎の患部を切り取ったり、かかってきた電話に応えたり、会議に出席したりする合間に自分の保有ポジションに目を光らせている、歯医者、医者、弁護士、企業の管理職、アシスタントなどです。

２．寄付大引派トレーダー。この人たちは、前夜にトレードする株に目星を付けておき、翌朝のオープン時のマーケットのコンディションに応じて行動に移ります。市場がクローズする前に自分のポジショ

ンをチェックし、売買の決断をします。

　3．ゆったり派トレーダー。この人たちは、最大で週にひとつか２つのポジションにエンターします。エンター後、自動的に執行されるストップロスオーダーをブローカーに入れます。市場の全体的な動きに注意を払い、数日ごとに利食いのチャンスがないかどうかポートフォリオを再検討します。

　あなたは上記のいずれかのカテゴリーに当てはまりますか？　これらの選択肢はいずれも有効で、いずれも成功する高い可能性があります。フルタイムでも、パートタイムでも、最初のうちは、実際のトレーディングに要する時間以外に、勉強と調査の時間も必要なことを頭に入れておいてください。
　ついでに言っておきますが、このビジネスでは、必要なことを知り尽くしてしまうことなどあり得ません。トレーディングを始めてから何年たっても、勉強は必要なのです。

最も重要な決断――資金

　次に、取引口座に投入する資金について考えましょう。まず、その金額が問題です。事前に覚悟しておいたほうがいいことがあります。つまり、あなたが学習段階を卒業するまで耐えられるだけの金額を用意してからスタートすべきだということです。数百ドル程度の資金では、残念ながら「予選」も通過できません。一部のオンラインブローカーやダイレクトアクセスブローカーでは、口座開設に一定額以上の資金が求められます。
　また、あなたがトレーディング用に考えている資金には、「ハイリスク」というラベルが張り付けられます。その資金は、失っても困らないものでなければなりません。この点については、さまざまな理由

から、妥協の余地はありません。初心者のあなたがマーケットに乗り込みトレードすれば、最初のうちは必ず過ちを犯すものです。その結果？　あなたはお金を失うのです。それは確実です。

　本書で学ぶマネーマネジメント・テクニックに従えば、損失を最低限に抑えることができます。それでも当初は損することもあるでしょう。ですから、あなたのお子さんの大学進学資金や新居の頭金に充てているお金は、けっして使わないでください。簡単に言えば、失ったらあなたのライフタイルを何らかの形で変えてしまうようなお金を投資資金にしてはいけません！

　必要不可欠なお金を使ってトレードすると、そのお金は「臆病な資金」になります。臆病な資金を使ってトレードすると、あなたの相場観は曇ってしまいます。そういう状況では、あなたのコモンセンスも逃げてしまいます。強欲と恐怖心が雨後のタケノコのように現れ、コントロール不能になります。コントロールされていない損失は、もはやビジネスを行うためのコストではありません。それは破滅へ導く損失です。破滅までいかなくても、損することに対する恐怖心から、有望なチャンスがあってもエンターできなくなってしまうでしょう。

　それに、投資資金を借金で賄おうと考えているなら、それはどうかやめてください。それは即席の「臆病な資金」でしかありません。そういうことはせずに、十分な資金ができるまで時間をかけて収入の一定の割合を蓄えてください。

　この忠告で何が言いたいのかというと、こういうことです。投資目的で蓄えてきた資金を使ってトレードすれば、頭を明晰に保つことができ、マーケットに対して穏やかに、自信を持って対処できます。マーケットで儲けるにはそういう心の在り方が必要なのです。

簡単な資産配分プラン

　大型のポートフォリオを持っている方は、こういう資産配分法を考えてください。100から自分の年齢を引きます。あなたが51歳なら、残りは49になります。ポートフォリオの41％は、債券、年金保険、マネーマーケットファンドなどの安全な金融商品に投資すべきです。49％は大型株のようなもっとリスクの高い商品に投資しましょう。そして、その49％の5％を投資資金に割り当ててください。

オフィス機器の選択と買い替え

　トレーディングの大きな利点のひとつは、普通のビジネスを起業する場合と比べて、創業費用がはるかに少なくて済むことです。

　まずオフィス用のスペースを確保しましょう。広いマホガニー張りのスイートルームでも、使っていない寝室の一角でも、どんな所でも構いません。どのような場所であろうと、最も大切なことは、その環境があなたにとって集中しやすいことです。勉強して、調査して、注文を出すことができる、他人に邪魔されない静かな場所を確保することが必要です。

　スタートするのに必要な機器がまったくない？　最初は、普通のテレビをもらうなり、借りるなり、買うなりして手に入れ、CNBCにチャンネルを合わせましょう。それで十分です！

　次に、質の良いモニターと最新型のパソコンが必要です。モニター画面は大きければ大きいほどベターです。少なくとも17インチのモニターを入手し、余裕ができたらすぐにもっと大きなモデルにアップグレードしましょう。画面が広ければ広いほど、目に楽です。本当ですよ。ラップトップサイズの画面でチャートを分析していると、短時間でも目にストレスを感じます。

ある程度頻繁にトレードするのであれば、並行して調査やチャート分析が楽にできるように、追加のモニターを付けましょう。

予算は、パソコンと大型モニターとソフトウエアに2000ドルから4000ドル用意しましょう。高品質のサージプロテクターも追加したほうがいいでしょう。落雷の影響でパソコン内部が焼け焦げて、ブローカーとの唯一の連絡手段が電話だけになってしまうほど胃袋を痛めつけることはありません！

パソコン関係で重要な構成要素のひとつが、インターネット接続です。最低限、月約15ドルから30ドルの料金で56Kモデムで接続可能なISP（インターネット・サービス・プロバイダー）を選びましょう。普通のISPを利用することの欠点は、混雑時に通信不能になることがよくあることです。

ISDN（統合サービスデジタル通信網）回線は、もっと料金が高くなりますが（月約40〜ら100ドル）、もっと高速です。とはいっても、通信不能な状態が頻繁に起こる可能性はあります。

もっと良いのが、ケーブルモデム経由のサービスです。もっと信頼性の高い高速接続を月40〜50ドルという妥当な価格で利用できます。欠点は、ケーブルの帯域幅が限定されていることです。サービスを使用する人が多ければ多いほどスピードは低下します。ユーザー数の少ない地域なら、電光石火のスピードを体験できるかもしれません。ただし、ユーザーが増えるとスピードが落ちるかもしれません。

DSL（デジタル加入者線）のコストは、サービスのレベルに応じて月40〜190ドルかかります。接続スピードは良好ですが、そのスピードはプロバイダーとの距離に依存します。DSLはどの地域でも利用可能であるとはかぎりません。

ある程度頻繁にトレードするつもりなら、メインのインターネット接続のトラブル時に備えて、バックアップのインターネット接続手段を確保しておいたほうがいいでしょう。なぜ？　なぜなら、トレーデ

ィングの神様は屈折したユーモアのセンスを持っているからです。アナリストがバイオテック産業全体の投資判断を下げるようなときは、みんながバイオテック銘柄を目いっぱい抱えているものです。利益を少しでも守るために売り逃げようと、みんながあせって「売り」ボタンを押します。すると、インターネット接続は必ずクラッシュしてしまうのです。バックアップ接続を介してインターネット接続して売ることができなければ、大きな損害を被ることになります。あるいは、短期トレーダーから長期投資家への変身を余儀なくされてしまうのです。ですから、安価なISPでも構いませんから、バックアップ用のインターネット接続を確保しておきましょう。1回のトレードを救えれば、つまりその利益を救うことができれば、1年分の料金の元を十分に取れるはずです。

　インターネット接続以外にも、月々かかる費用があります。最初のころは、インターネットにある無料のチャートサービスを利用することもできます（第4章を参照）。でも、慣れてくるともっと高度なチャートが欲しくなります。チャートプログラムを購入すると、株価データの提供を受けることが必要になります。データについては、チャートプログラムの会社が提供してくれるでしょう。

　あと、新聞や雑誌の購読料など、繰り返し発生する支出の予算が必要になります。

ブローカーを選択する

　株式を売買する方法は基本的に3つあります。フルサービスのブローカー、オンラインブローカー、そしてダイレクトアクセスブローカーを介する方法です。

「時代遅れ」な方法

　最初の方法は、いまでは「時代遅れ」だと言われてしまいますが、電話でフルサービスのブローカーに連絡する方法です。このブロードバンドの時代にこれほど能率の悪いコストのかかる方法もありませんが、そのブローカーに満足していてそのままの方法で続けたいならぜひそうすべきです。ただ、あらゆる注文方法のなかで最も手数料が高く、その手数料に利益のかなりの部分をかすめ取られてしまうことを認識しておいてください。

オンラインブローカーを選択する

　次の方法は、オンラインブローカーに口座を開設し、インターネットを介して注文を出す方法です。以下のようなブローカーを見つけましょう。

◆リアルタイムの株価情報、つまり最新の価格を入手できること。エントリーポイントを厳密に見極めるには、リアルタイムの情報が不可欠です。一部の会社では、いまだに15分から20分「遅れ」の株価が提供されています。

◆アクセスがしやすく、気の利いた画像が配置されていて、操作が分かりやすく構成されているウエブサイト。それに、画面を切り替えようとしたときの反応が速いことが重要です。

◆データ入力ミスを防ぐように、工夫が施されているオーダー入力画面。例えば、「買い」ボタンと「売り」ボタンが適度に離れていますか？　値下がりしている株を売ろうとパニックしてしまい、売るつもりが実は買い増してしまったトレーダーを私はたくさん知っています。私自身もやったことがあります。そういうエピソードも、話の種にはいいですけどね！

◆確認が素早くでき、口座残高、ポートフォリオの更新が迅速であること。

◆ブローカーへの連絡手段がほかにもあること。相場が急降下したときはどうなりますか？　オーダーは受け付けられて執行されるでしょうか？　それともシステムがトラブルに陥るでしょうか？　アクセスが集中してウエブがクラッシュしてしまったとき、電話を利用してすぐにブローカーと連絡がとれるでしょうか？

◆マージンレート（保証金率）が低いこと。ブローカーによって驚くほど違います。

◆口座開設のために必要な最低額がある場合は、その額が妥当であること。

◆自動的な買いストップや売りストップをナスダック株について設定できることを確認してください。NYSE株については、すべてのブローカーがストップの設定に対応しています。というのは、NYSE自体がそのサービスを提供しているからです。現時点では、ナスダックは提供していません。ほとんどのブローカーは、ナスダック株に対して顧客サービスの一環としてこのサービスを提供しています。買いストップや売りストップが「デイ（その日かぎり）」オーダーなのか、あるいは「GTC（キャンセルするまで有効）」なのか尋ねてください。GTC売りストップは、主な保有銘柄を休暇中も持ち続けたいと考える場合に特に便利です。価格が指定した売りストップに達した場合、マーケットオーダーが起動され、そのポジションは自動的に売却されます。

オンラインブローカーに関する情報は、ゴメスアドバイザーズ（www.gomez.com）で入手できます。このサイトでは、使いやすさや顧客信頼度などの基準に従って、オンラインブローカーの評価と格付けを行っています。同サイトの参加ブローカーと契約すると、キャッシュバックを受けることができることもあります。

検討しているブローカーに対して、訴訟や苦情が提起されていない

かどうか知りたい場合は、全米証券業協会（www.investor.nasd.com）の「個人投資家向けサービス（Individual Investor's Services）」の「一般開示（Public Disclosure）」セクションをチェックしてください。

GetSmart.com（www.getsmart.com）もチェックしてください。口座を開設する前に、オンラインブローカーのコスト、利点、特徴を知ることができます。

また、オンライン口座を持っているほかのトレーダーたちに、どのインターネットブローカーを使っているか、そのブローカーが信頼でき効率的かどうか尋ねてください。時間と労力を惜しまずにできるかぎり調べてください。代表的なオンラインブローカーは以下のとおりです。

 A.B.Watley www.abwatley.com (888)229-2853
 Ameritrade www.ameritrade.com (800)454-9272
 Brown & Co. www.brownco.com (800)822-2021
 CSFBdirect www.csfbdirect.com (800)825-3723
 Datek www.datek.com (888)463-2835
 E＊Trade www.etrade.com (800)387-2331
 Muriel Siebert www.msiebert.com (800)872-0444
 Quick & Reilly www.quickway.com (800)837-7220
 Schwab www.schwab.com (800)435-4000
 Suretrade www.suretrade.com (800)793-8050
 T.D.Waterhouse www.tdwaterhouse.com (800)934-4410

まずはインターネットブローカーで始めて、後から次に説明するダイレクトアクセスブローカーに移る投資家たちもいます。

ダイレクトアクセスブローカーに口座を開く

売買オーダーを出す３つ目の方法は、ダイレクトアクセスブローカー経由です。ダイレクトアクストレーディングの説明に入る前に、気配値情報システムについて説明します。

トレーディングでは３種類の気配値情報システムが利用されています。

１．レベルⅠ。ブローカーが提供するリアルタイムの気配値情報（この気配値情報については第１章で説明しました）。表示される気配値は、その時点で売買できるベスト価格です。

２．レベルⅡ。レベルⅡスクリーンでは、株価が自動更新されて表示されます。レベルⅠで入手できるベスト（インサイド）ビッドとベストアスク（オファー）に加えて、活発に取引されている銘柄については、多数の参加者がより安値またはより高値で売買しようと待ち構えている状況を見ることができます。

３．レベルⅢ。スペシャリストやマーケットメーカーが気配値を更新するために使用する気配値情報システム。一般人は普通使用できません。

レベルⅡを利用したダイレクトアクセスのオーダーシステムは、あなたの注文を市場に最も速く送る方法です。スイングトレーダーやポジショントレーダーは、デイトレーダーほどには執行スピードに神経質ではありませんが、それでも自分がオーダーのコントロールを握っているというのは気持ちのいいものです。

レベルⅡスクリーンを通じて、NYSE、AMEX、ナスダックの「相場の内幕」を知ることができるので、レベルⅡスクリーンは株価に「透明性」を与えたとよく言われています。あなたが出した注文は、仲介者をまったく経由せずに、目的の取引所へ直接送られるのです。

活発に取引されている株式のレベルⅡスクリーンは、ひっきりなしに更新されるため、目まぐるしく変わります。ほとんどのトレーダー

図2.1(a) ゼネラルエレクトリック(GE)のレベルIIスクリーン

```
General Electric Company                                    _ |□| ×
GE              42.48    ↓ +.28    Vol    9736400      42.48  200
Bid    42.47    Ask   42.49   Close    42.20           42.48  14000
High   42.50    Low   41.90   $ Flow  -43456611        42.48  800
                                                       42.50  500
                                                              200
 Name    Bid    Size         Name    Ask    Size       42.49  1000
 NYS    42.47    50          NYS    42.49    15               500
 NAS    42.45     1          NAS    42.50    48               600
 CIN    42.45     1          CIN    42.50    26        42.49  500
 CAES   42.45     1          CSE    42.50     4        42.49  200
 MADF   42.45     1          TRIM   42.50     5        42.49  100
 BSE    42.42     7          CAES   42.50    53               1100
 ARCHIP 42.41     3          MADF   42.50    48               100
 ARCA   42.41     3          BSE    42.56    40        ---13.06---
 ISLAND 42.40     2          PSE    42.58    10               1000
 CSE    42.37     1          ISLAND 42.65    10               400
 PSE    42.37     1          PHS    42.74     1               2500
 TRIM   42.30    23          ISLAND 42.74     5               500
                                                              100
```

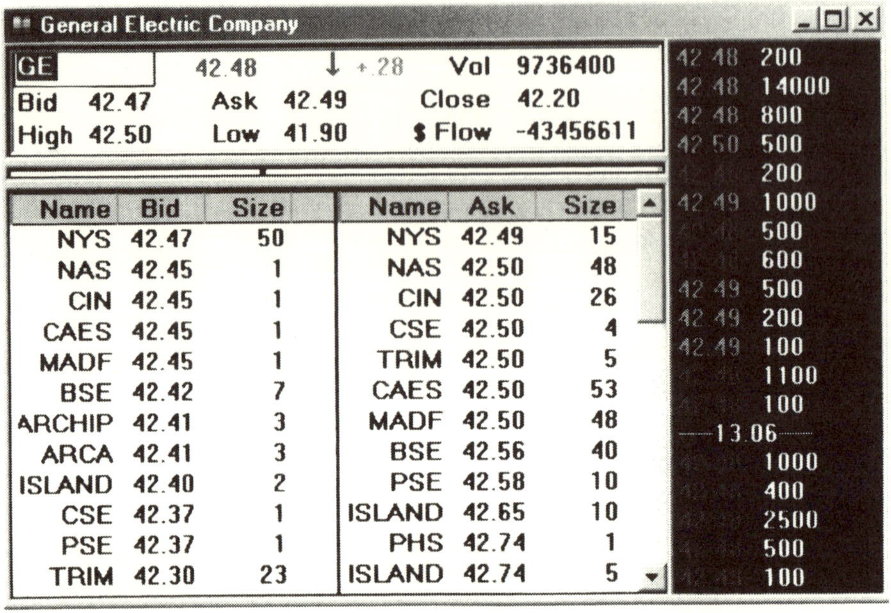

は、レベルIIスクリーンに「タイム・アンド・セールス」スクリーンを追加しています。「タイム・アンド・セールス」スクリーンには、実際の「プリント」、つまり成立した取引と執行された時刻が表示されます。このスクリーンの読み方については後で説明しますが、ここでは、図2-1（a）と2-1（b）で、ゼネラルエレクトリック（GE、NYSE株）とサンマイクロシステムズ（SUNW、ナスダック株）のレベルIIスクリーンを紹介しておきます。これらのレベルIIスクリーンは、取引所が異なるために多少異なっています。その違いについては後で説明します。短期トレーディングをフルタイムでやろうとしているなら、レベルIIのオーダー入力システムを提供しているブローカーで口座を開設することを考えてください。なぜかというと、レベル

図2.1(b) サンマイクロシステムズ(SUNW)のレベルⅡスクリーン

Sun Microsystems, Inc.						
SUNW		17.50	↑ -.67	Vol	18317000	
Bid ↓17.49		Ask 17.50		Close	18.17	
High 17.90		Low 17.40		$ Flow	9392591	

Name	Bid	Size	Name	Ask	Size
INCA	17.49	2	SCHB	17.50	5
ISLAND	17.49	11	LEHM	17.50	3
ISLD	17.49	11	MONT	17.51	10
OLDE	17.49	7	HRZG	17.51	2
REDIBK	17.48	5	INCA	17.51	15
REDI	17.48	5	ARCHIP	17.52	10
PERT	17.48	4	NDBC	17.52	1
HRZG	17.48	35	MADF	17.52	20
SCHB	17.48	10	REDIBK	17.52	2
ISLAND	17.48	13	BEST	17.52	24
PIPR	17.47	1	ARCA	17.52	10
RSSF	17.47	1	REDI	17.52	2

（右側のティッカー表示：17:49 100、17:49 100、17:49 1000、17:49 1900、17:49 500、17:51 300、17:51 200、17:49 1300、17:49 100、17:49 100、17:50 700、17:50 1000、17:50 1000、17:50 2100、17:49 200、17:50 800、――13:08――、17:49 300、17:50 100）

　Ⅱ付きのダイレクトアクセストレーディング環境を提供しているブローカーは、トレーダーを対象にしているので、ストリーミング方式で更新される気配値情報、ティッカーテープ、最新ニュースとともに、カスタマイズ可能なチャート機能やウオッチリストを備えた総合的なパッケージを提供していることが普通だからです。

　欠点は、月当たりの最低取引回数を満たさなければ、料金を支払わなければならないことです。

　以下にダイレクトアクセスソフトウエア会社の一部を示します。各社のウエブサイトには参加ブローカーのリストが掲載されています。新しいソフトウエアが続々と登場してくるので、投資家向けのウエブサイトや雑誌で新顔をチェックしてください。

CyberTrader　www.cybercorp.com
RealTick　www.realtick.com
RediPlus　www.onsitetrading.com
Tradeportal　www.tradeportal.com
Tradescape　www.tradescape.com

　幾つかのオンラインブローカーが、現在、ダイレクトアクセストレーディング、あるいは「レベル1.5」とも呼ばれるレベルⅠとレベルⅡの中間的なシステムを提供しています。投資家向けの雑誌や新聞で広告を見ることもあるでしょう。
　幾つかのダイレクトアクセスブローカーに絞った後、各社に電話をして、顧客サービス担当者に以下の質問をするといいでしょう。

◆口座の開設に必要な最低残高の決まりはありますか？
◆システムには月々の料金がかかりますか？　毎月一定回数以上の取引をしなければなりませんか？　執行回数で月の料金が変わりますか？
◆システムの信頼性は？　どのくらいの頻度で故障しますか？　ブローカーの担当者がこれらの質問に答えるときに口ごもったら、話を礼儀正しく終わらせて、別のブローカーへ行きましょう。
◆チャートプログラムには週足チャートがありますか？　これは重要です。一部のトレーディングソフトウエアには週足チャートがありません。
◆ローソク足チャートはありますか？　ローソク足については第6章で説明します。
◆移動平均、MACD、コモディティーチャネル指数、ストキャスティックス、RSI（相対力指数）、フィボナッチリトレイスメントなど、指標のメニューが完全にそろっていますか？　これらの指標やオシレーターについても後で説明します。この段階では、

システムのチャート機能についてだけ質問してみましょう。

◆チャートに別のチャートを重ねることができますか？　これは、例えば、S&P指数に株価の動きを重ねて比較するときに便利です。

◆手数料体系は？　上場株かナスダック株かで手数料が異なりますか？

◆マージンレートは何％ですか？　貸方残高に対して利息が付きますか？

◆アラーム機能はありますか？　ある場合、指定した株が特定の価格に達したときに知らせるように設定できますか？

◆ニュース機能はありますか？　追加料金はいくらですか？

最終的に決める前に、少なくとも３つのシステムを調べることをお勧めします。各社に情報を送るように依頼して、どのくらいの速さで対応してくれるか見てみましょう。最初の態度で分かることもあります。電話をかけたとき、どのくらいの速さで出てきますか？　テープの音声で伝言を残すように言われてしまいますか？　顧客担当者は親切で知識が豊富ですか？

最後に、ダイレクトアクセスシステムを使っている人たちと話してみましょう。このエレクトロニクスの時代でも、人から直接聞く話が最も信頼できます。

手数料の迷路

トレーディングは、法律によって登録ブローカーを通じて行わなければならないと決められているため、手数料は必要な経費です。料率はブローカーごとに異なります。

手数料について考える場合、ブローカーが提供できる最も重要なサ

ービスは、オーダーを迅速かつ正確に執行することだということを覚えておいてください。一般的に、速く執行されるほど、執行価格はあなたにとって有利になります。

オンラインブローカーに支払う手数料が高いほど、より多くの「ベルやホイッスル」、つまりチャート、リアルタイム株価情報、ファンダメンタル分析、ニュースなどを利用できます。オーダーが迅速かつ正確に執行されるものと仮定すれば、高い手数料を払って、ブローカーのチャートやリサーチを利用するのもひとつの選択肢です。

バッドニュースをお伝えすると、多数のブローカーのチャートは単純過ぎて、短期トレーダーの意思決定支援に必要な指標やオシレーターが装備されていません。次にグッドニュースですが、多数の優れたチャートプログラムが市販されています。前述したように、幾つかの優れたウエブサイトでは、リアルタイムチャートや最新ニュースが提供されています。広告を我慢すれば、無料で情報を入手できるサイトは幾つかあります。ですから、ベーシックなブローカーで口座を開設し、チャートとニュースは別の情報源から得るという選択肢もあります。

ダイレクトアクセスブローカーの手数料体系もさまざまです。一般的にオンラインブローカーより複雑なので、ダイレクトアクセスブローカーで口座を開設したい場合は、手数料について詳しく説明してもらいましょう。

ダイレクトアクセスソフトウエアの場合、高品質のイントラデイチャートとストリーミングニュースを備えているのが普通なので、これらのツールを別途調達する必要がありません。

少し混乱しましたか？

では、ここでまとめてみましょう。

◆選択肢──直ちに短期トレーディングに本腰を入れて、生活の大きな割合をささげるつもりなら、レベルⅡ機能を備えたダイレク

トアクセスブローカーに口座を開設することを考えましょう。
◆選択肢──もっとゆっくりとしたペースでトレーディングを始め、パートタイムでやるつもりなら、オンラインブローカーの口座で十分でしょう。
◆選択肢──まずはオンラインブローカーで始め、慣れてからもっと本格的なダイレクトアクセスシステムに移ることもできます。

念のために申し上げておきます。トレーディングについて学ぶ最も下手な方法は、初めから欲張り過ぎてしまい、情報過多で挫折してしまうことです。自分の性格に合った独自のスタイルを見つけましょう。快適であることがトレーディングで成功するための選択の鍵です。

スリッページ──とは何か

スリッページとは、売りまたは買いのマーケットオーダーを出し、そのオーダーが発注時の価格と異なる価格──買うときは高値、売るときは安値──で執行されることです。大幅なスリッページは、「ランニング」、つまり価格が急騰している株を買うマーケットオーダーを出したときに起こります。

また、スリッページは、「薄商い」、つまり出来高の少ない株（1日30～50万株未満）を買うマーケットオーダーを出したときに、利益を減らします。マーケットメーカーがあなたが入れた「孤立した」マーケットオーダーを見つけると、自分のニーズに合わせて価格を「調整」してしまうのです。マーケットメーカーはヨダレを垂らしながら、価格を1ポイントの数分の1上げてあなたのオーダーを執行します。現在では、こういう操作はNYSEよりもナスダックでのほうが一般的になっていますが、私はどちらの取引所でも起こったのを見たことがあります。

スリッページに対する防御策は、リミットオーダーを出すか（オーダーは指定された価格以外では執行されない）、ダイレクトアクセスブローカーを介してレベルⅡスクリーンでオーダーを入れることです。

短期トレーディングで秀でるには、どんなチャレンジがあるのかを学ぶことが必要です。何といっても、苦労して稼いだお金がかかっているのです。ですから、現実のレッスンはこうなります。ポジションにエントリーしたとき、つまり株を買ったとき、あなたはすでに「穴」に落ちているのです。ブローカーの手数料が購入価格に付加されます。合計で5ドルから25ドル以上になります。スリッページで1株当たり10セント増えれば、あなたのいる穴はもう少し深くなります。500株だとすると50ドルになります。ですから、手数料として15ドル支払い、それにスリッページで50ドル払うと、それだけで65ドルのドローダウン（評価損）になっているのです。1株当たり11から12セント値上がりしてやっとトントンなので、穴からはい出て利益を得るには少なくともそれより高くなることが必要です。トレードからエグジットするときに、再び手数料を支払い、しかも再びスリッページを食らうかもしれないのです。

信用取引口座——その仕組み

口座を開設するとき、ブローカーから標準的な「信用取引口座」（マージンアカウント）にするかどうか尋ねられるでしょう。標準的な信用取引口座は「50％信用取引口座」と呼ばれます（デイトレーディング口座を開く場合は別の手続きになります）。つまり、口座内の金額と同額のローンをブローカーが貸してくれます。例えば、5万ドルで口座を開いた場合、ブローカーが自動的に5万ドルのローンを提供してくれます。あなたは突然10万ドルを使えるようになるのです！これっていい話だと思いませんか？

だけど、待ってください。いきなりショッピングを始めてはいけません。どんな銀行でもそうですが、ブローカーもローンに利子を課します。とはいっても、利率は一般的に低く、そのお金を実際に使わないかぎり利子は課せられません。

　信用取引口座を開く理由は２つあります。ひとつは、あなたが経験を積んだ後、マージンによって増大した購買力を利用できることです。自分のお金を「レバレッジ」することによって、ローンのコストよりも多くのお金を儲ける（ことを狙う）のです。２つ目は、株を空売り（ショート）するには、信用取引口座を開くことが必要なのです。この変動の激しいマーケットでは、空売りで大きく儲けることができるのです。ほんとですよ。

　もしあなたが株式市場のベテランなら、すでに信用取引口座をお持ちかもしれません。もしこのゲームの初心者なら、あなたの最善の戦略は、信用取引口座を開き、当面はその特別な購買力については忘れてしまうことです。

　新米トレーダーとしてあなたができる最もリスクの高いことのひとつは、信用取引枠を目いっぱい使ってしまうことです。信用取引で保有している株が下落すると、自分の現金だけでプレーしていた場合の２倍損するのですよ。ヒェー！

　安全策として、最初のころは信用取引口座を持っていることを忘れ、自分の資金だけでトレードしましょう。口座の一部はいつも現金のままにしておきましょう。かったるいですか？　心配ご無用。それでもマーケットは娯楽と興奮に満ちています！

ゴールを持つことが必要

　これまで、トレーディングビジネスに対して投資する時間と資金について話してきました。おそらくトレーディング用のスペースが確保

され、口座開設用の書類も郵送済みかもしれません。

次は、この旅の楽しい部分です。

研究によると、人は鼻先においしい「ニンジン」をぶら下げられると（私ならチョコレートですけどね！）、もっと一生懸命に働き、頭を使うと言われています。では案内標識や究極の目的（成功）として使用する、幾つかのニンジン、つまりゴールを明らかにしましょう。

短期的なゴール

まず、短期的なゴールを決めましょう。時間枠は？　6カ月から1年です。

ほとんどの新人トレーダーは、こういうときに舌なめずりし、もみ手をしながら「1日500ドル儲けるぞ」とか「週に2000ドル儲けるぞ」とか、さらには「今年は元手資金の50％儲けるぞ」とか言いたくなるものです。

理性を失わないように！　できるかもしれないし、できないかもしれません。あなたのトレーディングキャリアのためにも、自分自身・大切な人・子供・愛犬に、毎日・毎週・毎年、投資でどのくらい稼ぐか、約束するようなことは絶対にしないでください。

マーケットプレーヤーとして成功するために学んでいるときのあなたのゴールは、投資資金を守ることです。それ自体、達成することが十分に困難なゴールなのです。

ある程度の経験を積んだら、自分自身と愛犬にだけ、特定の期間で半分のトレードを「グリーン」（勝者）にすると約束しても構いません。1回のトレードで200ドル損するより、10ドルだけでも儲けたほうがよっぽどいいのです。小さな利益でもたくさん集めれば、大きな利益になります。

1年以上トレーディングをして、コンスタントに儲けているようなら、金額的なゴールを設定してもいいでしょう。私自身は、1日1000

ドルの利益というような１日単位の金額的なゴールを設定することは避けています。そういう窮屈な設定をすると、正当な根拠のないトレードにでも手を出さざるを得なくなります。そういうトレードは損することを意味します。つまり、ジョージア地方の人たちが言うように「そういう犬は狩りをしない」のです。私は週単位のゴールのほうがいいと思います。プレッシャーが少なく、私の場合はゴール以上の成果を達成することが普通です。

　トレーディングを始めて間もない人でも設定できる最もいいゴールは、前著『ビギナーズ・ガイド・トゥ・デイ・トレーディング・オンライン（A Beginner's Guide to Day Trading Online）』で書いた原則だと思います。それは「儲けるためでなく、良いトレードをするためにトレードする」ということです。トレードのプランを立て、そのプランに正確に従うという、良いトレードをすることを目的にトレードを行えば、お金は後からついてくるでしょう。頭のなかで儲けたり損した金額を計算してばかりいると、現実のマーケットに対する感覚が鈍ってしまいます。ですから、良いトレードをするためにトレードするというゴールを設定しましょう。それを永遠のゴールにしましょう。きっと良かったと思っていただけるはずです。

長期的なゴール

　次に、長期的なゴールを決めましょう。時間枠は？　２から10年です。

　まず「マーケットでコンスタントに儲け続ける」というゴールを設定しましょう。そうなればプロのトレーダーです。このゴールを達成すれば、あなたは「成功の闘技場」へ胸を張って入っていくことができます。あなたの夢は何ですか？　スモーキーマウンテンズに丸太小屋？　アラスカへの豪華なクルーズ？　慈善事業の設立？　素晴らしいですね！　いますぐその種をまいてください。物事がうまく進まな

いときでも、大きなエネルギーになってくれるはずです。

　その長期的なゴールをもっと速く達成する方法があります。ジョージ・S・クレイソン著『バビロンの大富豪』（キングベアー出版）の主人公アルカドは、古代バビロンにおいて最も裕福な人間でした。アルカドが信奉者たちに与えた富を得るための最初のレッスンは「豊かさの追求を始める」でした。具体的に言えば「稼いだ分の一部を蓄えに回す」ことでした。アルカドは、お金を稼いだら、その10％をそのまま蓄えに回すよう説いています。

　これからは、マーケットで儲けたら、まず一部を蓄えに回してください。利益の10％を低リスクの商品に投資しましょう。時の経過とともに増えていく残高を見れば、マーケットにサンドバッグのように扱われた日でも、元気を取り戻すことができるでしょう。

　以下に、その他のゴール設定に関するガイドラインを示します。

- ◆自分には経済的に成功する価値があることを心底から信じることが必要です。
- ◆現実的なゴールを設定しましょう。高いゴールを努力して達成することはいいことですが、成功する見込みのない非現実的なゴールを設定しても、あなたの自尊心を傷つけるだけです。
- ◆ゴールを小さな単位に分割して、標識を付けましょう。ある標識までたどり着いたら、自分にご褒美をあげましょう。例えば、完璧に行われたトレードはご褒美に値します。新しいゴルフクラブ、日帰り温泉旅行、あるいは金的を射当てたときは週末旅行もいいでしょう。

　自分がゴールを達成するのをイメージできることが必要です。短期トレーダーとして自分が成功してゴールを達成するイメージを持てなければ、実際に達成できる可能性は小さいでしょう。でも、自分自身を熟達した賢明なマーケット参加者として心に描くことができれば、

あなたの行動とそのイメージは互いに近づいていくでしょう。

理解度チェック

では、ここで復習しましょう。

1．ほかのあらゆることと同様、トレーディングはビジネスです。トレーディングに充てることができる時間と資金を書き出すことから、ビジネスプランを始めましょう。

2．投資資金は、失っても問題にならないお金でなければなりません。

3．トレーディング用のオフィスでまず必要なものは、静かな、明るいスペース、テレビ、最新型パソコン、大型モニター（複数）、高速インターネット接続と、できればバックアップ用の接続、サージプロテクター、新聞雑誌の購読です。

4．取引口座を開設する際にオンラインブローカーをチェックするポイントは、リアルタイム株価情報の提供、アクセスしやすく操作が分かりやすいウエブサイト、工夫が施されているオーダー入力システム、確認が迅速にできるシステム、口座残高とポートフォリオの更新、そして信頼性の高い複数の連絡方法。

5．ダイレクトアクセスブローカーを使用することを選択した場合、オプションで週足チャート、ローソク足チャート、そして十分な指標とオシレーターが提供されていることを確認しましょう。一部のダイレクトアクセスブローカーの手数料体系はとても複雑なので、手数料体系の説明書を請求しましょう。

6．スリッページは、あなたが売りまたは買いのマーケットオーダーを入れたときに、オーダー時点の気配値と異なる価格（買いならより高値、売りならより安値）で執行されることです。

7．標準マージンは「50％信用取引口座」と呼ばれ、口座残高と同額のローンをブローカーが貸してくれることを意味します。

8．短期ゴールとして考えるべきこと。（1）資金を守ること。（2）特定の割合のトレードを「グリーン（勝者）」にすること。（3）良いトレードをするためにトレードすること。

9．長期ゴールとして考えるべきこと。（1）コンスタントに儲けること。（2）ずっと望んでいる「究極のゴール」を達成すること！

10．『バビロンの大富豪』のアルカドのアドバイスに従うこと。マーケットで儲けた分の10％はすぐに引き出して、別の低リスクな口座に入れること。

センターポイント

自分自身の夢に向かって自信をもって進み、イメージした人生を送るよう努力すれば、それまででは考えられなかった成功に出合うことだろう。——ヘンリー・デビッド・ソロー

夢をゴールに変える決意

　自分のゴールに対してしっかりと決意することほど、成功への歩みを速めることはありません。自分が望んでいるゴールを達成することを決意することで、ミサイルが標的を自動追跡するようにプログラミングされているのと同じように、自分自身にそのゴールを「自動追跡」するようにプログラミングすることができます。そうなれば、まるで魔法のように「オートパイロット」で飛んでいきます。標的がどんなに逃れようとしても、脳みそがその標的を追跡するための最適な行動を指示してくれるのです。

　ゴールに対する固い決意がなければ、オートパイロットは「オフ」になってしまいます。目標を自動追跡させるプログラムがないからです。あいまいな考えがとりとめもなく浮かんでは消えていくだけの意識しかないからです。あいまいな考えや夢は、あいまいな結果しか生み出しません。

　しかし、決意するという行為は、自分の潜在的な宝「袋」に到達する力を与え、未使用の才能を活用することを可能にしてくれます。

　また、自分には才能や能力がないという自己限定的な考え方を払拭してくれるかもしれません。自分には絶対に向いていないと考えていた仕事でも、やらざるを得なくなってやってみると、自分に意外な能力があることを発見したことはありませんか？

　決意するという行為は、新しいチャンスを引き付けるように自分自

身をプログラミングするのです。固い決意をすると、物事が動き始めます。ゴールを設定し、それを心から自分のものにすると念じ、宣言すれば（そうです。書き出すことが大切です！）、突然、さまざまなチャンスが人生に現れてきます。

　新たに固い決意をするたびに、私たちは新しい人生の体験を選んでいるのです。夢としてイメージしていたことが、突然、形になり、素晴らしい、新しい現実に変わるのです！

第3章
成功をもたらす発想を身につける
Master a Money-Making Mindset

株式市場にはひとつのサイドしかない……強気サイドでも弱気サイドでもなく、正しいサイドがあるだけだ。おれの場合、相場ゲームでのテクニカルなことよりも、この一般原則を習得するのに長い時間が必要だった。──ジェシー・リバモア

　株式市場は、拡大縮小しながら時空を駆け抜けるエネルギーの果てしない総体です。

　マーク・ダグラスが『規律とトレーダー』（パンローリング刊）で述べているように「マーケットは常に動いている。止まることはなく、小休止するだけ」なのです。公式にオープンしていようがクローズしていようが、マーケットはいつでも価値認識の変化に応じて取引が続けられている闘技場です。

　このようにイメージしてください。あなたはコンピューターウイルス用のワクチンを供給している上場企業の株式を購入します。夜のニュースでアナウンサーが、パソコンのウイルス被害が増大していることを伝えます。翌朝、NYSEのオープニングベルが鳴ると、その株が急騰します。その会社のファンダメンタルズがその12時間で変わったのでしょうか？　決算、製品、負債比率が一夜にして変わったのでしょうか？　いや。将来の需要と供給に対する「認識」、つまりその「価値」が変わったのです。

　1日24時間、価値認識が人の心のなかで変動するのと同様に、実際の市場でも24時間取引が行われています。1日のあらゆる瞬間、だれかが、どこかで、企業、金融商品、農産物、その他さまざまなものに関して、権利とお金との交換取引を行っているのです。

地球上の各半球に次々と陽が昇り、陽が落ちていくように、各市場における出来事やその結果として生じる感情は、ドミノ効果的に世界中のほかの市場に影響を与えます。ジョン・マーフィーはその著書『市場間分析入門』（パンローリング刊）で「最も際立ったレッスンのひとつは……金融・金融以外、国内・海外を問わず、すべての市場が相互に関連していることだ」と述べています。私たちが眠っている間に起こる出来事、ニュース、それに天気でさえ、それらの状況に対する人々の反応を通じて、私たちの市場が翌朝どのように寄り付くかを決定しているのです。

マーケットは機械ではない

　マーケットは果てしのない存在であるため、機械のように「構造化」された部分がほとんどありません。だからこそ、チャレンジのしがいがあるのです！
　私たち人間は「機械のようなもの」が好きです。特定の結果をもたらすと確信して特定の行動をとるのが好きです。私たちは、秩序ある基盤の上に構築された限界、境界、有限な環境を当然のことと考えています。
　私たちの多くが苦労の末に発見するように、マーケットはそういう原則に従っていません。ボラティリティが加わることによって、論理よりも感情に基づく幅広い気まぐれな動きが生じるため、マーケットは常にその「考え」を変え続けます。恒常的な変化が豊かな可能性をもたらします。そのなかには、論理的なものも、私たちの論理的な感覚を驚愕させるものもあります。
　私たちのように構造・秩序・境界を頼りにしている人間は、気まぐれなマーケットでどのようにしたら生き抜くことができるのでしょうか？　自分自身の「枠組み」をつくることによってです。マーケット

に入るときは、自分自身の構造、つまり自分自身の定義・原則・基準を携えていかなければなりません。

　まず、この闘技場に関連する知識をできるかぎり吸収しましょう。次に、トレーディングで遭遇する状況に対して、自分が心理的にどのように反応するかを調べてください。それから、マーケットがどのように動くか。さらに重要なことですが、チャンスや困難に直面したときに自分がどのように行動するかを。そういうことを知ることによって、自分なりのトレードエントリーの基準を決定するための一連の指針を導き出すことができます。その基準は、あなたの構造、あなたの枠組み、あなたの境界を定義します。次に、それらをマーケットに適用してください。

　そうすれば、あなたは自分の行動をコントロールできます。あなたは事が起こってから反応するのではなく、先を見越して行動できるのです。あなたはトレードを入念に選び、勝てる確率が高く、リスクの低いトレードだけに入ります。トレードのプランを立て、そのプランに従ってトレードします。自分の行動に対する責任と義務を完全に負います。何より良いことは、マーケットに規律をもって立ち向かえば、損が小さくなり、儲けが大きくなることです。それこそが何より肝心なこと……ですよね？

マーケットは常に正しい

　もちろん「マーケットは常に正しい」という古い格言をお聞きになったことがあるでしょう。それは本当です！

　マーケットには正しいとか間違っているという感覚はもともとありません。あなたが持っている株の会社が好決算を発表した？　マーケットはそれをあざ笑い、たたき落とします。FRB（連邦準備制度）議長のアラン・グリーンスパンがテレビ演説しているときに笑みを浮

かべた？　マーケットはエクスタシーを感じて天まで昇ります。

　成長株はP/E（株価収益率）が不釣り合いに大きく割高？　マーケットはそんなこと気にしません。好き嫌いは別にして、それが現実なのです。

　某巨大企業を退任したばかりの元CEOに会ったことがあります。その人は株式市場で活発にトレードすることで暇をつぶそうと考えました。その紳士は成功の典型です。ハンサムでかっこよく、角張ったあご、銀髪で、ベンツの最高級モデルに乗っていました。彼はまさしく「A型」のパーソナリティーの持ち主でした。どこを歩いていても、例えばランチや郵便局へ行くようなささいな用事のときでも、戦いに向かうかのようにあごを突き出していました。早口で、無駄話に時間を割くことはありません。彼は人々の長であり、尊敬されるべき人物でした。

　彼は、人生ですべてのことに全力で立ち向かったように、株式市場にも全力で立ち向かいました。成功を確信しているようでした。ところが、マーケットは彼に一撃を食わせるのです。彼は自分の傷をなめながら、再び戦列に戻りました。マーケットは彼の目玉を回し、頭を揺さぶり、あごを殴ります。彼は崩れ落ちたものの、立ち上がって反撃しようとしました。ボカーン！

　私はついに見ていられなくなりました。ランチを食べながら言いました。「損をなさってますよね？」と。

　彼はうなずいて「分からないんだ。僕の株は僕が考えるように絶対に動かないんだ。僕は一生懸命本も読み、投資セミナーも受けているのに。これ以上何をやればいいっていうんだ？」と答えました。

　「問題はあなたの発想です」と私は優しく言いました。「あなたは指揮する癖がついています。あなたはいつも従われていた世界から来ました。あなたはプロジェクトや取引を腕力で切り抜けてきました。もし思いどおりにいかなかったら、知性と権力を使って自分の好きな

ように変えていました」。私は彼の目を直視しながら続けました。「そういうことは株式市場ではできないのです。あなたの命令にも、だれの命令にも従いません」と。彼はハタとたじろぎましたが、それが真実であることは理解してくれました。

それから数週間、彼は発想を変えようと努力しましたが、彼の発想はあまりに深く身についてしまっていたのです。ポジションを建てると、どうであるかではなく、どうなるべきだということ、あるいはどうなってほしいということで頭がいっぱいになってしまうのです。どこが間違っているか分かりますか？　彼は結局、退職後の生活を埋めるために別のことをやろうと決めました。

自分が属する共同体、組織、家族において権力の座にある人は、言うとおりになってもらえると期待してマーケットにやってくることがよくあります。株を買うと上がることを期待します。そうならないと、フラストレーションがつのります。

いいですか。マーケットは私たち全員よりも大きいのです。いくら短時間でも、思いどおりの方向に動かす力を持っているような人はほとんどいないのです。自分がこうなったら、ああなったらと期待しても何の効果もないのです。「物事はこうあるべき」という発想に凝り固まっているプレーヤーたちは、災いを招いているようなものです。

私たちはマーケットの動きをあるがままに受け止め、機敏で、とらわれない発想を保つことによって対処します。自分がマーケットが上がるべきとか、下がるべきとか考えても、けっしてそのとおりにならないことを私たちは理解しています。

では、前の節で言及したように、自分自身のコントロールを保つために自分の基準を適用するとき、「常に正しいマーケット」に対してどのように対処したらいいのでしょうか？　それはこうです。トレードをするためにマーケットに立ち向かうときは、感情抜きに、「どうあるべきだ」という考えなしに観察します。はっきりとしたトレンド

を発見したら、条件が整っている銘柄を選び、それに自分のリスク対リターン基準を当てはめてみます。それがあらかじめ決めてあるプランに適合していれば、そのトレードに入ります。適合しない場合は、もっといいチャンスが現れるまで傍観しましょう。

自分の感情と向き合う——深く、集中して

そろそろ金融闘技場でコンスタントに儲け続けるうえでの、最大の障害がお分かりになってきたと思います。そのとおり。あなたの感情です。

人気漫画の主人公のポゴも言っているように「我、敵に会えり。その敵は自分なり」なのです。

トレーディングに不慣れなころは、感情がローラーコースターのように揺さぶられることがおそらくあるでしょう。例えば、永遠に上がり続けると信じて株を買います。ところがその株は急反転して、利益がなくなるだけでなく、元手資金の一部まで奪い取られてしまいます。希望を託した夢は破れ、希望が怒りに変わります。

翌日、あなたは別のポジションを建てます。その株は一気にストップロスポイント近くまで暴落します。あなたは、かたずをのみ、「またか」とつぶやき、不安を抱きながら見守ります。その株は突然反騰して新高値を付け、予期しなかったほど大きな利益もたらしてくれます。恐怖心と不安が喜びと満足感に変わります。あなたはため息をつき、きっとこうなると思っていたと言い張るのです。

問題は、感情のローラーコースターに乗ると、トラブルに陥ることがあることです。また、ストレスや消耗感を引き起こします。極端なレベルになると、心に傷を受けることもあります。

このビジネスで長く成功しているプロのトレーダーたちは、感情的な動揺を避けます。マーケットの予期しない変動に対する自分の反応

をコントロールすることを学んでいるのです。あなたにもできるはずです。

　早い段階で市場心理について説明しているのはそのためです。アナリストたちが市場平均を上回ると信じている株を強調するように、私はこの点を強調します。あらゆる本を読み、あらゆるセミナーに出席し、壁いっぱいにモニターを配置し、何兆億ドルもの資金を用意したとしても、「自分の感情をコントロールすることを学ばなければ、あなたの資金はすぐに溶けてなくなる」と私は断言できます。

成功をもたらす発想——脳みそを鍛える

　私たち人間は、期待が満たされなかったときの苦痛から自分を守るために、本能的に精神的な防御壁を構築します。自分の期待が満たされなかったことで、自分のビジョンや真実の状況を観察する能力をゆがめる、偽のイメージがつくられてしまうことがあります。ですから、感情的に混乱していると、現実に対する認識がゆがんでしまうのです。そして、どんな心理学者でも認めるように、感情は論理よりはるかに強いのです。

　そういう有害な感情をどのようにしたら克服できるのでしょうか？　まず、どういう感情が自分に「属している」かを見つけます。自分が「所有」しているとまず認識しないかぎり、人生から何かを除去することはできません。それから、それらの不必要な感情を前向きな反応と入れ替えます。その時点で、成功が私たちのものになるのです。

　前述したように、株式市場に関連するほとんどの感情は、恐怖心と強欲に起因しています。この2つは人が想像する以上に密接に結び付いています。この2つを橋渡ししているのは何だと思いますか？　興奮です！

　もし恐怖心を陽射しの下に引きずり出せば、それがどういうものか

がはっきり分かるでしょう。私はあるとき聖職者が「恐怖心は、無から有になろうとしている無だ」と言うのを耳にしました。

あなたは「そんなことはないでしょ」と当惑しながら言うでしょう。「建てたばかりのポジションが暴落したら、僕の手は汗ばみ、心臓の鼓動は耳まで聞こえ、胃袋は締め付けられる。それを無だと言うの？」と。

いや、私は恐怖心と呼びます。そして恐怖心は感情です。それは不快な感情であるだけでなく、血管を収縮させ、脳みそへの酸素供給量を減らし、その結果、合理的な決定を下す能力を制限します。合理的な決定が最も必要とされるときにです！

一方、「私は怖くない」と言い張って、恐怖心が消えてくれるのを期待することはできません。自然は真空状態を許容しません。あなたは何かを感じていなければならないのです。

前記の状況で、あなたはリサーチして値上がりすると判断した株を買います。しかし、マーケットには別の考えがありました。あなたの株をつかんで、地面にたたきつけたのです。その株価を知ったとき、恐怖とパニックがあなたを支配します。あなたは否定しようとしたり、屁理屈でごまかそうとしたり、何とか正当化しようとするかもしれません。苦痛を喜びに変えるために賢明に努力しようといろいろな考えが頭を駆けめぐっていたとき、苦痛があなたの心をよぎります。損を受け入れたくないので、そのポジションを保有し続けるか、あるいは売却して、それをそもそも買ったという自分の愚かさを責めるか。あなたはこのどちらかの行動をとるのです。

ところで、前記の状況やそれに似た状況は、実際に起こり得るのです。でも、その状況にあなたがコントロールされるのではなく、あなたがコントロールするのです。鍛錬と経験によって、恐怖心と中程度の不安から頭を殴られるようなパニックまでのそのすべてのバリエーションを、規律と知識を通じて濾過された簡潔なプランによって生み

出される、穏やかな自信と入れ替えることができるのです。

　間違うことや正しくなければならないことに対する恐怖心は、その他のあらゆる感情の総和よりも、より多くの人により多くの損をさせていることは確かです。

　こういう情景をイメージしてください。あなたはすべて正しく行動をします。リサーチし、トレードのプランを立て、完璧なエントリーポイントで買いに入ります。翌日、マーケットはアゲインストに動きます。あなたが買った株は急落し、あなたが頭のなかで決めていたストップロスポイントをヒットします。ヒェー！

　いろんな考えがあなたの頭をよぎります。今売るべきか？　売ったとたんに反騰するのではないか？　せめてとんとんに戻ることはないか？　もう少し持っていれば、儲けられるのではないか？　自分が間違ったことを他人に知られてしまうのか？　不安、失望、罪悪感という感情で、損切りできずに、下落している株を持ち続けるのです。

　残念ながら、アメリカ人とほとんどの「文明」社会では、自分は常に「正しく」なければならないという発想で育てられています。強い、頭の良い人が「正しい」のです。「間違っている」人を無知で能なしと呼びます。そのため、私たちのほとんどが、間違いを避けるためなら何でもします。株式市場では、その態度が命取りになることがあるのです。

　間違うことの恐怖と正しくなければならないことに対する治療法はこうです。まず、あなたの市場心理から「正しい」「間違っている」という考えを排除してください。これ以降、そういうものは存在しません。選択肢があるだけです。あなたは、そばにプランを置き、入手できる最高の情報に基づき選択するのです。

　この先10分、10日、または10カ月で、株式相場やあなたが選んだ銘柄がどちらの方向に向かうかを知っているような人は、この地球上にだれひとりいないことを覚えておいてください。ですから、できるか

ぎり賢明な選択をし、プランに従ってトレードを管理するのです。自分のポジションが値上がりした場合は、あらかじめ考えておいたエグジットポイントで利益を確定します。もしポジションが売り圧力に屈して、設定したストップロスに到達した場合は、「あれ……思惑と違ったなあ。じゃあここで損切りして別のチャンスに賭けよう」と考えましょう。そう考えることによって、元手資金を守ることで満足できるようになり、引いては「売り」の引き金を引くことができるようになります。恐怖心も、不安も、動揺も、頭痛も、腹痛もなしにです。ああ、なんて気分がいいんでしょう。ですよね？

　恐怖心の相棒である強欲のバリエーションの場合、考えるだけならもっと楽しいです。ところが、残念ながらそれらの感情が引き起こす苦痛は同じです。例えば、株価を追いかけたことがありますか？　私はあります！　株式市場で活発にやってきている方なら、おそらくやったことがあるでしょう。

　マーケットがいま開いたとしましょう。あなたが注目している銘柄がゲートから飛び出し、空に向かって叫びなら飛んでいきます。あなたは考えます。「ワーイ！　この銘柄は本当に飛んでるみたいだ。みんなその銘柄に有り金をつぎ込んでいるので、私もそうしようっと。こんなに強気の銘柄に数ポイントの差なんて意味ないよね？　こいつはきっと月まで上がるぞ！」と。

　このシナリオにおける問題は、高値で買い、安値で売ることになることです。マーケットにコントロールされていると、そういうことはよく起こります。

　そういう考え方を次のように変えましょう。「この銘柄は私のエントリーポイントを通り過ぎた。じゃあ、次回にしよう。チャンスはまたすぐに来る」と。

　いま現在、9000以上の銘柄、つまり9000以上の選択肢があるということを頭に入れておいてください。なぜ、毛を刈り込まれてしまうか

もしれない羊のように、みんなに追従する必要があるでしょうか？

ところで、もしもあなたが損切るたびに落ち込んでしまうたちなら、気持ちを切り替えるようにしましょう。小さな損失を受け入れることもあれば、ポジションを売った翌日に月に向けてさらに急上昇してしまうこともあるでしょう。儲けられた「はず」の利益を計算して、くよくよしてはいけません。逃したお金のことは気にしないようにしましょう。それはビジネスの一部なのです。

もうひとつの強欲によって引き起こされる行動に、特に耳よりな情報を得たときにやってしまう「全財産を賭ける」行為があります。ものしり顔のタクシー運転手が、ヘソマガリコンピューターズ社がキョダイコングロマリット社に明日早朝に買収される、とあなたにここだけの話として伝えます。彼は「この株はどえらく上がりまっせぇ～」と妙に自信気に言うのです。

あなたは大急ぎで帰宅し、大急ぎで調べてみます。驚いたことに、ヘソマガリ社のファンダメンタルズは優良で、チャート的にも問題がありません。面白半分に少しだけ買ったみるのではなく、あなたは全資金に加えて信用買いまでして目いっぱい買いに入ります。そうですとも。ヘソマガリコンピューターズはあなたの子供を大学に行かせてくれる！　ワオー、タクシーの運転手さん、ありがとう！

ヘソマガリ社は寄り付きで上げますが、それから下落します。あなたは、ぽかんと口を開けたまま呆然とし、損したことで心が傷つき、罪の意識にさいなまれ、売ります。それから、床にへたり込み、午前中いっぱい自分の愚かさを責め続けるのです。

そういうことはやめましょう。そういうことは忘れましょう。それから「全財産を賭ける」的な発想を、自分は賢明なトレーダーであるという確固たる信念と入れ替えましょう。これ以降、あなたはどんな銘柄であっても、資金の大半を投入してしまうようなことのない、賢明なトレーダーになるのです。以上です。

だれかから耳寄りな情報を聞かされて、どうしても気になるならリサーチしてみましょう。その銘柄があなたのすべての基準に合格していたら、一定限度の株数だけ買って、ストップロスを近くに設定しましょう。ほかのポジションの場合と同じように、よく考えてプランを立てましょう。例えばそのうわさが本当で株価が急騰したら、急いで利食いましょう（マーケットの鉄則＝うわさで買い、ニュースで売れ）。でも、そのうわさはおそらくデマでしょう。すぐに売って、これからは耳より情報を無視することを肝に銘じておきましょう！
　私も一度いい経験をしてから、耳より情報を聞いたらチャートをチェックするようにしています。数年前、飛行機のなかで一列後ろの席に座っている2人の紳士の会話を小耳に挟みました。一方の男性がもう一方に、帰宅したらある株についてチェックするように勧めていました。その株のファンダメンタルズは最高で、すぐにも上がるというのです。
　私は帰宅するとすぐに株式ブローカーに電話をしてその情報について尋ねました（まだオンラインブローカーがなかった時代です）。私のブローカーは、私をなだめながらも面白がって、その株について調べてくれました。彼は「ほほう、こいつはなかなかいいですよ」と言いました。そして、私が何株か買うとことに賛成しました。それで買って、儲けました。そういうこともあるのです。耳より情報で儲けることが絶対にないわけではありません。ただ、めったにありません。それに期待が大き過ぎたり、野放図にやると危険です。
　希望を抱くこと、信念を持つこと、楽観的に考えることは、私たちの日常生活であればとても素晴らしい態度です。でもどうか投資判断にはかかわらせないでください。それらはあなたを破滅させることができます！
　「どうか、どうか、この株が上がりますように」と独り言を言ったことがありますか？　希望を抱いていると、株式市場の神様にそのよ

うに祈りたくなります。神様は聞いていないかもしれません。信念を持っていると、持ち株が下落しているときでも、友人たちや自分自身に「これはいい会社だ」と頑固に言い張ってしまいます。そういう言葉に思い当たりはありませんか？ 楽観的に考えると、「必ず戻る。マーケットはいつかは上がるものだからね」と思ってしまいます。私がなぜそういう言葉をよく知っているかって？ 私も最初のころは、そういう言葉を呪文のように繰り返していたからです。

　希望と信念と楽観主義にはこんな魅力的な特徴を持っているので、金融市場で意思決定ツールとして使うと必ず大混乱が起こります。そういうものは私の健康にとって有害なので、オフィスの外に置いてある架空のバスケットに入れておきます。そして帰宅時に持って返ります。自分をコントロールするため？ もちろん。それでお金が救われる？ もちろん。ですから、トレーディングをやめるまで続けるつもりです。

最終成果――どんなものか

　成功がどのようなものかを知っていなければ、成功へつながる自己鍛錬を成し遂げることはできません。イメージはこうです。あなたは賢明にもゲームを始める前にできるかぎりのことを学ぼうとを決意します。あなたはマーケットの敷居を慎重にまたぎます。そのおかげで、あらゆる可能性を考慮してプランを立て、確信をもってトレードできるようになりました。

　あなたが体験する感情は、平静と自信と超然です。あなたはトレードの結果に執着しません。ロボットのように、マーケットと、その環境に対する株の反応を観察します。

　加えて、あなたは自分自身を理解しています。率直に内省することによって、追放すべき感情と有益な感情が明らかになります。あなた

は衝動的で、頑固で、リスク許容度の高い人かもしれません。それらの特性を認識して、厳密なマネーマネジメントに向いている発想と入れ替えることを決めます。

あるいは、あなたは根っからの完璧主義者かもしれません。プランと寸分違わぬポイントでエントリーとエグジットを繰り返します。素晴らしいことです。何も言うことはありません！

知識が増え、自制心をもって意思決定することが多くなれば、そのことが知識と規律の両方を高めることを実感するでしょう。言い換えれば、それは自己充足的な「環」なのです。各構成要素が互いに助け合っています。何といっても、規律を伴わない知識は危険です。知識を伴わない規律にはほとんど価値がありません。そして、知識と規律なしに経験を積むことはできないのです。

あなたはすぐに、「マーケットはそれを許す者だけを傷つける」ことを知っている、プロ並みの確信を携えてマーケットに足を踏み入れることになるでしょう。そしてコンスタントに儲けていくことになるでしょう。

責任感と敬意――出かけるときは忘れずに

責任感と敬意は、投資生活――そしてもちろん投資以外の生活――においてとても重要な2つの要素です。私たちの行動にはこの2つの要素が組み込まれていなければなりません。

カクテルパーティーで「今年ポートフォリオで25％儲けた」と自慢している人に会ったことはありますか？　弱気相場のときに同じ人と話してみてください。その人は「マーケットがポートフォリオの25％を奪い去った」と愚痴をこぼすでしょう。意味が分かりますか？　その人はポートフォリオの価値を増大させる素晴らしい意思決定を行ったのですが、株式市場「が」お金を奪い去ったと言っているのです。

自信を持ってマーケットに参加しているあなたは、自分のポートフォリオの結果に関して全責任を負います。あなたは、「買い」ボタンと「売り」ボタンを押しているのは自分だという事実を認識しているのです。

　また、お金に対して敬意を持っています。特に取引口座にあるお金に。その資金がなければ、ゲームから完全に撤退しなければならないことを知っています。投資の世界で競争するときの第一の目的が、自分の資金を守ることであることを常に心得ています。

　ちょっと時間をとってよく考えてみましょう。あなたは自分のお金を慎重に扱っていますか？　各種料金は期日までに支払っていますか？　あなたはよく考えてお金を使っていますか？　しわくちゃな20ドル札を引き出しに投げ込んだりしていませんか？　財布のなかにお札をきちんとそろえて入れることは、お金とお金が持つ力に敬意を払っていることを示しています。

自尊心と正当性

　世界で最も成功しているトレーダーや投資家たちは、自分自身と自分の勝利する能力を信じています。そのことはトップトレーダーたちの間ではよく知られている事実です。自分自身を人間としてどう考えているかが、あなたがどのくらいの利益を得られるかに大きく影響を与えるのです！

　『規律とトレーダー』（パンローリング刊）でマーク・ダグラスが言っているように、「互いに矛盾する考えを持っていると、エネルギーが帳消しにされてしまう。なぜなら、ひとつの考えを表現するには、他方の考えを犠牲にしなければならないという心理的矛盾が内在しているからだ」ということなのです。

　あるときにはマーケットで大きく儲けられるようになると思えば、

別のときには絶対に儲けることなどできないと考えてしまうことはありませんか？　ある週には株で簡単に儲けたかと思えば、別の週には「うっかりして」その儲けをなくしてしまうことはありませんか？　潜在意識では、汗水かかずに手っ取り早くお金を儲けることなど、まともな商売ではないと思っていることはありませんか？

　あなたが心のなかでお金を儲けることについてどう思っているか、よく考えてみましょう。心の深層部で、富を得ること、少なくとも現在より蓄えを増やすことに対する正当性が自分にあると考えているでしょうか？

　こう考えてください。お金はほかでは得ることのできない環境と経験を与えてくれる交換の手段です。みんなに行き渡るほど十分にあります。自分の人生に豊かさと繁栄を呼び込めば、ほかの人たちをもっと助けることができます。

　ですから、真実を明らかにしましょう。あなたには人生最高の贈り物を得る資格があります。それには、健康、幸せ、そしてあり余るお金が含まれているのです！

理解度チェック

　復習の時間です。
１．マーケットは果てしのない存在であるため、機械のように「構造化」されていません。
２．マーケットで成功するには、トレードするときに自分自身の構造と秩序を携えていなければなりません。
３．マーケットは常に「正しい」。
４．大金を投資資金として用意し、最も高価な機器を買いそろえ、マーケットに関する大量の知識を得ることはできたとしても、自分の感情をコントロールできなければ、あなたの資金はすぐになくなるでしょう。
５．感情的に混乱していると、私たちの現実に対する認識がゆがみます。
６．恐怖心と強欲という感情、そしてそれらのバリエーションを、プランを立て、そのプランに従ってトレードすることによって生じる穏やかな自信と入れ替えることを学びましょう。
７．希望を抱くこと、信念を持つこと、楽観的に考えることは、トレーディングオフィスの外に置いておきましょう。
８．自制心が成功をもたらします。トレーディングに足を踏み入れる前にできるかぎりの勉強をしましょう。トレードごとに厳密なプランを立てましょう。トレードの結果に執着しないようにしましょう。
９．責任感と敬意は、自分のお金に対する感情とお金の扱い方に大きく影響します。
10．世界の最も成功しているトレーダーたちは、自分を信じています。私たちも自分を信じましょう。

センターポイント

可能性の限界を発見する唯一の方法は、それらを乗り越え、不可能に挑戦することだ。──アーサー・C・クラーク

自分の環をもっと大きくする

　私たちの人間としてのゴールは、自分の最高の可能性に到達することです。私たちは優れた存在としてプログラミングされています！自分自身を信じさえすれば、すべての行動とゴールが手中にあります。「未知」に挑もうと決心さえすれば、人間ができることならどんなことでもできるようになります。

　環の中心に自分がいるところを思い描いてください。あなたと環の縁との間の空間があなたの世界です。つまり友人、家族、経験、価値体系、仕事、そして健康のレベルもそうです。

　その環の外側は、あなたが行ったことのない場所であり、やったことのない経験であり、想像することもできない発想であり、学んだことのない知識であり、まったく遭遇したことのない視点です。また、あなたの環の外側に流れているのは、持っているのに気がついていないあなたの才能、そしてあなたがまったく探求したことのないあなた自身の「遠い」部分です！

　あなたの環の外側には、何の保証もありません。それは、私たちが「いつの日か」と呼ぶ夢の国です。「いつの日か、本を書こう」「いつの日か、フランス語会話を学ぼう」「いつの日か、ヨーロッパに行こう」「いつの日か、僕がどれほど愛しているか彼女に告白しよう」という。

　天才や偉人と呼ばれる人たちについて考えてみましょう。優れた業績を達成し、世界をあっと言わせた人たちです。その人たちは自分の

環から飛び出し、未知の世界に足を踏み出しました。少しだけ例を挙げれば、レオナルドダビンチ、アルバート・アインシュタイン、ガンジー、ガリレオ、ウィンストン・チャーチルなどがいます。この人たちは、安全な「既知」の世界を離れ、未知の世界へ旅立ちました。

　人生が提供するすべての喜びを手中にするには、自分を新しい体験にさらすことが必要です。自分の環の縁まで行き、その境界を突破しなければなりません。そうすると、自分の環は自動的に大きくなります。新しい情景が開かれ、わくわくするような可能性に完全に到達できる道へ足を踏み入れることができるのです。

第4章

マーケットの読み方〈その1〉
──エネルギーを生み出す原動力

Market Machinations 101 : The Fuel That Sparks the Energy

だれのどんな耳より情報よりも、自分自身の判断ほど金儲けにつながる情報はない。おれは経験からそう断言できる。
────ジェシー・リバモア

　トップテクニカルアナリストがこう言うのを小耳に挟んだことがあります。「トレードで成功することは、世の中で最も難しいことのひとつだ。特定の行動が特定の結果を生むかどうか、確実に知ることは絶対にできないからだ」と。
　そのとおりなんです！　トレードはひとつひとつ異なります。いやそれどころか、株式市場は1日1日が異なっています。毎日おびただしい数の出来事が起こり、それが何百万もの考え方の違う人たちによって判断され、まったく新しい組み合わせの展開が生まれています。
　そして、常に、最終結果が価格として表されます。

最終責任は自分が取る

　巨大な竜巻をイメージしてください。激しく渦巻くそのエネルギーの塊のてっぺんに、世界中の出来事とそれらに対する私たちの反応があります。需給レベル、金利、産業の景気循環がその渦巻きを回す原動力になっています。下のほうでは、アナリストレポート、企業業績、各セクターと主要銘柄に対する大衆の評価が、バレリーナのようにつま先立ちで旋回しています。その大渦巻きのあらゆる要素が「価格」という一点に収斂します。

価格は一時点におけるコンセンサスです。

例えば、あなたは、保有しているワールドワイドワイヤレスを売りたいとします。私はワールドワイドワイヤレスを買いたいとします。私たちは、1株60ドルという現在の売値で合意します。そして、株券とお金を交換します。

しばらくすると、コンセンサスが変わります。理由はともかく、ワールドワイドワイヤレスの価値に対する認識が変わったのです。マーケットのプレーヤーたちは、それ以上、例えば60.25ドルの価値があると考えます。再び、株式とお金が交換されます。その企業のファンダメンタルズがその瞬間に変わったのでしょうか？　ノーです。この銘柄に現在参加している人たちの集団意識、つまり現実に対する認識の変化がその変化をもたらしたのです。

もうひとつ覚えておいてください。あなたが株式を私に売るとき、あなたはその株の価値がすぐに下がると考えています。私が買うのは、その価値が上がると考えているからです。短期的に見れば、私とあなたのどちらか一方だけが正しいことになるのです！

ファンダメンタル分析とテクニカル分析——綱引き

私がトレーディングを始めたころ、たくさんの株式ブローカーたちと話をしました。大半は、企業の財務報告書や業績調査を参考にして投資アドバイスをしていました。つまり、意思決定支援ツールとしてファンダメンタル分析だけに依存していたのです。その人たちはテクニカルチャートをまやかしものだと激しく非難していました。「私は金持ちのテクニカルアナリストに会ったことがない」というのがお決まりの言い草でした。

綱のもう一方の端には、テクニカルアナリストクラブの正会員たちがいます。こちらの人たちは「眠たくなるようなレポート類に目を通

してる暇なんてあるかい？　チャートが必要なことをすべて教えてくれるというのに」と言うのです。

　ファンダメンタル分析とテクニカル分析は、株式の「健康状態」を判断するために公開企業を評価するための２つの主要な手法です（企業の占星術図上の強さや「聖数」の体系で判断して株を買う人たちもいると聞いていますが、ここでは標準的な分析に限定します）。

　ファンダメンタル分析は、会社の「レントゲン写真」を撮るようなものです。組織の財務的な健全性を調べ、どのくらい強いかを教えてくれます。ファンダメンタルアナリストたちは、企業が提供する製品・サービスの需給レベルを調べます。それから、企業報告書、損益計算書、株価収益率（株価を１株当たり利益で割って算出）、マーケットシェア、売上高と伸び率、証券会社のアナリストによる格付けを調べます。企業のファンダメンタルズの強さを基準に売買する人は、一般的に「長期的」な観点から株を買い、日々マーケットで展開される細々とした値動きは無視します。

　テクニカル分析は、選んだ株式または市場指数の時間（日柄）、価格、センチメント（地合い）をチャート上で調べます。株価が動くことによってチャート上にパターンが描かれます。人間の行動は繰り返される傾向があるため、株価パターンも繰り返される傾向があります。眼力の鋭いテクニカルアナリストが、よく現れるパターンが形成される前兆を見つければ、次の値動きをある程度の範囲で読み取ることができます。

　ファンダメンタルズが企業の財務的な強さを示すとすれば、チャートはその株の性格を明らかにします。それに加えて、チャートでは株価の動きを同じ産業に属するほかの株や、S&P500などのブロードマーケット指数と簡単に比較することができます。まさしく「百聞は一見に如かず」で、スピード的にはチャートに分があることは明らかです。

ファンダメンタル分析とテクニカル分析を併用すれば、企業の財務的な健全性と性格に関する正確な情報を得ることができます。企業のファンダメンタル情報をこっそり調べるテクニカルアナリストや、チャートをこっそりとのぞき見するファンダメンタルアナリストがますます増えているのは、そのためです。

　綱引きは収まってきているように見えます。両陣営の重鎮たちも対立姿勢を和らげ、握り拳を降ろしてます。停戦も近いことでしょう！

　賢明な、儲ける短期トレーダーである私たちは、両方の世界の価値を認識しています。トレードに入るときは、あらゆる条件が自分に有利であってほしいと思います。そのために、以降の各節では、最小限の時間で企業の広範なファンダメンタル情報を見つける方法を示します。

ファンダメンタル分析──手っ取り早くしかも充実した情報源

　情報の時代です。時間とお金を費やす価値があるかどうかも分からないのに、無味乾燥な財務諸表を何時間も四苦八苦して読む必要はありません。ここでは、株のファンダメンタルな健全性を手っ取り早く調べる方法を紹介します。本章の後のほうでは、あなたのターゲットリストに含めている企業について、さらに詳しいファンダメンタル情報を入手できるウエブサイトを紹介します。

　インベスターズ・ビジネス・デイリー社（IBD）の親切な方たちが、私が高く評価している銘柄の格付けシステムを構築してくれています。かの有名なウィリアム・オニールの指揮と所有の下で、財務データの簡潔かつ信頼性の高いスナップショットを表す、独自の格付けを発表しています。念のために申し上げておきますが、私はIBDと何の利害関係もありません。

　　　※参考文献　ウィリアム・オニール『オニールの成長株発掘法』（パンローリング）

自分自身でリサーチする代わりにIBDの格付けを利用することは、バランスのとれた食事を残さずに食べる代わりに、ほとんど同じ栄養分をビタミン剤で手っ取り早くとることと似ています。これから説明するのはビタミン剤的なアプローチです。

銘柄のリストをざっと眺め、6桁の英数字をチェックして、1日分のファンダメンタルズを摂取するのです。それから、時間に余裕があるときに、この章のもう少し後でご紹介するウエブサイトにアクセスして、詳しいレポートやリサーチを丹念に調べてください。

IBD独自の企業格付け

インベスターズ・ビジネス・デイリーのSmartSelectレーティングには、以下の格付けがあります。

◆SmartSelect総合レーティング。以降の全レーティングをまとめた格付けです。52週高値との乖離パーセンテージも含まれています。全企業と比較され、1から99の格付けが割り当てられます。私が望ましいと考える銘柄のレーティングは70以上です。

◆EPS(1株当たり利益)レーティング。短期(直近の四半期)と長期(過去3年間)の平均収益伸び率を示します。全企業と比較され、1から99の値が割り当てられます。99が最高の格付けです。私は70以上を望ましいと考えます。

◆RS(相対価格力)レーティング。ほかの全銘柄に対する、過去12カ月間における相対的な価格変化を測定します。この格付けも1から99で、私は70以上を望ましいと考えます。

◆産業相対価格力レーティング。銘柄が属する産業の過去6カ月間における値動きを、IBDの産業リスト内のほかの196産業と比較しています。AからEの英字で、Aが最もパフォーマンスの高い産業です。レーティングがAまたはBの銘柄を見つけましょう。

◆売上高＋利益＋株主資本利益率レーティング。過去3四半期の売上高伸び率、税引き前および税引き後の売上高利益率と株主資本利益率を基に格付けの英字を決定します。この格付けもAからEの英字です。私は格付けAまたはBを適格と考えます。

◆アキュムレーション／ディストリビューションレーティング。過去13週間の価格と出来高の変化から、アキュムレーションされた（買われた）か、ディストリビューションされた（売られた）かを判別します。この格付けもAからEの英字で、Aが最も買われ、Cが中間的で、Eが最も売られていることを示します。この格付けは非常に重要です。AまたはBの銘柄を選びましょう。

これらの格付けは、IBDの各表内で銘柄の隣に表示されています。例えば、銘柄のところを見ると「99,99,99,A,A,A,72（＝52週高値）銘柄名（その他の株価情報など）」と表記されています。もちろん、3つの99と3つのAは最高の格付けを示しています。そんな銘柄はおそらく存在しないでしょう！　それでも、この数字と英字の組み合わせで企業の内部的な健全性を簡単かつ迅速に理解できることが分かっていただけと思います。便利……ですよね？

加えて、IBDの週末版（金曜）に掲載される「ザIBDリスト」をチェックしてみましょう。このリストには、EPSレーティングが80以上のS&P500に含まれる最高の銘柄が掲載されています。また、各銘柄のティッカー記号、産業分類（IBDは197業種に分類している）、利益伸び率、そしてファーストコール社（www.thomsonfinancial.com）による業績予測も含まれています。自分独自の「ウオッチリスト」をつくるための銘柄選びには最適なリストです。

その他の情報源——CNBC、CNN、ブルームバーグ

　どんなトレーディングルームを見ても必ず、CNBC、CNN、ブルームバーグなどの投資家向けチャンネルに合わされたテレビが天井近くに設置されているのを目にするでしょう。これらのテレビチャンネルでは、世界のニュースや、CEO、政治評論家、機関アナリストなどの大物のインタビューが放送されます。自分のポートフォリオに影響を与えるあらゆる事柄に通じていることが大切なので、できるだけこういうテレビ放送に耳を傾けることは良いことです。

　CNBCでは、ときおり、視聴者が居眠りしないように、プロペラの付いた野球帽をかぶって地方債の宣伝バルーンを大量に持った奇抜な自称「エキスパート」が現れます。私はどちらかといえばそれよりペンギンの映像のほうが好きです。多数のアナリストたちがある企業の格付けを同じ日によってたかって下げると、CNBCは、ペンギンの一団が流氷の端までよちよち歩いていって冷たい水のなかに次々に落ちる映像を放送します。こういう小さなユーモアが、金と（ほとんどないときもあるけど）判断力が勝負のこの世知辛い世界に、バランスをもたらしてくれるのです！

　ついでに言っておきますが、アナリストたちによる格付けのアップやダウンにつられて銘柄を選択していると、あなたは精神病院行きになりますよ。アナリストたちは、数日間とか数週間ではなく、もっと長期間の保有を前提に考えているので注意してください。

　多くの人たちが投資家向けチャンネルのニュースに従ってトレードや投資をしています。トレード関係のニュースがあなたにとって不利になることもあるので要注意です。繰り返しますが、昔からあるマーケットの格言「うわさで買い、ニュースで売れ」は今でも有効です。

　好業績を発表した翌日に株価が下落するのをよく目撃しませんか？

業績に関するニュースが早めに漏れてしまい、発表前に株価が上がってしまうため、「グッドニュースで株価が下落」症候群がときおり発生します。あるいは、その企業が属する産業が強力な下降トレンドにあり、そこそこのグッドニュースでは買いが集まらないのかもしれません。一般的にグッドニュースの寿命は1日、バッドニュースの寿命は3日と言われています。

　とはいえ、FRB議長のアラン・グリーンスパンが画面に登場して「不合理きわまりない」とか「インフレの兆し」とか発言した場合は、要注意です。その発言が終わる前に、できるかぎり速く「売り」ボタンをクリックしましょう！

　投資家向けチャンネルのニュースは、世界やマーケットの状況や市場心理をつかんでおくために役立ちます。でも、基本的には電撃的な発表に反応してトレードをすることは避けましょう。

　新聞とテレビの話を終える前に、1889年7月にチャールズ・ダウによって初めて出版された『ウォール・ストリート・ジャーナル』とその姉妹紙で週末に売り出される『バロンズ』について言及したいと思います。アラン・アベルソンの辛口コラム「アップ・ダウン・ウォールストリート」だけでも購読料の価値があります。両紙ともダウジョーンズ社が発行している優れた投資情報源です。

ぜひアクセスしたいウエブサイト

　ワールドワイドウエブは、一生涯で望むことができる以上の投資情報を提供してくれます！　サイバースペースには現在13万を超える投資ウエブサイトが存在するというレポートがあります。私自身はもっと多いのではないかと思っています。以下に、リサーチの手始めとして利用すべき、有名かつ調和のとれたサイトのミニミニリストを示します。無料のサイト、トライアル中は無料で購読できるサイト、それ

から毎月それなりの料金が課せられるサイトがあります。では、お楽しみください！

◆ビッグチャーツ（www.bigcharts.com）。自ら「世界で最もクールなチャートとリサーチのサイト」を標榜。インタラクティブチャート、株価情報、産業分析、日中銘柄スクリーナー、マーケットニュース、解説が無料。このウエブサイトのチャートには、ほぼすべての指標が用意されていて、株価チャートに指標を重ねることができます。まだチャートプログラムを持っていない初心者にぴったりのチャート。

◆ビッグイージーインベスター（www.bigeasyinvestor.com）。トレーダーたちに人気があって、銘柄スクリーニング、チャート、分析、リサーチを提供する、使いやすい無料サイト。また、初心者とベテランの両方のトレーダーに対応する各種の教育ツールが用意されています。「トレーダーズ・プレイブック（Trader's Playbook）」はグッドプレーの「ハウ」と「ホワイ」を示し、「トレーダーズ・ディクショナリー（Trader's Dictionary）」はマーケット用語の素晴らしい情報源。

◆BigTrends.com（www.bigtrends.com）。日々の市場分析、電子メールによるニュースレター、特集記事、プライスヘッドレーによるトレーディング講座がある、トレーダー向けの優良ウエブサイト。その他に有料のサービスと製品があります。

◆ブルームバーグ（www.bloomberg.com）。ニュース、詳細な銘柄リスト、株価情報などを提供。また、最高10個の株式または指数を追跡してそのパフォーマンス情報を提供してくれる、ブルームバーグのMarket Monitorに加入することもできます。

◆CBSマーケットウオッチ（www.cbs.marketwatch.com）。ポートフォリオトラッカー、銘柄スクリーナー、フーバースとザック

スのデータへの直接リンク付きのテクニカル分析用チャート作成ユーティリティーを提供。

◆C|netNews.com（news.cnet.com）。市場動向、株価情報、SEC提出情報、企業概要、競争相手に関する最新ニュース記事とスナップショットへのリンク。ハイテク企業のニュースが中心。

◆DailyStock.com（www.dailystocks.com）。自ら、ウエブ上で初かつ最大の株式リサーチサイトと標榜。株価情報とスクリーニング機能を含むリサーチを提供。それでも必要なデータが見つからないときは、「Daily Stocks」にある3ページからなるリンク集が役立つはずです。

◆フェアマークプレス（www.fairmark.com）。トレーダーと投資家向けの税金ガイド。税申告用紙と刊行物、書籍、便利な「Reference Room」、税金に関する質問ができる掲示板があります。

◆フーバーズオンライン（www.hoovers.com）。公開企業と非公開企業の概要、IPO（新規公開株）のページ、産業リサーチを含む、豊富な情報。

◆インベスターズ・ビジネス・デイリー（www.investors.com）。日刊紙から選択された記事が掲載されている。使いやすい株価チャートとスクリーニング機能があります。「Stock Doctor」セクションを介してIBDの株式レーティング見ることができます。

◆マイクロソフトマネーセントラル（www.moneycentral.msn.com）。リアルタイム株価情報、ポートフォリオとチャート用のツール。タイムリーなニュース、分析、SEC情報、株式とファンドのスクリーニング機能を提供。6人のプロアドバイザーからのインサイドビュー、インサイダー取引、アナリスト推奨。

◆ザモトリーフール（www.fool.com）。カスタマイズ可能なチャート、株価情報、予測、その他のデータへあなたのポートフォリオをリンクできる総合的なサイト。最も活発な掲示板のひとつ。

◆Quicken.com（www.quicken.com）。銀行、住宅ローン、保険に関する情報を含む、フルサービスの個人資産運用サイト。ポートフォリオトラッカー、株価情報、銘柄スクリーニング機能、ニュース、ミューチュアルファンド検索機能を提供。加えて、退職プラン作成機能やロスIRAカルキュレーターがある。

◆Quote.com（www.finance.lycos.com）。リアルタイムのマーケット情報を提供し、無数のチャート、株価シート、ホットリスト、過去の取引データ、要約期間データをすべてリアルタイム更新された形で表示。

◆シリコンインベスター（www.siliconinvestor.com）。ニュース、リアルタイム株価、リサーチ、StockTalk、各種の役立つ掲示板があります。ウエブ上で最高のハイテク株サイトのひとつ。

◆sixer.com（www.sixer.com）。テクニカル分析、マーケットニュース、談話室、トレード講座を提供するトレーダー向けウエブサイト。「アクティブゲームプラン」はトレーダー用のウオッチリストを提供。

◆SmartMoney.com（www.smartmoney.com）。解説、ポートフォリオトラッキング、株式ウオッチリスト、チャート機能、日足マーケットレポート、毎時ニュースを提供するビジネス投資ウエブサイト。株価情報、ニュース、ファンド検索機能、企業概要、アナリスト推奨などがあります。

◆ストックチャーツ（www.stockcharts.com）。チャートについて知りたいことのすべてとその他もろもろ。優れたマーケット解説に、考えられるあらゆる種類のチャートが網羅されている「Tools & Charts」と「Chart School」もあります。「The Experts」は、アーサー・ヒルとジョン・マーフィーなどの著名なテクニカルアナリストたちによるアドバイスを提供。

◆TheStreet.com（www.thestreet.com）。取引時間の前中後に投資

シーンに関するエキスパートによる分析を提供。株価情報、ファンドに関する情報と採点表、ポートフォリオトラッカー、株式とファンドのチャート、トムソンレポート、SEC情報を提供。

◆トムソンインベスターネットワーク (www.thomsoninvest.net)。ニュースとエキスパートによる耳より情報を提供。あなたが選択した銘柄について大手証券会社のアナリストたちがどう考えているか見ることができます。「ファーストコール」の業績予想セクションをチェックしましょう。

◆トレーディングマーケッツ (www.tradingmarkets.com)。トレーダーとアクティブな投資家向け。この素晴らしい高度にプロフェッショナルなサイトには、一流の教育セクションがあります。また、掲示板、ストックスキャナー、解説、日中の最新情報もチェックしましょう。月極料金の価値は十分にあります。

◆Yahoo！ファイナンス (finance.yahoo.com)。銘柄スクリーニング、ポートフォリオ、掲示板と株式チャットルーム、パーソナル株式ページャー、企業概要などのツールがあります。1ページに、株価と過去のチャート、最新ニュース、そしてリサーチや関連ユーザーメッセージへのリンクが表示されます。

これらのサイトをチェックしてみれば、ときどきアクセスしたいと思うお気に入りサイトや、興味をそそる新しいサイトが見つかると思います。また、私のウエブサイトwww.toniturner.comもチェックしてください。「Financial Links」のページには、アクセスする価値のある最新のサイトセレクションを掲載してあります。

雑誌

　トレーダー向けの雑誌としては、2つの雑誌が頭に浮かびます。『アクティブ・トレーダー（Active Trader）』（www.activetrader-mag.com）と『ストック・アンド・コモディティーズ（Stocks & Commodities）』（www.traders.com）です。アクティブトレーダー誌には、市場心理からパターン分析までのあらゆる事柄に関する、トレーダーにとって勉強になる記事がぎっしり詰まっています。「Trading Basics」セクションは新米トレーダーが主たる対象で、読む価値が十分にあります。ストックス・アンド・コモディティーズ誌は、各種指標の説明とその使用法に関する説明がとりわけ優れています。また、セクター（産業）のレビューと産業の専門家に対するインタビューもあります。

　もちろん、ニューススタンドの棚には、投資家向けやアメリカのビジネスに関する雑誌がこれら以外にたくさん並べられています。ほとんどは、教育用資料としては掘り出しものかもしれませんが、最新のファンダメンタル情報が反映されていません。執筆時と印刷発行日の間にタイムラグがあるので、短期トレーダーにとっては情報が古過ぎるのです。

　以降の各章で、チャートの基本と銘柄の選択法について説明します。かなり密度が濃いレッスンになるので、まずは一服して、ビタミン剤でも飲んでください！

理解度チェック

ここまでで、どれくらい理解しているか見てみましょう。

１．価格は一時点におけるその銘柄に関するコンセンサス。

２．ファンダメンタル分析とテクニカル分析は、その銘柄の健全性を判断する目的で、公開企業を評価するための２つの主要な手法。

３．ファンダメンタルアナリストたちは、企業が提供する製品やサービスの需給レベルを調べます。また、企業の報告書、損益計算書の要約、PE（株価収益率、株価を１株当たり利益で割って計算）、マーケットシェア、売上高と伸び率、証券アナリストによる格付けについても調べます。

４．テクニカルアナリストたちは、選択した株式（または市場指数）に関する時間（日柄）、価格、センチメント（地合い）をチャート上で調べます。

５．インベスターズビジネスデイリー（IBD）※は、企業のファンダメンタルズに関する簡単かつ信頼性の高いスナップショットを提供する独自の格付けを提供しています。

６．CNBC、CNN、ブルームバーグなどのテレビチャンネルは、世界とマーケットに関する情報源として、そして市場心理をつかんでおくために役立ちます。しかし、テレビで見た電撃的なニュースに反応してトレードすることは、一般的に避けるべきです。

※参考書籍　インベスターズビジネスデイリー紙の発行者であるウィリアム・オニールの著書『オニール成長株発掘法』、『オニールの相場師養成講座』、『オニールの空売り練習帖』はパンローリングより発売中

センターポイント

自分の心、自分の夢、自分の望みに従え。それが何であれ、自分の魂が求めることを行い、それを成し遂げる。そして次の冒険に向かうのだ。——ラムサ

人生に衝動を招き入れる

　株式市場は厳格な女主人です。彼女の世界で成功するには、厳密な指針と原則、構造化された発想、そして揺るぎのない規律を身につけ、毎日、事を進めなければなりません。楽観的な考え、望みを抱くこと、そして衝動は常に避けなければなりません。

　でも、この闘技場を離れたら、自分の精神のバランスを取り戻し、リフレッシュするために、自分の見方と発想を対極にシフトし、衝動を自分の世界に招き入れることが大切です。

　衝動とは、それが楽しいかもしれないというだけの理由で、そのときの思い付きで何かを試すことを意味します。実際の体験は、想像したようにはならないかもしれませんが、そのことを発見することはあなたにとって確実に良いことです。衝動的な行動は、あなたの人生を究極的に良い方向に変える、驚くような結果をもたらすこともあります。

　特に周りの人たちが予想していないときに衝動的に行動すると、あなたは無責任という烙印を押されるかもしれません。それで結構。面白いじゃありませんか！　その他大勢のひとりとしてうわさ話をするよりも、冒険をしてうわさ話のネタにされるほうが良くありませんか？

　私たちはだれでも、その地位にこだわるあまり、衝動という技法と喜びを捨て去った「お偉方たち」を知っています。その人たちは、生

涯、背筋を伸ばし、上を向き、側面目隠しをつけて行進し続けます。新しい提案に対するその人たちのお決まりの反論は「そういう前例がないし、今、変更することはできない」なのです。

　逆に言えば、ジッパー、ペーパークリップ、フラフープのような前例のないものが、自由な発想を持った発明者たちの衝動的な閃きなしに生まれることがあったでしょうか？

　少し前に、自分の内なる光を隠すために着ける仮面について話しました。衝動はそれらの仮面を削り取り、そのすぐ下にある真の精神を表に引き出します。

　戯れに、今週、１回か２回か３回、衝動的に行動してみたらどうでしょうか？　何年も会っていない人に電話をかけてみましょう。日中にデスクを離れて、数ブロック早足で歩いてみましょう。ずっといてほしい屋台のホットドッグ屋さんに声を掛けてみましょう。子供をディズニー映画に誘ってみましょう。公園で宙返りをしてみましょう。

　覚えておいてください。楽しみながら衝動的に行動してみると、ときには予想もしなかったような、一生涯続く良いことが起こることがあるものです！

第5章

マーケットの読み方〈その2〉
――儲けをもたらす基本的なチャートテクニック

Market Machinations 102 : Basic Charting Techniques That Make Your Money

おれのトレードプランは堅実だったので、負けより勝つことのほうが多かった。プランどおりにやっていたら、おそらく10回のうち7回は勝っただろう。――ジェシー・リバモア

　第4章では、包括的なファンダメンタル情報を手っ取り早く見つけるところを紹介しました。本章では、テクニカル分析の基本的なスキルを勉強しましょう。ほとんどの人は「テクニカル分析」という言葉を聞くとぎょっとすることを私はよく承知していますが、その言葉ほどには大それたものではないので、安心してください。

　これだけは頭に入れておいてください。本章でチャートの基本を学び始めた瞬間から、あなたはほとんどのマーケットプレーヤーたちよりはるかに優位な立場に立ち、より大きな利益を手に入れる道を歩み始めるのです。

　まず、変動する金融市場においてサイクルがどのような役割を果たしているかを簡単に見てみましょう。

サイクル――世界のオペレーティングシステム

　私たちの世界、さらに私たちの宇宙は、サイクルというシステムを基盤に動いています。私たちは、地球がほかの姉妹惑星たちとともに太陽の周りを公転していることを知っています。1回の公転は、私たちが「年」と呼ぶひとつのサイクル（周期）に対応します。その年のなかで、予測可能な気象パターンが、それぞれがさらにひとつのサイ

図5.1 景気のサイクル

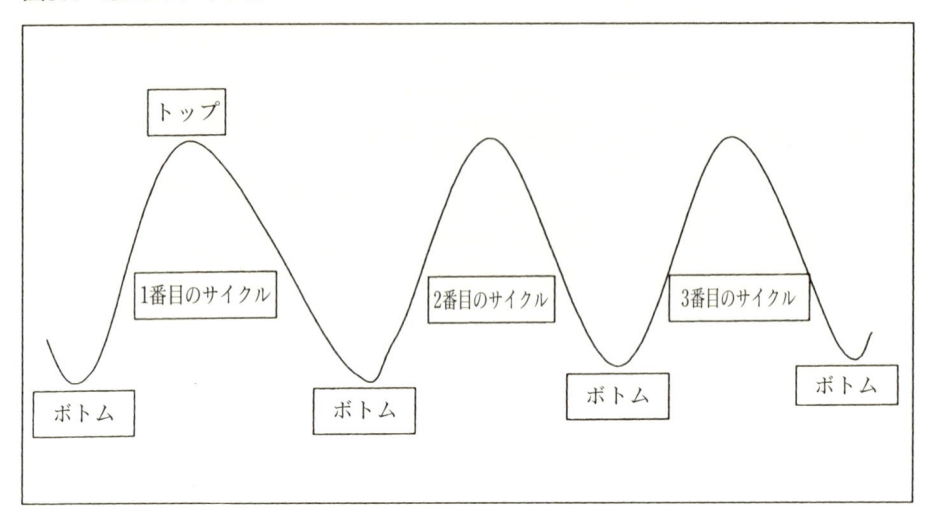

[図：3つの山（トップ）と4つの谷（ボトム）からなる波形。それぞれ「1番目のサイクル」「2番目のサイクル」「3番目のサイクル」とラベル付けされている]

クルとなる四季をつくりだします。潮の干満は厳密なサイクルに基づき発生します。人間とあらゆる生物は、誕生・幼児期・思春期・成人期・死という生命のサイクルを経験します。

　工業化された経済社会は、拡大・天井・底・再び拡大というサイクル（循環）を通じて発展します。それらの経済を牽引している主要産業は、導入・成長・成熟・衰退という4つの段階を経験します。これらの産業は、個々の企業から構成されています。それらの企業が発行する証券は、当然のことながら、景気のサイクルを予期して景気と同じ方向に動く傾向があります。

　株価チャート（図5.1）では、過去の値動きとサイクル、つまり一連のトップ（山）とボトム（谷）を見ることができます。

　月足と週足のチャートでは、それぞれのバーまたはローソク足（ローソク足については第6章で説明）がそれぞれ1カ月と1週間に対応

します。5年から10年など、長期間にわたる過去の値動きを見ることができます。サイクルは必ずしも図5.1に描かれているように均一に形成されるわけではありませんが、それでもトップとボトムから成るつりがね状の曲線、つまりサイクルのパターンを描きます。

これらのサイクルは、大宇宙から小宇宙まで、場所を問わず存在します。ひとつの大きなサイクルは多数の小さなサイクルから構成され、ひとつの小さなサイクルはさらに小さな一連のサイクルから構成されています。

例え話をしましょう。本書は多数の章から構成されています。章はさらに節が集まってできあがっています。節は一連の段落からできていて、段落は文から、そして文は単語から構成されています。それぞれの単語、文、段落、節は、それ自体で完全な単位です。それを全体として見ると、完全な本を構成しているのです。理解してもらえたでしょうか？

ですから、1本のバーやローソク足が、1カ月、1週間、1日、60分、30分、5分、1分、あるいはその間の任意の1日内の間隔を表している、月足、週足、日足、日中足の株価チャートを見れば、どんなチャートでも完全なサイクルを発見するでしょう。

ステージ分析を始めよう

どんな時間枠のものでも、ひとつのサイクルをクローズアップして見れば、4種類の動き、つまりステージから構成されていることが分かります。ここでは、これらのステージを調べることを「ステージ分析」と呼びます。

ターゲットにしている株が現在この4つのどの価格ステージ（図5.2）にあるかを判断できるようになれば、損を抑えて利益を大きくする第一歩を踏み出したことになります。

図5.2 サイクルの4つのステージ

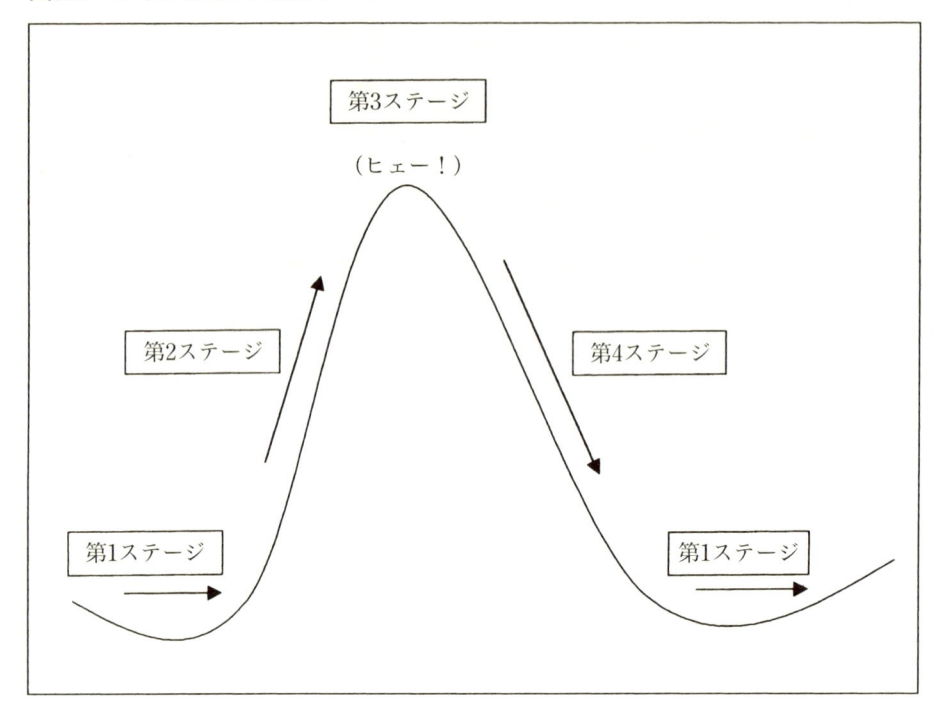

```
           第3ステージ
           （ヒェー！）

  第2ステージ          第4ステージ


第1ステージ                    第1ステージ
```

　第1ステージは、サイクルの底に相当します。株価が安値圏にあるときです。この期間中——週足と日足のチャートでは数週間から数カ月続くことがある——株価はほぼ一定の値幅のレンジ内で横ばい状態で動きます。カリスマ的な専門家やアナリストたちは、第1ステージにある株を「ベーシング」状態にあると言います。つまり、株が（望むらくは！）再び上昇するための、新しい価格のベーシングを形成（底固め）していることを意味します。

　第1ステージで参加しているマーケットプレーヤーたちの集団心理とはどんなものでしょうか？　それは「迷い」です！　買い手たちは株価がベーシングの下端まで下がるたびに買い支え、売り手たちは株

価がベーシングの上端まで上がると売りたたきます。買い手と売り手の圧力が拮抗しているため、株価が上下しながら横ばい状態に動いているのです。ある意味、排水管のなかをくねくねと回転しながら進む蛇のように。

株価が一定期間ベーシングにとどまっていると、マーケットのコンディション、産業のローテーション、または好材料によって、買い手はもっと上値で買いに入るように促されます。すると株価はそのベーシングから「ブレイクアウト」し、上昇に転じます。それが第2ステージです。集団心理――強欲――が需要をどんどんと生み出し、株価をさらに上昇させます。上昇し、下げ戻し、また上昇し、株価は多幸感の翼を着けてさらに上へ飛んでいきます。

天井まで達すると、買い手たちはそれ以上の上値買いを拒むようになり、勢いが衰えて上昇がストップします。多幸感と需要が消えてなくなります。そのため、上昇トレンド、つまり第2ステージは崩壊し、株価が横ばいに転じて第3ステージ3に入ります。テクニカルアナリストたちはこのパターンを「ロールオーバー」と呼びます。

サイクルの天井となる第3ステージでは、株価が下がると買い手が買い支えします。株価が上がると売り手が売りたたきます。ご覧のように、株価は空中で停止しているように見えます。株価が第3ステージにあるときの集団心理は「迷い」です。

株価が第3ステージにあるとき、ある時点で「恐怖心」が前面に歩み出てきます。そうならずに株価が新高値を付けたときは、第2ステージが再開します。恐怖心が現れると、買い手たちはもう買い支えようとしません。売り圧力が高まり、株価は下降トレンドに転落して第4ステージに入ります。

今度は株価が下落します。第4ステージでは(第2ステージの逆のように見えます)、株価は値下がりし、少し上げ戻し、それからまた下落します(「ゴム張りの岩石」のようです)。恐怖心がおびえた売り

手たちをロング（買い持ち）ポジションを手仕舞うように駆り立てると、マーケットに供給が洪水のようにあふれます。

第4ステージにある株をトレードしていて幸せなのは、空売り（ショート）しているトレーダーだけです。覚えているでしょうが、空売りの売り手たちは高値で株を売ります。それから安値で買い戻し、その差額を利益としてポケットに入れます（空売りについては後ほど説明します）。

第4ステージは、持ち株が下落し、元手資金が減っていくのを見ている失意の投資家たちが、下がっている株を買い増す「ナンピン」をする場所でもあります。ナンピン買いすることによってその株の平均購入価格が下がるため、損失をより速く取り戻すことができます。

そうなるかもしれないし、ならないかもしれません。たたきのめされた株はノックアウトされるか、さもなければ少なくとも数週間から数カ月間低迷します。そういう弱い株にしがみついていると、儲かる強い株に使える資金が塩漬けされてしまいます。そういう株に投資されている資金を「死に金」と呼ぶことがあります。

ついでに言っておくと、もしあなたも「ナンピン買い」をしてみようという気持ちがあるなら、すぐに消し去ってください。ナンピン買いにも、ちゃんとしたマネーマネジメントの原則に基づく正しい方法と、往々にして損失をさらに大きくしてしまう向こう見ずな方法があります。正しいナンピンのやり方についてはいずれ説明します。

第4ステージは「大特価サービス」を期待して、一部の投資家たちが下落している株を買い込む場所でもあります。その安値からさらに下がったら、その人たちが口

> **HOT TIP**
>
> 株価は上がるときの3倍の速さで下落すると言われています。なぜか？ 恐怖心を抱きパニックに陥った売り手たちは、強欲とウキウキ心に駆り立てられた買い手たちよりずっと反応が速いからです。

をぽかんと開けてるところを見ることができますよ！

　賢明なトレーダーであるあなたは、そういうことをやってはいけません。ほかの人たちが「敗者」を抱えていたり、必死に出口を探しているときに、あなたは現金を持って高見の見物をしていましょう。それで、売りが収まったときに、値を戻そうとしている質の良いバーゲン品を買いに入るのです。楽しそうでしょ？　そうなんです！

　第４ステージにある株は、ある時点で下落の速度を緩めます。過激な売りが鳴りを潜め、買い手たちがマウンドに上がります。すると株価が横ばいのベーシングパターン――第１ステージ――に戻り、そのサイクルが完了するのです。

ステージごとに異なる対応が必要

　チャートの見方を少し練習すれば、株がどのステージにあるのか分かるようになります。そうなれば、購入する銘柄の選択に利用できます。

　第１ステージを手掛かりに、ベーシング状態にある株、できれば４週間から６週間その状態にある株を見つけます。そういう株は新しいサイクルの第１ステージにあり、マーケットや産業の調整と同調しているのが普通です。それは株の「バーゲンセール」期間です。通常は第１ステージでは株を買いません。モニターするだけです。ほかの要因に触発されて、ベーシング状態からブレイクアウトした瞬間に飛びかかるのです！

　第２ステージは、短期トレーダーであるあなたがほとんどの時間を費やし、ほとんどの利益を稼ぐ期間です。ポジショントレーディングをするなら、第１ステージのベーシング状態から第２ステージの上昇トレンドに向けてブレイクアウトする株を見つけます。その株を買い、数週間持ち続け、第２ステージが終わったところで利食います。

スイングトレード派なら、ブレイクアウトしたときに買い、株価が下げ押す前に売り、2日から5日間保有しながら複数のポイントで利食いするというスタイルで、第2ステージをプレーします。練習を積めば、ポジショントレーディングとスイングトレーディングを組み合わせることもできます。そういう方法で最高の利益を得るのが私の好みです。

株価がロールオーバーして第3ステージに入ったら、トレードは手控えましょう。このステージでは、変動が激しくなり、予測が難しく、横ばいながら、でたらめな動きをすることがあります。第3ステージにある株を保有していることは、とても賢いこととは言えません。

第4ステージにある株は、どんどん下落する運命にあります。第4ステージの下降トレンドにある株を扱う方法には2種類あります。ひとつは、あなたが、株式市場の経験が比較的短く、空売りに対する偏見を持っていないなら、それはグッドニュースです！　空売りについて説明する第12章を徹底的に読み込んで、最大の利益をつかんでください。あるいは、株式市場の経験をすでにある程度持っていて、高値で売って安値で買い戻すことでいい利益が得られることをすでに認識されているかもしれません。投資資金を空売りでヘッジする、なんてこともすでにされているかもしれません。

第4ステージの下降トレンドにある株に対する2つ目のアプローチは、完全に避けることです！　空売りすると——あるいはそんなことを考えただけで——汗が噴き出るようなら、墜落モードにある株は避けましょう。2000年秋と2001年春のように、主要な市場指

HOT TIP

第3ステージにある株は、第1ステージと同じように横ばいに動きますが、第3ステージの期間は第1ステージに比べるとはるかに短いことがあります。現在のようにボラティリティの大きいマーケットでは、第3ステージがたったの1日で終わることさえあります！

数が新安値を付けたとき（つまり弱気相場のとき）は、資産を現金で持ち、休みを取るといいでしょう。あるいは、高度なトレーディングテクニックの勉強に時間を費やすといいでしょう。

　すべてのトレーダーや投資家たちが学ぶべき最も重要なレッスンのひとつは、トレードを手控える引き時を見極めることです！

> **HOT TIP**
>
> 保有株の日中足チャートを1日何回も見るスイングトレーダーとポジショントレーダーは、ポジションを早めに手仕舞いさせられます。もっと良い方法は、トレードに入ったら自動的なトレイリング・ストップロスを設定し、株価のチェックは1日数回にとどめることです。

サイクルを構成するその他の要素

　サイクルを構成する各ステージについて説明しましたが、その動きを分析するためにさらに詳しく見てみましょう。

　図5.3には、各ステージにおける動機的要因が示されています。たくさんの小さなステージが大きなステージを形成していることを頭に入れておいてください。日足チャート上では第2ステージの上昇トレンドにある株が、楽観主義、強欲、多幸感の翼を着けて上昇しているとき、日中足チャートを見ると、日足チャートでは見えない、懸念と完全なパニックから生じたインターバルが見えることがあるのは興味深いことです。

　図5.3には、感情以外に、需要と供給に関する注釈も記載されています。第2章で説明したように、強欲と恐怖心は、これら2つの経済的要素に対する先導役を果たします。

　第1ステージでは「迷い」が株の需給を短期的に切り替えさせ、横ばい状態を形成します。楽観主義（穏やかな欲望）が引き金になって、株価が第1ステージから第2ステージに向けてブレイクアウトすると、

図5.3　需要供給サイクル

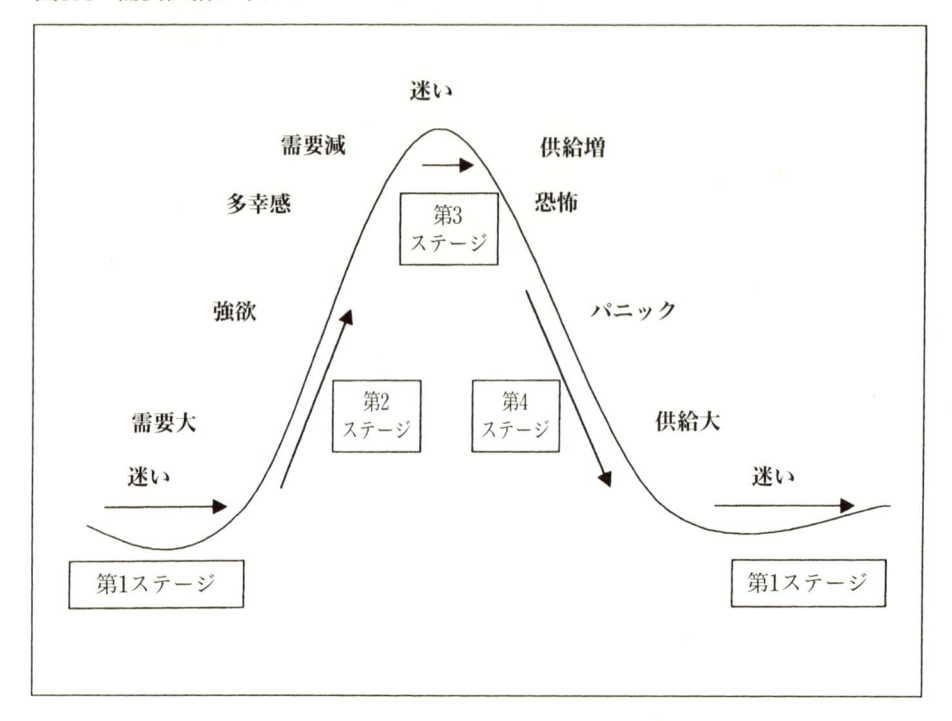

　その値動きを見てその株に対する強欲が現れて需要が増大します。その強欲は、買い手が増え、売りに出ている株（供給）をどんどんと上値で吸収していくにつれてますます増大します。

　第2ステージが高値に達すると上伸力が衰え、高止まり状態になると、利食い売りによって供給が増大し、需要が縮小します。

　ロールオーバーして第3ステージに入ると、市場を再び迷いが支配します。第1ステージと同様、動きはあるものの、需要と供給がほぼ均衡した状態になります。

　遅かれ早かれ、買い手たちは第3ステージにある株を見捨て、利食いを考えます。供給が市場にあふれます。買いに入る人がいないと、買い手から転じた売り手たちが、買い手を引きつけるために売値を下

図5.4 このADCテレコミュニケーションズ(ADCT)株の週足チャートでは、完全な価格サイクルを表す釣鐘型曲線がはっきりと現れている

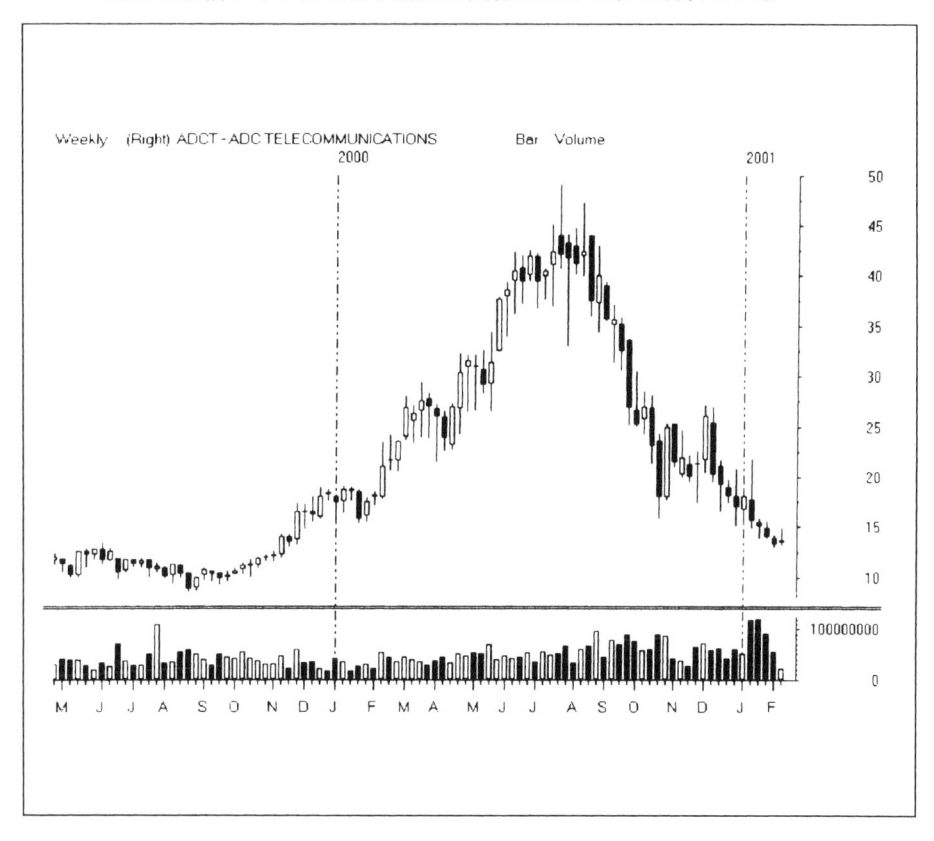

げなければなりません。それが第4ステージの始まりです。それで懸念が恐怖に変わり、売り手をさらに増やし、どんどん下値での供給が増えていきます。強欲が需要を喚起するように、恐怖心が供給を喚起します。それは、自己永続的な作用・反作用の関係です。

　週足や日足のチャートで見ることができるように、下落した株価が数週間、数カ月、または数年前に確立されたサポート領域まで達すると、買い手たちがためらいがちに供給を吸収し始めます。その買い手たちが供給を吸い上げ続けると、株価の下げが止まります。売り玉が

図5.5 このインテル社(INTC)のチャートも週足のサイクルを示し、株価パターンから、この株がADCTよりボラティリティが強いことが分かる

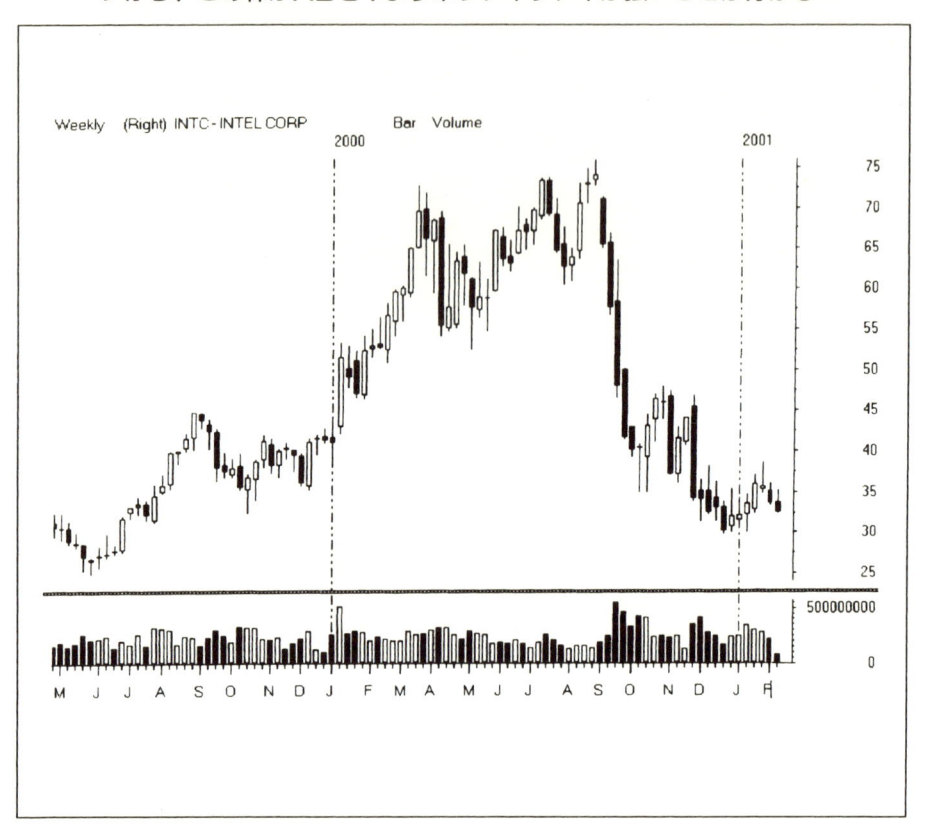

減ってくると、買い手たちが本格的に入り始めます。需要と供給が均衡し、株価は第1ステージに戻り、新しいサイクルが始まります。

図5.4から図5.7までの各図は、サイクルを何回も形成している2つの週足チャート（1本が1週間）と2つの日足チャート（1本が1日）を示します。恐怖心と強欲が需要と供給を先導して株価を上下させている様子を見てください。

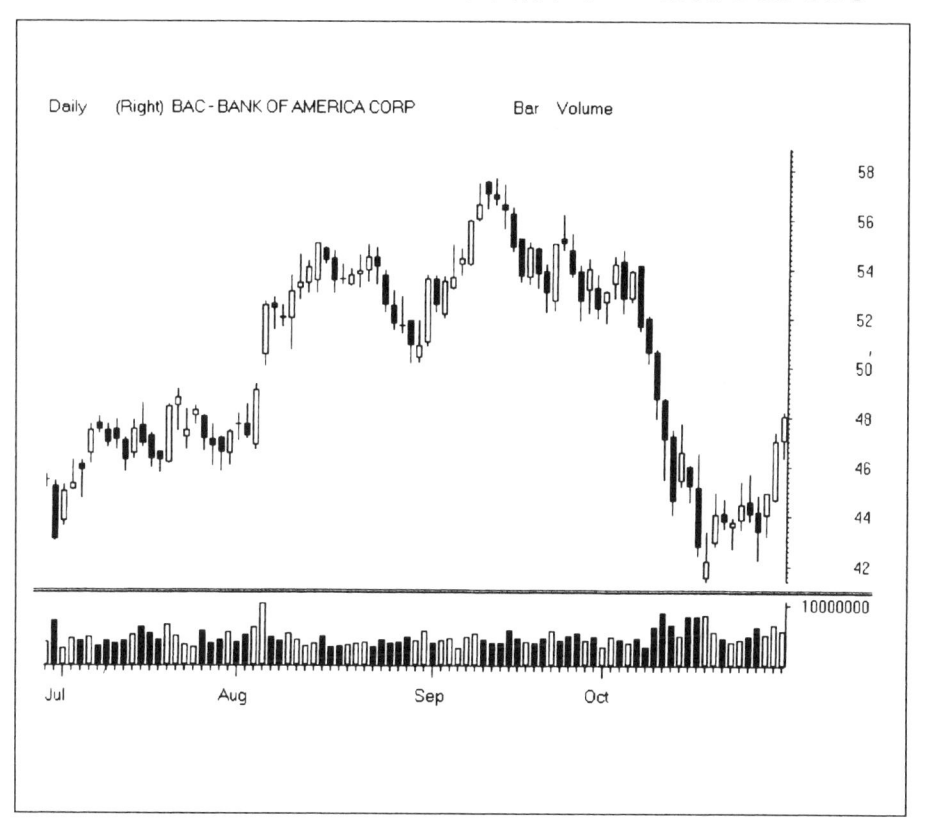

図5.6 このバンク・オブ・アメリカ(BAC)の日足チャートでは、約5カ月間をかけて形成された完全なサイクルを表す株価パターンを見ることができる

サポートとレジスタンス、あるいは作用と反作用

　次に最後の、しかしとてつもなく重要なサイクルの構成要素である、サポート（下値支持線）とレジスタンス（上値抵抗線）について説明します。これら2つの要素は、恐怖心と強欲、需要と供給の相互作用の成果であり結果です。これらの絡み合いは、壮麗な、周到に準備されたダンスのように見えます。それに、この絡み合いについて理解す

図5.7 このジョンソン・アンド・ジョンソン（JNJ）の日足チャートはひとつの完全なサイクルを示し、第3ステージが1日しかないことに注目！

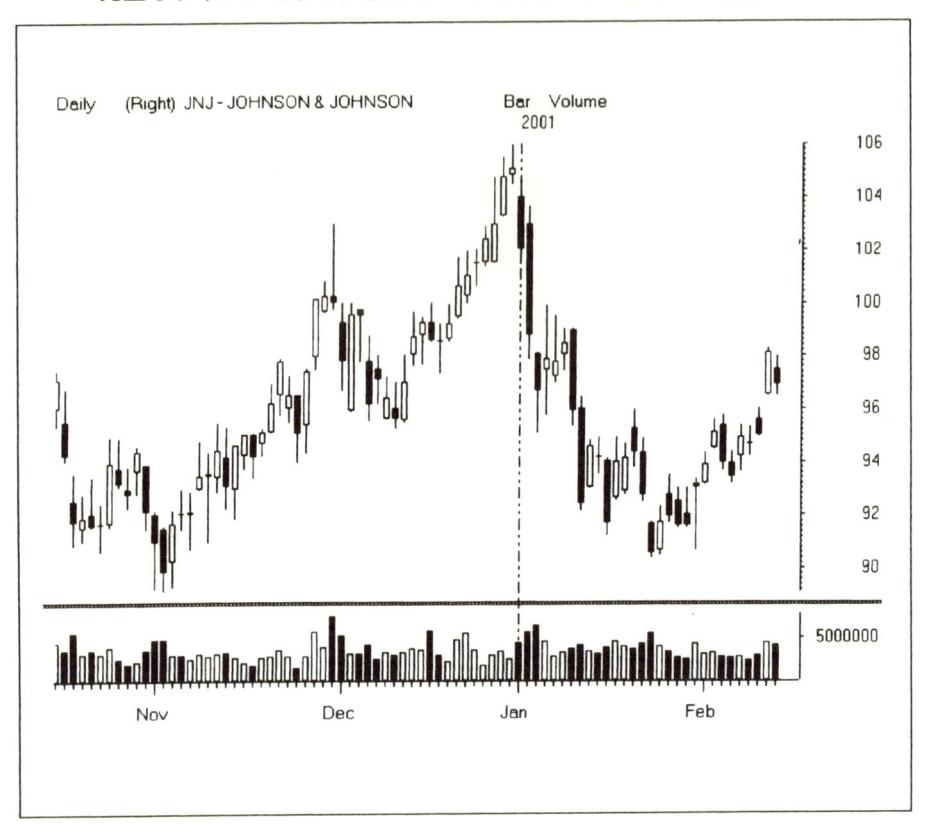

ることによって、マーケットで大変有利な立場に立つことができるのです。

　「すべての作用には反作用がある」という言葉を常に頭に入れて、読み進んでください。

　サポートとレジスタンスは、あらゆるトレードの判断の基礎になります。オシレーターや指標や移動平均を知らなくてもトレードはできます。私はお勧めしませんが、あなたの投資判断からチャートをまるっきり除外することもできます。しかし、めったにチャートを見るこ

とのない商品取引所のフロアトレーダーたちでさえ、大声を出しながら手信号を使ってオーダーを執行させるときに（「オープンアウトクライ方式」）、レジスタンスとサポートがどこにあるかを頭のなかで描いています。

　サポートとレジスタンスの背後にある概念は単純です。これを理解すれば、マーケットの動きの基礎にある基本的な前提を理解したことになります。

　私は以下の例え話を前著『ビギナーズ・ガイド・トゥ・デイ・トレーディング・オンライン（A Beginner's Guide to Day Trading Online）』で使いました。実際のサポートとレジスタンスに関してクリアなイメージを与えてくれるので、今回も使います。

　想像してください。あなたは家の１階の居間に立っています。あなたは手に、ボールを１個握っています。このボールを株価だと思ってください。あなたが頭上へボールを放り上げると、ボールは上に上がって天井にぶつかります。ボールは天井があるのでそれより上へは行けません。ですから、天井はレジスタンスです。次に、ボールは下へ落ち、床でバウンドします。ボールは、床があるのでそれより下へは行けません。ですから、床はサポートです。

　次に、あなたは天井に穴が開いているのを見つけます。思い切り強く投げると、ボールは天井のその穴を通り抜けます。ボールは２階の天井にぶつかります。その天井はレジスタンスです。それから、ボールは２階の床に落ち跳ね返ります。その床がサポートになります。ところで、２階の床は１階の天井によって支えられています。つまり？　前のレジスタンスがサポートになったのです。

　２階に上がり、ボールをつかんで続けましょう。ボールを穴から１階の居間へ投げ返します。ボールが床の穴を通ると、サポートを突破することになります。ボールは居間の床、つまり前のサポートに落ちて跳ね返ります。

それから、跳ね返って天井、つまり前のレジスタンスにぶつかります。

階段を走って降ります。ボールをつかみ、床に開いている穴のなかに入れます。ボールは地下室の床に落ちると、その床がサポートになります。それから、ボールは跳ね上がって地下室の天井、つまりレジスタンスにぶつかります。地下室の天井の上がサポートだった居間の床です。ですから、前のサポートがレジスタンスになったのです。図5.8はサポートとレジスタンスを図示します。

株価に相当するボールが、サポートやレジスタンスに当たって跳ね返るところは、転換点（ピボットポイント）と呼ばれます（図5.9）。

サポートとレジスタンスについて考える場合、価格領域だということを覚えておいてください。例えば、54ドルのように特定の価格で呼ぶとしても、多少の幅を考えておいてください。トランポリンでジャンプしている自分を想像してください。トランポリンはあなたが着地したときに沈んで支えてくれますが、沈む深さは毎回少しずつ異なります。また、体重の重い人が着地するとトランポリンがもっと下に伸びるように、変動の激しい株のレジスタンス領域とサポート領域の範囲はもう少し幅を厚く考える必要があります。

サポートとレジスタンスがどんなものか分かったところで、どのように形成されるのかを簡単に見てみましょう。また地下室の床から天井に跳ね上がるボールを想像してください。次に、その様子を第1ステージ、つまりベーシング状態にある株に当てはめてください。地下室の床はサポートです。そう呼ぶのは、買い手たちが価格を買い支えているからです。安値にあると、買い手たち（強欲＋需要）

> **HOT TIP**
>
> 株価がサポート（またはレジスタンス）へ3回以上戻ると、そのレベルは「メジャーサポート」（または「メジャーレジスタンス」）と呼ばれます。

図5.8 サポートとレジスタンス

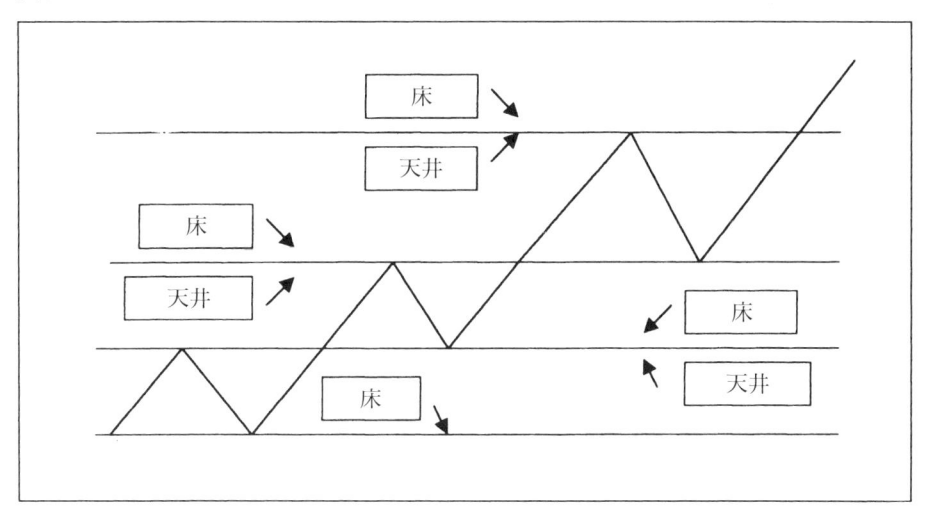

図5.9 転換点

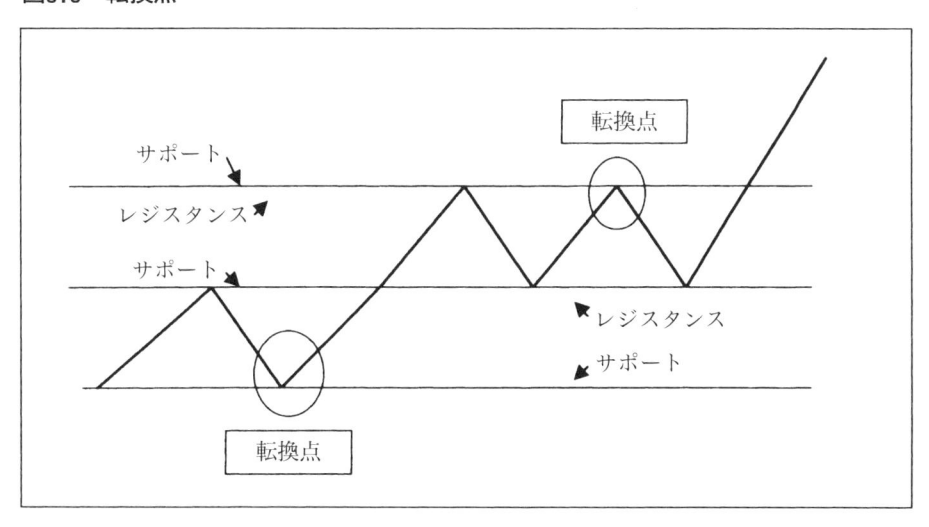

が買いに入り、そこより下落しないようにします。

価格が地下室の天井まで上がると、レジスタンスにぶつかります。レジスタンスは、買い手たちがポケットに手を突っ込み、それより上値で買うことを拒否している状態です。また、レジスタンスは供給と同じです。前述したように、その時点で一部の以前の買い手たちが売り手に戻ります。株価が上げ渋っているのを恐れて持ち株を売りに出すため、マーケットに供給があふれます。いったん下落して株価がいずれ上げ戻ってきたとき、この価格領域でまた売りたたかれる可能性があります。なぜか？　私たちに記憶があるからです！

供給が吸収され、株価がレジスタンスを突破したとしましょう。その株が属するセクターが人気になっているか、強気相場になっているか、あるいはその企業自体に好材料があるのかもしれません。新しい材料によって押し下げられるまで、株価は何時間も何日も上がり続けます。そして売りたたかれたとき、その転換点が新しいレジスタンスになります。それから株価は現在の「床」、つまりサポートである、以前のレジスタンス領域まで下落します。買い手たちが供給を吸収すれば、つまり「サポート（買い支え）」すれば、そこで落ち着きます。

サポートとレジスタンスは、どんな時間枠のチャートでも見ることができます。それどころか、もうお気づきになったかもしれませんが、チャートに関して学ぶことになるすべてのコンセプトは、あらゆる時間枠のチャートにも当てはまります。つまり、本書で説明するコンセプトは、スイングトレードとポジショントレードだけではなく、アクティブトレーディングや伝統的なバイ・アンド・ホールド投資などの戦略にも適用できるのです。

図5.10、図5.11、図5.12の各図は、それぞれ、週足チャート、日足チャート、15分日中足チャートにおけるサポートとレジスタンスを示します。これらのチャートをサポートとレジスタンスに注目しながら見てみると、それらがいかに信頼できるものか、驚くことでしょう！

図5.10 このアドバンスド・ファイバー・コミュニケーションズ（AFCI）の週足チャートは、明確なサポートとレジスタンスを伴う完全なサイクルを示している。株価が大きく下げて1999年に確立されたサポートまで下げ、そのレベルに沿って動いていることに注目（2001年1月）

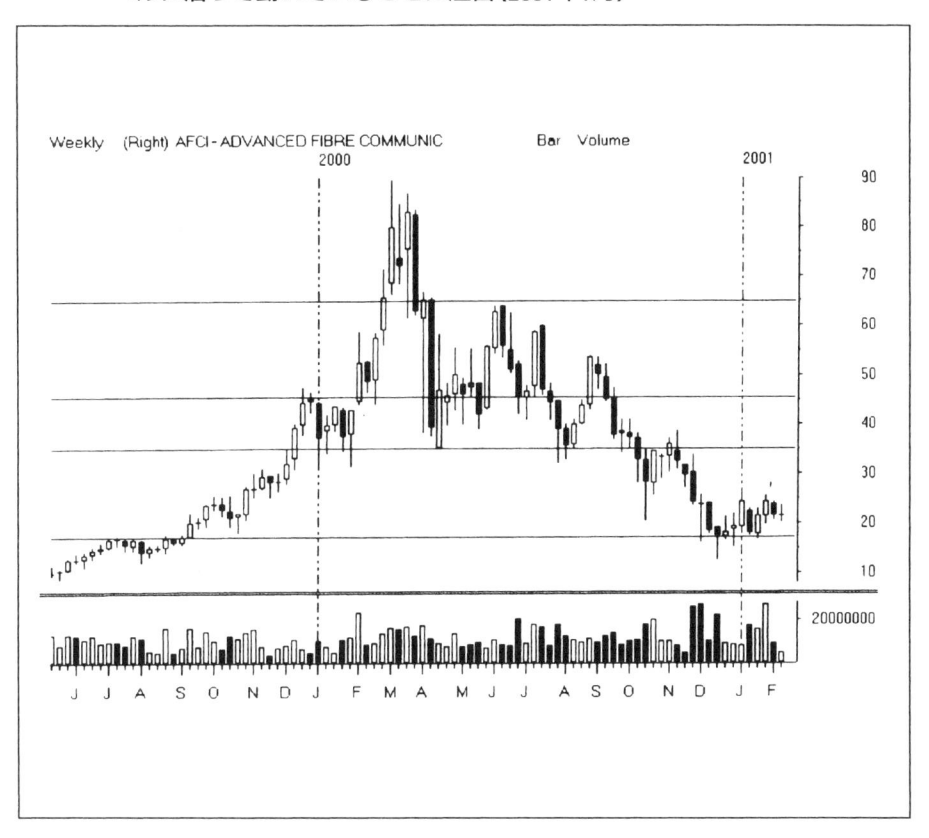

　次に、本章の内容をすべて理解したことを確認するために、前著『ビギナーズ・ガイド・トゥ・デイ・トレーディング・オンライン（A Beginner's Guide to Day Trading Onlilne）』で始めた習慣を続けましょう。

　これ以降、本書はインタラクティブな本になります！　以下のクイズは、本章の内容についてあなたがどれくらい覚えているかを知ることを目的としています。トレーディングという厳しいゲームでは、ど

図5.11 このシエナ社(CIEN)の波乱に富んだ日足チャートでは、以前のレジスタンスが株価の上昇を妨げているところに注目。レジスタンスは供給、つまり売り手たちが持ち株を売りたく状態。また、レジスタンスはショートの売り手たちによっても生じる。この売り手たちは、レジスタンスが間近であることを認識していて、あとで安値で買い戻して儲けるためにショートする

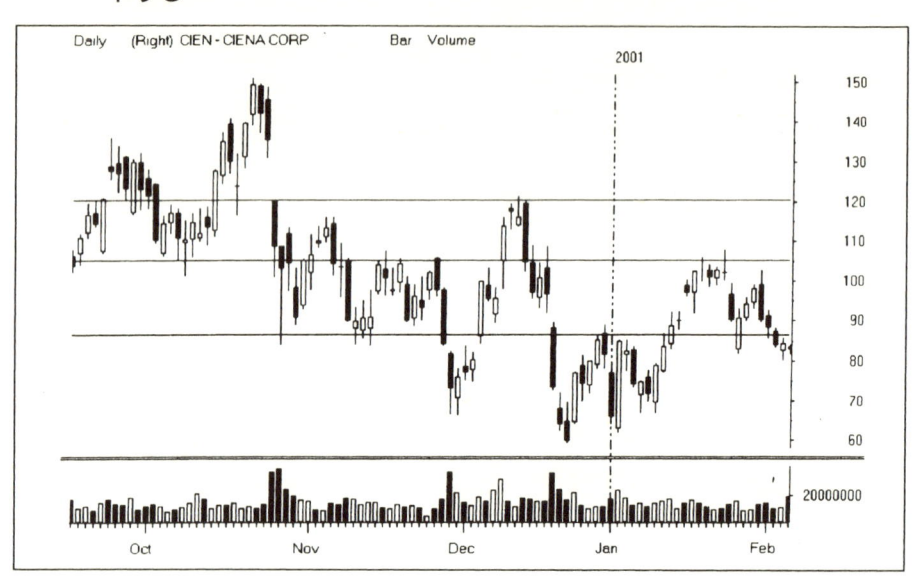

れだけの知識を持ってマーケットに臨むかが、マーケットでどれだけ儲けることができるかにつながるからです。ですから、何を理解していないか、何を復習したほうがいいかを知るためのチャンスと考えてください。

図5.12 あらゆる時間枠にサポートとレジスタンスは存在する。このシスコシステムズ(CSCO)の15分足チャートでは、完全なサイクルが描かれ、明確なサポートとレジスタンスのレベルが形成されている。2月13日の寄り付き直後に付けた高値が、同日午後の上昇時にレジスタンスとして機能していることに注目

クイズ

1．典型的な株価サイクルを構成する各ステージの名前をあげ、各ステージが動く方向を説明してください。
2．各ステージにおける集団心理を説明してください。
3．「ナンピン」というトレード方法は、下落している株を保有しているときに損を取り戻す最高の方法である。○か×か？
4．株価サイクルの各ステージについて、短期トレーダーとして可能な選択肢を簡単に説明してください。
5．強欲と恐怖心のどちらの感情が供給を促しますか？ 需要を促すのはどちらの感情ですか？
6．「床と天井の間で跳ね返るボール」の例え話で、床はサポートとレジスタンスのどちらに相当しますか？ 天井はどちらに相当しますか？
7．同じ例え話で、ボールが天井の穴を通り抜けて、上の階の床で跳ねることは、株価チャートでのどんな動きを表していますか？ ボールが床を通り抜けて、跳ね返って天井にぶつかるのはどうでしょうか？
8．メジャーレジスタンスとメジャーサポートとは何ですか？
9．「転換点」（ピボットポイント）とは何ですか？
10．サポートとレジスタンスは、あらゆる時間枠のチャートで見ることができる。○か×か？

解答

1．株価サイクルは4つのステージで構成されます。第1ステージは横ばいで、ベーシング状態です。第2ステージは上昇トレンドです。第3ステージは横ばいで、天井を打っている状態です。第4ステージは下降トレンドです。下降トレンドが終わり、株価が立ち直ると、第1ステージが始まり、新たなサイクルが繰り返されます。

2．第1ステージにおける集団心理は「迷い」、第2ステージは「強欲」、第3ステージは「迷い」、第4ステージは「恐怖心」です。

3．とても大きな×！

4．第1ステージでは、ベーシング状態の株価をモニターし、第2ステージの上昇トレンドへ転じるときの買い場を待ち構えます。第2ステージは、スイングトレーダーとポジショントレーダーである私たちの主戦場です。ほとんどの時間を第2ステージにある株を相手に費やすことになります。複数ポイントの利益を得るように、上昇トレンドで仕掛けます。第3ステージでは売買を避けます。第4ステージでは、ショート（空売り）戦略をとるか、あるいは株価パターンが上向くまで手控えます。

5．恐怖心が供給を促します。強欲が需要を促します。

6．床はサポート（下値支持線）、天井はレジスタンス（上値抵抗線）です。

7．レジスタンスがサポートになり、サポートがレジスタンスになります。

8．株価がサポート（またはレジスタンス）に3回以上当たって跳ね返ったときに、メジャーレジスタンス（またはメジャーサポート）と呼ばれます。

9．「転換点」とは株価が方向を反転するところです。

10．○です。

センターポイント

あるゆる物質は、動きを持ったエネルギーだ。生命を持ち、流れている。お金は、黄金色の、流れる、実体化された生命エネルギーの象徴だ。——「ザ・マジカル・ワーク・オブ・ザ・ソウル」

成功をもたらす発想をはぐくむ

　私たちはみな、自分の経済状態について思い描きます。自分の経済状態をどう考え、どう感じるかが、自分の体験を決定するのです！
　この考え方は、最初はなかなか理解できません。自分の人生に足りないものについては、他人や外部環境のせいにしたほうがよほど簡単だからです。真実は「心外無別（しんげむべつ）」なのです。自分のありさまのあらゆる側面に関して、自分が抱いているイメージが、外部世界に反映されるのです。
　この仮定を検証してみましょう。あなたは次のような考え方が好きですか？　「毎月給料日のかなり前にお金がなくなってしまう」「ほかの人に取られる前に、自分の分を確保しておかなければ」「おそらく自分にはチャンスは訪れないだろう」。これらの言葉をじっくり考えてみると、すべて「不十分」であることが問題になっています。つまり欠乏と不足の世界を表しているのです。
　私たちは、自分が意識を集中していることを受け取るため、不足や欠乏について考えたり、話していると、それを自分がつくりだしてしまうのです。逆に、不足や限界という考え方を捨てて「自分はいま必要なものをすべて持っていて、豊かさと繁栄のなかにある」という言葉に置き換えれば、私たちは豊かさと繁栄を自分の人生に引き寄せることができるのです。
　真の豊かさを得るには、「インサイドアウト（内から変えていく）」

のスタンスで生きることが必要です。心の底からいま自分は完全であるという考えを受け入れ、呼吸しているこの空気のような、無限の豊かさを自分のものにできることを心の奥底で「知る」ことができれば、自分が必要とし、望んでいるものすべてが、手が届く所にあることを発見します。自分の意識、自分の考え、自分の行動によって、それらを磁石のように引きつけることができます。

　私たちは、世界的な出来事、株式市場、周囲の人たちの行動をコントロールすることはできません。でも、自分の考え方をコントロールすることはできます。自分のなかに、人生のあらゆる分野において成功し、豊かになる可能性があること確認し、「知る」ことができたとたん、創造的なアイデア、才能、チャンスがあふれ出てくるのです。そのときにのみ、私たちは、繁栄と豊かさの遺産を受け継ぐことができるのです！

第6章

チャート分析入門
Jump-Start on Charting Basics

思いどおりに動かない株には手を出すな。なぜなら、思いどおりに動かない理由が正確に分からなければ、どちらの方向に動くかも分からないからだ。分析できなければ、先が読めない。先が読めなければ、利益はない。──ジェシー・リバモア

　あなたの友人一人ひとりの性格が異なっていることは、分かっていますよね？　株も同じなんです！　お友達のなかには静かで頼りになる人がいるのと同じで、株のなかにも──ほとんどがNYSEに上場されているもの──きまじめで、保守的な株価パターンを描いて動く株があります。ウォルマート（WMT）やゼネラルモーターズ（GM）はそのように動くと私は思っています。ゼネラルエレクトリックはかつて優良株の代表のように言われていましたが、この由緒ある優良株も昨今はやっかいな「中年の危機」に差しかかっているようで、突然噴火したり、崩壊しそうな雰囲気を漂わせています。振る舞いの穏やかな株の典型的な値動きは、1日に1桁以内の値幅です。ですから、整然とした節度のあるペースでサイクルを形成します。

　それとは対照的に、気分屋で、毎日どんな気分でいるか予想がつかない友達もいるでしょう？　それに似た株を私は「躁状態の睡眠者」と呼んでいます。NYSEまたはナスダックに生息し、何日、何週間、何カ月も眠っていたと思うと、自分のいびきに驚いて目を覚まし、突然暴れ出したりするのです。

　ほかには、ステロイドを乱用しているカンガルーよろしく、チャート狭しと跳ね回り続ける株もあります。これらの株のほとんどはナスダックを縄張りにしていて、ハイテク企業もしくはハイテク関連企業

で、専門家の間では「ハイフライヤー」と呼ばれています。荒っぽい、狂ったようなパターンで動くこれらの株は、同じような振る舞いをする友人と同じで、アテになりません。もちろん、数時間ぐらい一緒に過ごすぐらいなら楽しいですが、それ以上付き合っているとこちらまでおかしくなりそうです！

　これからは、チャートを見るとき、自分を臨床心理の専門家だと考えると楽しいでしょう。株はあなたの「患者」で、あなたはその株の良いところとトラブルのもとになる体質を分析する「医者」です。訓練を積んだ、洞察力を持った目でチャートを見ることを学べば（すぐにできるようになります）、リスク対リターン、つまり選択した株が儲かるかどうかを鋭く判断できるようになります。

　チャートは、ひと目見るだけで、その株が「節度のある」性格か「気まぐれ」な性格かを教えてくれます。これ以降「節度のある」が重要な言葉になります。この言葉を記憶し、この言葉に曲をつけてください。あなたの愛唱歌、あなたの呪文にしてください。今日以降、数日から数週間の時間枠でトレーディングする場合、私たちは節度のある性格を持った株に焦点を絞ります。

　節度のない株はアテになりません。そういう株には「フォロースルー」がほとんどありません。節度のない株はリスクを大幅に増大させ、リターンの見込みを大幅に減少させます。それはギャンブルになってしまうので、やりません！

　節度のある、ある程度予測可能な株は、モニターしたり、トレードするには少し退屈かもしれませんが、ローリスク・ハイリターンという枠組みは、マーケットでコンスタントに儲け続けるという私たちのゴールと一致しています。それに、私はお金儲けが退屈だと思ったことは一度もありません！

チャートの基本──ラインチャートとバーチャート

 テクニカルアナリストたちは、ラインチャート、バーチャート、ローソク足チャート（後ほど詳述）という3種類のチャートを使用します。

ラインチャート

 ラインチャートは、一定期間の株または指数の終値を1本の線でつないで描かれるのが一般的です。例えば、図6.1を見てください。このサンマイクロシステムズ社（SUNW）の日足ラインチャートは、2000年8月から2000年12月までの毎日の終値を1本のラインで示しています。

 ラインチャートは、ある株をほかの株やベンチマークのS&P500などの指数と比較するのに便利です。例えば、アムジェン社（AMGN）のチャートにバイオテク指数を重ねるなど、ある株のチャートにその株に関連する指数を示す1本のラインを重ねることによって、その株の強さを、属する産業全体と簡単に比較できます。

 多数の指数やオシレーター（買われ過ぎ／売られ過ぎインジケーター）がラインチャートで表示されます。それらについては第8章で説明します。

バーチャート

 バーチャートは、一定期間の株の値幅と始値・終値を示すために、1本の垂直のバーを使用します。図6.2は、同じSUNWの日足チャートです。違いはバーチャートであることだけです。日足チャートなので、1本のバーがSUNWの過去の1日の値動きを表しています。

 図6.3は、説明のために、1本のバーにズームインしています。バーの上端は高値、つまりその日についた最も高い価格を示します。こ

図6.1　このサンマイクロシステムズ社(SUNW)のラインチャートは2000/8〜
　　　 2000/10までの毎日の終値を1本の折れ線で示す

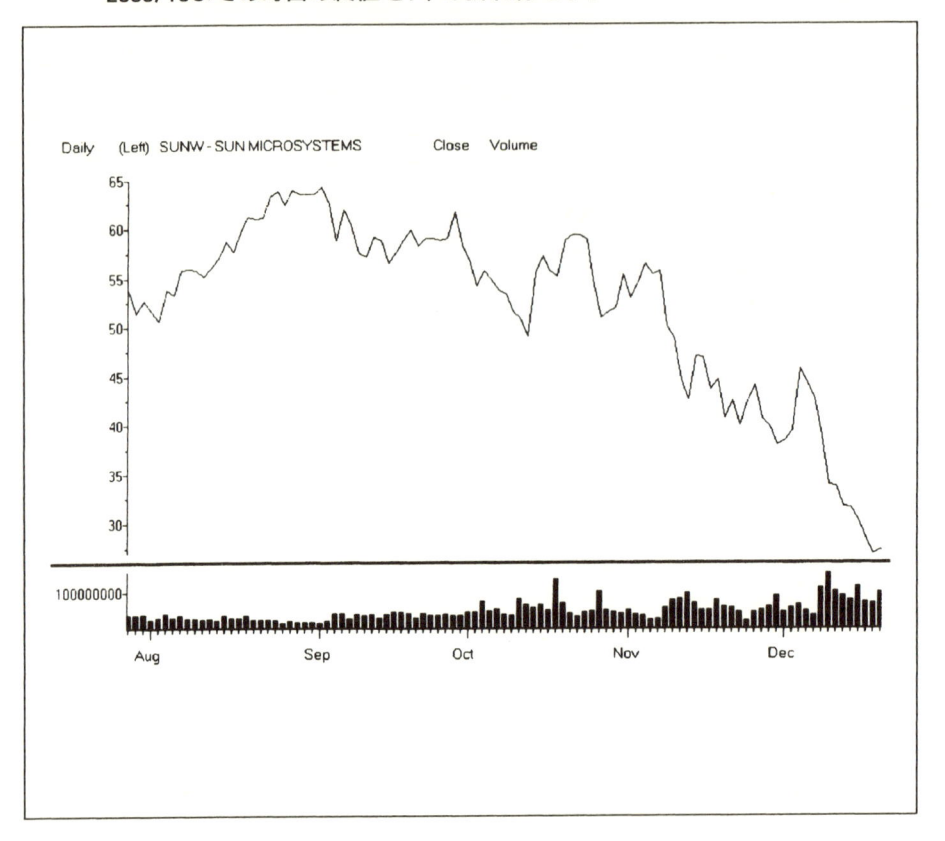

の例での高値は50ドルです。バーの下端はその期間中、つまりその日
の安値を示します。この例では40ドルです。左側に垂直に突き出てい
る小さなバーは始値を示します（42）。右側のは終値を示します（48）。
　なかにはまだバーチャートのほうを好んで使っているベテランのテ
クニカルアナリストもいるようですが、大半はローソク足チャートに
切り替えています。本書でも、これ以降、ローソク足チャートを使用
します。ローソク足チャートのほうがもっと多くの情報を確実に示し

図6.2 この図はサンマイクロシステムズ社(SUNW)のラインチャートと同じ値動きをバーチャートで示している。1本のバーが1日の値動きを表す

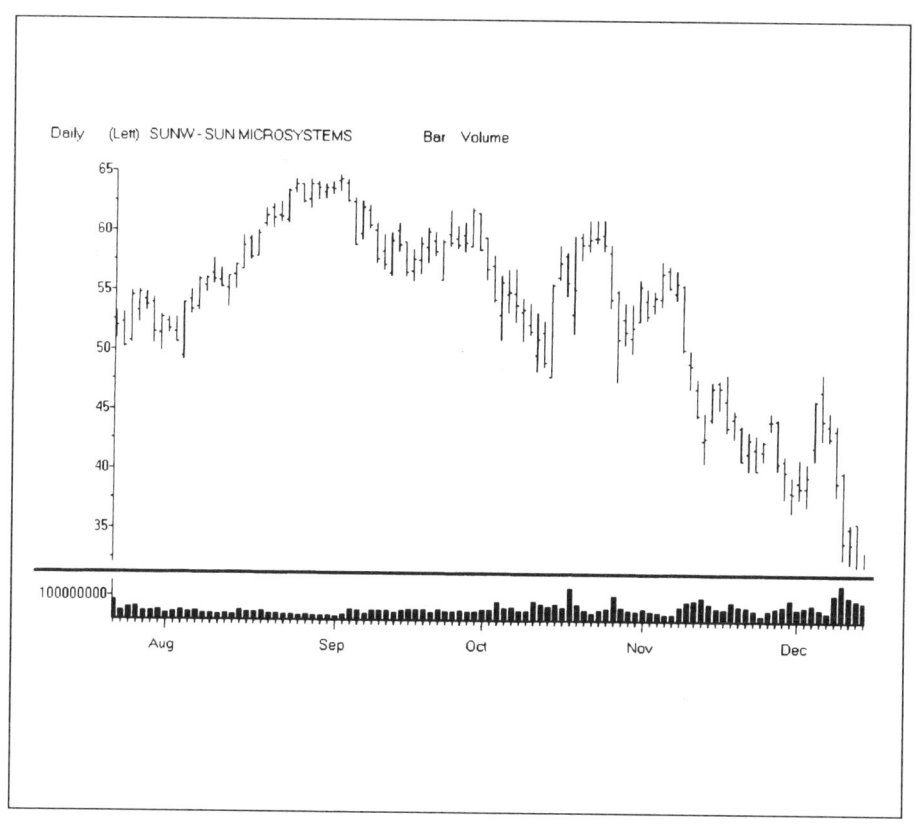

てくれるからです！

ローソク足チャートの基本

　私たちは、17世紀日本の伝説的な米仲買人である本間宗久に感謝しなければなりません。彼は、過去の価格を将来の価格の予測に利用した最初の日本人トレーダーの１人です。「相場の神様」と呼ばれた本

図6.3　1本のバー

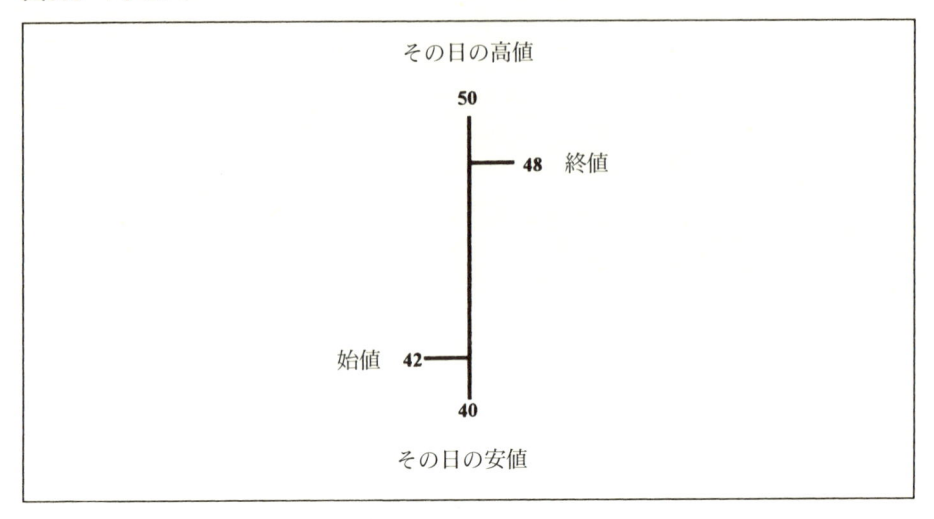

```
              その日の高値
                 50
                  ├─ 48  終値

          始値  42 ─┤
                 40
              その日の安値
```

間は、巨万の富を築き、トレーディングで100連勝したという伝説があります。彼のトレーディング理論と原則が、私たちが今日使用しているローソク足チャートテクニックに発展したのです。

　現在のローソク足チャートの権威であり、本書に序文を寄せてくれたスティーブ・ナイソンは、この古く、きわめて優れたテクニックをアメリカをはじめとする多くの国々に紹介したことで称賛されています。ナイソンの著作『ジャパニーズ・キャンドルスティック・チャーティング・テクニック（Japanese Candlestick Charting Techniques）』（New York Institute of Finance）と『ビヨンド・キャンドルスティック（Beyond Candlesticks: More Japanese Charting Techniques Revealed）』（John & Wiley & Sons）を読むことをぜひお勧めします。ローソク足チャートテクニックについて、詳しく、分かりやすく書かれています。

図6.4 これは前出のサンマイクロシステムズ社(SUNW)の日足バーチャートをローソク足チャートにしたものである

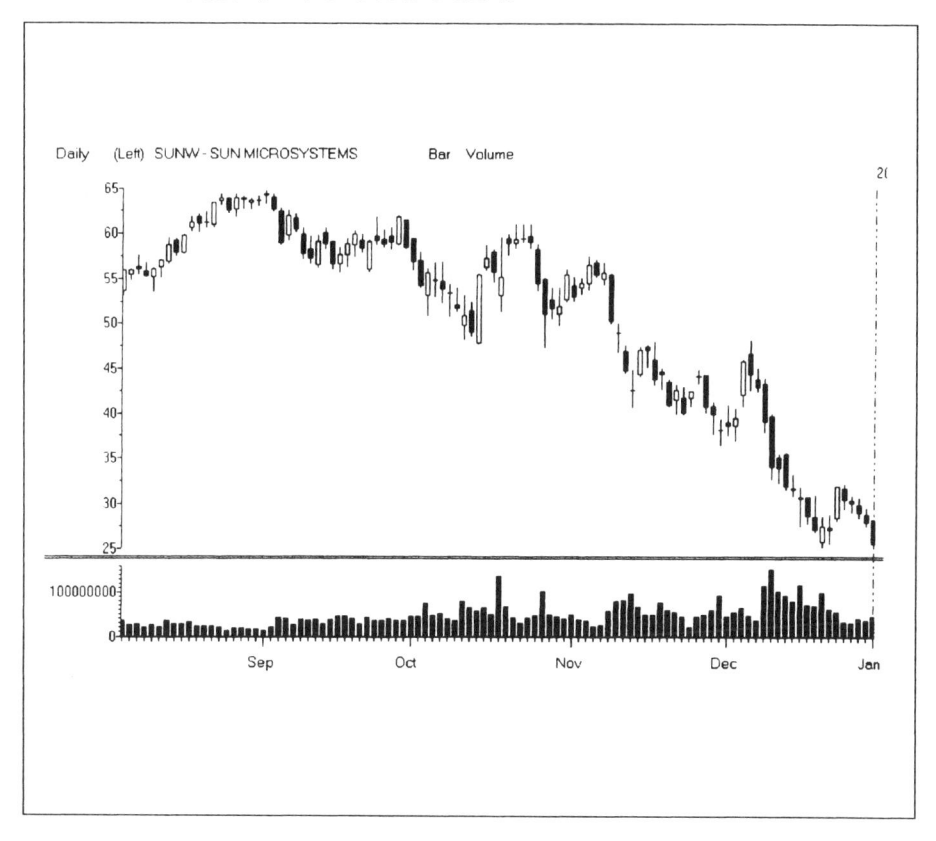

基本的なローソク足パターン

では、うまく使えば大きな利益を得ることができる、幾つかの主要なローソク足パターンを見ていきましょう。例えば、図6.4は前と同じSUNWのチャートですが、今回はローソク足で描かれています。

バーチャートでは、一定期間内の高値と安値を示すためにバーの上端と下端が使用されますが、ローソク足チャートでも同じです。違う

のは、ローソク足チャートでは、始値と終値をつなぐために「実体」（リアルボディー）が描かれることです。そのため、大局的な値動きを瞬時に把握し、センチメント（地合い）を読み取ることができます。

　実体は、白（陽）または黒（陰）の長方形で始値と終値を示します。実体の上方と下方へ伸びる線は、それぞれ「上影」（アッパーシャドウ）と「下影」（ロワーシャドウ）と呼ばれます。

　長方形の実体が白い場合（陽線）は、終値が始値より高かったことを意味します。実体が黒い場合（陰線）は、終値が始値より安かったことを意味します。そのため、上げて終わったのか、下げて終わったのかが瞬時に分かります。何時間もチャートを見続ける私のような人間にとって、ローソク足は、目に優しいだけでなく、バーチャートにはない強力なシグナルを発することもあります。図6.5は基本的なローソク足のフォーメーションを示します。

　ローソク足は、バーのように、それぞれが特定の時間枠を表します。例えば、週足チャートの場合、1本のローソク足が1週間に対応し、日足チャートの場合、1本のローソク足が1日に対応し、15分足日中チャートでは、1本のローソク足が15分間に対応します。

　次に、図6.5の（A）の長く白い実体（大陽線）に注目してください。終値が始値より数ポイント上にある（この場合5ポイント）その長く白い実体は、買い勢力がきわめて優勢な、強気のセンチメントを表しています。（B）の場合、終値が始値より数ポイント下にある長く黒い実体（大陰線）は、売り勢力が優勢な、弱気のセンチメントを表しています。

　次に、（C）を見てください。始値と終値が同じこのフォーメーションは、「同事（どうじ）」と呼ばれます。同事の場合、実体は存在しません。買い手は終値を始値より高くするほどの買い圧力を掛けることができず、売り手は終値を始値より低くするほどの弱気圧力を掛けることができませんでした。集団心理が「迷い」であることを表して

図6.5 基本的なローソク足のフォーメーション。(A)の場合、タカビシャ銀行の始値は50ドル、終値は55ドルで、高値は57ドル、安値は49ドル。(B)の場合、タカビシャの始値は55ドル、終値は50ドルで、高値と安値は(A)と同じく57ドルと49ドル。(C)の場合、タカビシャの始値と終値は53ドルで、高値と安値は(A)や(B)と同じ

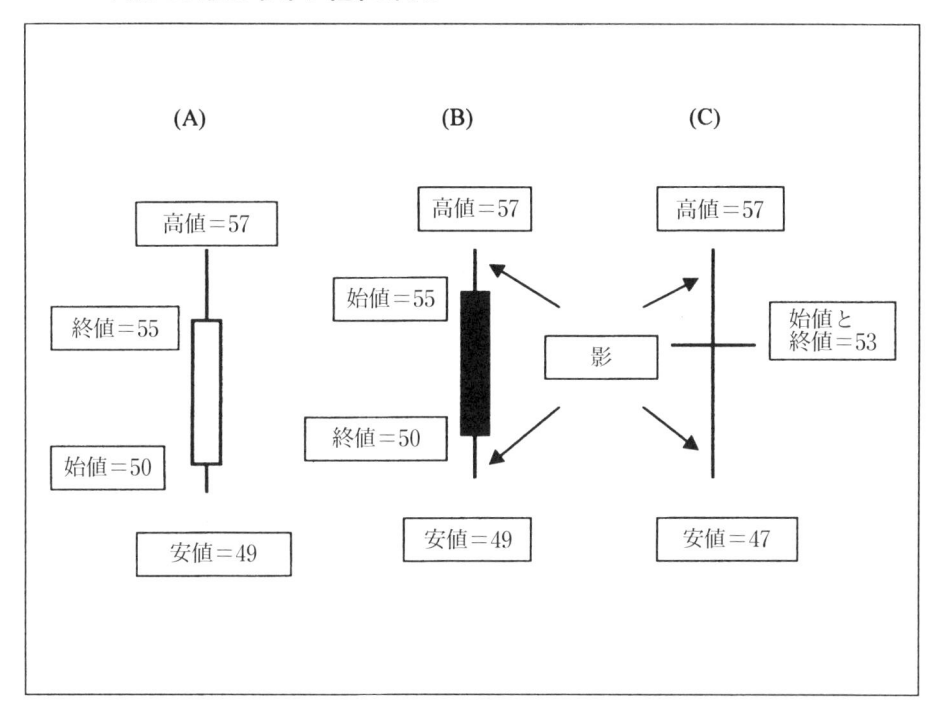

います。

今ここで「同事」について覚えてください！ 現在のトレンドが変化したり、反転する前触れになることが多いので、これはとても重要なローソク足です。短期トレーダーは、常にトレンドの変化や反転に気を配っていることが必要です。なぜか？ なぜなら、それらは貴重な、エントリー、エグジット、そしてマネーマネジメントのシグナルとして機能するからです。

ローソク足パターンは単独でも使用できますが、ほかのチャート指標と併用するときわめて大きな威力を発揮します。そのため、以降の

図6.6 トンカチとカラカサ

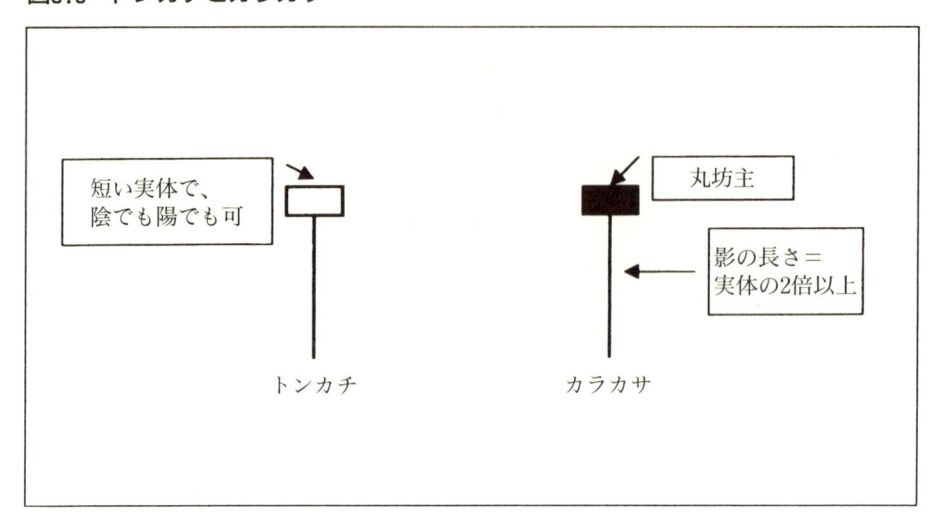

```
短い実体で、          丸坊主
陰でも陽でも可
                    影の長さ＝
                    実体の2倍以上

  トンカチ            カラカサ
```

数ページと以降の各章で幾つかの重要なパターンを説明し、ほかの指標と組み合わせて売買のシグナルを認識する方法を学ぶことにしましょう。

図6.6に示すローソク足は、「トンカチ」と「カラカサ」（首吊り）と呼ばれます。実体は小さく、陰・陽いずれでも構いません。それらの下影は実体の2倍の長さがなければなりません。上影がないか、あっても非常に短い「丸坊主」でなければなりません。

> **HOT TIP**
> ローソク足パターンは、トレンドの方向が変化する——つまり、上昇トレンドまたは下降トレンドにある株が横ばいに移ったり、反転する——兆しを示します。

トンカチが下降トレンド中に現れると下降トレンドが弱まり、方向を変えて横ばいもしくは反騰する可能性があることを示します。「トンカチでたたき上げる」と覚えましょう。

カラカサ（首吊り）が上昇トレンド中に現れたら、その意味はす

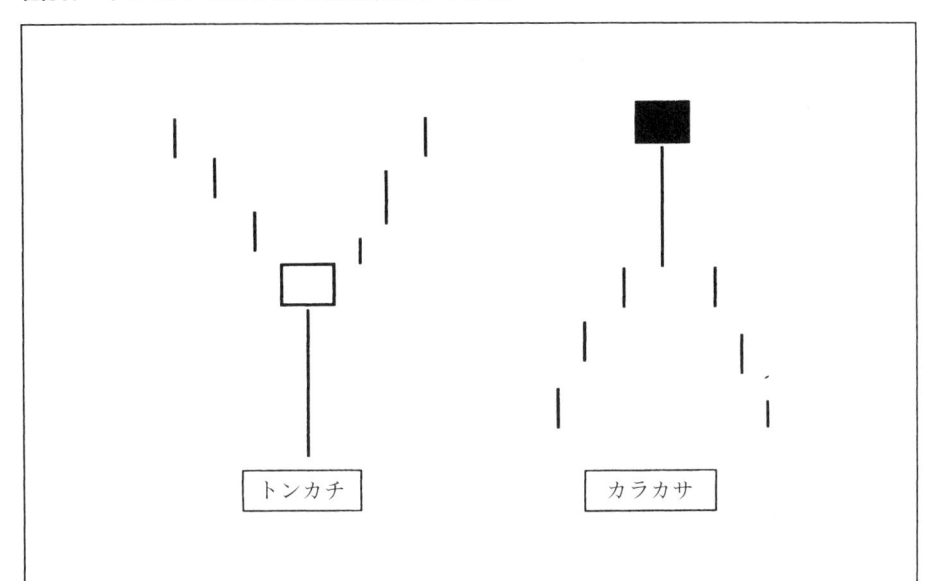

図6.7　トンカチとカラカサは反転のシグナル

[トンカチ]　[カラカサ]

ぐに明らかになります。葬送行進曲の始まりです！　その株のロングポジションを建てているなら、直ちに利食いましょう。図6.7はこれら2つのパターンを示します。

2本構成のローソク足パターン

トレンド変化の前兆となる次のパターンは、「包み線」です。陰陽反対の実体の組み合わせからなる2本ローソク足パターンです。2本目の実体が1本目の実体を完全に包んでいなければなりません。つまり、2本目の実体の始値が1本目の実体の終値より安くなければならず、2本目の実体の終値が1本目の始値より高くなければなりません。これの逆のパターンが「弱気」の包み線です。図6.8はこれら2つのパターンを示します。

強気と弱気の包み線は、始値が新高値（または安値）で、終値が前

図6.8　強気と弱気の包み線はともに反転のシグナル

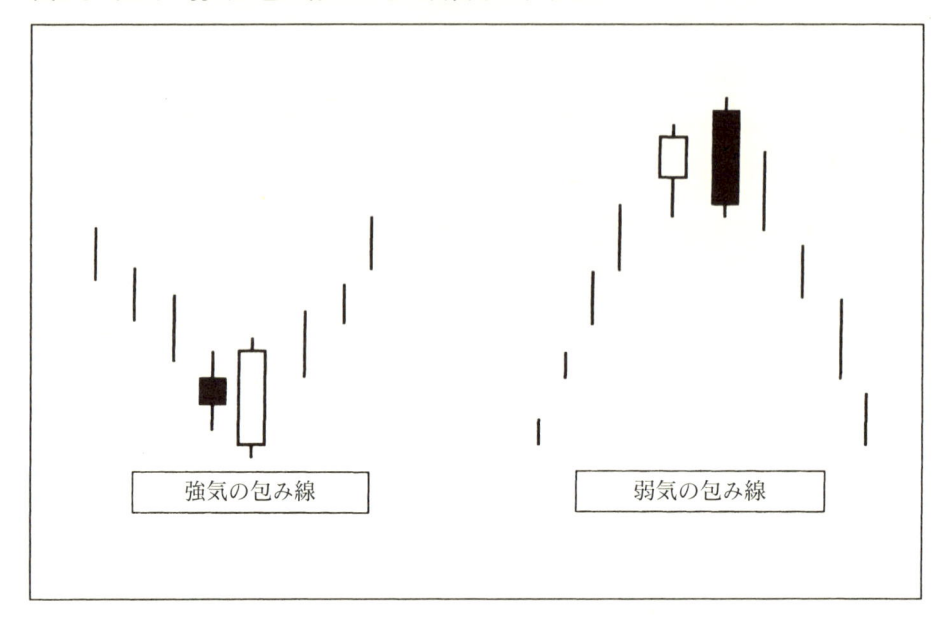

　　　　　強気の包み線　　　　　　　　　　弱気の包み線

日の安値（または高値）より安い（または高い）、欧米で言う「キーリバーサル」パターンに似ています。

　もうひとつの重要な転換パターンが「被せ線」です。これも2本ローソク足パターンで、上昇トレンドのトップまたはコンジェスチョン（横ばい）の上端近辺で現れた場合、変化を暗示します。1本目のローソク足は長い白い実体（大陽線）で、2本目のローソク足の始値が1本目のローソク足の終値より高く、終値が1本目の実体の半分より下にあります。2本目の終値が1本目の実体の下端に近いほど弱気シグナルは強くなります。

HOT TIP

これらのパターンがトレンドの変化や反転が起こることを常に確実に示しているわけではないので注意してください。あらゆるツールと同様、将来起こり得る値動きに関して警告を発してくれているのです。

図6.9　被せ線と差し込み線

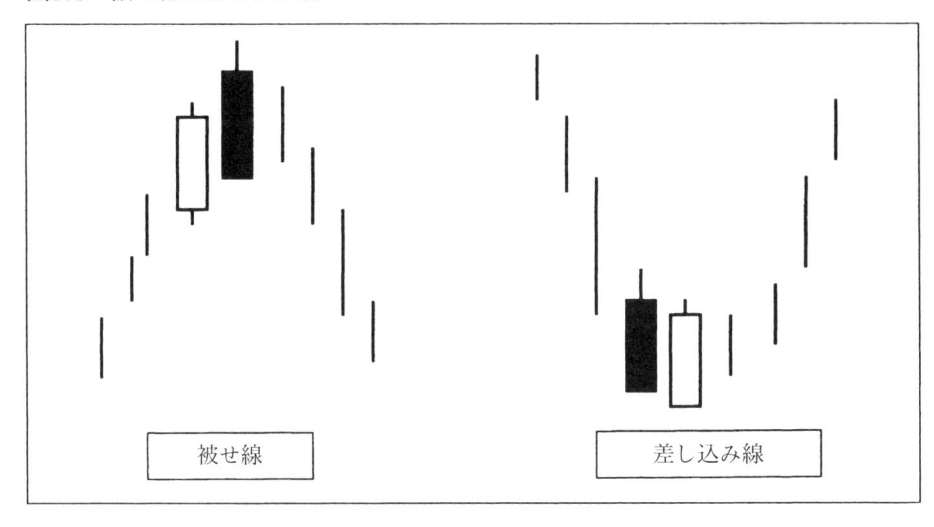

[被せ線と差し込み線のローソク足チャート図]

　被せ線は、その名前がまさに示すように、嵐が迫っていることを示します！

　被せ線の逆が「差し込み線」です。2本目のローソク足（実体）の始値が前のローソク足の終値より安いことで強気の包み線と似ていますが、差し込み線の場合、2本目の実体の終値が少なくとも前の陰線の半分より上になければいけません。2本目の実体が1本目に差し込む度合いが大きいほど、反転パターンとしてのシグナルが強くなります。ですから、この2本ローソク足パターンが下降トレンドのボトムで現れたら、方向転換が始まる可能性があります。

　図6.9は、被せ線と差し込み線を示します。これらはどちらもシンプルですが強力なパターンなので、必ず覚えてください。

　「はらみ」と「はらみ十字」もトレンドの転換を示す2本ローソ

> **HOT TIP**
> 「同事」の複数形も「同事」です。

図6.10 はらみとはらみ十字

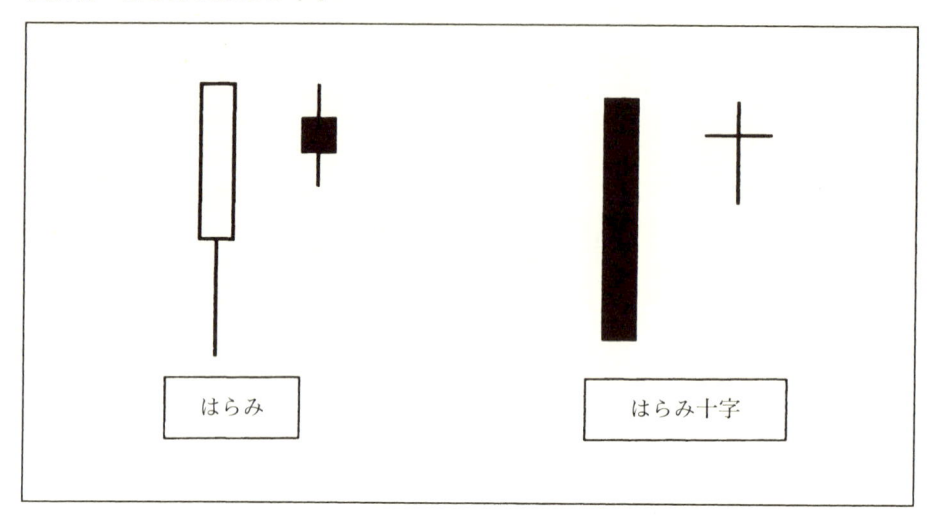

　　　　　　はらみ　　　　　　　　　　　　はらみ十字

　ク足パターンです。「はらみ」は日本語で「妊娠」を意味します。長い実体が次の小さなローソク足を包み込むパターンです。長い実体が「母親」で、小さな実体が「胎児」です。
　このパターンでは、長い実体が先に現れ、短い実体が次に現れなければなりません。このパターンの逆が、強気の包み線です。陰陽が異なる必要はありませんが、通常は異なる形で現れます。図6.10は、はらみとはらみ十字を示します。
　このフォーメーションは欧米で「インサイドデイ」と呼ばれているものではないかとお考えなら、正解です。でも、欧米のインサイドデイの場合、2つ目のセッションの高値と安値が前のセッションの相場レンジ内に収まっていなければなりません。はらみは違います。1本目の実体のほうが2本目より長く、2本目が短ければ、2本目の影（そのセッションにおける高値と安値）が1本目のレンジを上下に抜いていても構いません。

はらみパターンは、現在のトレンドがしばらくの間弱まるか、横ばいになることを示し、トレンドの劇的な転換を警告するものではありません。

はらみ十字は、2本目のローソク足が同事のときに形成されます。つまり、大陽線の場合は超強気、大陰線の場合は超弱気という単純明快な見方は成り立たないということです。前述したように、同事は、迷いと不確定を意味します。そのため、はらみ十字は転換シグナルになる可能性があります。上昇トレンドまたは下降トレンドでこのパターンを見つけたら、要注意です！

3本構成のローソク足パターン

以下の各パターンは「星」を含む3本のローソク足から構成されます。星パターンは、強力かつ貴重な転換警告を表します。スティーブ・ナイソンが言っているように、強力な転換パターンの形成は、エントリーするチャンスを教えてくれるだけでなく、有効な利食いシグナルにもなります。なぜ？　なぜなら、あなたが株をロング（買い持ち）しているときに、その株価がすぐに反転する可能性があることを示す転換パターンを発見したら、利食いできるからです。そのうえ、買った株を最高値で売り抜けたことを自慢できるのは、パーティーの会話としても楽しいはずです。

「星」が形成される条件は、ローソク足が上昇トレンド（または下降トレンド）の上端（または下端）で現れ、実体が短く、上昇トレンドでは上方に（下降トレンドでは下方に）、前のローソク足との間に窓（ギャップ）が開いていることです。

HOT TIP

これら3本構成のローソク足パターンは、1本目のローソク足が比較的少ない出来高を伴って形成され、3本目のローソク足が大きな出来高を伴って形成された場合に、そのシグナルがさらに強くなります。

星パターンはこうです。上昇トレンドの場合、1本目の実体は長い陽線でなければなりません。3本目の実体は長い陰線で、その下端（終値）が1本目のローソク足の実体の半分より下に伸びていなければなりません。下降トレンドの場合、1本目の実体は長い陰線で、星が次に現れます。最後の3本目の実体の上端（終値）が、1本目の陰線の半分より上にあります。

　日本人はひとつ目の星パターンを「宵の明星」と呼び、2つ目の星パターンを「明けの明星」と呼んでいます。星が同事として現れた場合、転換が迫っているというさらに強力な警告になります。

　図6.11は、宵の明星、明けの明星、宵の同事線、明けの同事線を示します。

　同事線の話が出ているところで、このきわめて強力なローソク足のバリエーションを見てみましょう。ローソク足というより「ダイナマイト」足と呼んだほうがいいかもしれません！

　同事は、上昇トレンドのトップまたは下降トレンドのボトムに現れたときに最も強い予測性を持つことを覚えておいてください。同事を見つけたら以下の点を考慮することが必要です。

◆本来、同事は始値と終値が同じです。しかし、その差が小数点以下の「ほぼ同事」なら、それは重要なシグナルです。

◆ほかの同事や短い実体を伴って、横ばい状態で同事が現れた場合は、さほど強力なシグナルではありません。

◆同事は、ボトムよりもトップでより強力なシグナルになります。宵の同事線のように、長い陽線が前にある場合は特にそうです。長い陽線は強気のセンチメントを表します。それから同事が生まれます。同事はマーケットのプレーヤーたちが上値買いを迷っている状態です。その結果？　すぐに反落したり、利食い売りが起こる可能性があります。

◆トレンドのトップやボトムを確認する同事は、サポートやレジス

図6.11　星と同事線は強力な反転シグナル

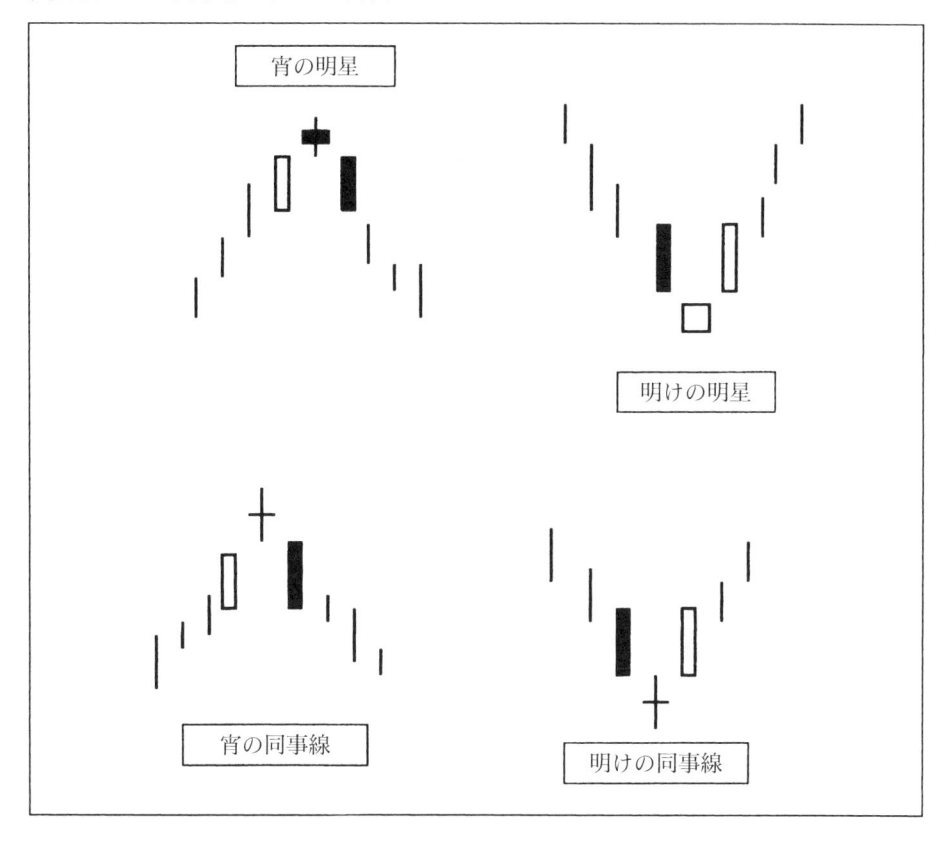

(宵の明星／明けの明星／宵の同事線／明けの同事線)

タンスになることがよくあります。

◆上昇トレンドにある株が、サポートまで反落してから同事を形成した場合、反転して上昇トレンドを再開する可能性があります。下降トレンドにある株についても同じことが言えます。レジスタンスまで反騰して同事が形成された場合、再び下降する可能性があります。ここで重要な言葉は「可能性」です。常に、その次のローソク足を見てから、株価の方向性を確認してください。

図6.12は、前記以外の2種類の同事線を示します。

図6.12　足長同事線／人力車夫とトウバ同事線

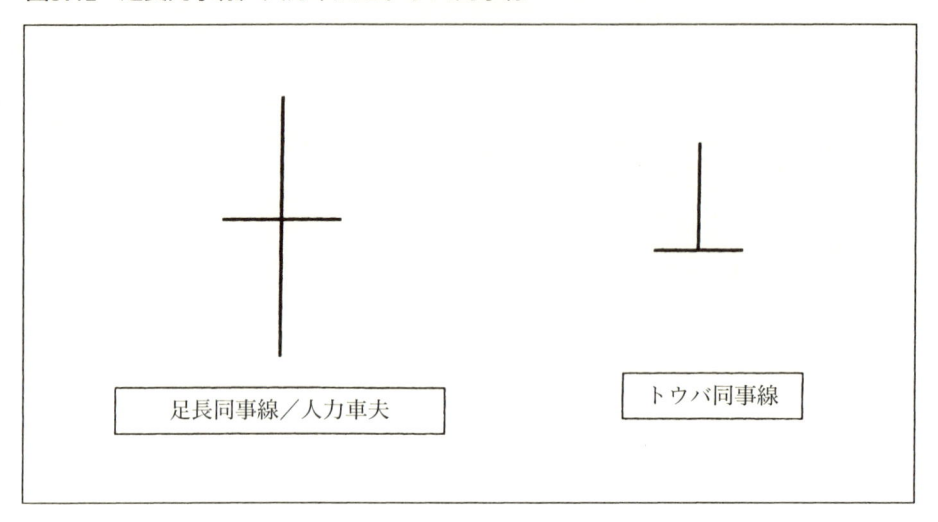

　足長同事線には上下に長い影があり、これがトップで現れたら絶対に注目です。足長同事で、そのセッションの中間値で寄り付き、引けている場合は「人力車夫」と呼ばれます。

　これらの同事線がどうして形成されたのかを考えてみれば、これらの同事線に大きな意味があることが分かるでしょう。その株は特定の価格、例えば50ドルで寄り付きます。買い圧力が値を押し上げ、それから売り圧力が安値まで引きずり降ろします。それでも、そのセッションの始値の50ドル近辺で引けます。結論？　完全な迷いです！　強気筋にも、弱気筋にも、始値より値を上げも下げもする力がありません。そのことが強気筋を当惑させ、次のセッションで利食いに走らせる可能性があることが分かりますか？　マーケットは迷いが嫌いであることを覚えておいてください。

　上昇トレンドでトウバ（塔婆）同事が現れたときに、あなたがその株をロングしていたら、直ちに利食いましょう。そうすれば、すぐに

殺到するであろう売り手たちのために、あなたは余裕を持って微笑みながら、出口の扉を開けておいてあげられます！

スティーブ・ナイソンは『ジャパニーズ・キャンドルスティック・チャーティング・テクニック（Japanese Candlestick Charting Techniques）』で「前述したように、日本のテクニカル用語の多くは軍隊に由来していて、このトウバ（塔婆）同事という言葉も、領土を防衛するために死んだ強気筋や弱気筋の墓石を表している」と書いています。

図6.12を見れば分かるように、トウバ同事は、その日の安値で寄り付き、引けています。長い上影を描いて新高値を付けた場合、強気筋にとってさらに暗い見通しをもたらします。つまり、強気筋が懸命に供給を吸収したにもかかわらず、弱気筋が価格を押し下げ、その低い水準で引けさせられたということです。株やマーケットが1日をいくらで終わるかということ、それ自体が重要な意味を持つシグナルであることを覚えておいてください。

コマと捨て子線

私たちが注目したい最後のローソク足は「コマ」と「捨て子線」です（図6.13）。陰陽を問わず小さな実体のローソク足は「コマ」と呼ばれます。その影の長さとレンジはさまざまです。コマを同事線のやや「より親切な、より優しい」バージョンだと考えてください。その兄弟として、非常に長い上影や下影の付いているコマである「捨て子線」がいます。一連の捨て子線はトレンドの反転を暗示する可能性があります。

この数ページで、トレンドの変化や反転のシグナルとなる主要なローソク足のフォーメーションとパターンについて学びました。ほかにもたくさんありますが、前述したように、ナイソンの本などで、その他の例や説明を知ることがきます。私はローソク足を貴重な情報源だ

図6.13 コマと捨て子線

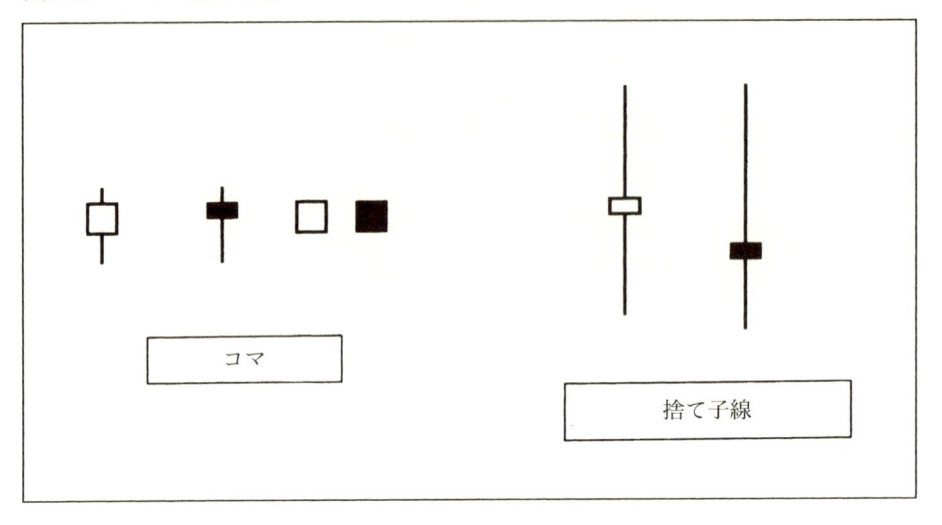

　　　　　コマ

　　　　　捨て子線

と考えています。ローソク足について勉強を続けることはけっして無駄にならないでしょう。

　以下のチャートでは、説明したばかりのローソク足の例を見ることができます。あるフォーメーションが形成されたときに、トレンドが弱まったり、反転している様子を見てください。

　これらのチャートを見たあなたは、長い下降トレンドの末に現れた同事線を指さして、きっと「あれ、急激な下降トレンドで同事線が現れているのに、反転せずに、そのまま下がり続けてる！」とか「ちょっと待ってよ。上昇トレンドの真っただ中に被せ線気味のパターンがある」と叫んでいるに違いないと、私のアヒルのスリッパを賭けてもいいです。

　あなたが本書で数え切れないほど目にすることになる私の返事は「株式相場に絶対はない」ということです。覚えておいてください。バスルームの鏡、冷蔵庫の扉、手の甲に書いておきましょう。ローソ

図6.14　このコーニング社(GLW)の日足チャートにはいくつかの反転パターンがある。1=明けの明星。2と3=はらみ。4=明けの同事線から、差し込み線、それらか宵の明星が続く。5=被せ線。6=明けの明星。7=横ばいのコンソリデーションにおける強気の包み線。上昇トレンドや下降トレンドにおける転換点ほどの勢いはない

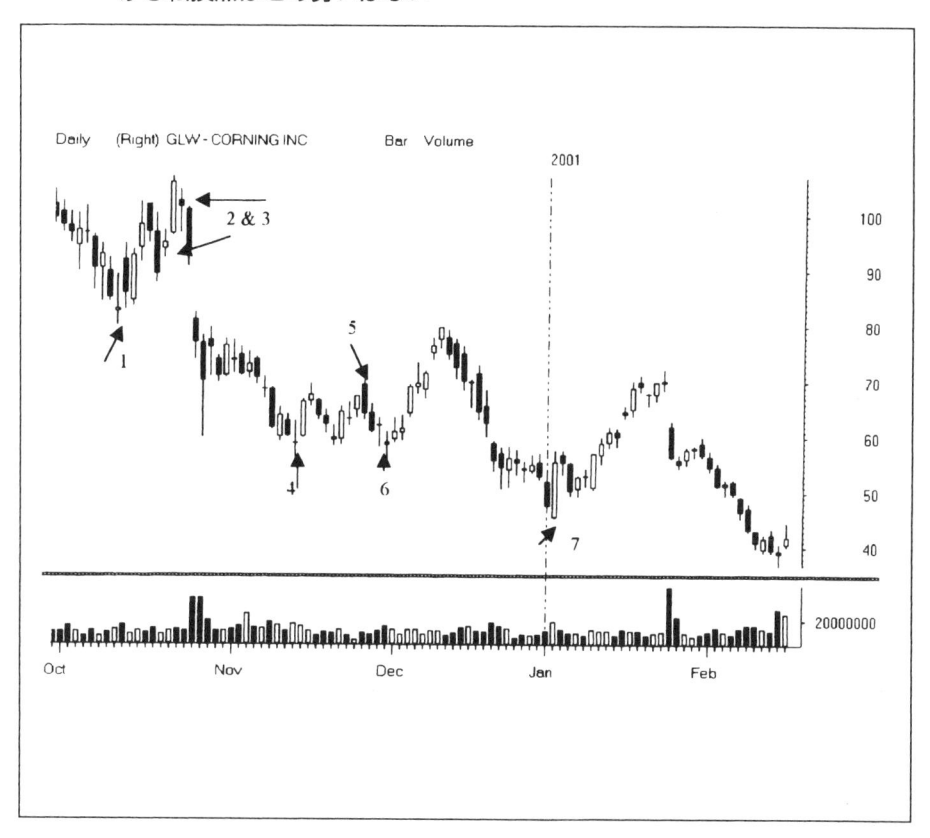

ク足パターン、指標、オシレーター、アナリストのレポート、月と星の配列、どれもこれも、あなたの持ち株やマーケットが、次の瞬間、翌日、翌週、翌月にどうなるかを指し示すことはできません。それらができることは、過去に基づく値動きの可能性や確率を教えることです。あなたが可能性のなかからひとつの結論を導き出し、お隣の紳士淑女たちがその正反対の結論を導き出すという事実が、マーケットを

図6.15 このモトローラ(MOT)の日足チャートでは、前図以上に多くのローソク足パターンが変化を示唆している。ご覧のように、これらパターンは「完全無欠」なものではないが、何が起こり得るかのヒントを与えてくれる。1＝差し込み線。株価は上がるが、1本しか続かない。2と3＝はらみとはらみ十字。4＝弱気の包み線。5＝強気の包み線。6＝流れ星に同事線が続き、方向性の変化を強く示唆する。7＝はらみに弱気の包み線が続き、葬送曲がスタート！　8＝流れ星。9＝差し込み線。10＝トレンドのトップのトウバ同事線は反転の可能性を示すシグナル

動かしているのです！

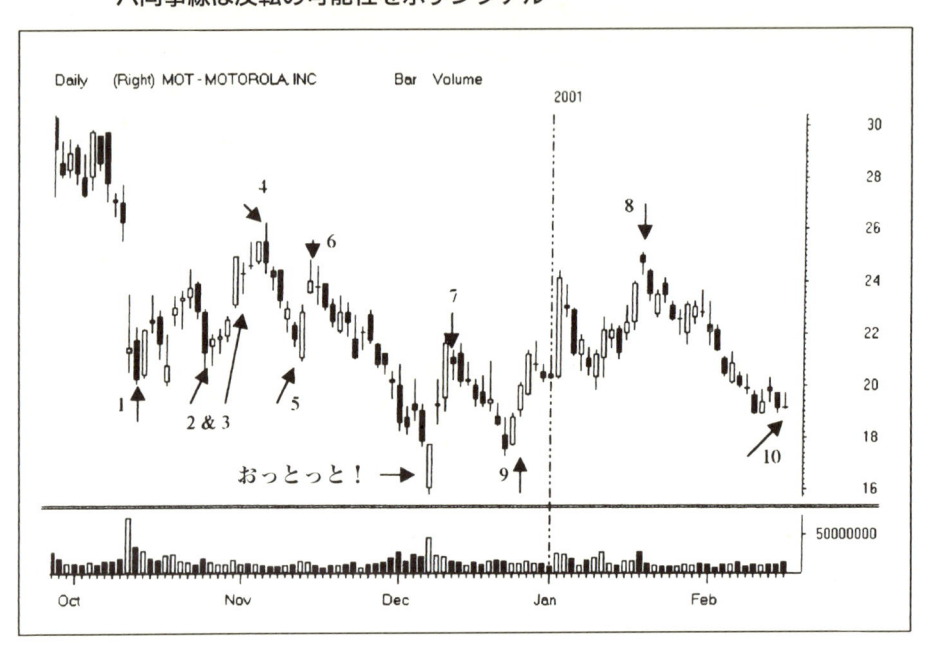

HOT TIP

同事線、コマ、捨て子線の各ローソク足は、迷いを表しているため、上昇トレンドで現れた場合、反転指標となる可能性があります。

図6.16 このマイクロミューズ社(MUSE)の日足チャートではさらにさまざまなローソク足パターンを見ることができる。私が説明していないパターンやフォーメーションを見つけられますか？ 1＝強気の包み線。2＝差し込み線。3＝コマに横ばいの捨て子線が続くのは迷いを示す。4＝はらみ。5＝トンカチに差し込み線が続くのはトレンド反転のシグナル。6＝コマと長い弱気の包み線は暗い見通しを示す。7＝流れ星に弱気の包み線が続く。8＝ほぼトンカチ(テクニカル的には、丸坊主でない)は変化を示す。9＝強気の包み線

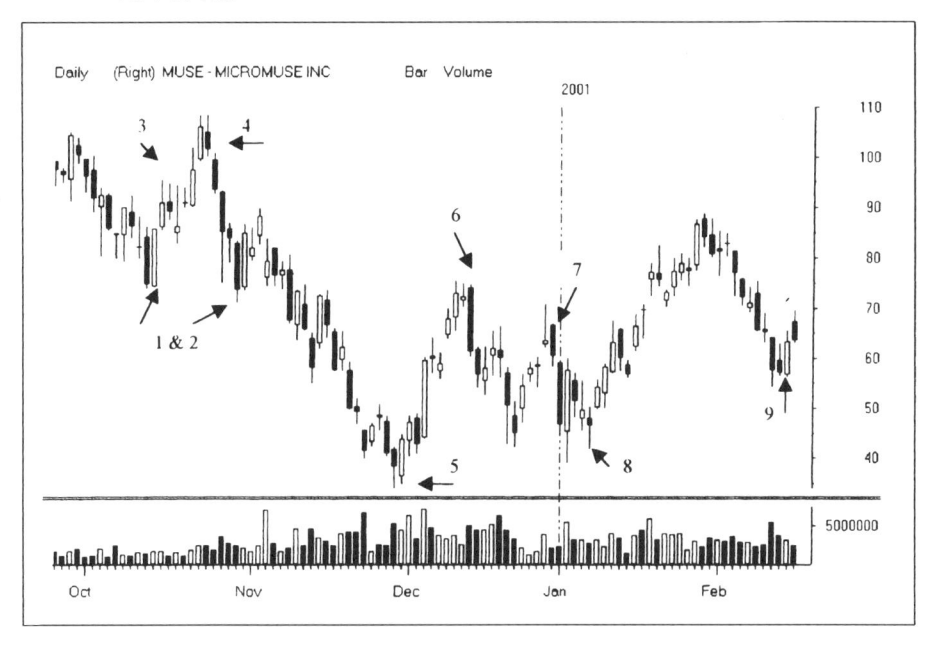

クイズ

1．節度のない、気まぐれな値動きを示す株価チャートは、完全に無視して、別のチャートの検討に移る。○か×か？
2．ラインチャートは、1本の線で描かれた、株の_____を示します。
3．バーチャートの場合、垂直バーの上端はそのセッションにおける株の_____を示します。下端は_____です。左側に垂直に突き出ている短いバーは_____を示し、右側に突き出ている短いバーは_____を示します。
4．ローソク足の「実体」と呼ばれる陽線（白い矩形）は何を示しますか？　陰線（黒い矩形）は？
5．「同事」について説明してください。
6．長い陽線はどんな見解や感情が優勢であることを示していますか？　長い陰線は？　どちらが供給を意味しますか？　どちらか需要を意味しますか？
7．「同事」の複数形は_____です。
8．「トンカチ」と呼ばれるローソク足はどんな形で、株価パターンのどこに現れたときにトレンドの変化もしくは反転を暗示しますか？
9．「弱気の包み線」について説明してください。欧米のテクニカル分析で相当するパターンは？
10．すべての「星」パターンに共通する特徴は？
11．ある株をロングしていて、今日のセッションでトウバ同事線で引けたら、あなたはどうしますか？
12．「コマ」と「捨て子線」はどんな集団心理を表していますか？

解答

1．○、○、○！
2．終値
3．高値、安値、始値、終値。
4．陽線の場合、実体の下端がそのセッションの始値で、上端が終値を示します。陰線の場合、実体の上端が始値で下端が終値を示します。
5．同事は、1本の横バーで区切られた上影と下影から構成されるフォーメーションです。その株（または指数）の始値と終値が同じであることを意味します。
6．長い陽線は強い強気と解釈されます。集団心理は強欲で、需要を意味します。長い陰線は固い弱気を表します。集団心理は恐怖で、供給を意味します。
7．同事。
8．「トンカチ」と呼ばれるローソク足は小さな実体とその少なくとも3分の2の長さの下影で構成されます。おなじみの大工道具と似ているこのフォーメーションが下降トレンドで現れると、「トンカチでたたき上げる」かのように、トレンドの減速もしくは上昇への反転が起こる可能性を示します。
9．弱気の包み線は陰陽異なる2本のローソク足から構成される、上昇トレンドに現れて反転の可能性を警告するパターンです。2本目のローソク足の実体が1本目のローソク足を完全に包み込みます。欧米における「キーリバーサルデイ」に相当します。
10．すべての「星」パターンは――明け・宵・同事にかかわらず――前のローソク足の実体から離れた水準で（つまり、上昇トレンドではより高く、下降トレンドではより安く）寄り付かなければなりません。
11．利食いをして現金にする！
12．迷いと不確実。

センターポイント

われわれの後にあるものとわれわれの前にあるものは、われわれの内にあるものと比べれば、ささいなものだ。——ラルフ・ウォルドー・エマソン

自分の可能性を最大限に引き出す

　私たちが住む惑星は、星くずから生まれ、数十億年前に塊になり、それ以来発展し続けています。私たちは、単細胞の動植物から表現することができる意識を持った生物への進化の一環として存在しています。ですから私たちは、常にもっと大きな表現へと発展する途上にある、ユニークな生命体なのです。

　自分の最大の可能性を表現したいという気持ちは、いかに無視しようと思っても、生まれたときから永遠になくなりません。その気持ちは、自分の人生において創造的なプロセスに参加するチャンスを与えてくれ、自分の特別な才能を育ててくれます。私たちには、自分という存在の最大の可能性を生み出すための自覚と能力を与えられているのです。

　私たち一人ひとりが、特別な才能を与えられて生まれてきています。それを表に出し、育て、磨けば、人間としてさらに成長し、充足することができ、同時に世界に貢献することができるのです。

　私たちは、自分の夢は、わがままで、利己的で、現実的でないものと信じ、恐れてさえいることが多々あります。大きくなったら俳優になりたいと思う子供に、そんな夢は自己中心的で、食っていけるわけがないとバカにする親たちのことを考えてみよう。

　俳優や女優は、演劇や映画によって私たちを楽しませてくれます。私たち観衆を「信じないという気持ちを捨て去る」ように勇気づけて

くれたり、近づくこともできなかった素晴らしい感情と体験の世界に連れていってくれます。それが真実なのです。彼らは私たちを日常的な環境を超えた時と場所に運んでくれるのです。その体験は、私たちを笑わせ、人生の教訓を教え、あるいはストレスを和らげてくれるのです。これらのパフォーマーたちは、とても素晴らしい贈り物を私たちにくれるのです！　わがまま？　まったく逆です！　食べていけない？　もちろん違います。優れた俳優や女優はその仕事に対して報酬を得ています。

　あなたの心が欲しているものは何ですか？　あなたの魂を歌わせるものは何ですか？　主張することを待ち望んでいるあなたの内なる才能は？　あなたはそれを主張し、それに表現を与える準備ができていますか？

　その答えがイエスなら、自分の最大の可能性を引き出し、受け入れ、人間として成長し続けましょう！

第7章

チャート分析の詳細──パズルの断片
Charting Close-Ups : The Pieces of the Puzzle

> トレーダーは、プロのビリアードプレーヤーにようにゲームに取り組む。つまり、目先のショットだけを考えるのではなく、そのずっと先を見ている。トレードにはそういう資質が必要なのだ。
> ──ジェシー・リバモア

　本当のグッドニュースを、相棒のバッドニュース抜きで聞いてみたいですか？　「株価は上、下、横の３方向にしか動かない」。これが何でそんなにすごいニュースかって？　なぜなら、実際の株価の動きがいかに単純であるかを如実に表しているからです（株価はなぜバックしないの？　それは時間が前に進むから）。

　「上・下・横」のニュースの良いところはそれだけではありません。損を小さく抑え、儲けるときに大きく儲けていけば（このアイデア最高！）、50％以上の確率でトレードが思惑どおりにいかなくても、全体として儲けることができるのです。十分にグッドですよね。

　以前の章で上昇トレンド（第２ステージ）、下降トレンド（第４ステージ）、横ばい（第１ステージと第３ステージ）について説明しました。本章では、儲けをもたらす売買シグナルを見つけるために、さらに詳しく分析してみましょう。

あなたのフレンド、上昇トレンドの構造

　上昇トレンドとは、トップ（高値）とボトム（安値）の転換点が切り上がっていく株価パターンです。

　前の章でも言ったように、強い上昇トレンドにある株が、私たちが

ほとんどの時間を費やすトレードの対象です。スイングトレーダーは、強力な上昇トレンドを描き始め、2日から5日間でブレイクアウトする株を狙います。ポジショントレーダーは、第1ステージからブレイクアウトする株を見つけ、上昇トレンドが続く期間、約4～6週間の目安で買い持ちします。

株価がベーシングからブレイクアウトして上昇トレンドに入るのには、幾つかの理由があります。機関投資家たち（ミューチュアルファンドやマネージドアカウントの運用担当者たちなど）が突然興味を示したり、関連する産業やセクターに人気が集まったり、その株に関して好材料が流れたり、好決算が発表されたりすることがあります。集まった買い圧力（強欲＋需要）が株価をベーシングからブレイクアウトさせ、以前に形成されたレジスタンスを突破させるのです。

図7.1は、ベーシングからブレイクアウトして上昇トレンドに入る様子を示します。

テニスのプロにテニスラケットについて尋ねれば、ラケットの面のどこに「スイートスポット」があるか教えてくれるでしょう。スイートスポットはガットストリング面の中央にあります。ボールを完璧にスイートスポットでとらえれば、大きな力の正確なショットを生み出すことができます。

スイングトレーダーとしてのあなたのゴールは、強い上昇トレンドにおけるアップスイング（上方反転）で「スイートスポット」をとらえることです。スイートスポットとは、アップスイングの中間点です。

「おい、中間ってどういう意味だ？　中間点じゃなくて、ボトムで買ってトップで売りたいのに！」とあなたは反論するでしょう。

現実的になりましょう。最も裕福なトレーダーは中間点を狙います。あなたもそうしましょう。買うときは、そのブレイクアウトが確かなものであってほしいので、確認が得られるまで待ちます。利益を確定するときは、売らなければならないときではなく、売れるときに売る

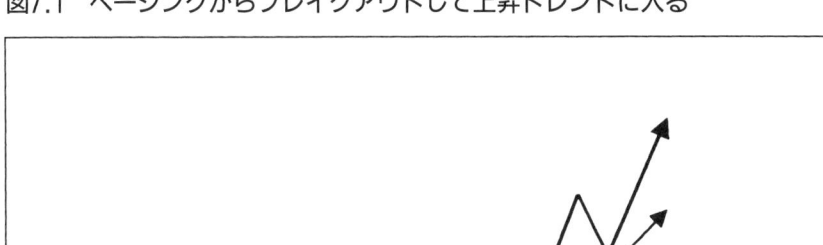

図7.1 ベーシングからブレイクアウトして上昇トレンドに入る

```
レジスタンスを上に
ブレイクアウト

                    上昇トレンド(第2ステージ)＝
                    トップとボトムが切り上がって
                    いく

                レジスタンス

ベーシング(第1ステージ)
```

のです。あと数ポイント儲けられるのにと思うことがありますか？ もちろん。気になりますか？ ノーです！ トレードをプランし、そのプランに従ってトレードする。それが成功への道なのです！

　図7.2は、上昇トレンドで実行可能なスイングトレーディングとポジショントレーディングの戦略を簡単に示します。

　「スイングトレーディングやポジショントレーディングでいちばん儲けるにはどうしたらいいの？」というあなたの次の質問を、私はすでに予期しています。答えはこうです。主要銘柄をまとめて押し上げるほどの強気相場であれば、有能なスイングトレーダーなら、多幸症的な上昇トレンドを描いて急騰している株に飛び乗って、大きな利益

図7.2　上昇トレンドで実行可能なスイングトレーディングとポジショントレーディングの戦略

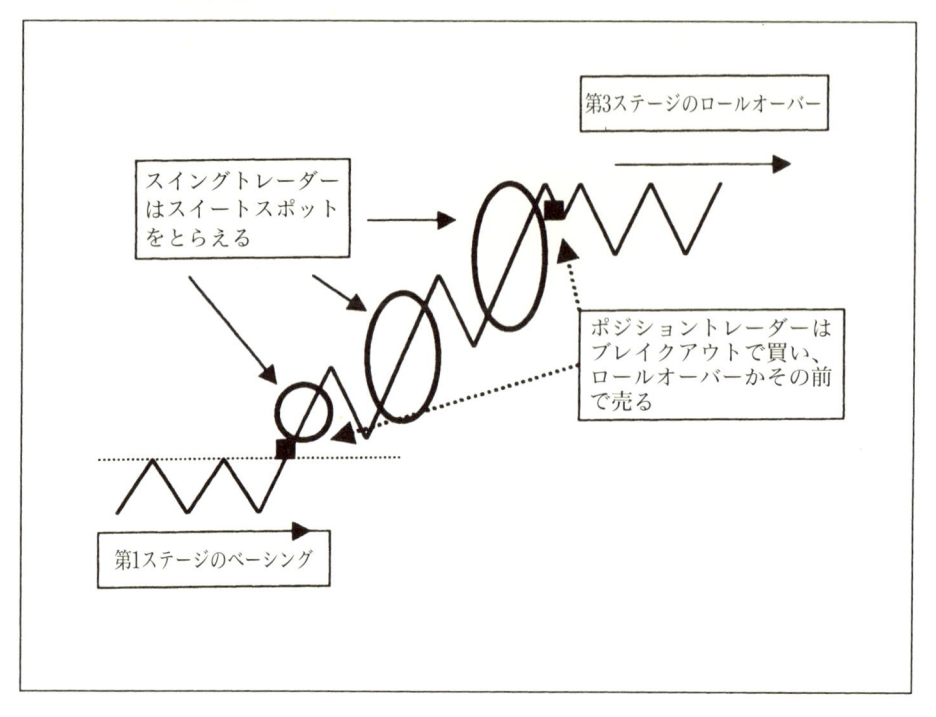

第3ステージのロールオーバー

スイングトレーダーはスイートスポットをとらえる

ポジショントレーダーはブレイクアウトで買い、ロールオーバーかその前で売る

第1ステージのベーシング

をものにできるでしょう。ブレイクアウトをとらえるのにもっと知識とスキル（そして下落したときに飛び降りるための規律）を必要とする、穏やかな上昇トレンドの相場であれば、トレイリング・ストップロスを仕掛けながら、次々に切り上がっていくトップとボトムを静かに見守っているポジショントレーダーのほうが、儲けられるかもしれません。

　両方の良いところを取るとすれば、ブレイクアウトしたときにポジションを建て、それからマーケットのコンディションに応じて、ポジションの一部をスイングトレードし、残りをポジショントレードモードで残しておきます。

同じ目的を達成する方法がひとつあります。www.holdrs.comへアクセスしてください。「HOLDRS Outstanding」をクリックし、HOLDRSのリストをチェックします。それぞれがAMEX（アメリカン証券取引所）で取引されている1銘柄に対応し

> **HOT TIP**
>
> チャートはチャートであって、チャートに本質的な違いはありません。日足チャートでも、3分足チャートでも、トレードに入るための買い条件は基本的に同じです。

ます。ひとつ好きなセクター（例えば、SMHは半導体ホルダー）を選び、それをポジショントレードに使用します。それからそのセクター内の主要株のひとつをスイングトレードすることによって利益を最大化できます。

買いシグナル――何に着目するか

この節では、スイングトレーディングとポジショントレーディングに最適な買いシグナルについて説明します。基本的なパターンは、あらゆるトレードのエントリーに共通しています。このパターンは、デイトレーディングの場合にも適用できます。

図7.3は、3つの基本的な買いシグナルを示します。次のように読み取ってください。

1．ポイント1では、ベーシングからブレイクアウトしてレジスタンスを突破しています。

2．ポイント2では、株価がサポートまで下げ戻った後にブレイクアウトして、上昇トレンドを再開しています。

3．ポイント3は、ポジションを積み増すチャンスです。株価が直近高値の転換点の価格（レジスタンス）を超えたところです。

以降の各章では、意思決定支援ツールとして、これらのシグナルに

図7.3　3つの基本的な買いポイント

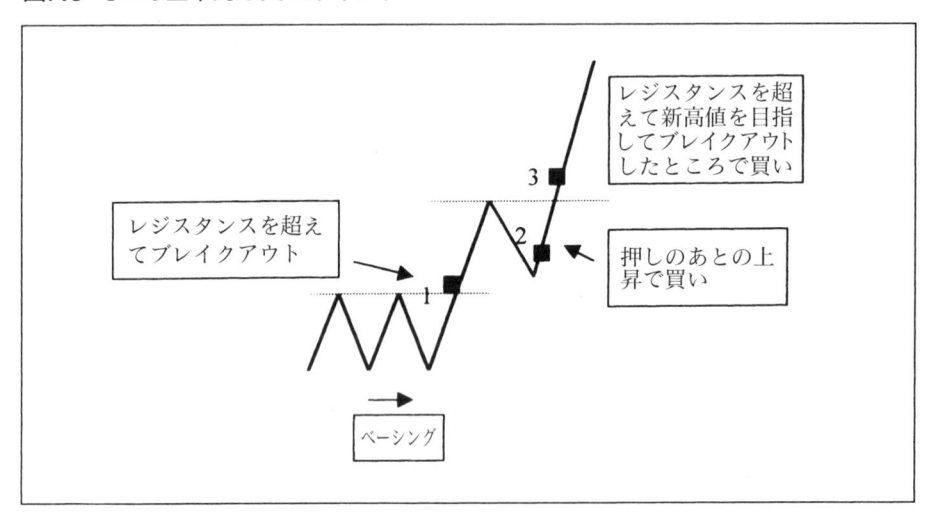

レジスタンスを超えて新高値を目指してブレイクアウトしたところで買い

レジスタンスを超えてブレイクアウト

押しのあとの上昇で買い

ベーシング

各種の「ベルやホイッスル」を付け加えることになります。でもここでは、基本的なパターンを覚えてください。

　スイングトレーダーでも、ポジショントレーダーでも、株価がレジスタンスを初めて超えたときに買いに入るのが普通です（図7.3を参照）。スイングトレーダーは、最初の反落が起こる前、つまり強欲と需要がまだ強く残っているときにポジションの半分または全部を売って早めに利益を固めます。ポジショントレーダーは、株価がサポートまで反落するのを待ち、それから反発、つまりボトムをつけた日の高値を超えたときに、ポジションを積み増すことがあります（2を参照）。ポジションをこのよ

HOT TIP

プロや機関投資家たちは「スケーリング」という手法をよく使っています。買うときにはスケールインし、売るときにはスケールアウトします。リスクを減らし、利益を大きくするうまい方法です。

うに段階的に積み増すことを「スケールイン」と呼びます。

最初のブレイクアウトで買い、最初の反落前に売ったスイングトレーダーは、その株の次のエントリーチャンスである、反落後の反発を待ち構えます。

しっかり理解してくださいね。例えば、スイングトレーダーとポジショントレーダーが、上昇トレンドを続けて直近高値に向かっている株をロングしているとします。どちらのトレーダーも、レジスタンスに到達するかどうかを見守っています。勢いが少し衰えると、スイングトレーダーはポジションの半分または全部を売って利食いをするかもしれません。あるいは、マーケットや関連セクターが派手に上げている状況なら、ストップロスを近くに設定しておいて、レジスタンス（供給）が近づくにつれて株価がどのように反応するか注目しているかもしれません。ポジショントレーダーは、ポジションをしっかりと守りながら、ストップロスを狭める次の機会を待ち構えています。ストップロスの設定方法については第10章で説明します。

注意。これ以降、ターゲットにしている株が買いシグナルを発したら、前日の高値より0.15から0.25上で入りましょう。これについては、後ほど詳しく説明します。

図7.4、図7.5、図7.6の各図は、ベーシングからブレイクアウトして上昇トレンドに入っている株を示します。1・2・3の買いポイントをよく見てください。

> **HOT TIP**
>
> 「トレンドはあなたのフレンド」という古い格言を聞いたことがありますか？　それは疑う余地のない真理です。トレンドに逆らうことは、守りだけで勝とうとするようなものです。それには大変な努力が必要であり、たたきのめされる可能性もあります！

図7.4　このワールドコム社（WCOM）のチャートではかなりの固いベーシングをかなりの出来高を伴ってブレイクアウトしている様子を見ることができる。ブレイクアウトは「1」と記されている2001/1/3に起こった。ポイント「2」の買いシグナルは反落後のボトムでトンカチが現れたあとの最初の陽線。その次のローソク足は直近の高値を超え、ポイント「3」のシグナルになる。理想的なベーシングの形成には数週間かかることを頭に入れておくこと。数日間しか続いていないベーシングは多くの場合ブレイクアウトに失敗する

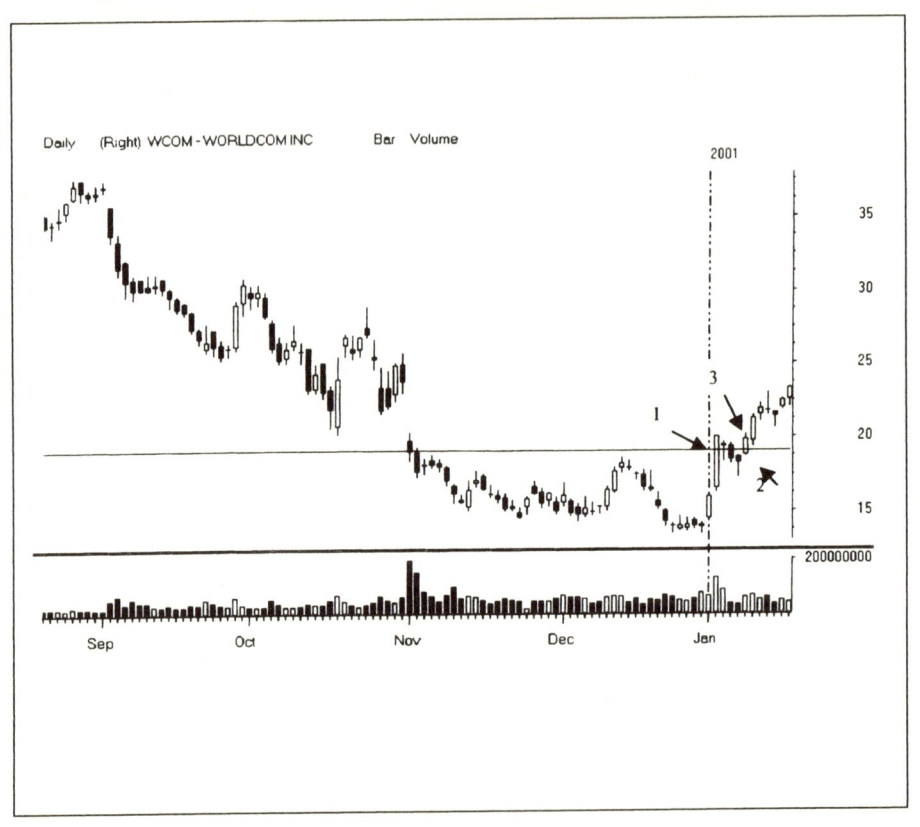

図7.5 このボーイング社（BA）のチャートでは6/28に固いベーシングを抜けた。41ドルを超えたところが買いポイントで、それがポイント「1」になる。2000/7/17のトンカチは、高値が44.44ドルで、浅い反落。買いポイントの「2」は翌日の7/18の約44.50ドル。株価は45.13ドルのレジスタンスを上抜け、買い増しか買いポイントの「3」を同日に通過した。スイングトレーダーもポジショントレーダーも、最初の大幅な反落前の高値まで、この節度ある株を持ち続けるかもしれない。7/25から始まったコマと横ばいのコンジェスチョンは、迷いが支配していることを示している。スイングトレーダーは49ドルで簡単に売って8ポイントの利益を得ることができただろう。ポジショントレーダーは反落を見守りながら、60ドルの高値を付けたときに利食ったかもしれない。8月中旬の反落後にもスイングトレードのチャンスがあるのが分かる

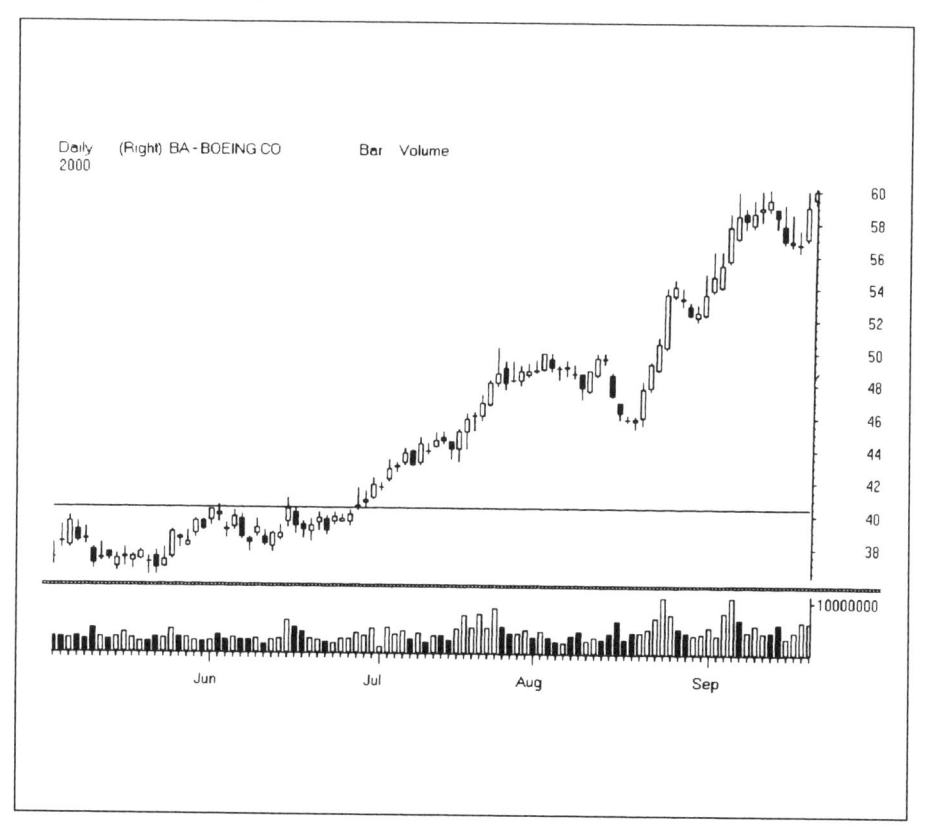

図7.6 このファーストデータ(FDC)の日足チャートでは10/13に43.44ドルのベーシング・レジスタンスを突破。よって、ポイント「1」の買いシグナルはその日の43.50ドルになる。2日後、コンソリデーションの横ばい状態に移り、株は時間的にも価格的にも休眠・調整することを覚えておいてほしい

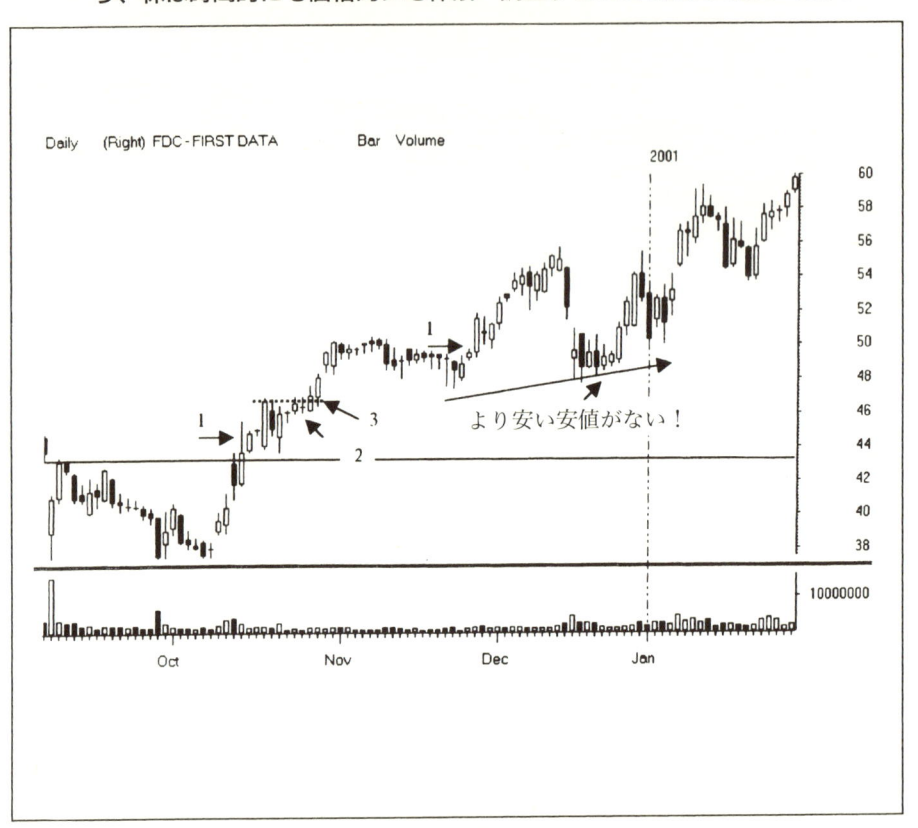

上昇トレンドラインの描き方

さあ、クレヨンを取り出しましょう！ お絵かきの時間です。
　ベーシングを抜けて上昇トレンドに入った株をトレードしている場合、ボトムが2回切り上がったら、すぐにトレンドラインを描いてみることで、その株の今後の健康状態について見通しを立てることがで

図7.7　上昇トレンドラインを描く

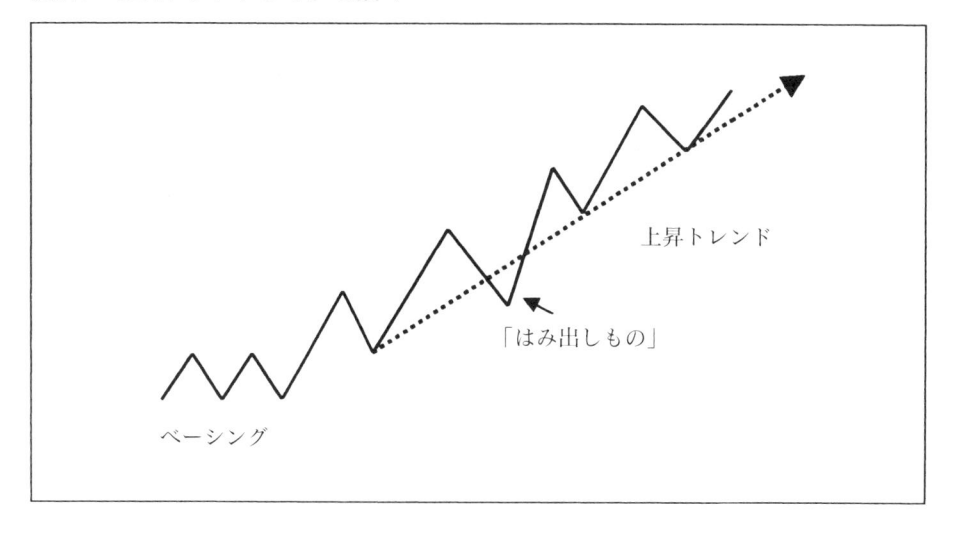

(図：上昇トレンド、「はみ出しもの」、ベーシング)

きます。まず、上昇トレンドでトレンドラインを描く場合は、ボトムの転換点を結び、その線を少し先まで伸ばすことによって、株価が動いていく可能性のある経路を見当づけることができます（「可能性」が重要な言葉です）。テクニカル的には、任意の2つのボトム（または任意の2つのトップ）を結べばトレンドラインを描くことができますが、ここではもう少し厳密にやります。高くブレイクアウトした後の最初のボトムから線を引き始め、以降の各ボトムを結びます。図7.7は上昇トレンドラインを示します。

　はい、私はあなたが次に言いたいことが分かります。「ちょっと待って！　ボトムの転換点をひとつ忘れている。トレンドラインからはみ出してる。どうなってんだ？」と叫んでいるでしょう。

　「そんなの私の勝手でしょ！」……というのは冗談です。3個以上のボトムの転換点をきれいなトレンドラインで結べるなら、それが描くべき線なのです。ときにはほかの転換点と結べないボトムもありま

す。そのボトムが直近のボトムより低くないかぎり、その点は結ばなくても構いません。

以下に、トレンドラインに関する幾つかのヒントを示します。

◆ 私たちにとって最適の上昇トレンドは、約45度で形成されます。それより角度が急だと、心臓が止まるような、胃がキリキリするようなトレードになりがちです。もっとはいずるような角度の浅い株価パターンだと、退屈するかもしれません。

◆ 3個以上のボトムを1本のトレンドラインで結べたら、それは「メジャー」なトレンドラインと見なされます。ポジショントレーダーは、そのラインをストップロスポイントとして使用することができます。つまり、株価がそのラインより下がったら利食いするのです。

◆ トレンドラインは、前の転換点より低い転換点が初めて現れたときに崩壊します。

◆ 上昇トレンドにある株が、ロールオーバーし、ボトムを切り下げたと思ったら、反騰してどんどんと高値を更新していくようなことがあるでしょうか？ もちろんあります。あなたがその株をロングしていて、トレンドラインが壊れたときに売っていたら、買い戻したほうがいいかもしれません。買い戻す場合は、通常の基準に従い、まったく新しいトレードとして対処しましょう。

レンジ内取引、コンジェスチョン、コンソリデーション

前述したように、株価は、上・下・横の3つの方向に動きます。横への動きは、レンジ内取引、コンジェスチョン、コンソリデーションという3つの基本的なカテゴリーに分けられます。

「レンジ内取引」は、安値圏であるサポートと高値圏であるレジス

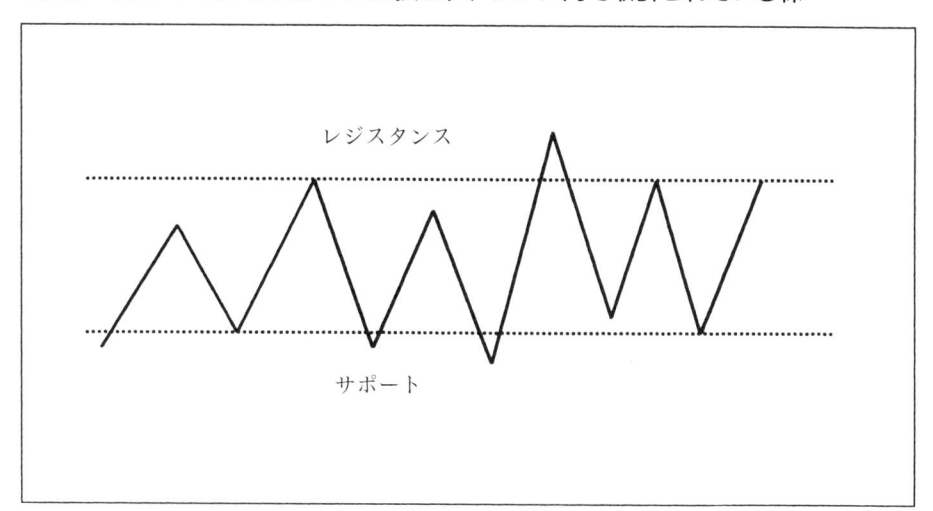

図7.8 サポートとレジスタンスに挟まれ、レンジ内で取引されている株

タンスの間で株価が上下することを意味します。トレンドがありません。レンジ内で取引されているほとんどの株は、第1ステージもしくは第3ステージにあります。レンジ内の取引は「ブラケッティング」とも呼ばれます。

「その昔」、つまり爆発的なボラティリティがマーケット、特にナスダックに浸透する前、トレーダーたちは、レンジ内で取引されている株を見つけることを大きな喜びにしていました。一部のトレーダーたちはそれを「ロール」している株と呼んでいました。下げたところで買い、反発したところで売ることによって、そういう銘柄でかなりの利益を得ることができたのです。

昨今では、レンジ内で取引されている株は、優良な上場株でも予測しづらくなっています。「フォロースルー」、つまり上方または下方への連続的なスムーズな移行が、マーケットやセクターの異様な振る舞いによって無残に断ち切られてしまうことがあるのです。レンジ内で

取引されている株をトレードすることは、私はもうお勧めしません。というより、やめるようご忠告します。

ベテランのマーケットアナリストで週刊マーケットアドバイザリーサービスの『エクイティ・ポートフォリオ・マネジャー（Equity Portfolio Manager）』（www.equitypm.com）の著者であるゲーリー・アンダーソンは、「コンジェスチョン領域は強気筋と弱気筋が戦いを繰り広げる"熱い戦場"だ。ボトムでは、おびえたトレーダーたちが売り逃げ、強気の買い手たちがそれを待ち構えて買う。トップではその逆のことが起こる。弱気の売り手たちが、強気トレンドに乗り遅れてきた買い手たちに大量に売り浴びせるのだ」と言っています。

図7.8は株がレンジ内で取引されている状態を示します。

株がレンジ内で取引されている場合、買い手は価格レンジのボトムで買い支えます。しかし、レンジのトップに達すると、買い手はそれ以上の上値での買いを拒否するので株価はまた下がります。これは、最も規則正しい需給循環の例のひとつです。

図7.9のチャートは、レンジ内で取引されている株を示します。

横ばいの株価パターンで取引される２つ目の形態は「コンジェスチョン」です。風邪かインフルエンザにかかったときのことを思い出してください。鼻が詰まって息ができなかったことを覚えていますか？ 同じように、コンジェスチョンにある株は、まるで呼吸ができないかのように、フォロースルーをめったにすることなく、でたらめに、ランダムに、横にしか動きません。第３ステージにある株でこの現象をよく目にするでしょう。

コンジェスチョンは、レジスタンスとサポートを形成します。ある株が不規則なコンジェスチョンに陥った場合、そのコンジェスチョンはレジスタンスとして機能するでしょう。なぜ？ なぜなら、高値圏で買った人はみな後悔し、大きな損をせずに売却できるように買値近くまで反発するのをひたすら待っているからです。それが供給を生み

図7.9　このシスコシステムズ（CSCO）の日足チャートを見て分かるように、6月から9月中旬までほぼ一定のレンジ内で取引されている（第3ステージ）。レンジの上端と下端で、フォロースルーがランダムに発生していることに注目。身の毛がよだつような経験をもたらす可能性もあった！

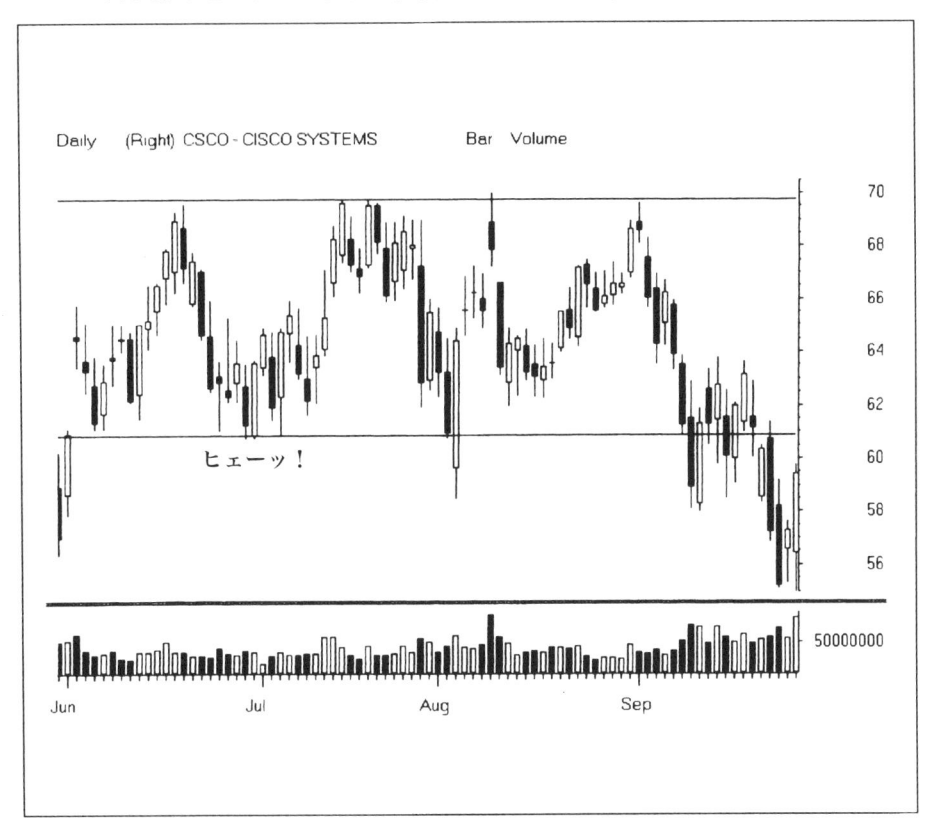

出します。逆に、株価がコンジェスチョン領域を超えると、コンジェスチョンがサポートを形成します。図7.10はコンジェスチョンパターンで取引されているイメージを示します。

　コンジェスチョンにある株を保有することは避けましょう。デイトレーダーたちは日計りでプレーするかもしれませんが、私たちのように持ち越す場合、コンジェスチョンは損をもたらすのが普通です。前

図7.10 コンジェスチョンで取引されている株。一般的に、トレードは避けるべき

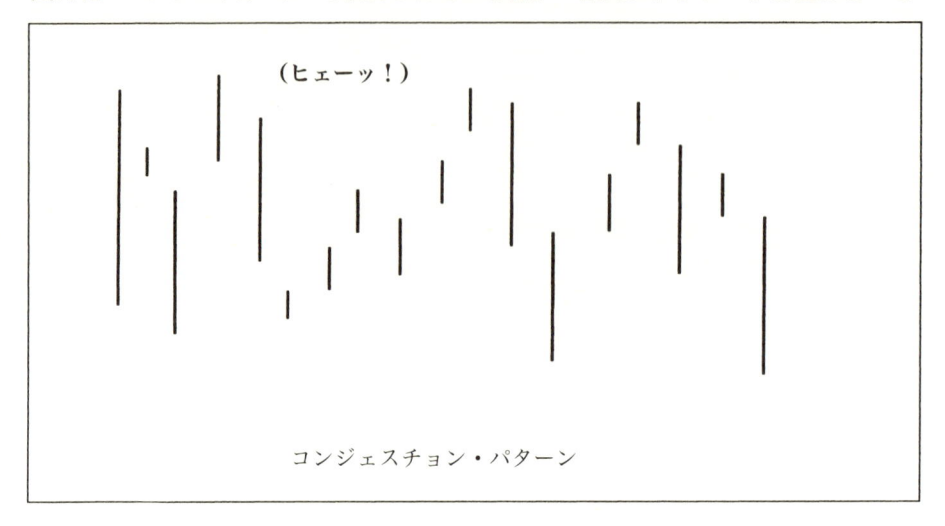

（ヒェーッ！）

コンジェスチョン・パターン

著で述べたように、「風邪をひいている友達にはキスをしないように、コンジェスチョンにある株をトレードしてはいけません」。

　トレードの対象として「節度のある」株を見つけることの重要性について話したことは覚えていますか？　図7.10やそれ以降の各チャートと同じムードと動きをしている株を保有していることを想像してみてください。心が乱れるはずです！

　図7.11と図7.12のコンジェスチョンパターンをよく見てください。もし、そのようなパターンが形成されていたら、トレードは手控えましょう。

　コンジェスチョンとは異なり、次の横ばいパターンは、私たちの最良の友になります。それは「コンソリデーション」と呼ばれ、正しく観察し、正しくプレーすれば、儲けるチャンスになります。

　コンソリデーションにある株は、非常に狭い価格レンジ内で横ばい状態で動いています。このパターンは、ベーシングまたは上昇トレン

図7.11 この製薬会社ファイザー社(PFE)の日足チャートをよく見てほしい。これがコンジェスチョンである！　株価がこのような不規則なパターンを描き始めたら、明確な上昇トレンド(または下降トレンド)が現れるまでトレードは避けよう

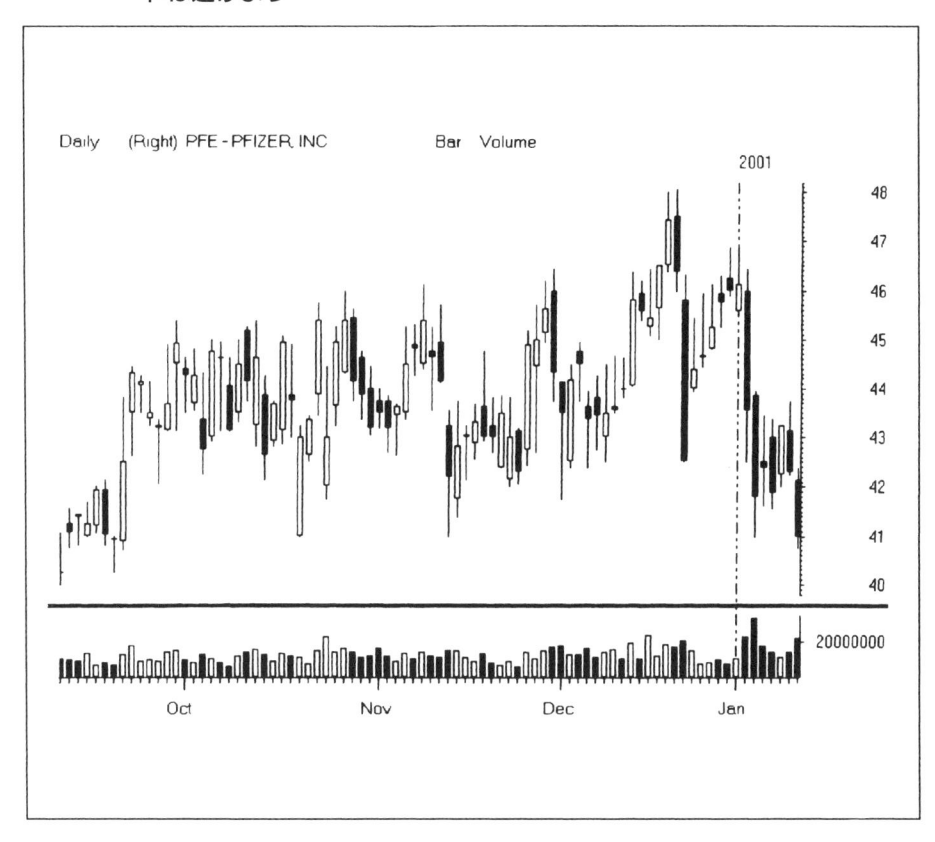

ドにある株が「休息」モードに入るケースで最もよく現れます。

　圧力鍋を想像してください。空気が漏れないように蓋が密閉された大きな鍋がガスコンロにかけられています。鍋のなかの過熱された蒸気が食材を料理します。鍋の

HOT TIP

上昇トレンドにある株は、価格または時間のいずれかの形で調整します。前のサポートまで反落するか、横ばいにコンソリデーションします。

図7.12 このセントマイクロエレクトロニクスNV社(STM)の日足チャートは、よく見られるコンジェスチョン・パターンを示す！ こういう株を翌日まで持ち越そうと思いますか？

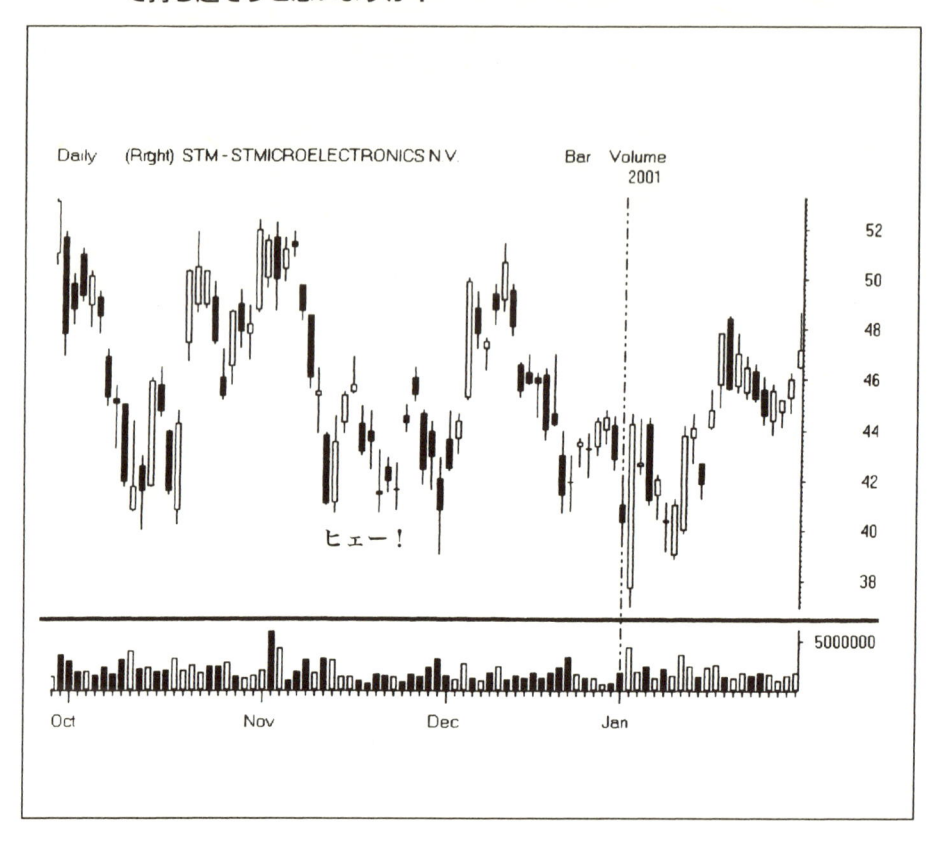

　下の火力を強めると、蒸気が膨張します。蓋の弁を開くと「シュー」という大きな音をたてて蒸気が逃げます。強火のままで蓋を取ると、蒸気と食材が空中に飛び散ります。

　それとまったく同様に、幅の狭い、横ばいのコンソリデーションで動く株は、圧力鍋のなかで熱くなります。強気筋は上げ、弱気筋は抑え込みます。ある時点が来ると、圧力鍋のなかの蒸気が限界に達し、暴発し、中身が空中に飛び散ります！ 言い換えれば、好材料や悪材

図7.13 このウエストマネジメント(WMI)の日足チャートには、いくつかの幅の狭いコンソリデーション領域が描かれている。実体がきれいに並んでいるところが多いが、一部の影がはみ出しても構わない。これらの横ばいのコンソリデーション領域が圧力鍋として機能していることに注目。コンソリデーションが数日続いたあと、上方または下方へ持続的な形でブレイクアウトしている。この株は第3ステージを完了しようとしているように見える。最後のローソク足(矢印)が現れたことで、2月のコンソリデーション期間のあと、下方へブレイクアウトし、第4ステージの下降トレンドが始まったと私は推測している

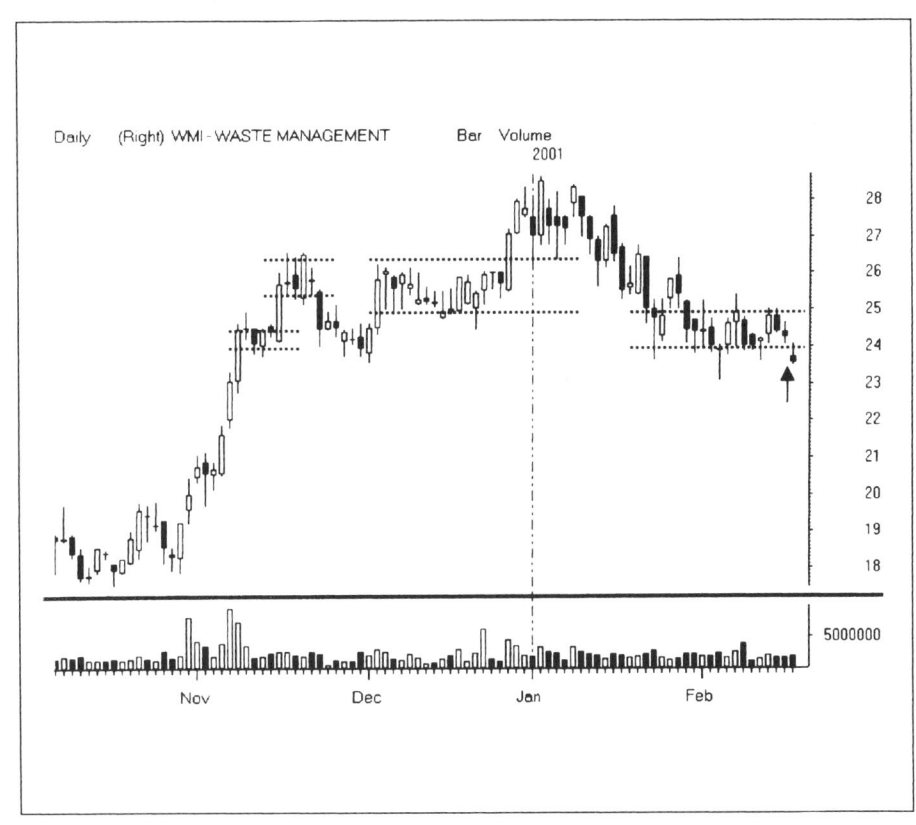

料や市場の動きによって引き起こされた出来高の急激な増大が、株価を上方または下方へ吹き飛ばすのです。コンソリデーションからブレイクアウトする株をトレードすれば（あなたが「正しいサイド」にいると仮定すれば）、株価の爆発から大きな利益を得ることができます。

図7.14 このアダプテック社(ADPT)の日足チャート上では、短いけれども印象的ないくつかのコンソリデーション領域に注目してほしい。最初のは「ペナント」とも呼ばれる。コンソリデーションにはコマや同事線が現れることがよくある。横ばいのコンソリデーションの動きは迷いの集団心理を表しているので、それは理に適っている。迷いのパターンが壊れると、とてつもなく荒っぽい上方または下方への動きになることを覚えておいてほしい！

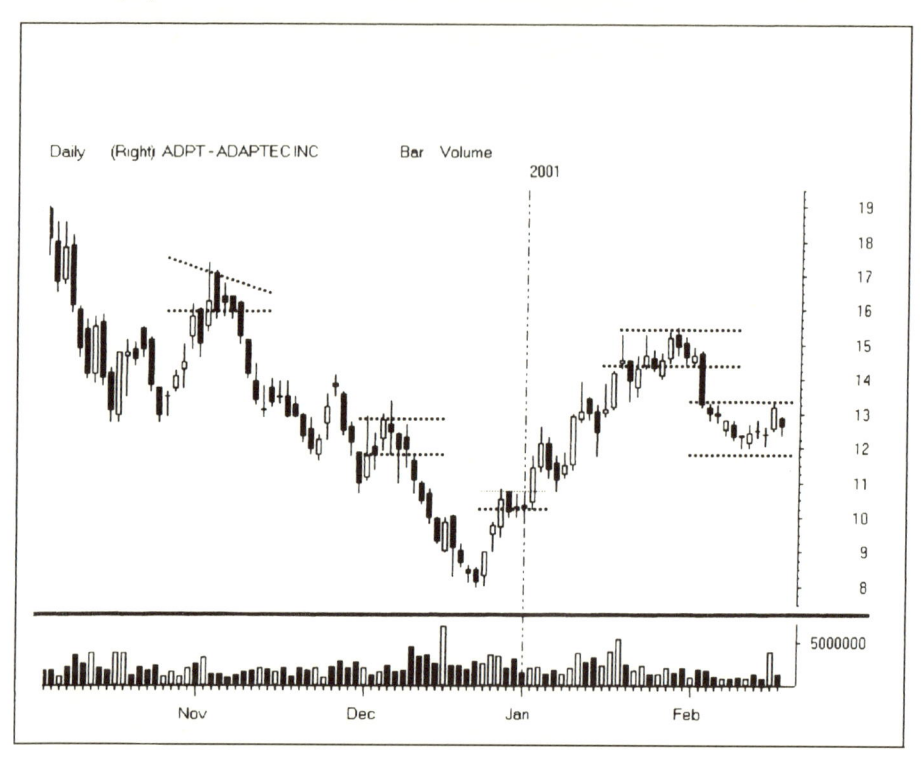

　図7.13は、典型的なコンソリデーションパターンを示します。株が大きな出来高を伴って（出来高シグナルについては次章で説明）コンソリデーション領域を上方または下方へブレイクアウトするとき、買いまたは売りシグナルを出すことがよくあります。

　コンソリデーション期間が長いほど、上方または下方への動きが起こったときにはそれだけ爆発的になります。インベスターズビジネス

デイリー社(IBD)の「Investor's Corner」で「少なくとも4〜6週間続いたベーシングからのブレイクアウトが最も有望である」という言葉をよく目にするのはそのためです。

> **HOT TIP**
>
> 私が知っているほとんどのプロは、ロング・ポジションをとるより「ショート」するほうを好んでいます。なぜ？ なぜなら、ショートでは、もっと速く、もっと大きく儲けることができるからです。

図7.15 このブロードコム社(BRCM)のチャート上では、コンソリデーション領域が劇的な値動きにつながっていることに注目。コンソリデーション領域は強力なサポートとレジスタンスという防壁になる

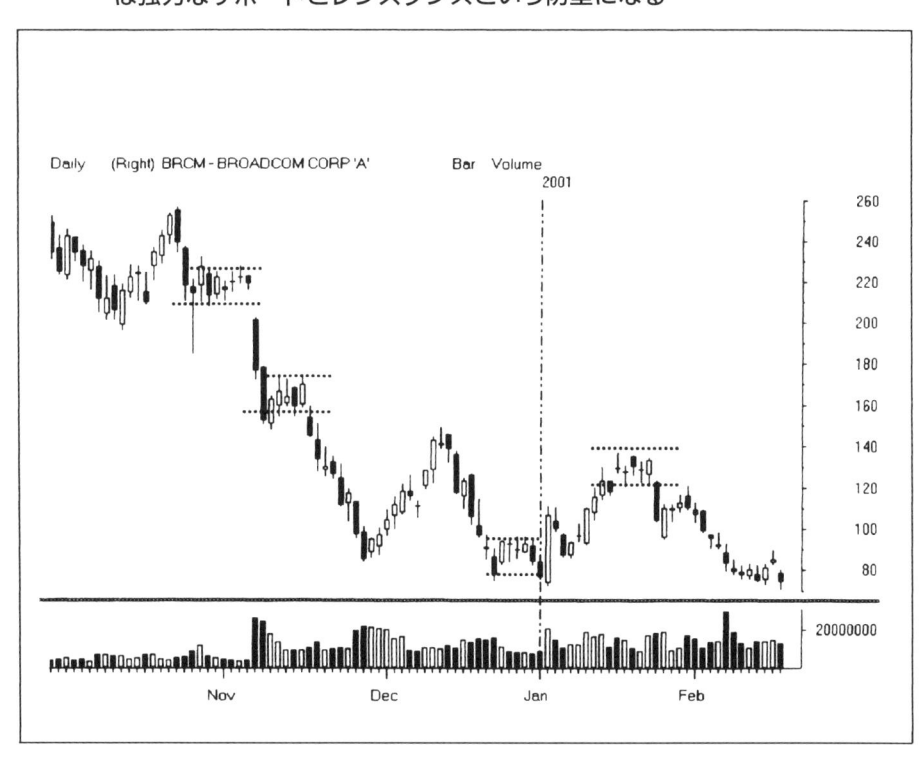

図7.13、図7.14、図7.15の各図は、コンソリデーションパターンを示します。これらの図でこのパターンを識別できるようになったら、自分でチャートを入手してコンソリデーションをどんどん見つけてください。見つけたときは、その後の上方または下方への動きの強さに注目してください。

　12月と2月にWMIによって形成されたような幅の狭いコンソリデーションから下方へブレイクアウトすると、そのコンソリデーションが「ガラスの天井」のようなメジャーレジスタンスになるので、株価が容易にそれを上に突破できなくなる可能性があります。

下降トレンドの構造

　下降トレンドとは、ボトムとトップの転換点が切り下がっていく株価パターンです。あなたはおそらくトレーディングのほとんどの時間を強い上昇トレンドで費やすことになるでしょうが、正しく空売りする方法を学べば、第4ステージの下降トレンドにある株から複数ポイントの利益を得ることができるでしょう。第12章で、安全で、儲かる空売りの方法について説明します。

　ロング（買い持ち）よりもショート（空売り）のトレードのほうが一般的に手仕舞いが速いため、スイングトレーダーなら、下降トレンドの早い段階に狙いをつけ、2〜3日間の保有でスイートスポットをとらえようとします。ポジショントレーダーは、第3ステージから下方にブレイクしようとしている株を見つけ、それを空売りし、下降トレンドが続いている間、約2〜4週間の見当で保有します。

　第3ステージのロールオーバーから下方へブレイクするのには、幾つかの理由があります。全体的にネガティブなマーケットコンディション、機関筋の買い手たちがその株が属するセクターに対して魅力を失う、収益や売り上げの悪化や過剰在庫が明らかになる、その他の悪

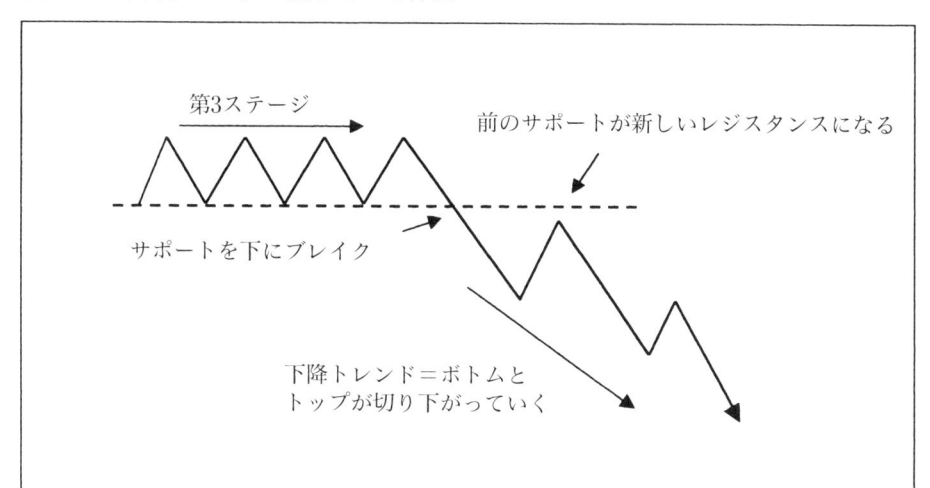

図7.16　下降トレンドへ落ちていく株価

```
        第3ステージ
    ─────────────→        前のサポートが新しいレジスタンスになる
                                    ↓
   /\  /\  /\  /\  /\ - - - - - - - - - - - - - - - - - - -
  /  \/  \/  \/  \/  \      ↑        /\
 /                    \             /  \    /\
                       \    /\     /    \  /  \
  サポートを下にブレイク  \  /  \   /      \/    \
                          \/    \ /              \
                                 ∨                \→

        下降トレンド＝ボトムと
        トップが切り下がっていく
```

材料が流れることなどです。株価が下落すると絶対に言えるひとつのケースは、企業が「不正会計」を発表した場合です。

　ですから、株価が高値を付け、ロールオーバーし、それから下降トレンドに移るのは、乗り気でない買い手たちを引きつけるために、恐怖に駆り立てられた売り手たち（供給）がこまめに値を下げるからです。買い手が少ないほど、恐怖が市場を供給であふれさせ、値下がりのスピードは速くなります。

　図7.16は、株価がブレイクし、下降トレンドへ移っていく様子を示します。

売りシグナルの概要——何に着目するか

　空売りについては第12章で詳しく説明しますが、下降トレンドにおける空売りシグナルの概要をここで簡単に説明します。ご覧のように、状況は上昇トレンドにおける買いシグナルと似ています。しかし、後

図7.17　主な空売りシグナル

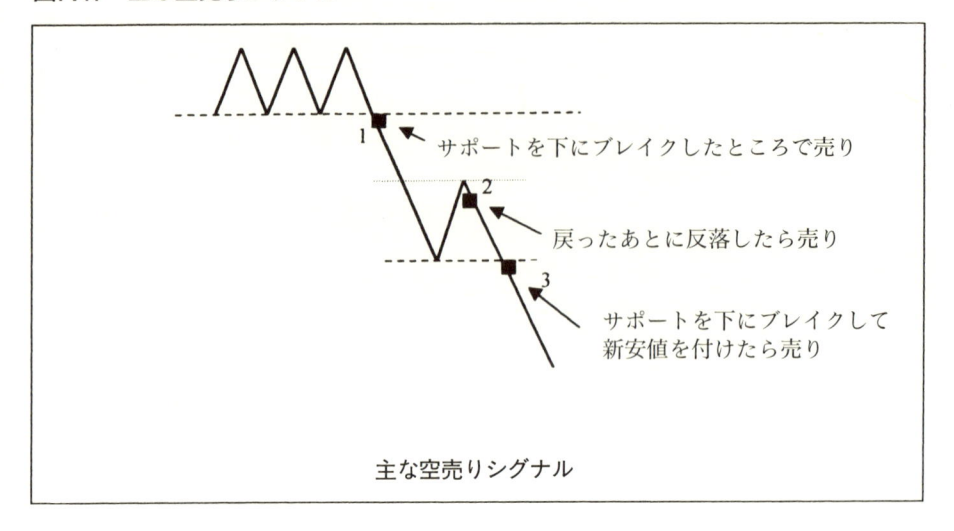

[図: 主な空売りシグナル
- ポイント1: サポートを下にブレイクしたところで売り
- ポイント2: 戻ったあとに反落したら売り
- ポイント3: サポートを下にブレイクして新安値を付けたら売り]

ほど説明するように微妙な違いがあります。図7.17は3つの主要な空売りシグナルを示します。以下のように読み取ってください。

◆ポイント1では、サポートを下抜けしています。

◆ポイント2では、レジスタンス（供給）まで反発した後、反落し、下降トレンドに戻っています。

◆ポイント3は、ポジショントレーダーにとっての積み増しポイントです。ここで、価格は前のボトム転換点、つまりサポートを下に抜けています。

スイングトレーダーも、ポジショントレーダーも、ロールオーバー時に確立されたサポート領域を初めて下抜けしたところで空売りします（図7.17の1を参照）。スイングトレーダーは、値動きに応じて1～2日以内に「空売りをカバー」するためにそれらの株を買い戻します。

図7.18　このブロードム社（BRCM）の日足チャートでも、11/7に196.25ドルという第3ステージの安値を下抜けしたときに、その日の安値である172.33ドルまで落ちているのが分かる。ポイント1での買いは、196ドル直後にオーダーを入れなければ執行されないだろう。この株の値動きはそれほど速い！　株価は11/9から15日間コンソリデーションに入ったが、11/6に再びギャップダウンし、最後の転換点の148ドルを素早く通り過ぎ、2と3の空売りシグナルを同時に発している

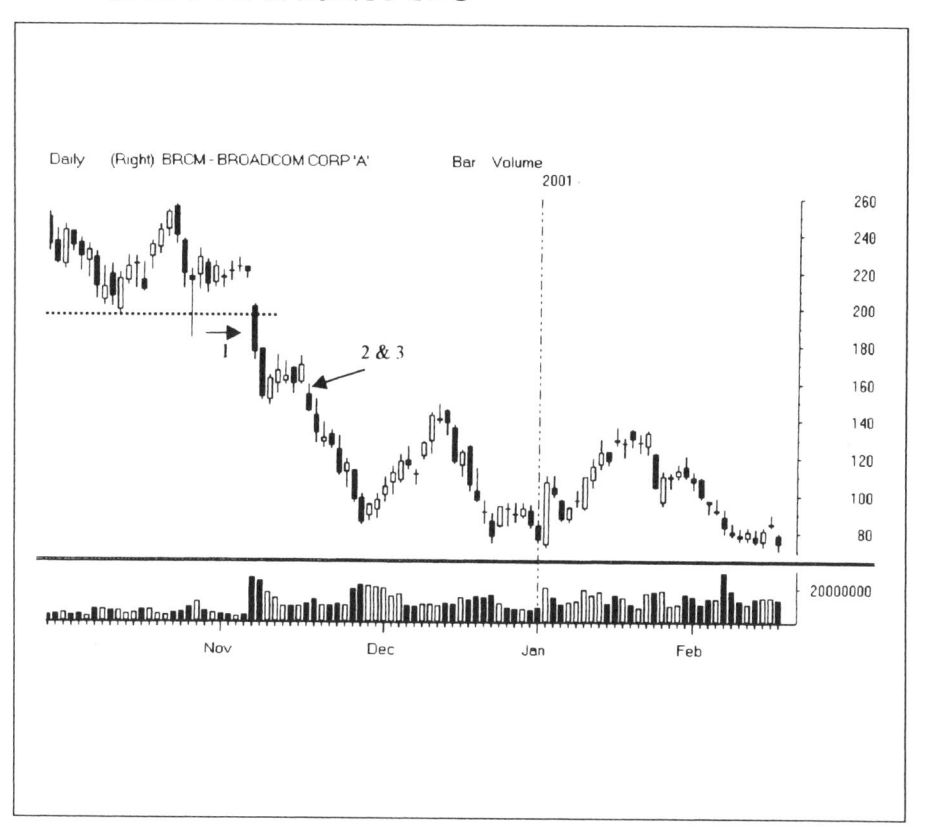

　ポジショントレーダーは、株価がレジスタンスにぶち当たって跳ね返るまで見守ります。レジスタンスに頭をぶつけて、最も高く跳ね返った日の安値より下落して下降トレンドを再開したら、ポジションの積み増しをするかもしれません（2を参照）。

図7.19 このヤフー社（YHOO）の日足チャートでは、このインターネットの名門が8/28にギャップダウンして128.50ドルで寄り付き、サポート安値の123ドルをブレイクしたあと下落し続けて、その日の安値として120.63ドルまで下がったことを示す。前のサポートがそれからレジスタンスとして機能していることに注目。8/28に123ドルをブレイクしたら（ポイント1）、できるだけ早くショートすべき。ポイント2と3でもエントリーできる。9/26のポイント2は105ドルというコンソリデーションの安値を下抜けしたとき。翌日のポイント3の売りシグナルは前の安値の99.75をブレイクしたときで、この日は102.75ドルで寄り付き、88ドルまで1日でほぼ25ポイント下落した！

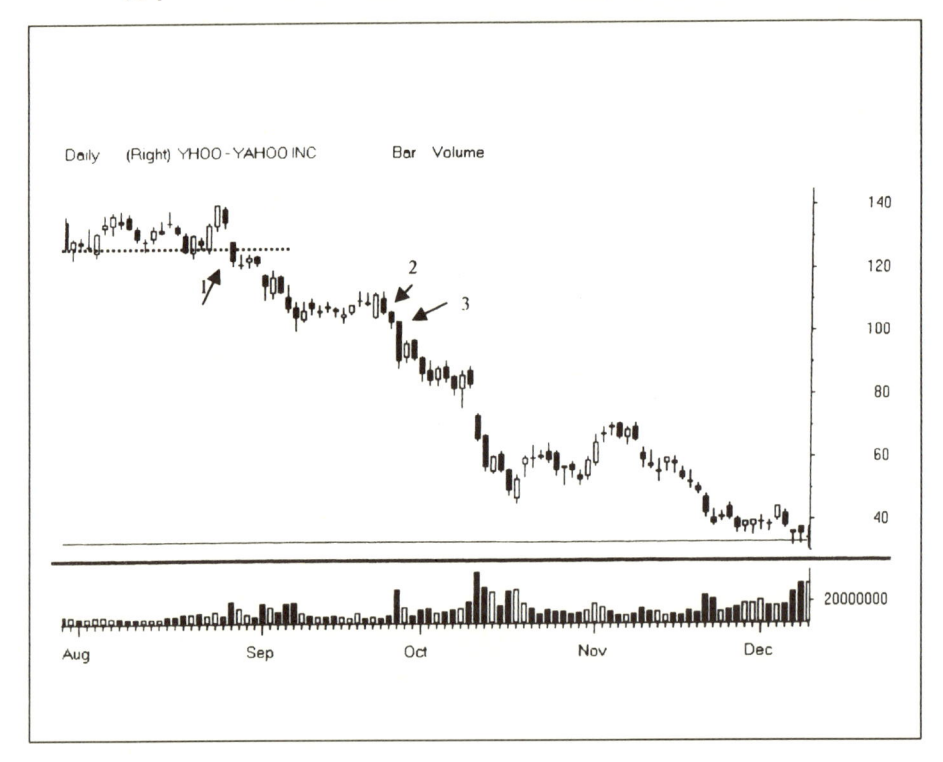

最初の下抜けで空売りし、最初の反騰の前に手仕舞った、つまり「カバー」したスイングトレーダーは、ポイント「2」で再び空売りすることもできます。直近安値のサポートを突破して下がり続けるポイント「3」では、どちらのタイプのトレーダーも、ポジションを積

図7.20　このサンマイクロシステムズ社（SUNW）の日足チャートは第4ステージの下降トレンドをはっきりと示している。11/9にギャップダウンし、サポートの48ドルをブレイクしたときにうまくショートできたはず（ポイント1）。その日に株価は44.50ドルに下落している。このもと超人気のハイテク株が直近の安値の45.13ドルを下回り、43.25ドルに下落した11/16に、ポイント2と3が同時に現れている。2日連続で下げ、複数ポイントの利が乗ったら、特にボラティリティの大きい銘柄の場合は利食い時。11/24にその日の高値で引けたときは（矢印）、すべてのトレーダーがショートをカバーするときだ！

み増すことができます。株・産業・市場がサポートで反発する兆しを示したら、スイングトレーダーなら利食いをするといいかもしれません。

　以下の3つのチャートは、第3ステージの高値圏から下方にブレイ

クして、下降トレンドに入っている株価を示しています。1・2・3のエントリーポイントに注目してください。

図7.18のように、2と3の両シグナルが同時に現れることがあります。下降トレンドに入る株は、前のレジスタンスまで上がってから、複数ポイントのギャップを開けて下落することがあります。1本のローソク足で、反騰から反落に転じて前のサポートを下方に突破することもあります。

下降トレンドラインの描き方

まだクレヨンは手元にありますか？　結構。再び、お絵かきの時間です。上昇トレンドの場合と同様、下降トレンドでトップが切り下がり始めたらすぐにトレンドラインを描いてみましょう。株価のだいたいの方向性を把握できます。最初のトップから始めて、切り下がっている各トップを線で結んでください。図7.21は下降トレンドラインを示します。

上昇トレンドでトレンドラインを描いたときに、ボトムをひとつ無視したのを覚えていますか？　それはちょうど、大切なデートの前に髪の毛が一カ所突っ立っているのを見つけ、ハサミで切ってしまうことに似ています。図7.21でも同じことをしていることに気が付くでしょう。ほかのより突き出ているトップを無視して描いています。これを専門的なテクニカル用語で「モグラ塚」と呼んでいます。それは山になれなかったモグラ塚にすぎません。前のトップより切り上がってはいないことに注目してください。下降トレンドを壊してはいないのです。

トップとボトムが切り上がることによって下降トレンドラインを突破すると、そのトレンドは終わり、つまり「壊れた」と見なされます。

確実に理解していただくために、私は次の点を何度も強調します。

図7.21　下降トレンドラインを描く

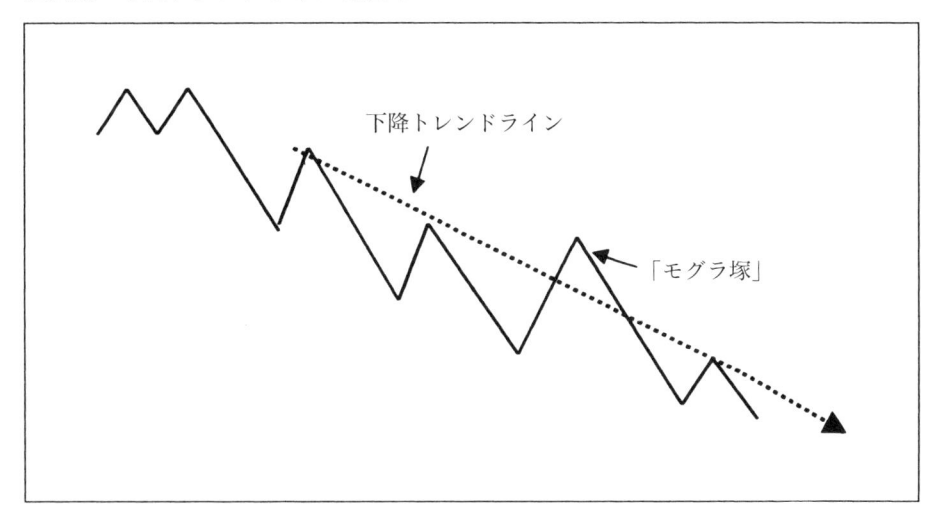

質の高い優良株は、あらゆるスイングトレーダーとポジショントレーダーを喜ばせる、節度のある、階段状の上昇トレンドに乗って上昇します。しかし、そのトレンドの頂点に達して下降トレンドに転じたら、要注意です！　下降トレンドはボラティリティを伴いやすく、株価がゴムまりのように跳ね回ります。後で説明するように、ショートの場合、ロングする場合より保有期間が短くなることが多いのはそのためです。

クイズ

1．株価が動く3つの方向は？
2．株価がベーシングからブレイクして上昇トレンドに入る理由をひとつ挙げてください。
3．「上昇トレンド」を定義してください。
4．1・2・3の買いシグナルについて簡単に説明してください。
5．株価が強力な上昇トレンドに入ったときのスイングトレーダーの戦略は？　ポジショントレーダーの戦略は？
6．株価が横ばいに動く3種類のパターンの名前は？
7．コンジェスチョンにある株をトレードするのは楽しく、儲かる。○か×か？
8．株価は次の2つの方法のいずれかで調整します。（1）＿＿＿＿＿＿＿または（2）＿＿＿＿＿＿＿＿。
9．幅の狭いコンソリデーションで横ばいで動く期間が長いほど、上方や下方にブレイクしたときの爆発性は大きくなるか、小さくなるか？
10．「下降トレンド」を定義をしてください。

解答

1．上、下、横。

2．株価がベーシングからブレイクして上昇トレンドに入ることがあるのは、機関筋の買い手たちが買い増しを始めているからです。また、その銘柄が属するセクターに人気が出たり、その企業にまつわる好材料が流れたり、予想を超える好決算が発表された場合にも起こります。

3．上昇トレンドは、トップとボトムが切り上がっていく株価パターン。

4．ポイント「1」は、レジスタンスを上方にブレイクしたとき。ポイント「2」は、サポートから最初に反発した直後。ポイント「3」は、直近高値を抜けて新高値を付けたとき。

5．上昇トレンドに転じたとき、スイングトレーダーは最初のブレイクアウトで買い、最初の反落時またはその前に売ります。それから、スイングトレーダーは、そのトレンドでアップスイングする度に、そのスイートスポット、つまり中間値を取ろうと努力します。ポジショントレーダーは、最初のブレイクアウトで買い、途中で買い増しすることがあるかもしれませんが、その上昇トレンドが弱まるか、終わるまで保有し続けます。

6．レンジ内取引、コンジェスチョン、コンソリデーション

7．まさか○なんて言わないでしょうねぇ！

8．株価は（1）サポートへ反落したり、（2）コンソリデーションすることによって調整します。

9．爆発性が増大します。

10．下降トレンドは、トップとボトムが切り下がっていく株価パターン。

センターポイント

全身全霊を傾けたとき、神の摂理も動く。さもなければ絶対に起こり得なかったあらゆる種類のことが起こり、助けてくれる。だれもが自分に訪れるとは夢にも思わなかった、自分にとって素晴らしいあらゆることが、思いがけない出来事・出会い・物質的な援助というさまざまな形で、その決断から生まれてくるのだ。──W・H・マーリ（エベレストに登頂した登山家）

共時性の力

　私が疑いなく信じている奇跡がひとつあるとしたら、それは共時性の存在です。一見関連のない出来事や人々が、完璧なタイミングで自分の人生に現れることを「偶然」と呼ぶ人たちもいます。私はそうではありません。私の人生には、あまりに多くの状況で共時性が働いてきました。
　ある寒い冬の夜、50人のゲストがホリデーパーティーのために我が家に到着するわずか1時間前のことでした。地下の貯蔵室からアイスボックスを持ってくるのを忘れていたのを思い出しました。貯蔵室に入ると、発泡スチロール製の容器が壊れているのを発見しました。新しいのを店まで買いに行っている時間はありませんでした。
　イライラしながら1階に戻りました。突然、内なる声が、新聞紙の束をリサイクルの分別箱に入れにいくようささやきました。「後で」と私は拒否しました。「今は新聞紙をリサイクル箱に入れにいくより大事なことがあるの。大問題が！　氷は何に入れたらいいの？」と。その声は「新聞を今地下室に持っていけ」と命令しました。私は仕方なくわきに抱えられるだけの新聞紙を持って地下室に戻りました。リサイクルの分別箱を開けたとき、私はがく然としました。新聞紙の束

の上に、欲しかった、清潔で新品の発泡スチロール製アイスボックスがあったのです！　フローズンデザートがたくさん入っていたので、それはだれかが贈り物としてくれたことは明らかでした。それは完璧なタイミングで私に「配達」されたのです。

　ある人についてふと考えていたら、その人から電話がかかってきたという経験はありませんか？　ずっと疑問に抱いていたことの答えが、本や映画や友達との会話中に思い浮かんだことはありませんか？

　一見ランダムな出来事の結び付きの基礎には、大きな、調和のプランが存在します。それは私たちの人生を縫うように貫き、必要なものを、必要とするときに与えてくれます。それを信じて、それに近づくことを学べば、どれだけ自分を強くすることができるか想像できますか？

　共時性を信じれば、精妙なリズムが私たちのなかに、互いに、そしてすべての創造物に響き渡ることを知っています。それに感謝すれば、この知的な存在は、自分の最高の可能性へ、完璧なタイミングと優美さで私たちを助け、導いてくれるのです。

第8章

パズルの断片をつなぎ合わせる
Putting the Puzzle Together

プロは、儲けることよりも、正しく行動することに神経を使う。やることをきちんとやっていれば、儲かるときは儲かることを知っているからだ。──ジェシー・リバモア

　世の中には「既定条件」というものがあります。感謝祭では、七面鳥、中の詰めもの、クランベリーソースが既定条件です。それに、それぞれの家庭の伝統に従って、スイートポテト、マッシュドポテト、野菜、カボチャパイなどを付け加えます。

　スイングトレーダーとポジショントレーダーにも、特定の既定条件があります。それに、それぞれの性格に応じて、トレードのスピードとスタイルに合致したベルやホイッスル（指標やオシレーター）を付け加えるのです。

　先に進む前に、ひとつ言わせてください。最近、トレーダーたちのメールボックスに「1日30分間働くだけで株式市場で月1万5000ドル稼げます」というような怪しげな売り文句の宣伝メールがたくさん送られてきます。そお、そのとおりよ。私は妖精のティンカーベルよ！ そんなことを言いながら、根拠などまったく説明せずに、指標やオシレーターを引用しながら、ただただ買いシグナルを押し売りしようとするのです。「こうなって、こうなって、こうなったら、買いですよ！」と言うのです。苦労して稼いだお金を訳の分からないトレードに突っ込んでも、だいじょうぶ～。マーケットのコンディションをモニターする方法を知らなくても、だいじょうぶ～。自動車のブレーキが効かなくても、だいじょうぶ～！と。

本書では、そういうやり方をしないことは、私の口調でお分かりでしょう。本書では、具体的な売りや買いのシグナルを示しますか？　もちろん！　それらに従う理由が分かるようになりますか？　当然！　そうすれば、警笛も鳴らさずに貨物列車が突進してきても（株式市場でも似たようなことがあります）、ひかれる前に線路から飛びのくことができるようになります。やみくもに指示に従うトレーダーたちには、そういうまねはできません！　ご愁傷様です！

　では、トレーディングにおける既定条件の話に戻りましょう。それは、ローソク足と出来高と移動平均です。売買の決断にそれらをどう使うか理解してしまえば、その他の指標やオシレーターも、意思決定支援ツールとして併用できるようになります。

　ローソク足についてはすでに説明したので、出来高と移動平均の説明に入ります。

出来高──きわめて重要な指標

　出来高は、未来の価格の方向性を予測するためにトレーダーたちが使用する最も重要な指標のひとつです。出来高シグナルを読み取る能力は、あなたのツールボックスのなかの最も便利なツールのひとつになるでしょう。

　ほとんど客がいないパーティーに行ったことがありますか？　あまり楽しくなかった……ですよね？　同様に、株を買うときも、ひとりぼっちは嫌なものです！　株がゲートからロケットのようにブレイクアウトするように、たくさんの人に参加してもらいたいものです。

　出来高が大きいことは、その銘柄に対して大きなエネルギーが向けられていると考えましょう。そのエネルギーはプラスの場合もマイナスの場合もあります。

　歯医者さんに「歯を大事にしたければフロスしてください」と言わ

れたことはありますか？　そのとおりなんです。歯を特別きれいにしておけば、それだけ丈夫で長持ちするのです。植物に水や肥料を与えれば、きれいな花を咲かせます。与えなければ、枯れてしまいます。当座預金にお金があるときは、各種の料金を支払うことができます。預金がなければ、料金を支払うことができません。結論はこうです。人間であれ何であれ、プラスのエネルギーを向けると、元気になるのです。低いエネルギーやマイナスのエネルギーは、沈滞させ、衰退させるのです。

　株は特にエネルギーに反応します。人間のエネルギーは出来高、つまり一定期間内に取引される株数に反映されます。これまでに見てきたチャートのいちばん下に、出来高グラフがあることに気が付かれたでしょう。ローソク足の下にある出来高グラフは、そのセッション中に取引された総株数を表します。

　以下は、出来高に関する一般的なルールです。

◆大きな出来高は、強い確信を表し、プラスの場合もマイナスの場合もあります。

◆小さな出来高は、確信が足りないことを表します。

◆確信が足りないことは、一般に、値が下がることを意味します。

　注＝これ以降、ショート（空売り）ではななく、ロング（買い持ち）のシグナルについて話していきますので、そのことを頭に入れておいてください（空売りシグナルについては第12章で説明します）。

　スイングトレーダーとポジショントレーダーは、最初のレジスタンス領域を大きな出来高を伴って上方にブレイクするときを狙います（そのパーティーにはたくさん

HOT TIP

出来高が少ないときのブレイクアウトは普通、成就しない！

の人たちがいます）。その後の上昇も、ブレイクアウトした日ほどではなくても、大きな出来高が続いたほうが有望です。

　株価が上がり切ってから反落したときに、その出来高が比較的少ないことを確認してください。なぜ？　なぜなら、反落時の売り圧力（エネルギー）が上昇時と同じような強さであってほしくないからです。反落時の出来高が少ないことは、たくさんの前の買い手たちがそのポジションをまだ持ち続けていることを意味します。反落時の出来高が大きいときは、買い手たちが買ったときと同じ勢いで売っているのです。そのため、株価はその前のレジスタンスまで確実に落ちるだけでなく、おそらく下抜けするでしょう。あなたはそのパーティーに残っている必要はありません！　株価が上がり切り、反落（リトレイス）を開始したときに、その株をロングしていて、大きな買い圧力が大きな出来高を伴って現れたら、利食いましょう。

　図8.1は、理想的なブレイクアウトと反落時の出来高パターンを示します。

　スイングトレーダーとポジショントレーダーのみなさん、注目です。次の出来高に関するテクニックで、あなたは大儲けできます。ベーシングにある株をチャートで探しているときは、出来高グラフを見て、株価が狭いレンジ内で収まっているのに、出来高が増えている株を見つけてください。そのようなパターンは、機関筋の買い手たちがだれにも気づかれないように密かにその株をアキュムレーションしている（買い集めている）可能性が高いことを示しています。例えば、必要な株数を買い切るまで値上がりしないように、ミューチュアルファンドが毎日少しずつ分けて買

HOT TIP

「噂で買い、ニュースで売れ」という古い格言を聞いたことがありますか？　ロングしている株が、これといった理由なしに急騰していたら、良い噂が流れている可能性があります。そのニュースがみんなに知れわたる前に利食いましょう！

図8.1 出来高パターン

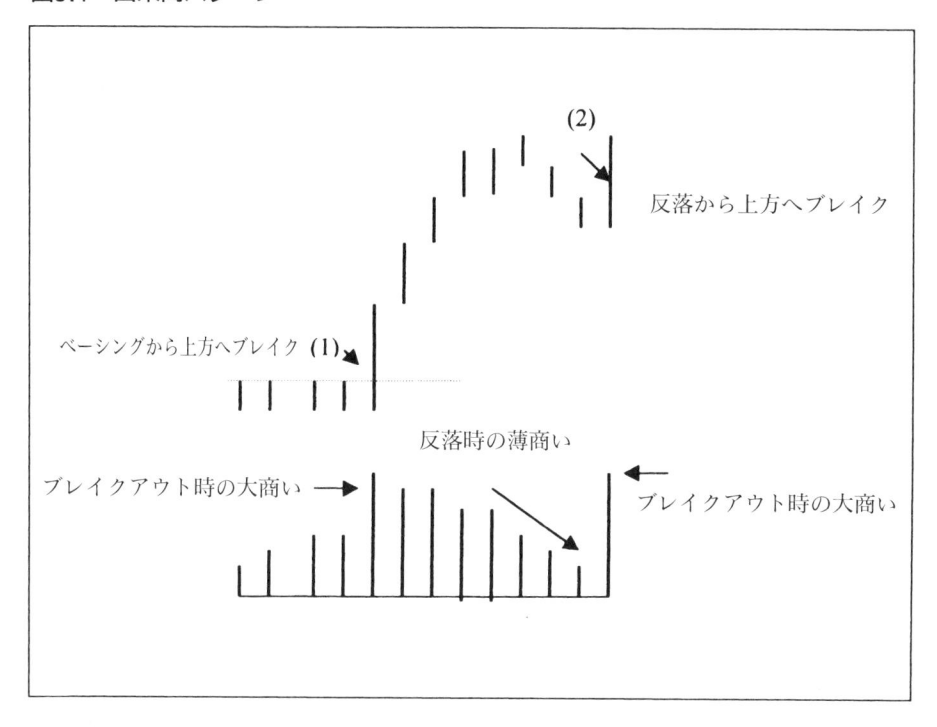

(2) 反落から上方へブレイク

ベーシングから上方へブレイク (1)

反落時の薄商い

ブレイクアウト時の大商い → ← ブレイクアウト時の大商い

っているのかもしれません。もちろん、このゲームは安値レベルで提供されているすべての株数（供給）が吸収されるまでしかプレーできません。吸収されてしまったときは、大変なことになります！　ですからステルス戦闘機のように、株を追跡しているときは常に買いボタンに指を掛けておきましょう。

　経験を積んでからの話ですが、まだベーシングにある株を小さなロットサイズ（50株）で早めに押さえておくのもいい手です。リスクを最小限に抑えるために、ストップロスを思い切り狭く設定しましょう（ストップロスの設定については第11章で説明）。それから、その株がベーシングからロケットのように飛び出したら、ポジションを積み増

図8.2 少ない出来高を伴う同事線

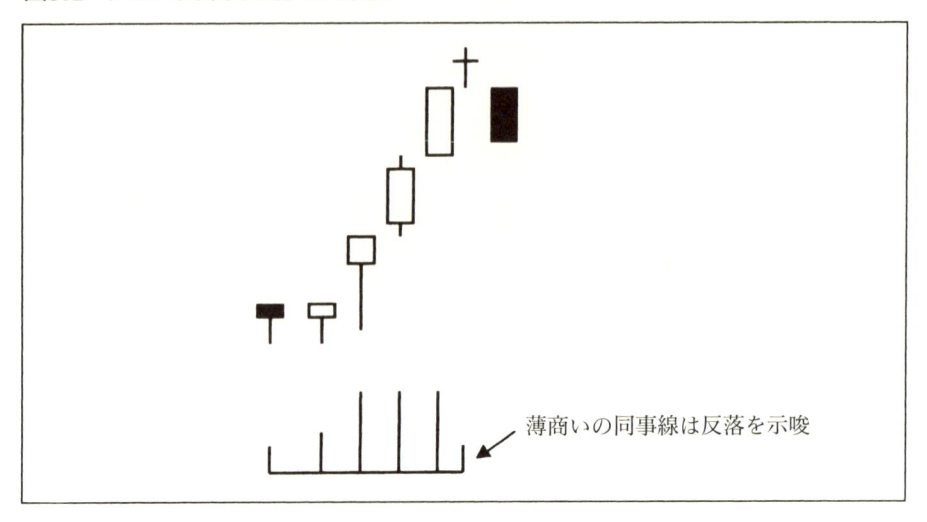

薄商いの同事線は反落を示唆

します。出来高が尻すぼみ、ブレイクアウトが起こらなかったときは、トントンで手仕舞いましょう。

スイングトレーダー向きの出来高シグナルをもうひとつ。2日から3日程度上げ続けた後その日に新高値を付け、少ない出来高のまま同事線、星、またはコマ（短い実体）で引けそうなときは、利食いをするいいタイミングです。なぜ？　その3つのローソク足は、いずれも、マーケットプレーヤーたちの「迷い」を表しているからです。出来高の少なさは「確信の低さ」を意味するのを覚えていますか？　迷い＋確信の低さ＝値下

HOT TIP

節度のある出来高によって支えられた、価格レンジの狭い、節度のあるベーシングを形成している株は、大きな利益をもたらすブレイクアウトと頼りになる上昇トレンドを生み出します。荒っぽく変化する出来高を伴う、ランダムな値動きのベーシングは、多くの場合ブレイクアウトに失敗します。

図8.3 このレッドバック・ネットワークス社（RBAK）の日足チャートでは、出来高が株価パターンにどのような役割を果たすかを見ることができる。1＝株価が出来高の増大を伴いながらまっすぐ落下（！）。2＝強気の出来高を伴って上方へブレイクアウト——強気。その後の横ばいのコンソリデーション中の出来高は少ない。これも強気。3＝次のブレイクアウトで出来高が増大。4＝値幅の広い下降日のクライマックス的な出来高は将来の値下がりを暗示。5＝コンソリデーション時の少ない出来高は典型的。6＝ブレイクアウト時の大きい出来高は上向きのサイン

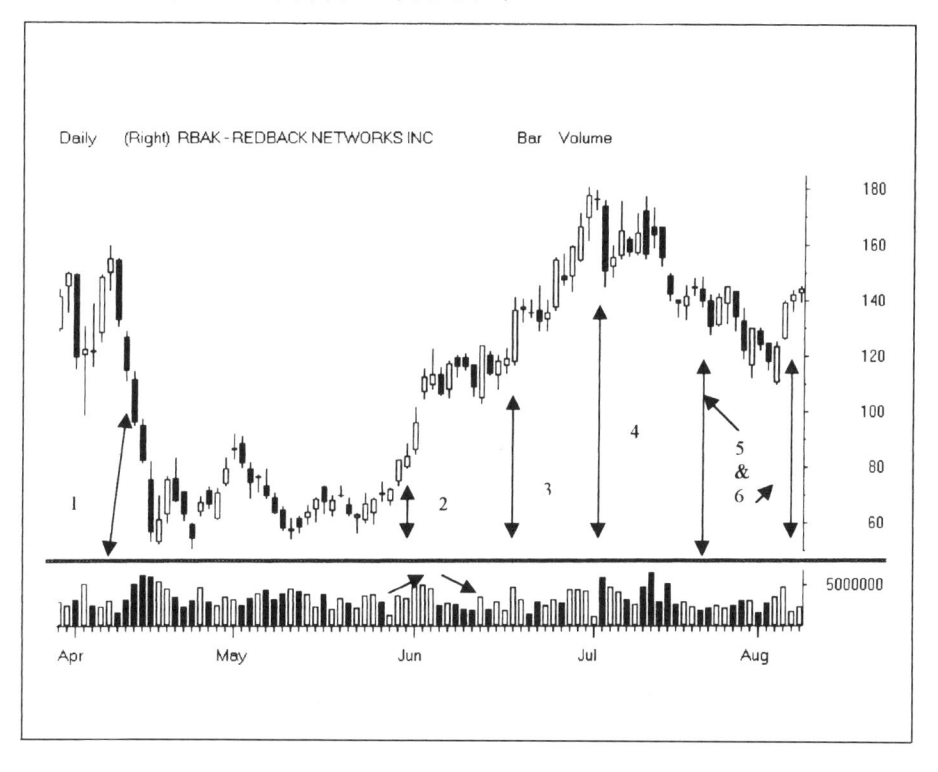

がりです。図8.2はこの点を示します。

　スイングトレーダーにも、ポジショントレーダーにも向いている出来高シグナルを最後にもうひとつ。長い上昇トレンドまたは下降トレンドの末に、出来高がクライマックス的に急増したら、そのトレンドがすぐに終わるか、衰えることがよくあります。「急増」とは、普通の１日の出来高の数倍を意味します。こういう急増が現れたときに

図8.4 このバリック・ゴールド(ABX)の日足チャートでは、出来高が値動きにどのような役割を果たすかを見ることができる。1=ブレイクアウトより反落時の出来高のほうが大きい(そして下落しない！)場合、長いコンソリデーション期間に入る。2=強気の出来高を伴ってブレイクアウト——強気。3=再び強気の出来高を伴ってブレイクアウト——スイングトレード向きの強気。4=長い上昇トレンドにおける超強気のクライマックス的な出来高はトレンド転換の前兆。5=株価が1/2に12月中旬に確立した前のレジスタンスまで上昇していることに注目。1/3には大きな出来高を伴って弱気の包み線を形成(アラン・グリーンスパンが突然利下げを発表。これはゴールドにとっては弱気の材料)。6=少ない出来高と惰性によって下落。7=株価が大きな出来高を伴ってブレイクアウト

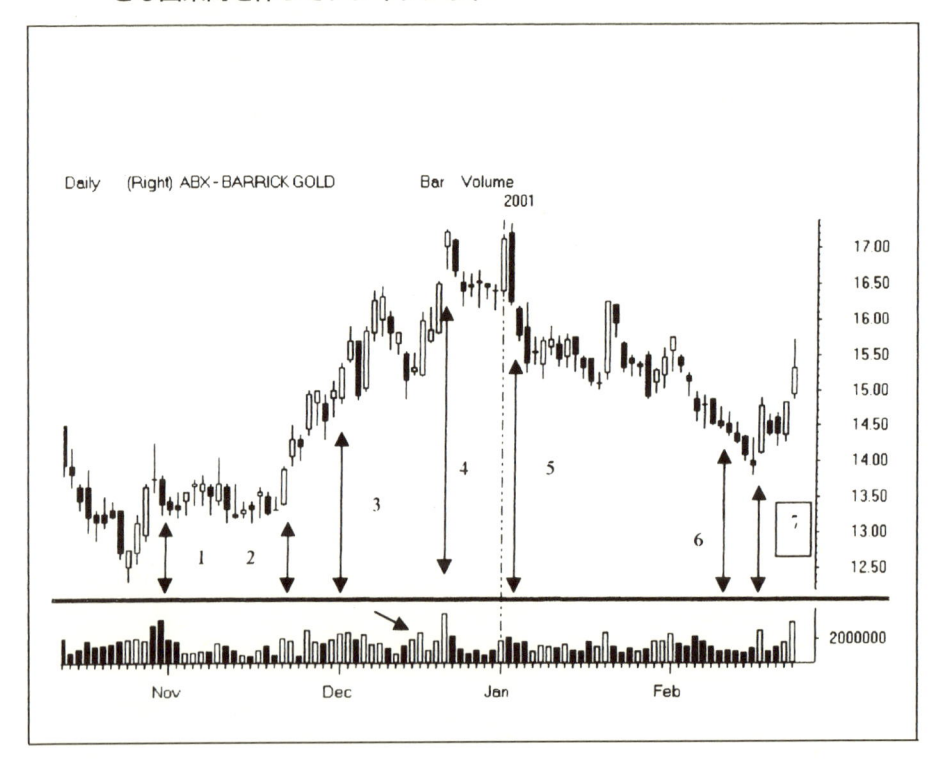

(以降のチャートで見ることができます)、ポジションを持っていたら、一部もしくは全部を利食いしましょう。

　クライマックス的な出来高による反転予告が間違っていて、強い上昇トレンドが続いた場合は、チャンスがあったら買い戻してもいいで

図8.5 この銀行向け機器の会社コンコルドEFS（CEFT）の日足チャートは、節度ある上昇トレンドを示している。出来高が徐々に増加していることに注目。機関投資家がこの株を密かに買い集めている？　1＝株価は薄商いで横ばい状態。2＝株価は強気の出来高を伴って上昇——強気。3と4＝強気の出来高を伴ってブレイクアウト。5と6＝図8.4のABXのパターンと同様の大きな出来高を伴った長い陰線は値を下げはしないものの、コンソリデーション期間を長引かせている。7＝強気の出来高を伴ってブレイクアウト

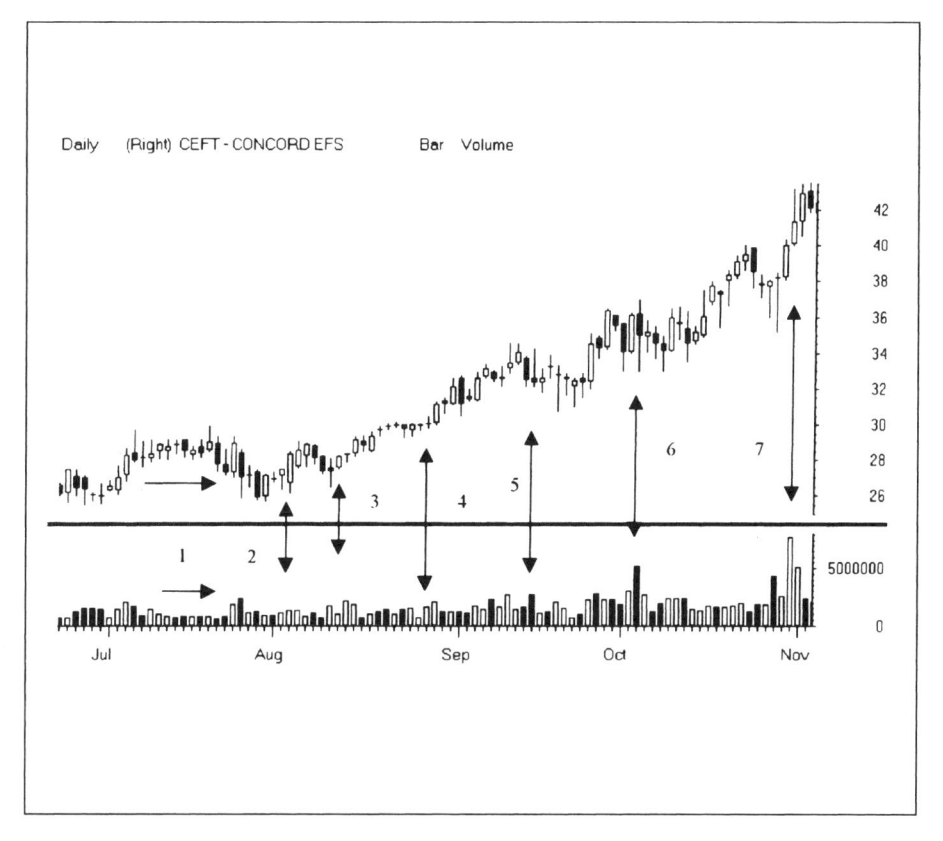

しょう。とはいうものの、上昇トレンドの初期段階にある株を探したほうが賢明です。上昇トレンドは、古いほど、残っているエネルギーが少ないからです。

　逆に、数週間、寒気のするような下降トレンドに乗って下落している株が、クライマックス的な出来高の急増を形成したというだけで、

それを自動的にトレンドの反転と受け止めて底値拾いを始めないように。そういうパターンは、ときおり数日続くことがあります。ときには、不発に終わることもあります。でも、反転しそうだという確信があるなら、その銘柄をウオッチリストに入れ、ベーシングからのブレイクアウトを待つこともできます。

図8.3、図8.4、図8.5の各図を見て、これまでに説明した出来高シグナルを確認してください。出来高シグナルが現れた直後の値動きをじっくり見てください。

移動平均──とは何で、どう使うか

あなたのトレーダーズツールボックスに用意しておきたいもうひとつのツールが移動平均（MA）です。単純、加重、指数平滑という3種類の移動平均があります。

私たちの目的には、単純移動平均が合っています。買いシグナルの構成要素のひとつとして使うことになります。単純移動平均は、特定期間の株（指数、市場）の終値で構成されたラインチャートです。例えば、20日移動平均は、ある株の過去20日の終値を合計し、20で割った値です。その手順が1日ごとに繰り返され、ラインチャートになります。

移動平均は「遅行」指標です。なぜなら、すでに起こった情報を使用しているからです。そのため「トレンドフォロー（順張り）」指標とも呼ばれます。上昇トレンドや下降トレンドがはっきりと存在している状況で、株価パターンをトレンド分析する際に最も適しています。

メジャーな移動平均は、強力な

> **HOT TIP**
> 水平の移動平均は、指標としては使えません。「水平線」に予測上の価値はありません。

サポート領域として機能します。株価パターンにおける磁石のようなものです。上昇トレンドにある株が、その20日移動平均を大きく上回ったところで反落して、またその移動平均まで戻り、その移動平均をサポートとして使用して反発して再び上昇します。そういうことを、何度も何度も目にすることになるでしょう。

移動平均はレジスタンスとしても機能します。「メジャー」な移動平均より下で取引されていると、その移動平均がレジスタンス（天井）として機能し、上昇が妨げられます。これは特に200日移動平均の場合に当てはまります。この強力な平均を下回った株は、普通、はい上がるまで悪戦苦闘し続けます。逆に、200日移動平均まで下がったときに、サポートとして機能することもよくあります。

「メジャー」な移動平均という言葉は、最も筋骨たくましい移動平均を指すときに使われます。CNBCなどの投資家向けチャンネルのテレビ放送でも、この言葉が使われるのを耳にするでしょう。それは、20日、40日、50日、200日の移動平均です。それ以外に、10日、30日、40日、100日も有力な移動平均です。だれもが自分のお気に入りを持っています。12日、18日、21日、67日などの移動平均を使っているトレーダーたちもいると聞いたことがあります。

本書のチャートでは、20日、40日、50日、200日の移動平均を使用します。ほかの日数も経験を積んでから試してみるのもいいですが、節度は大切です。釣り糸がこんがらがって団子状になっているのを見たことがありますか？　ひとつのチャートに移動平均を4種類も5種類も重ねるとそうなってしまいます。そうなると、何のシグナルも発しなくなります。胸焼けするだけです！

20日、40日、50日の移動平均は、買いシグナルの意思決定支援ツールになります。200日移動平均は温度計のような役割を果たします。

チャート上に表示される各移動平均の並び方に注目してみましょう。買いシグナル的には、20日、40日、50日、200日の移動平均が、上か

図8.6　移動平均の最も望ましい並び方

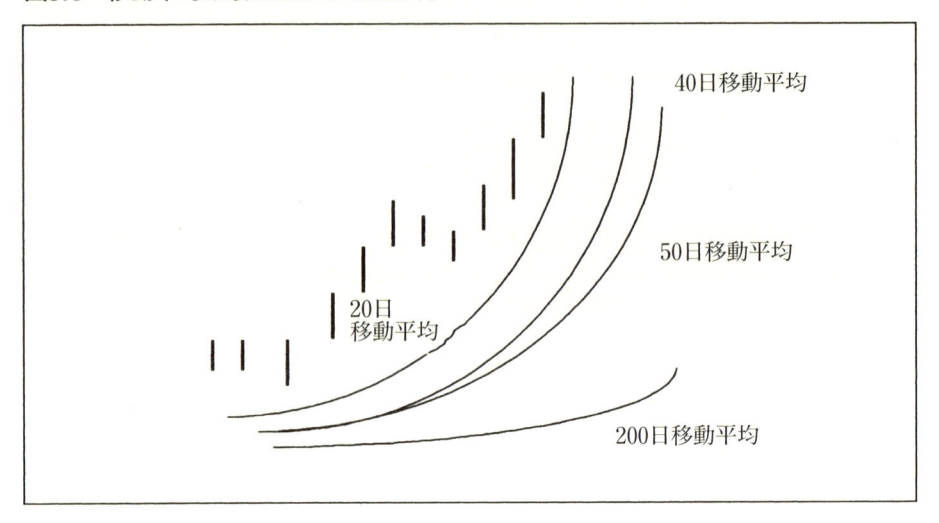

ら下へ、図8.6に図示されているように並んでいるのが望ましい状態です。

　さて、200日移動平均を下回っている株に関する私の警告は覚えていますよね。それを前提に、このシナリオについて考えてください。2001年のマーケットは、どう控えめに見ても、変動の大きい相場でした。執筆時点、多数の（ほとんどのハイテク）株があえぎながら、200日移動平均より下で取引されています。2001年4月の安値からしっかりとはい上がり、第1ステージのベーシングを構築し始めています。まさしく、絶好の買い時になっています。200日平均より下にとどまっているということで、その株価パターンを割り引いて評価してしまうと、きついベーシングからの素晴らしいブレイクアウトによってもたらされるおいしい利益を逃してしまいます。……って、私の前の警告と矛盾している？　そうではありません。

　私がトレードを始めて間もないころ、あるトレーダーにくっついて

勉強しました。その先生は「後ろに下がれ。後ろに下がって、大局を見ろ」とよく言っていました。それは素晴らしいアドバイスでした。トレードするときは、いつもマーケット全体のコンディションを考慮に入れましょう。コモンセンスを使いましょう。離れて立ち、全体を見渡しましょう。元気な株であふれている超強気相場では、

> **HOT TIP**
>
> 週末と祝日を除いて、1年には取引日が約240日あります。200日移動平均より安値で取引されている株は、過去200日の平均終値より下値で右往左往していることになります。こういう症状の株は「悪材料の弱気株」と見なしても仕方がないですよね？

200日移動平均より下で取引されている株は、まさに病気の子犬であり、ロングするのを避けるべき銘柄です。

　弱気相場の後にベーシングを始めたとき、多数の優良企業の株が200日移動平均より下で取引されます。そういう谷間はビジネスサイクル的にどうしても避けられません。

　となれば、弱気相場から立ち直り、しっかりしたベーシングから出来高の増大を伴ってブレイクアウトしようとしている、ファンダメンタル的に強い、でも200日移動平均のはるか下で取引されている株を、私は買うでしょうか？　もちろん。ファンダメンタルズがしっかりしていることは調べます。それからスケールインして、幅の狭いストップロスを設定し、相場の動きを注意深くモニターするでしょう。

　私がやらないことは、200日移動平均より数ポイント下で取引されている株を買うことです。200日移動平均は、強力なレジスタンス（天井）を形成します。ほとんどの株は、この「弱い者いじめ」に近づくと上げの勢いが衰えたり、反落したりします。200日移動平均の近くまで上がったら、利食いましょう。移動平均を超えた後は、あなたの買い条件に合致し、しっかりした上昇トレンドを再開した場合にだけ再エントリーしましょう。トレードでは常に知恵とコモンセンス

を働かせることを忘れずに。

　でも、私が挙げたその他の移動平均では、原則を曲げません。50日移動平均より上で取引されている株だけを買いのターゲットにします。20日と40日は、前述したように、50日移動平均より上にいなければいけません。

　この節の最初に言ったように、移動平均は、以下のように、1・2・3のシグナルの構成要素のひとつとして付け加えます。

◆ターゲットにしている株が、サポートの20日、40日、または50日移動平均まで反落してから反発するとき。
◆より短期の移動平均が、より長期の移動平均をクロスして上抜いたとき。

　ひとつ目の点について考えてみましょう。移動平均を階段のようなものだと考えてみましょう。階段を登っていくあなたの足が株価です。あなたの足は階段の踏み板から離れて上がり、それから降りて階段をサポートとして使用し、再び離れます。あなたの足が階段から離れたときが、株価が移動平均から離れて上がるときと同じです。それが買いポイントです。すぐに分かってくると思いますが、出来高や本書で説明した1・2・3のシグナルと完全に対応しています。

HOT TIP

機関投資家の買い手たちは、50日移動平均を売買シグナルに使っています。機関筋のマネジャーたちのお気に入りの大型株が、50日移動平均まで反落したあと、カンガルーのように跳ね上がるのはそのためです。

　次に2つ目の点について見てみましょう。日足チャート上で、20日移動平均が50日移動平均より下に位置しているとします。当然、両方とも株価パターンより下にあります。株価はベーシングから上に抜けると、20日移動平均は上昇を始め、50日移動平均と交差して上に抜けます。より短期の移動平

図8.7 このJPモルガン・チェイス社（JPM）の日足チャートには、20日、50日、200日の移動平均が追加されている。12月中旬（矢印）に20日移動平均が50日移動平均をクロスして上に抜けていることに注目。それはとびきりの上昇トレンドを正確に予兆する強気シグナルだった！ また、この株価がいかに20日移動平均と相性がいいか、どれだけサポートとして使用しているかにも注目。このケースでは20日移動平均は非常に正確な上昇トレンドラインとして使用できる。株価が20日移動平均を割ると、50日移動平均までずるずる下落したと思ったら思い切りギャップダウンしている。機関投資家が50日移動平均をメジャーなサポート指標として使うことが多いことは前述したとおり。株価が50日移動平均を割ると、機関投資家が見捨ててしまうことがある。よって、どうするかというと、私たちも同じことをするのだ！

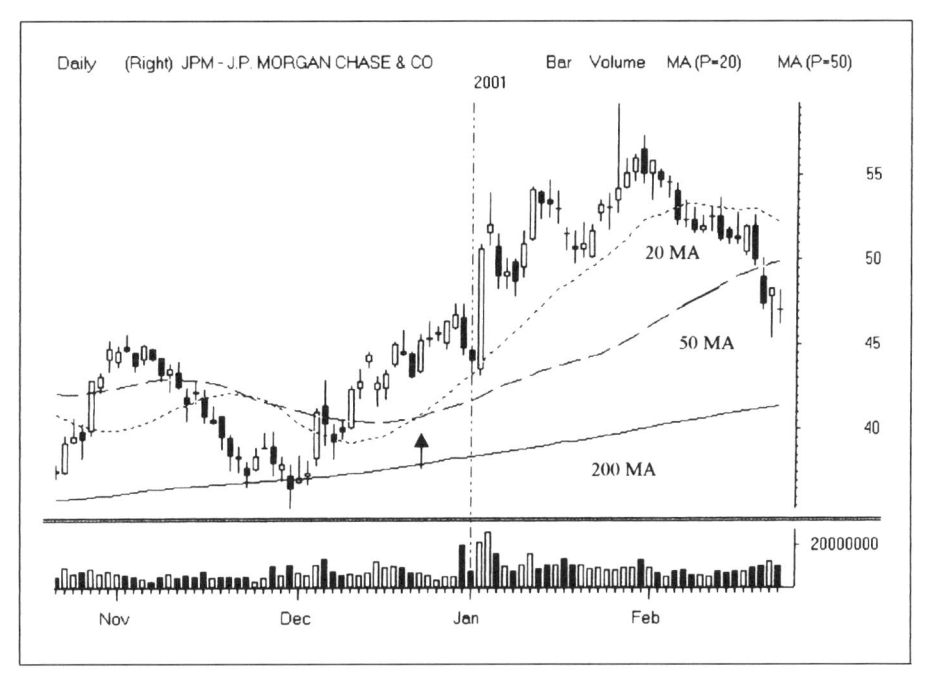

均が、より長期の移動平均を上に抜ける状況は、移動平均をサポートとして使用している様子と強気の交差シグナルを示します。

　ご心配なく。すぐに、株価パターンと出来高と移動平均が、まるで優れた指揮者に指揮されたオーケストラのように、ハーモニーを奏で

図8.8 このフィリップモリス社(MO)の日足チャートには、40日移動平均が追加されている(最初からたくさん追加してしまうと混乱してしまうので)。株価が20日移動平均と50日移動平均をサポートとして使用していることが分かる。20日移動平均(矢印)が、40日と50日の両移動平均をクロスして上に抜けているところに注目。それ以降、各移動平均が見事に完全な上昇トレンド時の順序で並んでいる。このケースでも、20日移動平均を(それに40日移動平均も)トレンドラインとして使うことができる。また、サポートへの反落、つまり20日、40日、50日の各移動平均からの反発を、買いシグナルの基準として使用することもできる

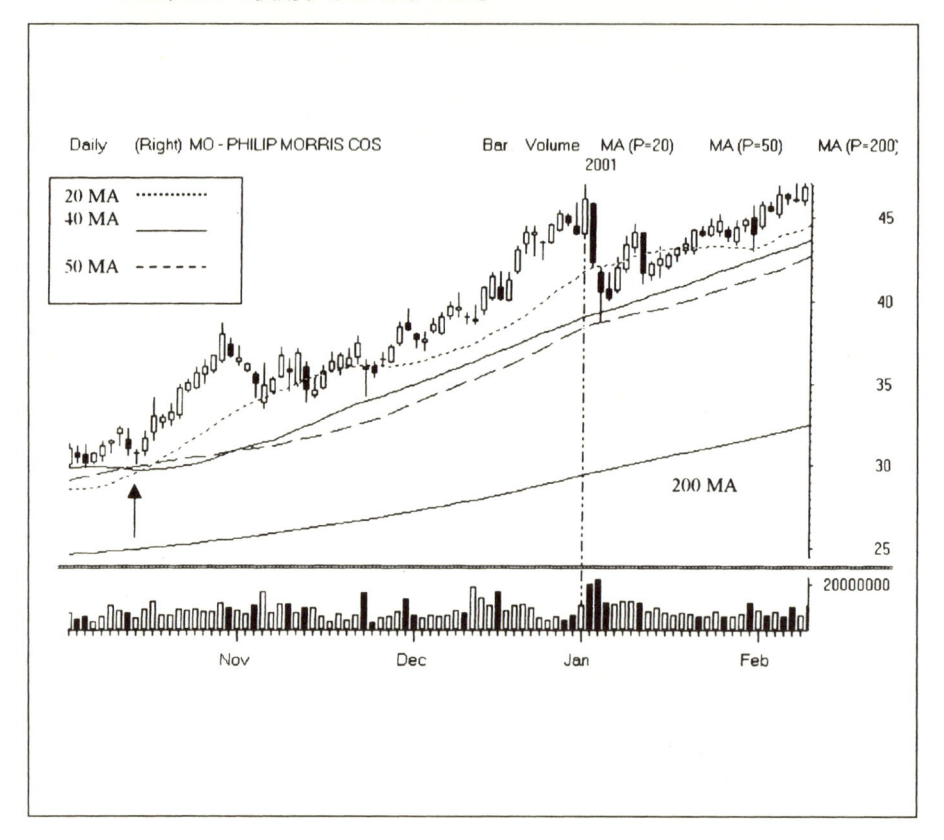

　ながら動くことが分かってきます。

　次の章では、この交響曲にもうひとつの楽器を追加することになります。それは買われ過ぎ・売られ過ぎという貴重な音を奏でるオシレーターという楽器です。実際のショッピングに出かけるときがもう間

図8.9 このリージョンズ・フィナンシャル(RGBK)の日足チャートでも、株価が移動平均をサポートとして使用していることが分かる。10/30(矢印)に株価が大きな出来高を伴ってベーシングからブレイクアウトし、メジャーな移動平均を上に抜けている。スイングトレーダーならそこで買う手もあるが、私たちは少なくとも20日移動平均が上昇しているときにもっと長い時間枠で買いたいと思う。11月中旬に株価が各移動平均が収斂している水準まで下落し、同時に20日移動平均がほかの移動平均を上に抜けている。強気のサインである。そのあと株価はまっしぐらに上昇する。太い矢印は、株価が20日移動平均まで反落しているところで、買いシグナルを発しているところを示す。2001年2月末の最後の買いシグナルはダマシの可能性がある。なぜ？ 上昇トレンドの勢いが衰え、ローソク足がコマのように短くなっていることに注目。コマは迷いを示す。また、トレンド転換を意味する可能性があるクライマックス的な出来高(矢印)にも注目してほしい。こういうケースでは、コンソリデーション領域の下端のすぐ下にストップロスを(0.50ポイント前後)きつめに設定しよう

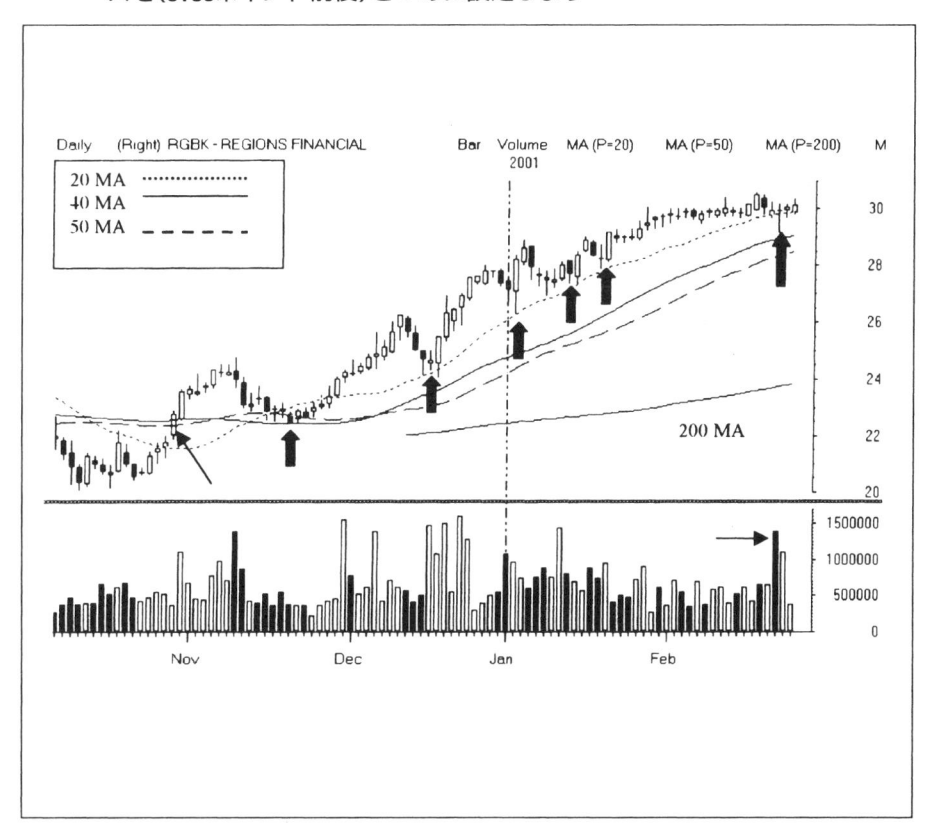

近に迫っているので、しっかり準備しましょう！

クイズ

1．平均より大きい出来高は強い確信を示す。○か×か？

2．儲けを見込める株価パターンは、_____出来高を伴ってブレイクアウトしてから上昇し、_____出来高を伴って反落するパターンです。

3．あなたはスイングトレーディングをしています。あなたの持ち株は3日連続で上げ続けています。その日は同事線で引けそうで、出来高は少なそうです。あなたはどうしますか？

4．40日移動平均の計算方法は？

5．移動平均は_____や_____のように機能します。

6．私たちは、買いシグナルの意思決定支援ツールとして____日、____日、____日の移動平均を使います。

7．強気相場に勢いがある場合、200日移動平均より下で取引されている株を買いのターゲットとして探すとよい。○か×か？

8．機関筋のマネジャーたちは____日移動平均を売買ツールとして使用する。

9．短期移動平均が長期移動平均をクロスして上に抜けたら、それは強気と弱気のどちら？

10．買いシグナルの基準に移動平均を追加した場合、どういう株をターゲットにしますか？

解答

1. ○
2. 大きい、少ない
3. 売って、利食う。
4. 過去40日間の終値を合計し、それを40で割る。
5. サポート、レジスタンス
6. 20日、40日、50日
7. 思いっきり×
8. 機関筋の運用担当者たちは50日移動平均を使用。
9. 強気
10. 大きな出来高を伴って20日、40日、または50日の移動平均から反発しながら、ベーシング、反落、またはコンソリデーションからブレイクアウトする株を見つける。

センターポイント

あなたの可能性は無限だ。高きを目指せ。自分がなりたいものを想像し、自覚しよう。そのイメージを熱意と勇気で裏づけよう。「新しい」自分の現実を感じ、より大きなものを期待しながら生きていけば、あなたの潜在意識がそれを現実化してくれるだろう。――ブライアン・アダムス

思いが「もの」になる

　この世のなかのあらゆる有形無形の現実は、ひとつ残らず、ひとつの思いによってその存在を得ています。あなたが座っている椅子、手元の本、机の上のコンピューター。もちろん、あなたの親友も、ひとつの思いから生まれています。

　思いに感情をプラスすると行動になります。純粋で、単純で、正確な足し算です。私たちの思いはエネルギーであり、私たちは自分たちの思いの産物なのです。

　以前に驚くほど短期間に偉業を成し遂げた友人と話したことがあります。私は「そんなにすごいことをどうやってそんなに速くできたのですか？」と尋ねました。

　彼は肩をすくめて「僕にはできないという思いがまったくなかった」と答えました。彼はゴールに集中し、それを意識のなかで現実として抱き、そして成し遂げたのです！

　あなたがたった今、意識のなかで抱いているものは何でしょうか？　不安、イライラ、それとも失敗という思い？　あるいは平静、自信、平和という思い？　この忙しい生活のなかでは、「自分の思いが自分の選択だ！」という真理に気づくほど長く立ち止まっていることはめったにありません。

おまけに、自分自身を不器用で、怠け者で、愚か者だと考えていると、私たちの意識は「よかろう。思いどおりにしてあげよう。不器用で、無関心で、バカに」と言います。ロボットのように、私たちの行動はそれに従い、私たちの世界の人たちは、その人をそのように見てしまうのです。その思いをなぜ書き換えないのでしょうか？　自分は冷静で、行動的で、賢いということを受け入れ、信じるという意識を、なぜはぐくまないのでしょうか？　あなたの意識は、そういうイメージを生み出し、それを現実にする力を持っているのです。

　私たちの思いはエネルギーであり、私たちの行動はそのエネルギーの表れです。自分を豊かで、愛すべき、成功する存在であるという真理を心にたたき込めば、私たちはそれ以上の存在になれるのです！

　ラムサは言っています。「あるものについて考えることができれば、それは存在する。なぜなら、夢見たり、想像したものはすべて、すでに存在の世界のなかにあるからだ。あらゆる創造物はそのようにして存在するに至ったのだ」と。

第9章
ベルとホイッスル──指標とオシレーター
The Bells and Whistles : How They Chime and Tweet

> 人は何の理由もなしに愚かなプレーをすることがある。それを知ったことは、おれにとって貴重な教訓になっている。
> ──ジェシー・リバモア

　これまでの各章で、主なローソク足パターン、1・2・3のシグナル、出来高と移動平均が果たす重要な役割など、チャート分析の基本について学びました。次は、「ベルやホイッスル」を追加する番です。以降の各ページでは、最も信頼でき、よく使用されている指標とオシレーター、そしてそれらをお金儲けのツールとして、チャート分析に組み入れるための簡単な方法を説明します。

　本章の最後では、ギャップ（「エアーポケット」のようなもの）とそれを有効に活用する方法について説明します。

オシレーター──とは何か

　「オシレーター」は、メーシーズ百貨店の2階へ行くときに乗る小さな部屋ではありせん！　オシレーターとは、市場・指数・株式が現在「買われ過ぎ」か「売られ過ぎ」かをひと目で分かるように教えてくれるテクニカル指標です。オシレーターは、ほとんどの場合ラインチャートとして描かれ、チャートの下のほう、出来高の上に配置されるのが普通です。

　株が「買われ過ぎ」ということは、現在の価格レンジの上限で取引されていて、調整に入る可能性があることを意味します。「売られ過

ぎ」の株は、現在の価格レンジの下端をはいずっていて、反発に向かう可能性があることを意味しています。

それぞれが特徴のある、さまざまなオシレーターが存在します。以降の各節で説明するRSI（相対力指数）、ストキャスティックス、MACD（移動平均収斂乖離）は、チャートプログラムに最もよく装備されている代表的なオシレーターです。

RSI——とは何で、どう使うか

RSI（相対力指数／Relative Strength Index）は、誤解を招きやすい名前がついていますが、頼りになるオシレーターです。株式の「相対的強さ」というと、S&P500などのブロードマーケット指数、あるいは$SOX.X（半導体指数）や$DRG.X（製薬指数）など、その株が属するセクター指数と比較したその株式の健全性を指すことがよくあります。

でも、RSIは、2つの別のものを比較するわけではありません。ウエルズ・ワイルダーによって、1978年6月号の『コモディティーズ』誌（現在のフューチャーズ誌）と同年に出版された著作『ワイルダーのテクニカル分析入門』（パンローリング刊）で提唱されたRSIは、特定の株の現在の相対的な強さを、その株自身の過去の価格と比較することによって測定するオシレーターです。

ワイルダーが初めてRSIを紹介したときは、14日を期間として使用することが推奨されていました。今では、9日間と25日間もよく使われています。

> **HOT TIP**
>
> 移動平均やオシレーターの計算に使用する期間は、短く設定するほど、その指標の変動幅が大きくなります。例えば、RSIを9日間で計算すると、25日間で計算した場合のRSIよりもはるかに早めにシグナルが発せられます。

RSIは私が好きなオシレーターのひとつで、本書における買い基準でも使用します。数日から数週間保有する場合、14日間のパラメータがうまく機能します。ほとんどのチャートプログラムでも14日が標準になっています。ですから、当面は14日の期間を使ってください。経験を積んだ後で、期間を長くも短くも、好きなように設定してください。

　RSIは価格をフォローするオシレーターで、1～100の目盛りの付いた垂直軸に描かれます。25未満に落ちたら売られ過ぎ、75を超えたら買われ過ぎと見なされます。

　以下は、RSIの優れている点です。

◆RSIは、株価パターンには現れないかもしれない、ダブルトップやヘッド・アンド・ショルダース（第10章を参照）などのチャートパターンを形成することがあります。

◆RSIは、株価パターンよりはっきりとサポートやレジスタンスのレベルを示すことがあります。

◆RSIは、株価パターンと乖離したときに、素晴らしい意思決定支援ツールになります。例えば、株価が新高値を付けても、RSIが付けないことがあります。それは弱気です。あるいは、株価が新安値に落ちても、RSIが横ばいもしくは上向きのこともあります。それは強気です。株価は普通RSIの方向に追従します。

　RSIを、1・2・3のシグナル、大きな出来高を伴うブレイクアウト、メジャーな移動平均（20日・40日・50日の移動平均など）からの反発というシグナルに追加する形で売買基準に組み入れましょう。

　ではRSIを追加してみましょう。以下のいずれかの条件が成立しているときが、エントリーにとって望ましい状況です。

◆売られ過ぎで、30未満でとどまっている。

◆50未満にとどまっていて、上昇トレンドにある（トップとボトム

図9.1　このファースト・デイト（FDC）の日足チャートでは、出来高の上にRSIが追加されている。1＝RSIが価格より先に上がり始めている——強気の乖離。2＝RSIが価格より先に下がり始めている——弱気の乖離。3＝RSIが強気の乖離。4＝RSIが再び強気の乖離。5＝RSIが株価パターンから乖離して、直近のトップより低いトップをつける。株価もすぐに追従するので要注意！

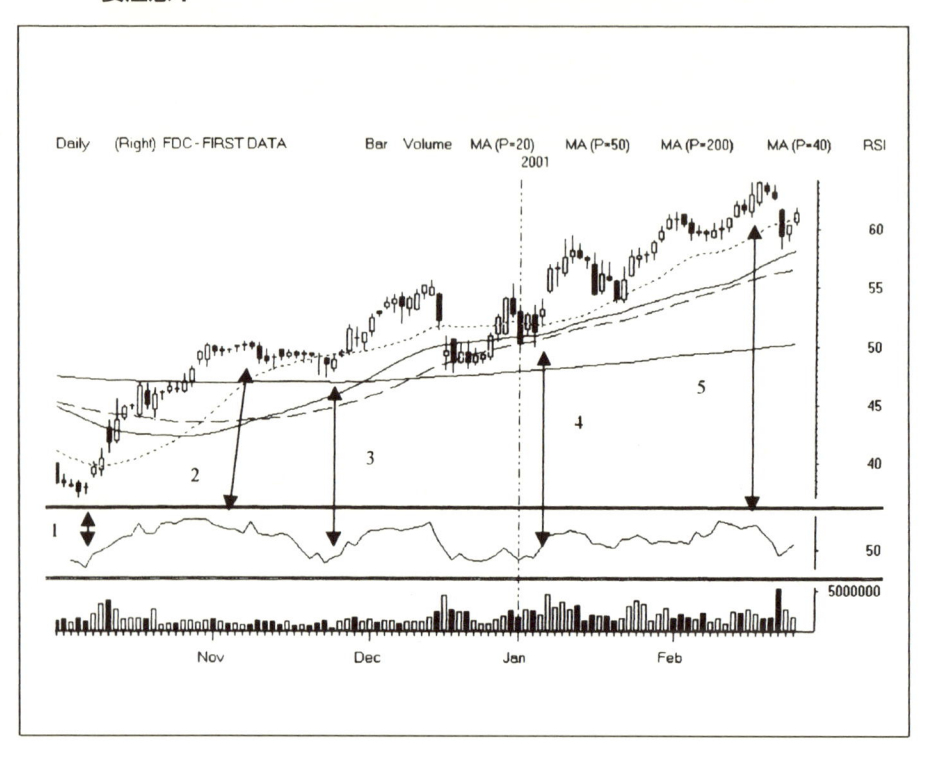

が切り上がっている）。

◆株価が上昇トレンドの途中でコンソリデーションしているか、反落しているときに、上昇して強気に乖離している。

　図9.1と図9.2は、実際のRSIを示します。売買シグナルとしてどのように役立つかよく見てください。
　前述したように、本書における最終的な買い基準では、RSIを「公

図9.2 このジュニパー・ネットワークス（JNPR）の日足チャートでは、RSIが値動きの先行指標として機能していることに注目してほしい。1＝RSIが株価パターンに先行。これは強気。2＝RSIがまた株価パターンに先行して上昇。強気の包み線と株価の50日移動平均超えが同時に起こっていることにも注目。これらはすべてグッドサイン！　3＝RSIがダブルトップを形成——弱気のサイン。4＝株価がもがきながら上昇しているときに、RSIが下降トレンドに入る（トップとボトムが切り下がっていく）——非常に弱気のサイン。水晶玉は正しかった——やがて株価も続落。10月中旬に50日移動平均を下回り、機関投資家による支えを失った可能性があることに注目。5＝RSIが下がり続けるなかで、株価も下げに入る

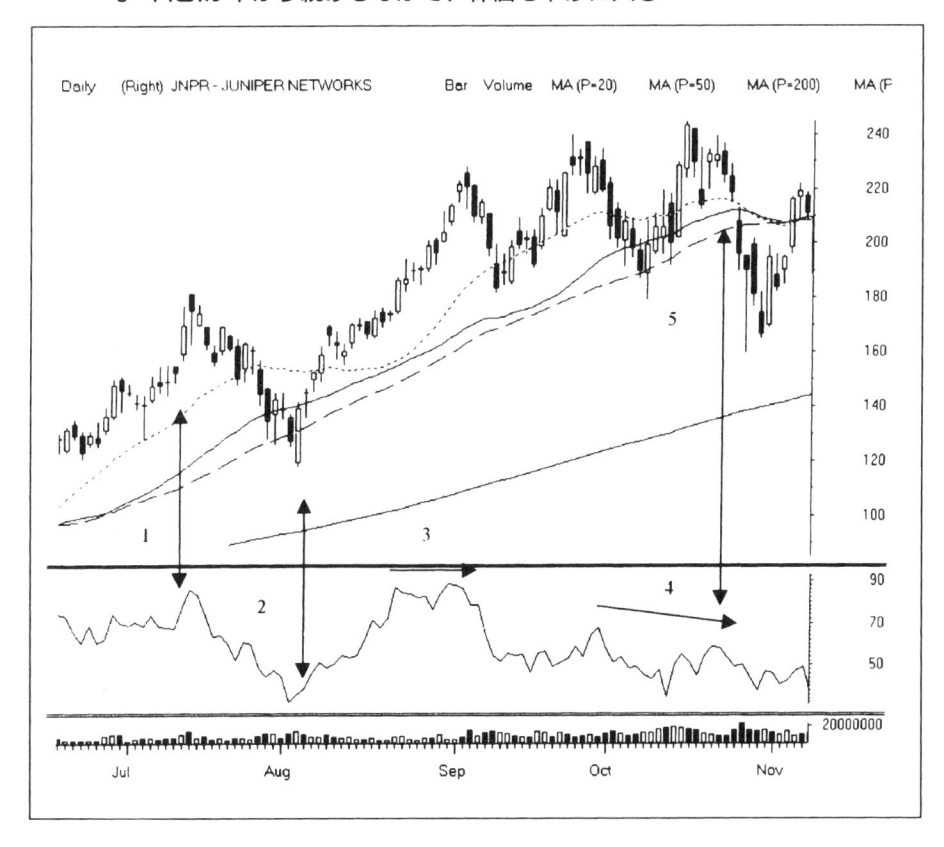

式」のオシレーターとして使用します。それはそれとして、ほかにどんな選択肢があって、どんな利点があるかを知るために、その他のオシレーターについても見てみましょう。

ストキャスティックオシレーター——とは何で、どう使うか

　トレーダーの間では、ストキャスティックオシレーターは「ストキャスティックス」と呼ばれることもあります。それは、ひとつのシグナルを発するために2本のラインがかかわっているからです。

　ジョージ・レーン博士によって開発された買われ過ぎ・売られ過ぎの指標であるストキャスティックオシレーターは、株の終値と一定期間の価格レンジを比較します。その前提となる原則はこうです。株価が上昇トレンドに乗って上がると、終値は最近の価格レンジの上限まで上がります。下降トレンドでは、終値がレンジの下限まで下がるのが普通です。ここでは実際の計算方法については説明しません。どこかでその説明を見ることがあったら、ここに説明がなかったことにきっと感謝してくれるでしょう！

　また、ストキャスティックオシレーターは2本の線で表示されます。主要な線は「％K」と呼ばれます。2本目の線は「％D」と呼ばれ、％Kの3日移動平均です。％Kは実線で、％Dは点線で描かれることが多いようです。

　ストキャスティックスには、ファストストキャスティックスとスローストキャスティックスの2種類があります。前の段落で説明したのはファストストキャスティックスです。スローストキャスティックスでは、スロー％K＝ファスト％Dで、スロー％D＝ファスト％Dの3日平均です。

> **HOT TIP**
>
> オシレーターにはひとつ欠点があります。株価が長期間、強力な上昇トレンド（または下降トレンド）にあるとき、オシレーターは買われ過ぎ（売られ過ぎ）の位置まで上昇（下降）し、トレンドが続いている間、上端（下端）にへばりついてしまいます。この状況は、トレンドの転換が起こるまで、オシレーターとして中立であることを表します。

分かりましたか？ 分からなくても、元気を出してください。あなたのチャートプログラムはこれらの方程式を理解していて、ちゃんと計算して表示してくれます。スローストキャスティックスのほうが外観がスムースですが、はっきり言って、私はファストストキャスティックスのほうが好きです。

> **HOT TIP**
>
> 新米トレーダーの皆さんへ。オシレーターは1チャートに1つに限定してください。1つのオシレーターを選び、それを徹底的に理解してください。経験を積んでから、別のオシレーターと入れ替えたり、別のものを試してください。

%K線と%D線は前後しながらゼロと100の間で上下します。80を超えたら買われ過ぎ、20未満は売られ過ぎです。

ストキャスティックスの売買シグナルは以下のとおりです。

◆買い——両線とも20未満で、ファストな%K線がスローな%D線を上向きにクロスしたとき（短期クロスに注意。反転確認のために各種指標を併用してください）。

◆売り——両線とも80を超えていて、%Kが%Dを下方へクロスしたとき。

◆RSIの場合と同様、乖離に注目してください。例えば、タカビシャ銀行が新高値を付けます。同時にストキャスティックスが横ばいか、下に向きます。これは「弱気の乖離」と呼ばれます。株価もストキャスティックスに追従してすぐに下落すると想定してください。あるいは、タカビシャ銀行が上昇トレンドの途中で普通のコンソリデーションにあるときに、ストキャスティックスが突然上昇に転じます。これは「強気の乖離」と呼ばれ、タカビシャ銀行の上昇トレンドがあとしばらく続くことを示します。

図9.3 このこのジュニパー・ネットワークス(JNPR)の日足チャートには、ファスト・ストキャスティックスが表示されている。RSIと同様、株価パターンからの乖離によって早期の買いシグナルを発することができる。ボトム(売られ過ぎ)から反発して%Kが%Dをクロスしたときが買いシグナル。トップからの反落後に%Kが%Dをクロスしたときが売りシグナル。各矢印はそれらシグナルを指している

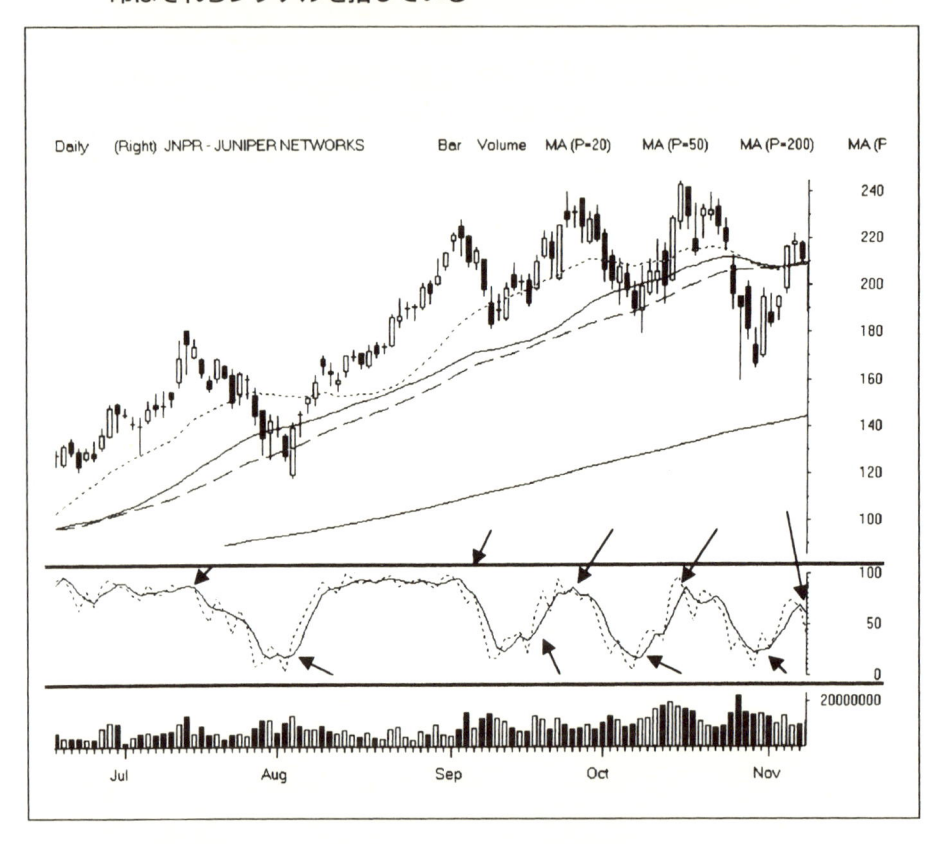

MACD──とは何で、どう機能するか

　トレーダーの間では、MACDは愛情をこめて「マックディー」と呼ばれています。この頭辞語は「Moving Average Convergence-Divergence/移動平均の収斂と乖離」(早口で3回言ってみて!)を意味します。MACDには多面性があり、指標として機能するだけで

なく、オシレーターとしての役割も果たします。

『システムズ・アンド・フォアキャスト』の発行者、ジェラルド・アペルによって開発されたMACDは、株価パターンの26日と12日の指数移動平均の差を示す、トレンドフォロー型のモメンタム指標／オシレーターです。9日間の指数移動平均は「シグナル線」と呼ばれ、MACDとクロスするときが売買シグナルになります。

MACDは「遅行」指標、つまりすでに起こった情報からシグナルを発するため（S&Pやナスダック100先物は「先行」指標）、強いトレンド相場で最も威力を発揮します。一般的なMACDは、通常、「パーティー」（つまり、トレンド反転）に多少遅れて到着するので、短期トレーダーがそのシグナルに厳密に従っているとチャンスを逃すことがあります。もっと早めのシグナルを得るためには、ほとんどのチャートプログラムで利用可能な、MACDヒストグラムを使うことをお勧めします。

MACD-H（MACDヒストグラム）は、MACDと9日間の指数移動平均との差を示します。頭が混乱してても、心配はご無用。チャートプログラムは理解しています！　出来高の上に挿入するだけです。MACD-Hは、ゼロラインを上下に蛇行し、正（ゼロ超）と負（ゼロ未満）の領域を行き来します。

MACD-Hシグナルは以下のとおりです。

◆クロス。買いシグナル（強気）は、MACD-Hがそのゼロラインより上に抜けたとき。売りシグナル（弱気）は、MACD-Hがそのゼロラインより下に割ったとき。

◆買われ過ぎ指標・売られ過ぎ指標。買われ過ぎ・売られ過ぎのオシレーターとして使う場合は、MACD-Hがそのスケールの上端まで上昇し、マジェスティックマウンテンのような形になったとき、その株は買われ過ぎで、まもなく反落する可能性があります。MACD-Hがゼロラインを大きく割り込むと、その株は売られ過

※参考書籍　ジェラルド・アペル著『アペル流テクニカル売買のコツ』パンローリングより発売中

図9.4 このジュニパー・ネットワークス（JNPR）の日足チャートには、MACD-Hが表示されている。9月と10月にMACD-Hが切り下げながらもトップを形成したときに、株価も高値を付けていることに注目。売りシグナルは、株価がゼロ・ラインを割った矢印のとき。しかし、そのシグナルはほとんどの短期トレーダーにとって遅すぎる

ぎです。ヒストグラムのバーが短くなり、じわじわと上げ始めたら、その株は反騰する可能性があります。

　面白い使い方を紹介しましょう。週足チャート上でMACD-Hを使って、長期的な売買シグナルを生成させます。それから、同じ株の日足チャートを見ながら、その長期シグナルと同じ方向のトレードに専

念するのです。

図9.4には、MACD-Hが表示されています。ゼロラインを挟んで急上昇・急降下するときに発する売買シグナルを確認してください。

OBV──とは何で、どう読むか

私のお気に入りの指標のひとつがOBV（オン・バランス・ボリューム／累積騰落出来高）です。本書では、この指標を買い基準の意思決定支援ツールとして使用していきます。

もともとジョー・グランビルによって開発されたOBVは、出来高と価格の変化が組み合わされた、気の利いたモメンタム指標です。出来高指標に重ねて描かれているラインチャートをちょっと見るだけで、お金がその株に集まっているのか、それともその株から離れているのかが分かります。

OBVは次のようにして算出されます。例えば、バーゲンバイオテックが前日の終値より高く引けたとします。その日の出来高はすべてOBVに加算されます。バーゲンバイオテックが前日の終値より安く引けた場合は、その日の出来高がOBVから減算されます。

OBVの背後にある基本的な考え方は、株価が動く前に変化が起こるということです。チャート上のOBVが、底打ちから反発に転じていると、その株に再びお金が集まってきていると考えられます。

OBVは株価パターンと同じように読み取ります。つまり、OBVも価格のように上・下・横に動きます。狙い目は、株価パターンと同様、OBVの反騰、あるいはしっかりした上昇トレンドで

> **HOT TIP**
>
> プラス（買い）のエネルギーを受けている株はロングしたいものです。OBVは、マーケットのプレーヤーたちがその株に注いでいる、プラスまたはマイナスのエネルギーを表しています。

図9.5 このアムジェン社(AMGN)の日足チャートは、シグナルが集中的に発せられることがあることを示している。最初の双頭矢印に注目してほしい。20日移動平均が長期の移動平均をクロスして上に抜けている。RSIは強気の乖離で早めに上昇している。同時に、OBVは小さなダブルボトムを形成し、上昇し始めている。株価が上昇トレンドにある間中、OBVも上昇トレンドにあることに注目

す。OBVは短期指標として使用するので、上昇してさえいれば、私たちにとってのシグナルになります。

OBVについて以下のことも頭に入れておきましょう。

◆OBVが出来高の底近辺で下降トレンドから反発に転じたら、下降トレンドは終わりです。そういう反発は、株価がベーシング状態にあるときに見ることができるかもしれません。この反発は、

図9.6 この変動の大きいシスコシステムズのチャートでは、OBVが1～2月中旬まで節度ある上昇トレンドに乗って動いていることに注目。とても興味深いことに株価は3月中旬まで、OBVとRSIが下げているときにも、じわりじわりと上げ続けている。株価は3/27に当面の上昇力を使い果たしている。RSIとOBVが多少早めに天井をつけていることに注目してほしい。それからこのハイテク巨人とその兄弟の多くに暴落劇が訪れた。OBVは下降トレンドに入り、5月に回復の兆しを見せたものの、この株からお金が離れ、再び下げに戻った

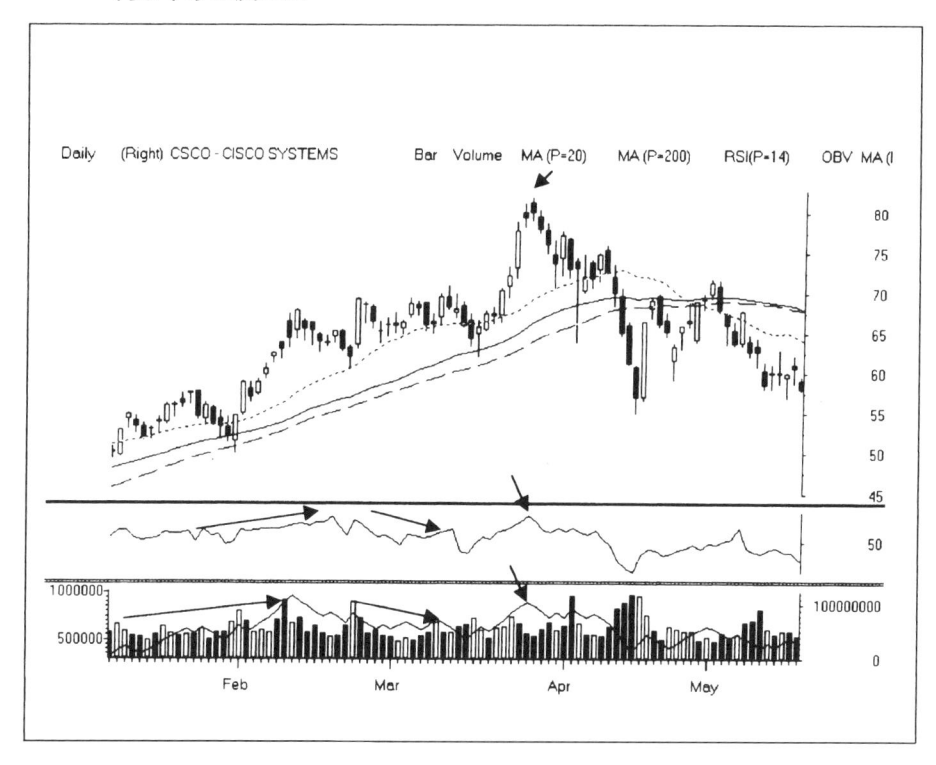

株価のブレイクアウトに先行することが多いので、エントリーしてもいいかどうか、ほかの買い基準（第10章で説明）も簡単にチェックしてください。

◆逆に、株価の動きがOBVの動きに先行することを、「確認なし」と呼びます。これは長い上昇トレンドや下降トレンドの最後に起

こります。「乖離」と見なして、その株を保有していたら利食いましょう。

次に図9.5と図9.6のチャートをチェックして、OBVが素晴らしいシグナルを発しているところを確認してください。あなたも私みたいにOBVを絶対に気に入るはずです。私のアヒルスリッパを賭けてもいいですよ！

ボリンジャーバンド──とは何で、どう読むか

ボリンジャーバンドを考案したのはジョン・ボリンジャーです。このバンド（帯）は、株価パターンの上方と下方にプロットされる、標準偏差値です。※

脳みそがかゆくなっていませんか？ 標準偏差はボラティリティの尺度です。株価がローラーコースターのように派手に動くと、標準偏差値は高くなります。標準偏差値が低いことは、値動きが静かであることを意味します（コンソリデーションの状態）。

ボリンジャーバンドの背後にある主な考え方は、株価パターンは、上方バンドと下方バンドに挟まれた範囲内で上下する傾向があるということです。また、株価が一方のバンドの境界まで上がると（下がると）、次に反転して反対のバ

HOT TIP

ニューヨークで食事に行ったとしましょう。たいていウエートレスが、数え切れないほどの料理が載っている電話帳並みの厚さのメニューを差し出します。あなたの味覚球は混乱して麻痺してしまい、なかなか選ぶことができません。同様に、「アナリシスのパナリシス（分析のまひ）」には気をつけてください。欲張ってチャート上に指標やオシレーターを重ねて表示しすぎると、相反するシグナルが錯綜してしまうことがあります。ですから、指標やオシレーターは適度な数に抑えましょう。

※参考書籍　ジョン・ボリンジャー著『ボリンジャーバンド入門』パンローリングより発売中

図9.7　この変動の激しいシーベルシステムズ（SEBL）の日足チャートは、ボリンジャーバンドの仕組みを示している。繰り返しになるが、これらバンドの主な意味は、上方の境界まで値が上がると反転して下方の境界まで下がり、下がるとまた上がっているということである（矢印）。株価がコンソリデーションに入り、つまり比較的狭いレンジで取引されるようになるとバンドの幅も狭まり、株価の日々のレンジが広がるとバンドも広がっていることに注目。混乱を避けるために、20日と200日の移動平均だけを表示し、40日と50日の移動平均は表示していない

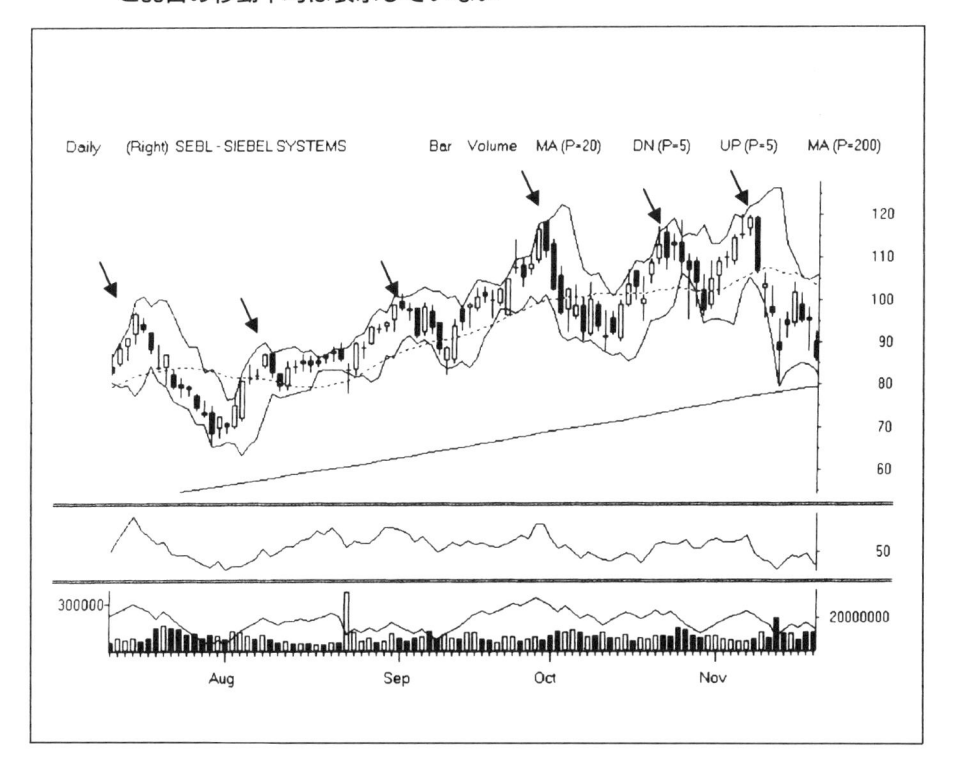

ンドまで下がる（上がる）ということです。

　ボリンジャーバンドを使うには、以下のことを知っておく必要があります。

　　◆株価は、一方のバンドに触れると、反転してもう一方のバンドへ
　　　向かう（目標価格の予測に有効）。

◆ボラティリティが減ってバンドの間隔が狭くなると、株価が大きく動く可能性がある。それって、コンソリデーションからのブレイクアウトと同じ動き……でしょ？　そのとおりです！
◆株価がバンドを突き破って外側に出たら、その方向性の強化、つまりトレンドの続行を意味します。

　図9.7をよく見て、株価パターンとボリンジャーバンドを組み合わせることによって、新たな情報が得られることを確認してください。
　ボリンジャーバンドは、あらゆるトレーディングシナリオで有効なツールですが、私は空売りの場合に最も利用しています。そのため、空売りのテクニックについて論じる第12章で再び説明します。

フィボナッチリトレイスメント——とは何で、どう読むか

　私たちはイタリアの数学者レオナルド・ピサノ（1170～1250年）に恩義を感じなければなりません。「フィボナッチ」というあだ名のほうでよく知られ、「意味なくうろつく」というような意味の「ビゴリョ」というあだ名も持つ彼は、『リベル・アバチ』（1202年）という有名な書物を著しました。そのなかで、インドの記数法とアラビア数字をヨーロッパに紹介しました。また、後に「フィボナッチ数列」と呼ばれるものになる数学的な問題とそれから派生する比率についても論じています。ピサノが提示した最も重要な問題のひとつとその結果を見てみましょう。質問は一見軽量級ですが、解答は超重量級です。
　「ひとつがいのうさぎを囲いのなかに閉じ込めました。月に１回子供を産み、生まれた子供が１カ月後からさらに産むようになるとしたら、特定の期間後にうさぎは何匹に増えているでしょうか？」結果は、月々の最後に、フィボナッチ数と呼ばれる、１、１、２、３、５、８、13、21、34、55、89、144という無限数列になります。

フィボナッチ数が数列になっていることに気が付くでしょう。1、1、2、3、5、8、13、21、34、55、89……と、各数がその前2数の和になっています。これらの各数の関係には興味深いものがあります。まず、5以降、すべての数が前の数の約1.618倍になっています。次に、すべての数が後の数の約0.618倍になっています。美しい……でしょ？

　特筆すべきは、蝶々、巻き貝、渦状銀河など、自然界にはフィナボッチ比率で形成されている物体が数多く存在していることです。五線星形、キリスト教の十字架、ピタゴラスの三角形にも、レオナルドダビンチやミケランジェロの作品にも、この比率が含まれています。

　トレーダーによって使用されるフィボナッチの4つの代表的な研究成果としては、アーク（円弧）、ファン、リトレイスメント、タイムゾーンがあります。ほとんどのチャートプログラムにはフィボナッチリトレイスメント機能が装備されています。一部の高機能のプログラムには、アーク、ファン、タイムゾーンも組み込まれています。ここでは、リトレイスメントを見ていきましょう。

　フィボナッチリトレイスメントについては、以下のことを知っておくことが必要です。

- ◆フィボナッチレシオは、38.2％、50.0％、61.8％のレベルで測定され、値動きを予測する先行指標と見なされています。
- ◆あなたの仕事は、主要なトップとボトムを結んで、上昇（または下降）トレンドラインを描くことです。それから、チャートプログラムのフィボナッチ・リトレイスメント・オプションを有効にします。

HOT TIP

株価は、上げでも、下げでも、その最後の大きな値幅を約50％戻す（リトレイスする）ことがよくあります。保有している株が直近高値から50％以上調整したら、あなたが考えているより弱気かもしれません。利食いを考えましょう。

トレンドラインの下端から開始し、トレンドの上端までカーソルをドラッグします。全体的な動き、つまりトレンドの0.0%・38.2%・50%・61.8%・100%に相当する計5本の水平線が表示されます。高機能のチャートプログラムには23.6%ラインもあります。

◆これらのレベルは、サポート領域やレジスタンス領域として機能します。

非常に多くのトレーダーが、フィボナッチ・リトレイスメント・レベルを参考にしているために、結果としてサポートやレジスタンスの役割を果たしてしまう面もあるかもしれません。とはいっても、上昇トレンドにある株がフィボナッチレベルまで反落してから反発したり、下降トレンドにある株がフィボナッチレベルで反発してから反落することがよくあるということは、それだけでは説明できません。

直近高値から61.8%のリトレイスメントレベルの4分の1ポイントだけ下にストップロスポイントを設定するというように「フィボレシオ」を使うトレーダーもいます。

とはいえ、将来の値動きを100%正確に予測できる指標はこの世界にはありません。株価がフィボナッチリトレイスメントレベルへ向かっているからといって、そこで止まって反発するという保証はありません。簡単にそのレベルを割り込むことも同様にある得るのです。

どんな特色を持っている指標でも、指標にしかすぎません。指し示すだけです。負けポジションを持ち続ける言い訳には使わないでください。

本書では、フィボナッチリトレイスメントを買い基準に使用しませんが、知っておくべき有効なツールです。図9.8をよく見て、株価パターンがこの指標をサポートとレジスタンスとして使用している様子を確認してください。

ギャップ——トレーダーのブラックホール

　これまでの指標やオシレーターの説明で、あなたの脳みそはもうかなり満杯になっているかもしれないので、次は価格が存在しないところ、「ギャップ」の話に移りましょう。

　チャートを幾つも見てきて、株価パターンに「穴」が開いているのにきっと気がついたでしょう。テクニカル分析では、これらを「ギャップ」と呼んでいます。ローソク足の用語では「窓」と呼ばれます。

　ギャップは、その価格レベルでの取引がなかったために、株価パターンのなかに開いた空間です。ギャップは、主に、市場が開く前やアフターアワーズトレーディングで出されたオーダーに対して、スペシャリストやマーケットメーカーが前日の終値から離れた価格を設定した場合に現れます。

　例。昨日、ヘソマガリコンピューターズ社は35.50ドルで引けています。今朝、いきなり35ドルで寄り付きました。そのため、チャート上に空きができました。それを株価が「ギャップダウン」したと言います。

　あるいは、タカビシャ銀行は昨日51.85ドルで引けました。今朝53ドルで寄り付きました。51.85ドルと53ドルの間の価格での取引がなかったので、それを「ギャップアップ」したと呼びます。

　多くのテクニシャンは、時間がどれだけたとうと、ギャップは常に埋められると主張します。つまり、株や指数が2年前にできたギャップをまだ埋めていない場合、そのギャップを埋めるためにいずれ戻るということです。ヒェー！

　私は、株式相場に「絶対」はないと考えているし、当面の利益と判断力を維持するのに忙しいので、そういう状況が差し迫ってくるまでは、2年前のギャップなんぞにやきもきしたくありません！

　それとは逆に、現在値の近くにあるギャップは、絶対に尊重し、注

図9.8 このサンマイクロシステムズ(SUNW)の日足チャートにはベーシングの底から反騰のピークまでの範囲に、フィボナッチ・リトレイスメント・レベルが表示されている。株価がこれらリトレイスメント・レベルを、上昇時にはサポートとして、下落して反発しようとしているときにはレジスタンスとして使用しているところに注目。フィボナッチ・リトレイスメント・レベルは、あなたのトレーダー用ツールキットに加えるべき素晴らしいツールだ

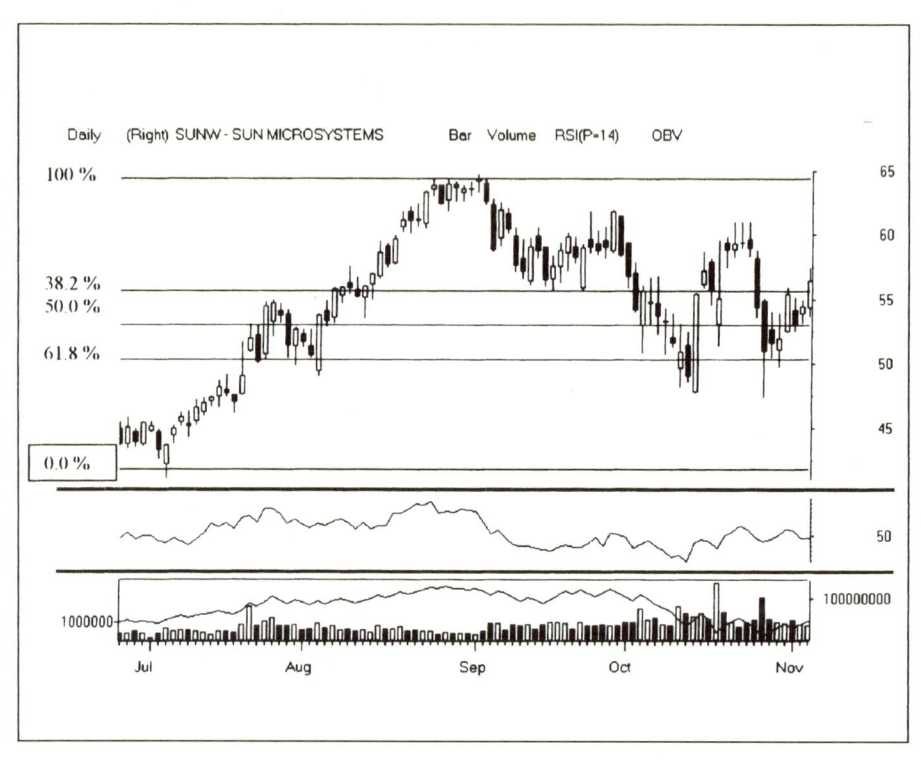

意しておく必要があります。

　ギャップには、ブレイクアウエー、イグゾースチョン、ランナウエーという3つのタイプがあります。ブレイクアウエーギャップは、大きな株価パターンが終わったときに起こる、新しい重要な値動きの始まりの前兆です。イグゾースチョンギャップは、長い上昇トレンドや下降トレンドの最後に起こり、そのトレンドの終わりを告げます。イ

グゾースチョンギャップはすぐに埋められることがあります。ランナウエーギャップ（＝継続ギャップ）は、強力な上昇トレンドや下降トレンドのなかほどで現れます。ひとつ以上の価格レベルを飛び越えて、その方向で続くことを意味します。

ギャップは、あなたのトレーディングライフに多くの刺激を与えてくれます！　もちろん、刺激はさまざまな形で現れます。

例えばバーゲンバイオテックを500株買い持ちしていて、昨日30ドルで引けているとします。今朝、バーゲンバイオテクは33ドルで寄り付き（ご立派！）、あなたは何の苦労もなく1500ドルの利益を上げたのです。そんなうれしいことがあったら「やったあ」と叫びたくなるし、もちろん、友人たちに自分のトレーディングの腕を自慢したくなるでしょう。

別のある朝、タカビシャ銀行500株を保有しているあなたは、何も知らずにいつものように目を覚まします。その株は昨日静かに50ドルで引けています。今朝は、48ドルで寄り付いた後一気に暴落しました。あなたは画面を見て呆然とし、大慌てでマウスをつかみ「売りボタン」をクリックします。そういう種類の刺激は、汗ばんだ手、きりきり痛む胃、ため息、そしてここでは明記できない友人たちへの生々しいコメントを生み出します。

上記のような刺激的な状況で、あなたならどう対処しますか？

1．保有している株がギャップアップした……
◆スイングトレーダー——連続２日から３日間値上がり続け、利益がたくさん乗っていたら、市場が開いたらすぐに一部またはすべてを現金化しましょう。１分たりとも待たないこと！　ほとんどのプロのデイトレーダーは「ギャップをフェイド」します。つまり、トレンドに逆らってトレードします。このケースでは、寄り付き時にすぐに空売りするでしょう。その結果？　株価が下落し

ます！ですから、過去2日寄り付き時にギャップしていたら、すべて手仕舞いしましょう。マーケットがとても強気で、その株も強気と見たら、寄値から0.25上がるのを待って、また買いましょう。

◆ポジショントレーダー──ストップロスの幅を狭めましょう。

2．保有している株がギャップダウンした……
◆スイングトレーダー──プロたちは、空売りによって上方への「ギャップをフェイドする」のと同様に、買いによって下方への「ギャップをフェイドする」こともあります。そういう状況では、その買いがあなたにとって有利に働くかどうかを見極めるために、少し待ちましょう。その株やその株が属するセクターに悪材料がない、相場環境が良好な場合は、特にそうです。それで、30分以内に前日終値まで上げ戻らなければ売りましょう。買いが集まらずに、持ち株が奈落の底へ落ち込むサインが現れたら、みんなと一緒に売りましょう。良い条件が整って突然反騰するようなら、いつでも買い戻すことができます。

◆ポジショントレーダー──持ち株が下落した理由、そしてマーケットとセクターのコンディションをチェックしましょう。悪材料があったり、相場が下落基調なら、直ちに売りましょう。特に材料がなく、ギャップダウンが小さく、それも反落局面にあるときは？

> **HOT TIP**
>
> ギャップのサイズは、株価や取引レンジと対比して考えましょう。1株150ドルで1日の取引レンジが5から10ポイントの「腕力の強い」ハイテク株が、2ドルギャップアップしても大した問題ではありません。でも、1株10ドルで1日の取引レンジが2ポイントの株が、2ドルギャップアップしたら、それはとても大きな出来事です！ すぐに売って、利食いましょう！

その場合は問題なしです！ ストップロスをしっかり仕掛け、回復のサインを待ちましょう。

> **HOT TIP**
> 現在の株価より上に大きな価格ギャップが不気味に存在していたら、その水準は簡単に超えられない可能性があることを覚えておきましょう。

3．その株を保有してはいないが、今日、前日高値を超えたらポジションをとろうと思っているとします。さて、その株は無邪気に前日高値を超えてギャップアップしました。ポジションに入るには遅過ぎるでしょうか？

- ◆スイングトレーダーとポジショントレーダー──必ずしも、遅過ぎるということはありません。寄り付きから30分間待ちましょう。高値より0.25上で取引され、相場のコンディションが良好なら、買いです！

次に、完璧に優秀なトレーダーにも、泣き言を言わせてしまう、意地悪なギャップアップに関して一言。それは、イグゾースチョンギャップです。よく聞いてください。イグゾースチョンギャップは、上記のギャップとは違います。そういうギャップにつかまったら、逃げ出しましょう！ それから、出口を求めて殺到してくるトレーダーたちのために、穏やかに扉を開いておいてあげましょう。

どういう形のギャップ？ イグゾースチョンギャップは、前述したように、長い上昇・下降トレンドの最後に出現し、そのトレンドの終わりを告げます。

形は、日足チャート上で、急角度の上昇トレンドで上昇しているロケットのような株です。ヒントは、その株が、20日移動平均よりはるかに高値の行き過ぎた価格で取引されているということです。前日はジェット推進日、つまり大幅に急騰していても、今日は、上方または

下方にギャップして寄り付き、それから下落します。前日終値を割り込み、すごいスピードで地球の中心に向かって落ちていきます。
　イグゾースチョンギャップの兆候を見つけたら、急いで利食いましょう。その株をスイングまたはポジショントレードのロング候補として注目していたら、「ニューヤオク（ニューヨーク）」の人たちが言うように「フォーゲッタバウディット（忘れてしまいましょう）」。
　最後にギャップについてもう一言。ローソク足の権威スティーブ・ナイソンは、私にこう教えてくれました。日本のローソク足用語で「窓」と呼ばれるギャップは、株価のサポートとレジスタンスになります。上方窓（または下方窓）より上（または下）の水準で取引されている場合、その窓が何週間前のものであっても、株価がその窓の価格圏に近づいたとき、そこがサポート（またはレジスタンス）になる可能性があります。
　ですから、株価が思いがけずUターンをし、その理由が分からないときは、数カ月前までさかのぼって、窓がないかどうかチェックしてみてください。賢明なトレーダーは、過去の値動きをチェックすることを習慣にしていて、窓の価格圏に注目しています。
　オーケイ。あなたの脳みそが消化できていなくても、ご心配なく。できるだけ早く次の図9.9と図9.10のチャートを見て、ギャップに関する有益な情報を吸収してください。

図9.9 このギャップの多いシエナ社（CIEN）のチャートでは、50日移動平均が唯一の移動平均ラインなので、ギャップを鮮明に見ることができる。2000年10月最終週の大ギャップダウンは、特に、50日移動平均を割り込んだため、このハイテク株にとって大きな打撃になった。では、このチャート上のギャップをひとつずつ見ていこう。ギャップアップまたはギャップダウンしたときの値動きに注目。日足チャート上でのギャップアップは強気、ギャップダウンは弱気と見ることができる。ギャップのなかで、以降の値動きに対してレジスタンスやサポートとして機能しているギャップがいくつあるか数えてみよう。ヒント。価格ギャップの中間点は、取引価格がそれより上か下かによって、レジスタンスまたはサポートとして機能する

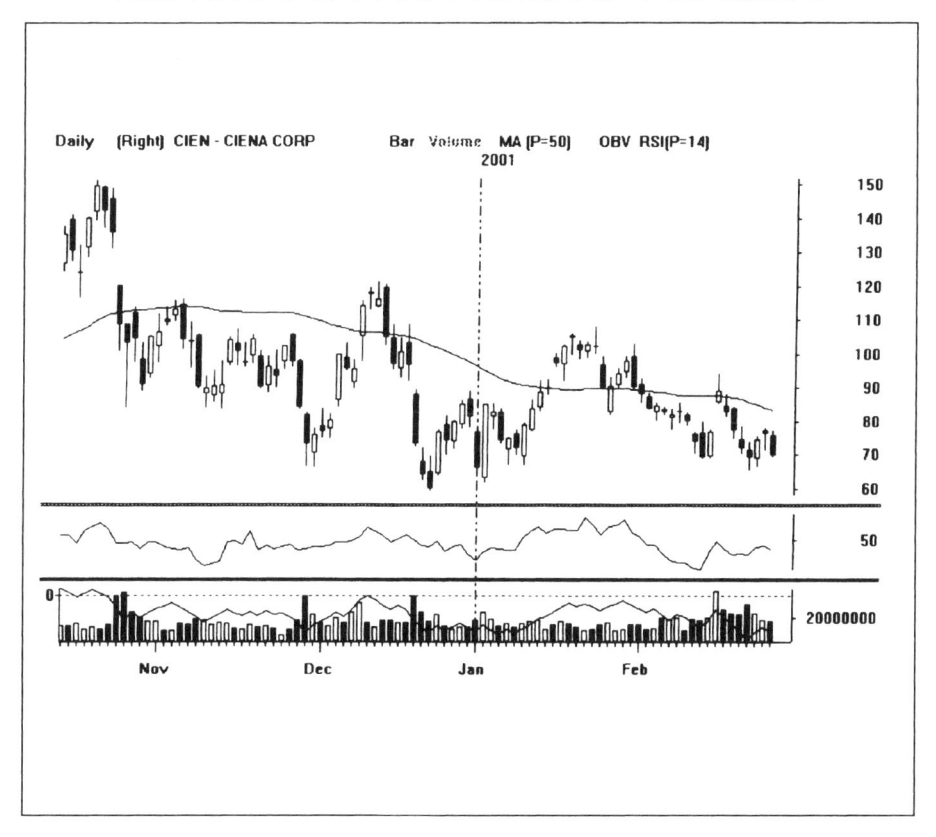

図9.10　このオムニケア社(OCR)の日足チャートは、トレード向きのとびきりの上昇トレンドにあるヘルスケア株の値動きを示す。1=株価は2日連続でギャップアップ。この株をスイングトレードでロングしている場合、2日目の引け前に絶対に利食いしよう（計3日連続上昇）。2=1/3のトウバ同事線に注目。ちょうど前週からのサポート水準であるその日の安値で引けている。「トウバ」という言葉はとても的確だ！　翌日にギャップダウンし、50日移動平均まで下落している。そのあとの50日移動平均からの反発は、そのサポート領域に到達したときに機関投資家が買い集めている可能性があることを示している。3=この株にとってはきわめて大きな値動きをした日の翌日に、流れ星パターンでギャップアップした。このパターンは数週間のきれいな上昇トレンドのあとで形成された。スイングトレーダーは利食いすべきだが、ポジションがあまり残っていないかもしれない。スイングトレーダーのゴールは、数日間の上昇でスイートスポットを狙うことだ

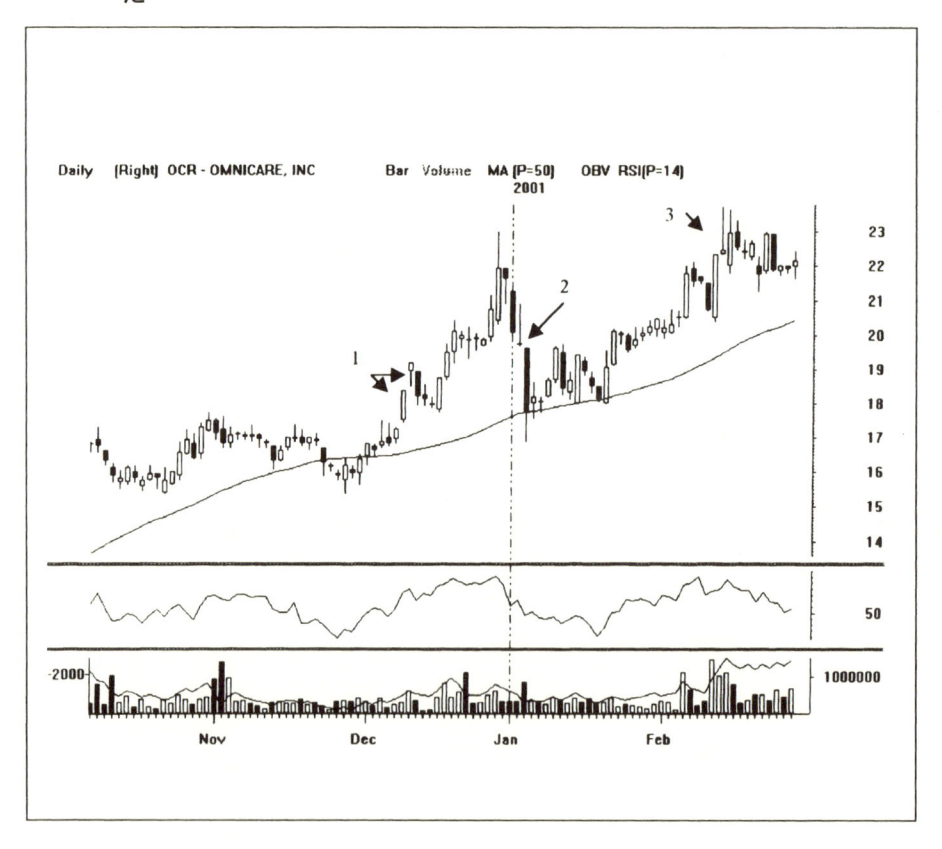

クイズ

1．「オシレーター」とは何か説明してください。
2．「買われ過ぎ」の意味は？　「売られ過ぎ」の意味は？
3．「RSI」は何の略？　何を測定しますか？
4．スイングトレードする目的で、ある株を5日間保有しているとします。株価は新高値を付けますが、買われ過ぎにあるRSIは下げに転じます。あなたはどうしますか？
5．チャート上でストキャスティックスオシレーターを見る場合、＿＿＿＿＿＿＿＿は買われ過ぎとみなし、＿＿＿＿＿＿＿＿は売られ過ぎとみなします。
6．ストキャスティックスをロングポジションに入るための意思決定支援ツールとして使用しています。そのとき、どちらのラインも20未満にあり、上を向いています。ファストな％Kラインがスローな％Dラインを上方にクロスしたばかりです。それは何を示唆していますか？
7．MACDについて説明してください。
8．MACD-H（ヒストグラム）は、どのように買いと売りのシグナルを発しますか？
9．OBV指標では、何と何がリンクされていますか？
10．OBVからひと目でどんな情報が得られますか？
11．OBVが買いシグナルを発するのは、どういう状態ですか？
12．株価が上方のボリンジャーバンドに到達したのに突き抜けない場合、株価は次にどうなると予想されますか？
13．多くの場合、株価は大幅に上伸または下落した後調整に入り、フィボナッチリトレイスメント・レベルを＿＿＿＿＿＿＿＿や＿＿＿＿＿＿＿＿として使用します。
14．あなたは3日間スイングトレードをしています。評価益が15ポイ

ント乗っています。株価は前日と前々日にギャップアップしています。今日もまたギャップアップしました。わーい、あなたは株価が永遠に上昇するような気分になっています！　あなたはどうすべきなのでしょうか？

15．あなたは前日の引け前にタカビシャ銀行をスイングトレード用に48で300株買いました。今朝、銀行株が全般的に下げ、タカビシャ銀行も一緒に引きずり降ろされました。ギャップダウンして45で寄り付いたのです。あなたはどうしますか？

解答

1．オシレーターは、市場・指数・株式が、現在、「買われ過ぎ」か「売られ過ぎ」かを示すテクニカル指標です。

2．「買われ過ぎ」の株は、現在の価格レンジの上限で取引されていて、すぐに反落するか、コンソリデーションに入る可能性があります。「売られ過ぎ」の株は、現在の価格レンジの下限で取引されていて、反騰する可能性があります。

3．RSIは、相対力指数（Relative Strength Index）を意味します。株の現在の相対力を、その株の過去の値動きと比較して測定するオシレーターです。

4．株価が高値を更新しているのに、RSIが反落したり、新高値を付けずに乖離したら、利食いましょう。

5．80超の示度は買われ過ぎ、20未満は売られ過ぎです。

6．ストキャスティックスラインが20未満にあって上向きで、ファストな％Kラインがスローな％Dラインを上方にクロスしたら、「買い」シグナルです。

7．MACDは、株価パターンの26日と12日の指数移動平均の間の関係を示す、トレンドフォロー型のモメンタム指標／オシレーターです。また、9日間のシグナル線を使用することもあります。

8．MACD-H（ヒストグラム）は、そのゼロラインとクロスすることによって売買シグナルを発します。売りシグナルは、MACD-Hがそのゼロラインを上方にクロスしたときに発せられます。買いシグナルは、MACD-Hがそのゼロラインを下方にクロスしたときに発せられます。

9．OBVでは、出来高と値動きがリンクされています。

10．ひと目で、お金がその株に流れ込んでいるのか、その株から流れ出ているのかを示します。

11. 買いシグナルは、OBVが上向いているか、上昇トレンドで動いていなければなりません。
12. 株価が上方バンドの上端まで上昇して境界内にとどまっている場合は、それから反転して下方バンドまで落ちるはずです。
13. サポートとレジスタンス。
14. 永遠に上がり続ける？　ケッケッ、そんなことあるわけないでしょ！　悪いけど、連続3日ギャップアップして、15ポイント儲けているっておっしゃいましたあ？　何をすべきかって？　冗談でしょ？　早く売らなきゃあ！
15. マーケット全体のコンディションを手早く評価しましょう。マーケット全体が暗く、銀行指数が暴落しているなら、ちょっとだけ待って、ギャップダウンで買いが入るか見てみましょう。だれも買いに入らない場合は、売って損切りしましょう。「最初の損は最小の損」というトレーダーの古い格言があります。

センターポイント

人は、人生を逆向きに生きようとしがちです。もっと幸せになるために、もっとやりたいことができるように、もっと多くのもの、もっと多くのお金を手に入れようとします。本当はその逆なのです。欲しいものを手に入れるには、まず本来の自分になり、それからやるべきことをやることが必要なのです。——マーガレット・ヤング

あなたはすでに完璧だ！

　私たちは、次から次へとチャレンジが続く、多忙な生活のなかに埋没してしまいがちです。納期やきつい仕事に苦しめられ、圧倒されていると、私たちは、この世界に、毎日、喜びと調和の場所から来るのではなく、恐怖の場所からやって来ることになります。チャンスを逃したり、納期に間に合わなかったり、相手をがっかりさせることを恐れます。ですから、もがき、自分を追い込み、身を粉にして頑張るのです。

　これはどうしたら変えられるでしょうか？　もがき、苦しむために使用するエネルギーを解放し、もっと楽に、もっと多くのことを達成できるように、自由に流れるようにするには、どうしたらいいのでしょうか？　私たちが、強さ・力・喜びの場所から来られるようにするには、私たちの精神的・感情的な回路を組み直すことが必要なのです！

　受け入れることから始めましょう！　現在の自分を完璧な存在として受け入れましょう。今持っているものを出発点として受け入れましょう。今という瞬間は、私たちが過去において生み出したすべての思考・感情・行動がもたらしていることを、私たちは認識しています。ほかならぬ自分が、自分のものの見方をつくりだしていて、人生にお

ける人・場所・状況に対する感じ方を選んでいるのです。そのことを理解していれば、純粋に、客観的に、自分の人生をありのままに受け入れることができます。

そうすれば、自分の人生に責任を持ち、だれにもチャンスの種が存在していることを認識できます。そうなれば、人生におけるあらゆる出来事、あらゆる人に感動することができます。愛と力の頭と心を持って、見直し、感じ直してみましょう。自分のものの見方が変わると、出来事や人間関係に驚くほど現れてきます！　自分のエネルギーが容易に流れ、最も困難なチャレンジがチャンスへと変貌することは、さらに大きな驚きになるでしょう。

自分の人生は、この瞬間に、すでに完璧であることを覚えておきましょう。その考えを受け入れれば、毎日を、愛と調和の場所からアプローチできるようになります。私たちのエネルギーは自然に流れ出るようになり、私たちは自分の最大の可能性と一体となって生きていけるようになるのです！

第10章
いよいよショータイムだ！
It's Showtime!

> だが、おれの最大の発見は、確率を予測できるようになるには、全般的なコンディションを見極めなければならないということだ。手短に言えば、金を儲けるには努力が必要だということを学んだのだ。
> ──ジェシー・リバモア

　この章にたどり着いたころ、きっとあなたはこんなふうにつぶやいているのではないでしょうか。「おいおい！　口座も開いたし、投資ウエブサイトもあちこち見た。ファンダメンタル情報の仕入れ先も知っている。規律、ローソク足のパターン、いろんなステージ、それに株がその各ステージでどのように動くかも学んだ。夢のなかでもトレンドラインを描けるし、脳みそには、強欲と恐怖、需要と供給、サポートとレジスタンスの理論が詰まってる。出来高がどういうときに急増・急減するかも知ってるし、指標やインジケーターもあり余るほど知っている。頼むから、その株っていうやつを、いつになったら買えるのかそろそろ教えてくれ！　死ぬまでにできるんだろね？」と。

　慌てずに、落ち着いてください。答えは「イエス」です。もうすぐですよ。

　ですが、その前に、基本的なチャートパターンを見極める方法を学ぶことが必要です。あれっ、いま変な声出しましたあ？　とにかく、これを知っていれば、あなたは大きく儲けることもできるし、大損しないで済むようになるのです。

　一例を挙げましょう。2000年の３月と４月に、ナスダックの総合と100の両指数がダブルトップを形成しました。ダブルトップは死の警告です。ほとんどのアメリカ人のようにあなたのポートフォリオにも

ハイテク株が含まれていても、このトップの形成に気が付いていたら、儲けプラスアルファを失わずに、売って利益を守ることができたのです。

さらに、8月と9月にも、別のダブルトップがその不気味な頭をもたげました。単純なパターンとそれが指し示すものを認識する能力がありさえすれば、トレーダーと投資家たちは大金を守ることができたのです。

継続パターンと反転パターン——とは何か

株価パターンは、基本的に、継続と反転という2つのカテゴリーに分けられます。継続パターンは、株価が停止・休止している、トレンドにおける休息期間を示します。言い換えれば、ブレイクアウトして元のトレンドを再開する前の、押したり、戻したりの、コンソリデーションの状態です。スイングトレーダーとポジショントレーダーである私たちは、そういうパターンから生まれるブレイクアウトで買うことで利益を得ています。そのなかで最も一般的な、フラグ、ペナント、トライアングルというパターンを見ていきます。

一方、反転パターンは、その名前のとおりの意味で、トレンド反転の予兆となる株価パターンです。ここでは、最も有名な、ヘッド・アンド・ショルダーズ、カップ・ウィズ・ハンドル、ダブルトップ、ダブルボトムについて見ていきます。

継続パターン——完成前に見つける方法

では、画用紙に戻りましょう。ご心配なく。トレーディングをやめて、アーチストになろうというわけではありません！

まず、「フラグ」という継続パターンを見ましょう。どんな形かはすでにご存じでしょう。それは上昇トレンドの途上に現れる、狭いコ

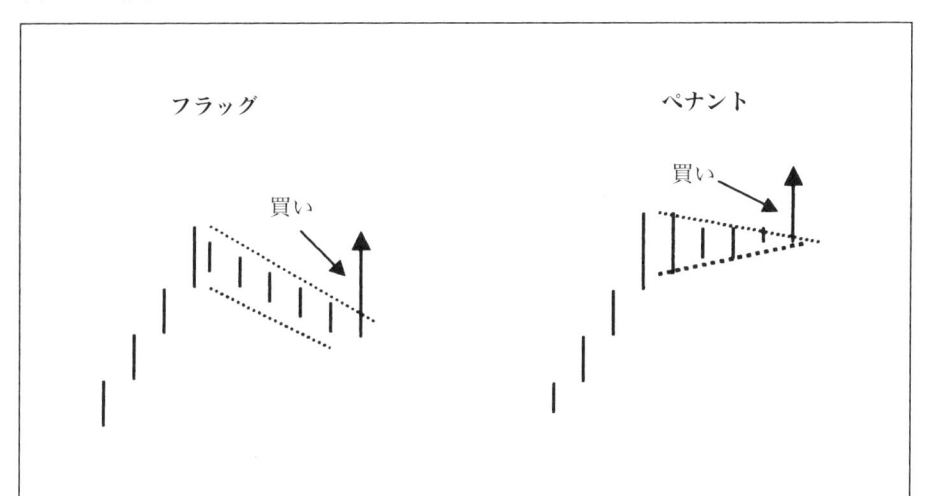

図10.1　継続パターン——フラッグとペナント

ンソリデーションのパターンです。平行四辺形を思い浮かべればいいでしょう。フラッグは、3日から3週間続き、それまでのトレンドとは逆方向に流れていきます。その動きが完了すると、株価は元のトレンドを再開します。

フラッグの仲間に「ペナント」がいます。ペナントはフラッグに似ていますが、小さな対称形の三角形のように水平に移動します。ペナントも数日から数週間続きます。

図10.1は、上昇トレンドでこれらのパターンが現れたときの様子を示しています。下降トレンドで現れるときは、当然、上下が反対のパターンになります。

第8章でコンソリデーションを圧力鍋に例えた話を覚えていますか？　継続パターンとは、これらのコンソリデーションのパターンに名前を付けただけです。それに、パーティーなどで「ペナントからのブレイクアウトで勝負した」と言ったほうがインパクトがあるし、

図10.2　その他の継続パターン

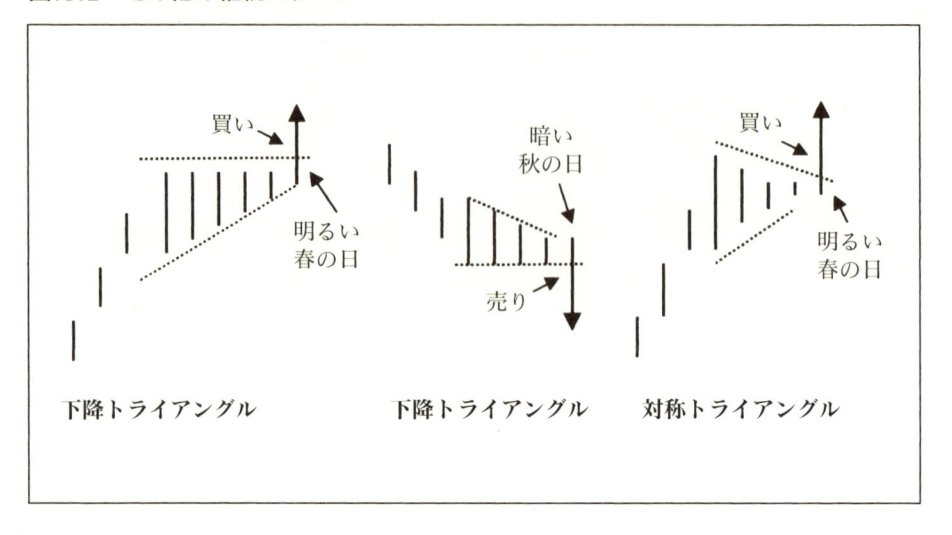

　　　買い　　　　　　　　　　　　　　　　　買い
　　　　　　　　　　　　暗い
　　　　　　　　　　　　秋の日
　　　　　　　明るい　　　　　　　　　　　　　　　明るい
　　　　　　　春の日　　　　　　　　　　　　　　　春の日
　　　　　　　　　　　　売り

　下降トライアングル　　　下降トライアングル　　　対称トライアングル

　もうひとつのバリエーションとして「トライアングル」という継続パターンがあります。トライアングルには、上昇・下降・対称の3種類があります。上昇トライアングルは、比較的水平なトレンドラインと上向きのトレンドラインの間で横ばいにコンソリデーションします。上昇トライアングルは強気です。なぜか？　なぜなら、連日、安値が切り上がっていっているからです。下降トライアングルは、それとは上下反対のパターンを形成します。2本のトレンドラインは、高値が連日切り下がっていくので、上方の線は下降し、下方の線は水平に移動します。この継続パターンは一般的に下降トレンドで現れ、弱気と見なされます。

HOT TIP

トライアングルを形成している株に、先を見越して飛びつきたくなりますが、してはいけません。「継続」パターンとは呼ばれてはいますが、トレンドが継続するという保証は一切ないからです。常に確認がとれるまで待ちましょう。

ご想像のように、対称トライアングルは、買い圧力と売り圧力が拮抗していて、価格レンジが上下双方から押しつぶされ、レンジが徐々に狭まっていくコンソリデーションパターンです。上方のトレンドラインは下降し、下方のトレンドラインは上昇します。これは継続パターンですが、株価はどちらの方向へも爆発（ブレイクアウト）する可能性があります。

　図10.2は上記のトライアングルを示します。

　ここで超重要な幾つかの情報を紹介しましょう。前出の図をもう一度見てください。トレンドラインが矢印と交差しているところに注目してください。私はわざとそう描いたのです。それらの矢印は、日足チャート上で上昇トレンドまたは下降トレンドが再開する日を示しています。

　少し後で示すその他の買い条件がすべて整っているとして、株価がコンソリデーションから抜けて前日の高値を0.25以上上回ったら（図の矢印のところ）、そこが買い時、もしくは空売り時です。1・2・3シグナルについて復習する場合は、第7章を参照してください。

　私の前著『ビギナーズ・ガイド・トゥ・デイ・トレーディング・オンライン（A Beginner's Guide to Day Trading Online）』では、買い日を「明るい春の日」と呼びました。「春」には解放という意味が含まれますが、株価がコンソリデーションからブレイクアウトしたときに起こるのがまさにそれです。圧力が解放されるのです。当然、「春」は新しい成長とも掛けています。

　空売りに使われる弱気パターンである下降トライアングルの場合、コンソリデーションからのブレイクダウンを私は「暗い秋の日」と呼びました。このパターンからブレイクダウンするローソク足が、陰線になるのが明らかだからです。それに、秋という季節は、寒々とした冬の到来を告げるからです。

　はい。ちょっと表現に凝り過ぎているかもしれません。でも、行動

を取るべき注目株の値動きについて分かりやすい心理的なイメージが必要な場合、こういうイメージを思い浮かべればいいのです。図10.3から図10.7までの各図のチャートは、実際の継続パターンを示しています。

反転パターン──その形状

本章で前述したように、反転パターンは、トレンドの反転という変化が起こりつつあることを示します。継続パターンは、上昇トレンドや下降トレンドという、もっと大きなパターンの一部としてチャート上で形成され、数日から最長で3週間という時間枠で完結しますが、反転パターンは単独で重要なパラダイムとして発展する傾向があります。

トレーダーたちの会話のなかで、ダブルトップ、ダブルボトム、ヘッド・アンド・ショルダーズ、逆ヘッド・アンド・ショルダーズ、カップ・ウィズ・ハンドルなど、ポピュラーな反転パターンの名前を耳にしているはずです。

これらのパターンは、値動きの予測に使える以外に、マネーマネジメントのツールとして優れています。これらのパターンが形成されているのを見つけたら、早めに利食いしたり、次のエントリーポイントを物色し始めましょう。

HOT TIP
継続パターンと反転パターンは、週足、日足、日中足のどんな時間枠のチャートにも現れます。

ダブルトップ（二重天井）
要点は、以下のとおりです。
◆形状──完成したとき、「M」のような形になります。
◆相場観──弱気を表します。
◆形成過程──株価は上昇トレ

図10.3 このイクストリーム・ネットワークス(EXTR)の日足チャートでは「フラッグ」という形の3つの継続パターンを見ることができる。フラッグが上昇トレンドに逆らって形成されていることに注目。これらのフラッグは単純に「反落」と説明することもできる。もし上昇トレンドにある株を保有している場合、これらのフラッグ(反落)が少ない出来高を伴って現れているかぎりは大丈夫。大きい出来高を伴った反落は大きな調整局面に転じる可能性がある！

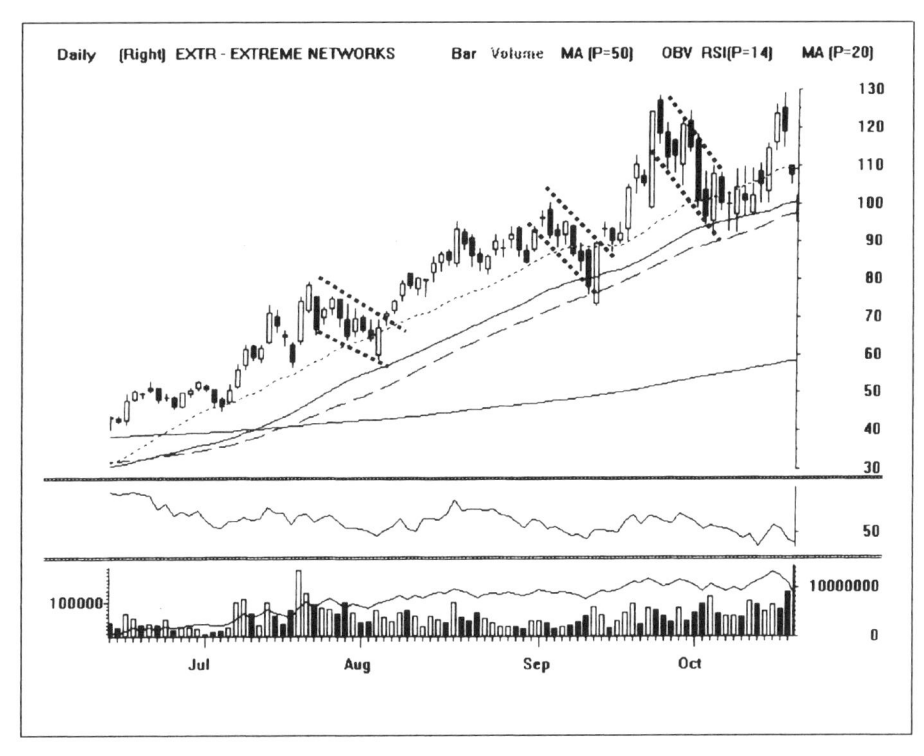

ンドにあります。いずれダブルトップを構成することになる1番目のトップが「行き過ぎ」る可能性があります。反落し、それから上昇トレンドを再開します。最初のピークによって確立されたレジスタンスに到達すると、買い手はそれ以上の上値買いを拒みます。株価は前の転換安値、つまり「M」の真ん中の株価に向けて下げ押し始めます。

図10.4 このITTインダストリーズ(ITT)の日足チャートでは1月の最初の2週間半に、継続パターンとしてペナントが形成されている。ペナントの動きはフラッグより水平に近く、2月の最終週にはサポートとして機能している可能性がある。またペナントを抜けて上昇トレンドを続ける前に、1ポイントの数分の1だけ下落していることにも注目。そういうことがあるので、上昇トレンドが確実に始まるまでは、早まって飛びついてはいけない。このケースで早まって買いに入ったとすると、あなたはおそらくストップアウトされ、株はあなたを残してロケットのように上昇していっただろう

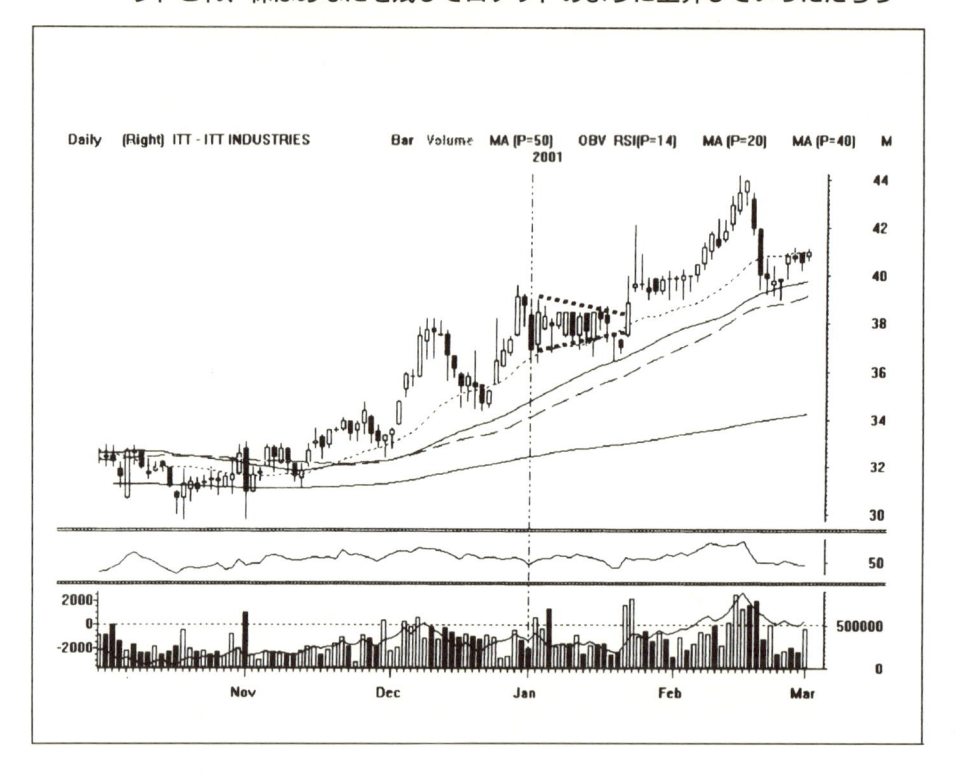

◆完成条件──ダブルトップは、株価が「M」の真ん中の転換安値の水準まで下げたときに完成します。つまり「M」全体が形成されたときです。

◆予測──株価がコンソリデーションのサポートを下抜けしたら、さらに下落します。

図10.5　このブロードコム社（BRCM）の日足チャートでは、1月第2週に上昇トライアングルが形成されている。ローソク足は、トレンドラインを描くのに都合が良いように高値や安値を付けてくれるほど協力的ではない。それは理解しておいてほしい。トレンドラインのあちらこちらに「影」が突き出ていたり、垂れ下がっていたりして、お行儀が悪いのが普通である。ローソク足の影がはみ出しているというような小さなことにこだわらずに、大局をつかむことが重要。このチャートではほかにも継続パターンが現れている。見つけられますか？　ポイントをもうひとつ。株価がとても整然とした節度のある上昇トレンドを描いていることに注目してほしい。といっても、3月初旬に第3ステージでロールオーバーしたときには荒れた値動きを示している。このステージでは注意深くモニターする必要があるのはそのためだ。また、ハイテク株は春に売られ、夏に向けて下落する傾向があることを覚えておいてほしい。9月と10月は、機関投資家が評価損のポジションを手仕舞ってポートフォリオをリバランス（入れ替え）するため、通常、マーケット全体が下落する。11月と12月は多くの場合、もっと上昇傾向で、特に「サンタ・ラリー」が先導役になってマーケットを「1月効果」と呼ばれる1月の買いラッシュに導く

図10.6 ひとつの長い下影は無視するとして、このコーニング社(GLW)の日足チャートでは、10月下旬から11月初旬に格好の例となる下降トライアングルが形成されている下降トレンドを見ることができる。11/17に、株価はトライアングルからブレイクダウンする。ブレイクダウン時に、2～5日間のスイングトレード向きの空売りシグナルが発せられている。株価が岩石のように落下する前に、RSIとOBV(矢印)が突然下降に転じていることに注目

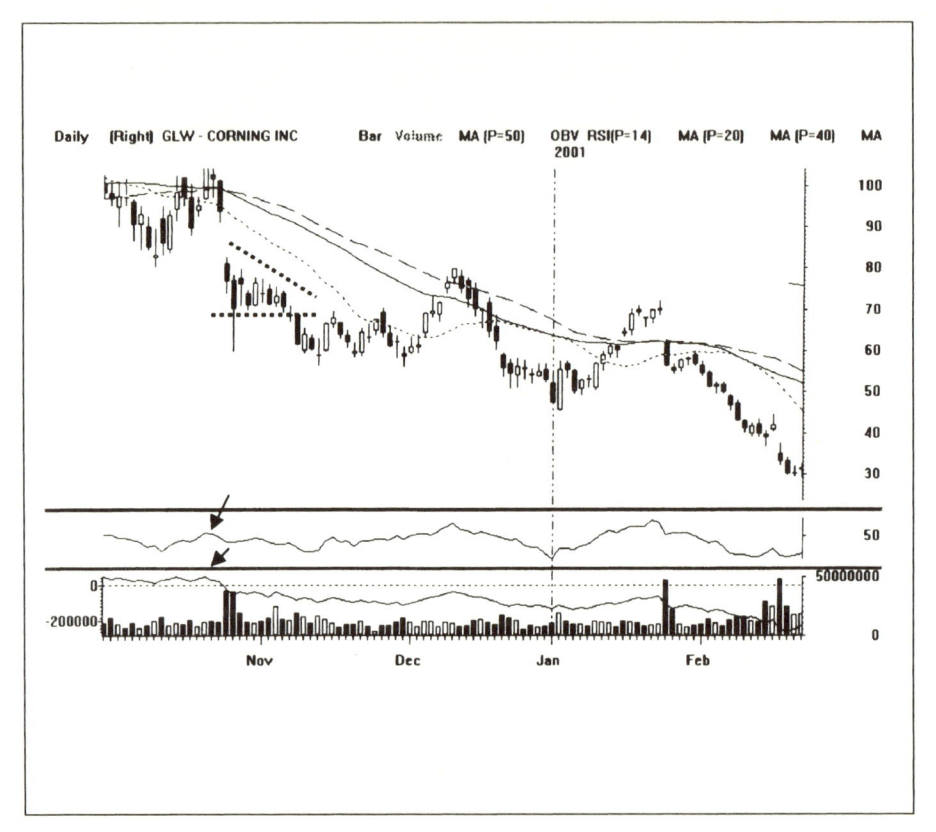

◆戦術——長い上昇トレンドの2番目のピークに近づいている株を買い持ちしている場合、マーケットとその株が属する産業が弱気でないかどうかチェックしましょう。利食いの準備をします。また、20日移動平均より高値を付けたら、つまり「行き過ぎ」たら、すぐに利食いましょう。空売りするなら、転換点の安値によって

図10.7　このUSAネットワークス(USAI)の日足チャートでは、2月前半の上昇トレンド中に対称トライアングルが形成されている。ご覧のように、この継続パターンからの最初のブレイクは下方へ起きている。2/15の終値から2/16の始値への実際の下落(矢印)はわずか半ポイントだったとはいえ、買う前に価格の方向性を確認することがとても重要であることはこのケースからも言える。また、株価の上昇が再開する前に、RSIが強気に乖離している(矢印)ことにも注目

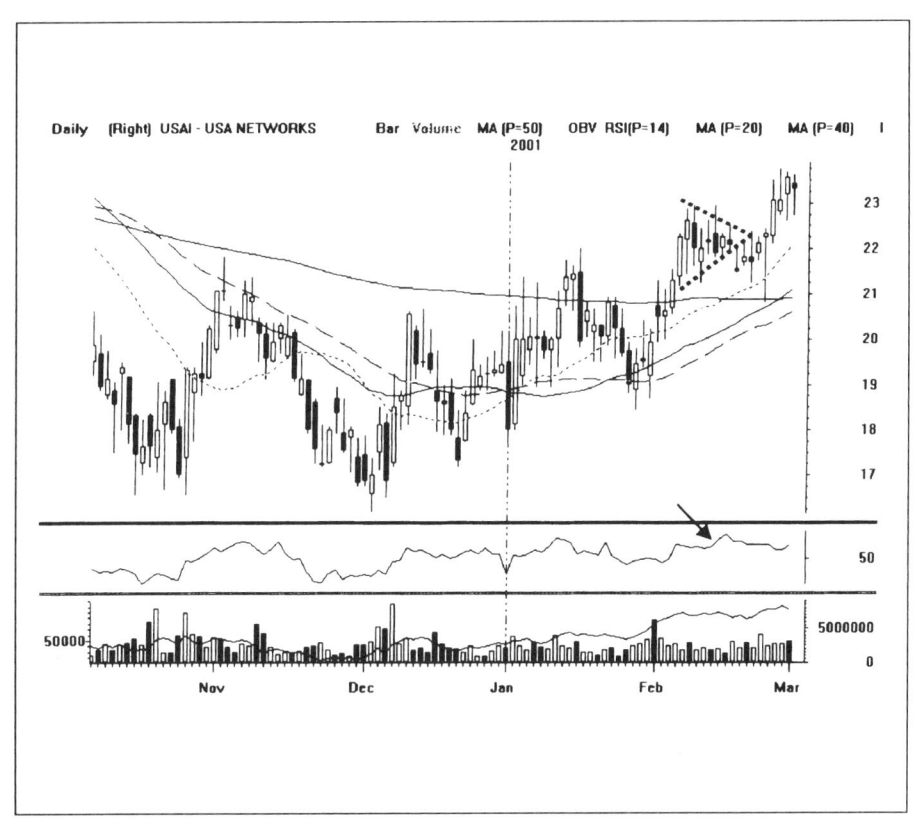

形成されているサポート領域を下抜けするのを待って入りましょう。それは「暗い秋の日」になるシグナルです。

ダブルボトム（二重底）

要点は、以下のとおりです。

図10.8 アメックスで取引され、ナスダック100に連動しているこのQQQの日足チャートでは、2000年の7月と9月にダブルトップがくっきりと形成されている。QQQが20日平均から上に大きく離れては、すぐに戻っていることに注目。9/1の宵の明星は、トレーダーたちが呼ぶところの「ザ・キュース」がナスダック株のダブルトップの形成を予告する、とても不吉なシグナルになった。また、6月のトップがもう少し高ければ、トリプルトップになっていた！

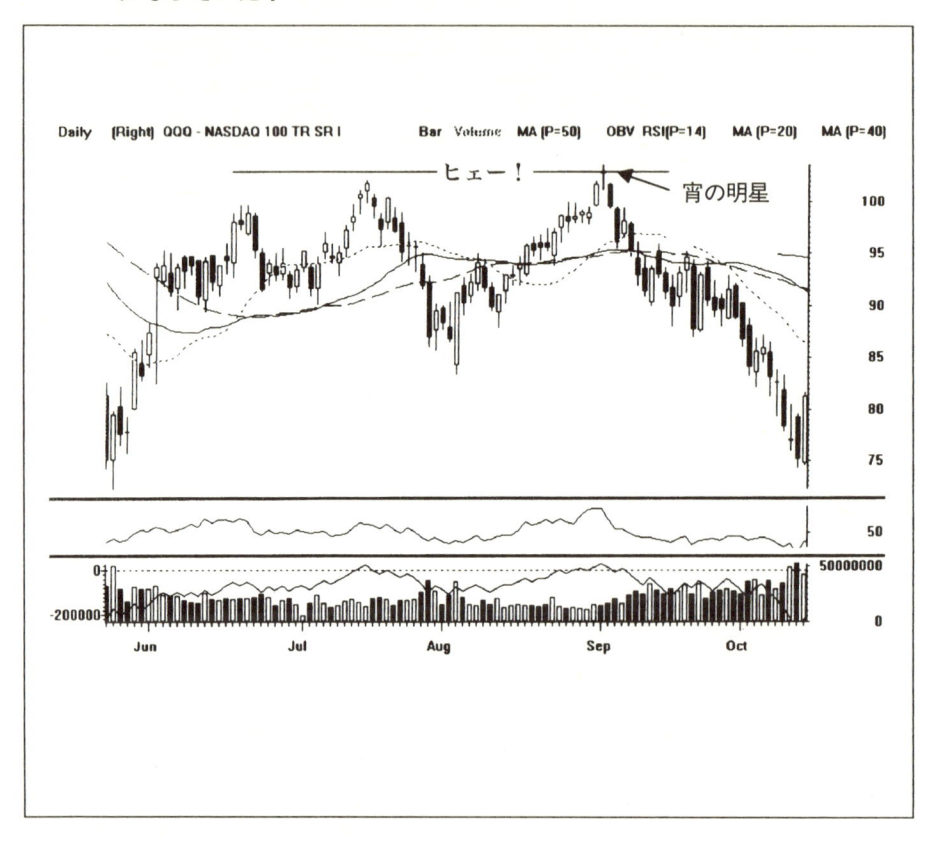

◆形状——完成したとき、「W」のような形になります。

◆相場観——強気を表します。

◆形成過程——下降トレンドの後、ベーシングの状態になります。前のサポートから反発して「W」の真ん中のピークを築きます。ダブルボトムの1番目の転換底値の水準まで反落し、それをサポ

図10.9　この石油会社アメラーダ・ヘス（AHC）の日足チャートでは、ベーシングで完璧なダブルボトムが形成されている。チャートには50日移動平均だけが表示されているので、はっきりと見ることができる。2月に株価が底を打ち、2月初旬に形成されたコンソリデーション領域を抜けて前のレジスタンス近辺まで上昇しているところに注目。それから直近の安値の少し手前まで下落して、ダブルボトムの2番目の転換点を形成する。ボトムが切り上がっているのは強気！　それから上昇してダブルボトムを完成し、幅の狭いペナントを描きながら横ばいに推移して、3/29に急騰する。株価が59.50ドルのレジスタンスを上抜けしたときの「買い」シグナルに注目してほしい。マーケットのコンディションは良好。株価は大きな出来高を伴ってレジスタンスを超えてベーシングをブレイクアウト。50日移動平均より上で取引されていて、RSIもOBVも上昇トレンドにある。ショッピングに出かけるときだ！　さまざまな買いトリガーについてはすぐあとで詳しく説明する

ートとして反発します。買い手としては、底値を拾う２回目のチャンスになります。

◆完成条件——ダブルボトムは、「W」の真ん中のピークの水準ま

で株価が上昇したときに完成します。
- ◆予測——上昇トレンドが始まります。とはいえ、上昇する前に数日から数週間コンソリデーションに入ることがよくあります。コンソリデーションの期間が長いほど、上昇へのブレイクアウトは強力になります。
- ◆戦術——ダブルボトムが形成されるかどうか、ベーシングをモニターしていましょう。ターゲットにしている株でこのパターンが形成されているのを見つけたら、買い基準が満たされるのを待ってから仕掛けましょう！「明るい春の日」になるでしょう。

図10.8と図10.9は、ダブルトップとダブルボトムを示します。すぐに見つけられるようになるために、これらのパターンをじっくり勉強してください。

ヘッド・アンド・ショルダーズ（三尊）

「ヘッド・アンド・ショルダーズ」や「ヘッド・アンド・ショルダーズ反転」パターンは、ダブルトップやダブルボトムよりも出現頻度が低くなります。熟練しないと見つけられないこともあります。変動の激しいマーケットでヘッド・アンド・ショルダーズを見つけることは、密林の迷路で1匹の猿を見つける、昔の塗り絵ゲームと似ているかもしれません。とはいえ、多少の忍耐は必要ですが、この重要なパターンを見つけられるようになりましょう。

ヘッド・アンド・ショルダーズの形状は、その名が示すとおりです。左の「こぶ」が肩で、真ん中

> **HOT TIP**
>
> トリプルトップとトリプル・ボトムは、転換点がひとつ多いだけで、ダブルトップとダブルボトムと同じ特徴を持っています。トリプルになる確率はもっと低いので、そのシグナルはもっと強力になります！

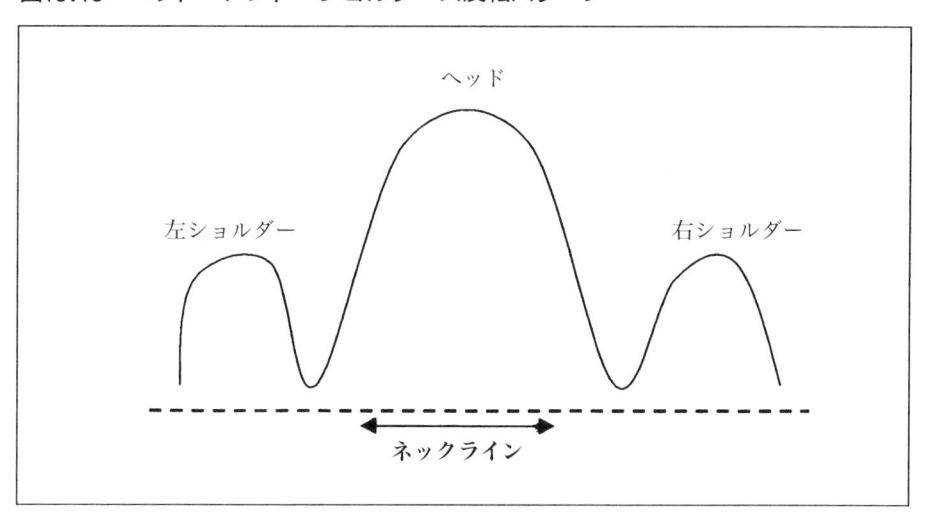

図10.10　ヘッド・アンド・ショルダーズ反転パターン

```
            ヘッド

左ショルダー        右ショルダー

- - - - - - - - - - - - - - - - - - - - -
           ←ネックライン→
```

のもっと高いこぶが頭で、右のこぶが肩です。図10.10は、完成時のヘッド・アンド・ショルダーズの株価パターンを示します。このパターンの非常に重要な構成要素である「ネックライン」に注目してください。

　要点は、以下のとおりです。

◆形状——上昇トレンドの頂点で形成され、第3ステージをつくります。

◆相場観——弱気を表します。

◆形成過程——上昇トレンドにある株価がロールオーバーして第1のショルダーを形成します。これは特に意味があるようには見えません。それから上昇してヘッドを形成します。これは一見すると強気の新高値のように見えます。最初のショルダーによって形成された転換点のサポート水準まで戻ると、警報ランプが点滅します。このサポートはもうすぐ「ネックライン」になります。株

価が左ショルダーのレジスタンス水準まで上がり、それからまたネックラインまで下降してそのショルダーを完成すると、暗い未来を告げるシグナルになります。株価は上値を付けることができず、上昇トレンドは終わります。

◆完成──ヘッド・アンド・ショルダーズは、ネックラインサポート水準まで下落し、右ショルダーができあがったときに完成します。

◆予測──株価がネックラインによって形成されるサポートを下抜けすると、おそらく下降トレンドが始まります。

◆戦術──もちろん、もうロングポジションを売っているでしょう！　そうですよね？　そうです！　この株を空売りしようと狙っている場合は、ネックラインサポートより0.25ポイント下の値が付いたときに入りましょう。「暗い秋の日」になるでしょう。

逆ヘッド・アンド・ショルダーズ（逆三尊）

要点は、以下のとおりです。

◆形状──ヘッド・アンド・ショルダーズの上下反対の鏡像。

◆相場観──強気を表します。

◆形成過程──ダブルボトムに似ていますが、このパターンはベーシングの状況で現れます。

◆完成条件──株価が左ショルダー、ヘッド、右ショルダーを描いてからネックラインのレジスタンスへ戻ると完成。多くの場合、それからコンソリデーションで横ばいを続けてから、ネックラインのレジスタンスをブレイクアウトし

> **HOT TIP**
>
> 最も信頼性の高いヘッド・アンド・ショルダーズは、大商いの左ショルダーと薄商いの右ショルダーによって形成されます。これは、買い手たちの関心が冷え、上値支えを拒否していることを示します。

図10.11　このクアルコム社(QCOM)の日足チャートでは、ヘッド・アンド・ショルダーズのアウトラインが見やすいように、移動平均がまったく表示されていない。哀れなQCOMはネックラインを割り、それから頑張って戻したが、このチャートの右端のローソク足の水準を超えることはできなかった。株価は、2001/3に50ドルまで下落した。次に、1/1の大陰線に注目してほしい。ネックラインというサポートを突破した。空売りのチャンス。1/2は、アラン・グリーンスパンFRB議長が突然利下げをして私たちを驚かせた日だ。その日は長い包み陽線で上げていることに注目。相場はそのあとすぐに利下げを忘れたかのように、新安値を更新し続けた。こういう意外な値動きがあるので、可能なかぎり機械的にストップロス・オーダーを置いておくことを徹底しよう

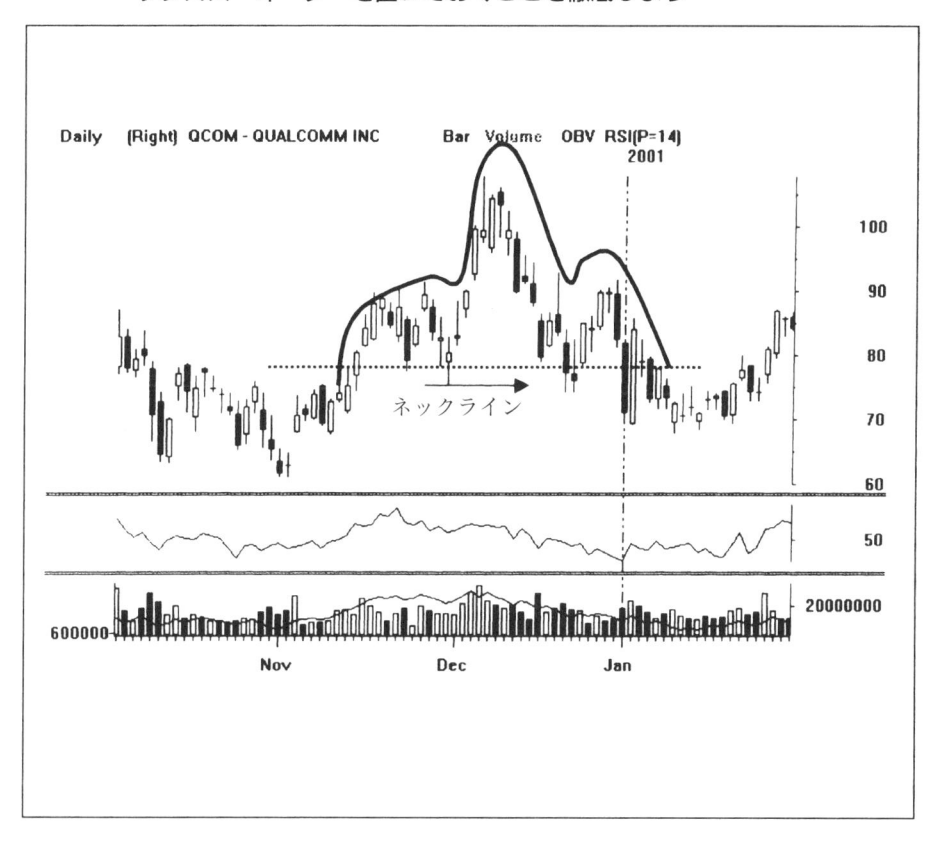

て上昇トレンドを開始します。

◆戦術──ベーシングにある株について、このパターンが現れない

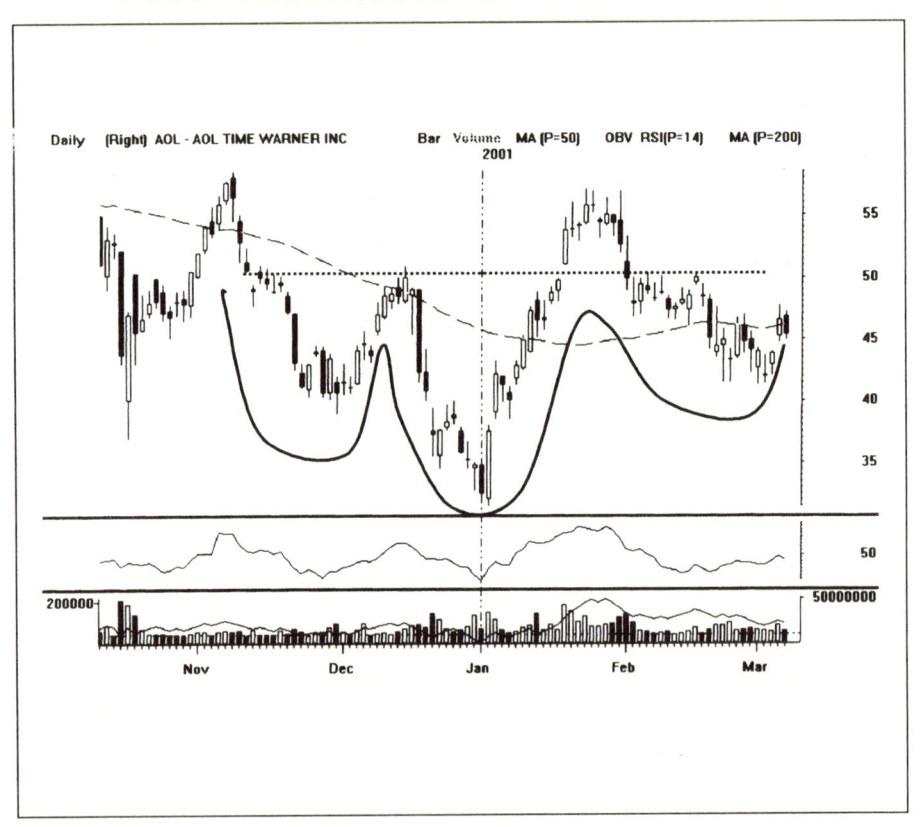

図10.12　このAOLタイムワーナー（AOL）の日足チャートは、ほぼ完成に近いヘッド・アンド・ショルダーズを示している。株価が50ドルのネックラインまで上がればパターンは完成する。見やすいように、このチャートには50日移動平均だけが表示されている。1月中旬にはネックラインを超えなかったが、11〜12月に確立された左ショルダーのサポートまで戻った。ポイントは、このチャートの右端の時点で、株価が12月のサポート水準でひと休みしていて、おそらく50ドルにあるネックラインを超えそうである。ヘッド・アンド・ショルダーズは弱気だが、逆ヘッド・アンド・ショルダーズは強気と覚えておこう

かモニターします。このパターンが完成したときは、コンソリデーションをブレイクアウトしてレジスタンスを上抜けするのを待ち構えます。「明るい春の日」になるでしょう。

図10.13　カップ・ウィズ・ハンドルという反転パターン

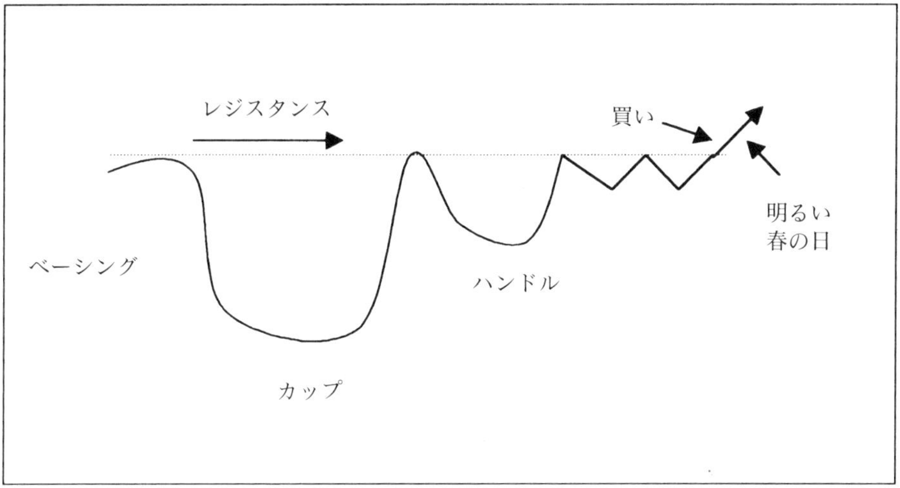
レジスタンス
買い
明るい
春の日
ベーシング
ハンドル
カップ

図10.11と図10.12は、ヘッド・アンド・ショルダーズと逆ヘッド・アンド・ショルダーズが現れているチャートを示します。分かりやすいように、株価パターンに沿ってアウトラインを書き込んであります。

「カップ・ウィズ・ハンドル」という反転パターンの名前を付けたのは、『インベストメント・ビジネス・デイリー』の創始者ウィリアム・オニールです。この強気パターンは、まさにその名のとおりの形状で、通常、ベーシングで現れます。図10.13は基本的なカップ・ウィズ・ハンドルのパターンを示します。

カップ・ウィズ・ハンドルは、すぐれた強気のベーシング・パターンなので、優良株をモニターしていてこのモードを見つけたら、絶好のエントリーチャンスです。

カップ・ウィズ・ハンドル

要点は、以下のとおりです。

図10.14　こんな見事なのはめったにお目にかかれない！　このダナ社（DCN）の日足チャートでは、カップ・ウィズ・ハンドルが、画家が写生できるくらいはっきりと現れている。株価はパターンを完成してから、50日移動平均に沿って、節度あるコンソリデーションを描いて横ばいに推移し始めている。これこそが、あなたが探し求めるパターンである。大出来高を伴ってブレイクアウトしてレジスタンスを超えるのを、ステルス戦闘機のように見守ろう。このケースでは、レジスタンスは19ドルにある。ほかのすべての条件がゴーサインなら、スイングトレーダーもポジショントレーダーも、19.25ドルで買いだ

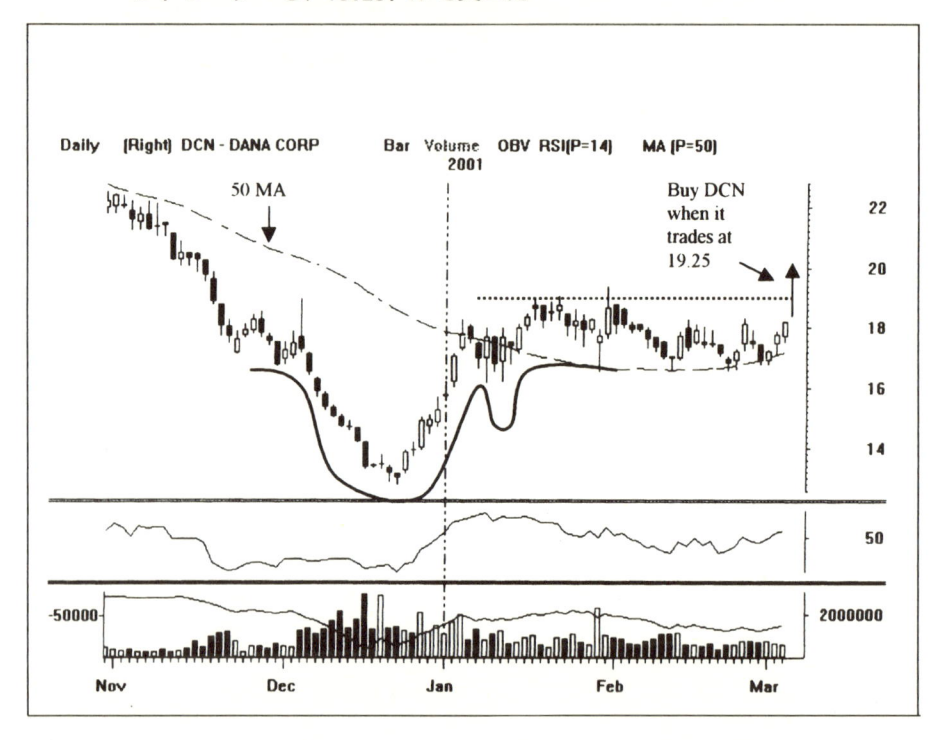

◆形状──第1ステージのベーシングで横ばい状態の株価が、前のサポートまで下落してカップを形成し、それから徐々に前のレジスタンスまで上昇します。恐怖におびえた弱気の売り手たちによって再び下落し、それから再びレジスタンスまで上昇します（ハンドル完成）。それから大きな出来高やその他の強気のマーケットコンディションによって上昇トレンドに転じるまで、狭いレン

ジで横ばいに推移します。
◆相場観──強気を表します。
◆完成条件──レジスタンスまで上昇してハンドルを完成させると、このパターンは完成です。
◆戦術──このパターンが完成している株を見つけたら、コンソリデーションから0.25ブレイクアウトしたところ、つまり「明るい春の日」に入りましょう。

図10.14のチャートでは、カップ・ウィズ・ハンドルを見ることができます。

トレンドのない相場では反転パターンで仕掛ける

一般的に、ポジショントレーダーがマーケットで儲けるには、しっかりした上昇トレンドと下降トレンドを必要とします。相場に活気がなく横ばい状態のときは、ポジショントレードには不向きです。短期のスイングトレードのほうが、うまくやりさえすれば、リスクの低いチャンスがあります。連日上げては下げる、フォロースルーのない、変動が大きい相場は、デイトレーダー向きの相場です。そんなときにポジションを翌日まで持ち越すのは健康に良くありません。

その警告にもかかわらず、トレンドのない相場でロングサイドで参加したい場合は、リスクが高いことを承知のうえなら、2〜3日間のトレードに入るのもいいでしょう。習ったばかりの反転パターンを使って、正確にエンターし、きつめのストップロスポイントを設定してください。その株が上がったら、ストップロスを「トレイリングストップ」式に上に移動します。ストップロスポイントの設定については、次章でもっと詳しく説明します。

◆株価がまだ狭いベーシングにあり、上がる余地が大きいときにエ

ンターします（288ページの「買いトリガーリスト」を参照）。上昇モメンタムが予期される（RSI［相対力指数］が強気の乖離しそうな）とき、強い出来高に乗ってベーシングからブレイクアウトし始めたら、小さなポジションを取りましょう。リスクリターン・レシオが1対3になるように、ストップロスポイントを調整します。首尾よくレジスタンスを超えたら、ポジションを積み増し、ストップロスの幅を狭めます。直近高値を確認しておきましょう。次のレジスタンス領域になる可能性があり、利食いポイントと考えることもできます。

◆ダブルボトム。2番目の転換底値のサポートから反転して、前の「安値日」の高値を強い出来高を伴って超えたら買いです。言い換えれば、「W」の最後のひと画に入り、転換日の高値より0.25上で取引されたら買いです。安値日の安値より0.25か0.50下にストップロスを設定し、リスクリターン・レシオが1対3になるように調整します。目標価格はおそらく直近高値、つまり「W」の真ん中の点になるでしょう。

◆カップ・ウィズ・ハンドルの底で買い。株価が大きな出来高を伴ってベーシングのサポート領域へ下落します。売り株数が枯渇すると、きわめて狭い株価パターン内で横ばいに動き、「カップ」の底の曲線を形成します。突然、出来高が増え始め、30以下だったRSIが強気乖離して上げに転じます。カップの底から強い出来高を伴ってブレイクアップしたら買いです。トレイリング・ストップロスを設定し、直近高値を目標に利食います。ここでも、当初のリスクリターン・レシオが1対3になるように調整します。注意。株価が直近高値まで上昇して「カップ」を完成すると、通常急ぎ足で下げ戻して「ハンドル」を形成します。マーケットのコンディションによっては、ハンドルが形成されないこともあります。私は、カップが完成したときに利食い、ハンドルとそれ以

降のコンソリデーション領域が節度ある形で形成されるの見守ることをお勧めします。そうなって、しかもその他のすべてのシグナルが「ゴー」サインを発していたら、前述したように、コンソリデーション領域からブレイクアウトしてレジスタンスを超えたときが、買いです。

いよいよ勝負だ！

準備はいいですか？　あなたが待ち望んできた瞬間が来ました！ 椅子をプレイングテーブルに寄せ、チップをきちんと積み上げ、片まゆを上げ、ほかのプレーヤーたちを冷徹に値踏みしましょう。コンディションが整ったら、鍛錬とプランによって培われた鉄の規律と静かな自信に従って、自分のお金をテーブルの真ん中になめらかに差し出しましょう。

大局的なダイナミックス

あなたが医者に行くと、ノドの腫れをチェックする前に、血圧と体温を測り、心臓や肺の音を聞いて全般的な健康を診断してくれるでしょう。騎手は、レースの前にトラックを歩き、天気を観察し、騎乗する馬をチェックして、勝利を収めるための作戦を練ります。一流の強盗は、屋敷に忍び込む前に下見をします。歯をむき出してうなっているドーベルマンやけたたましいアラームに遭遇することがないように、事前に邸宅内の見取り図を調べ尽くします。どのような状況であれ、行動に移す前に全体像を把握することは、リスクを軽減し、成功する確率を高めるのです。

私たちのような賢明なトレーダーは、トレードに入る前に常にマーケット全体を評価します。たとえ目標価格が付いたとしても、マーケ

ットがおかしくなっているときにロングポジションを取るのは、まったく筋がとおりません。その株は、しばらくは利が乗る領域にとどまっているかもしれませんが、マーケット全体が下げムードのときは、いくら独立独歩の株でも上昇が鈍るものです。トレードには、あらゆる条件が有利なときに入りましょう。

「トレーダー天国」では、ダウ平均やナスダック総合が足並みをそろえて、日足と日中足のチャート上できれいな上昇トレンドを描いています。しかし、ボラティリティが増大し続けた結果、トレーダー天国は、めったにない「特別の機会」になってしまいました。

少なくとも、上場株をターゲットにしている場合は、その日にダウが上昇していることを確認してください。ナスダック株をモニターしている場合は、ナスダックの100と総合の両指数が上昇していることを確認してください。

ですから、まとめると、買いトリガーリストの1番目のガイドラインは「マーケットのコンディション、ダウ、ナスダックが上向きである」となります。

先行産業の先行株を選ぶ

例えば、あなたが近所のソフトボールチームのリーダーだったとします。プレーヤーを選ぶときは、最強の、経験豊富な人間を入れるでしょう。不器用な男の子やナメクジみたいな走り方をする女の子ではなく。

HOT TIP

いくつかの産業に属する最強の株を集めたウオッチリストを作成するひとつの方法は、まずwww.holdrs.comにアクセスすることです。[HOLDRS Outstanding] をクリックします。「HOLDRS」は、各産業グループに対応するアメックスで取引されている株です。HOLDRSにはその産業に属するトップクラスの銘柄が含まれ、それら銘柄もそれぞれ個別のHOLDRSとして上場されています。例えば、WMHはワイヤレスのHOLDRSで、執筆時点でウエートの大きい銘柄は、モトローラ（MOT）、スプリント（PCS）、ベリゾン（VZ）です。

それと同じで、ロングサイドでマーケットに入るときは、現在マーケットをリードしている産業セクターに属する、遅行株ではなく、先行株を選んでください。

これは2種類の方法で達成できます。ひとつは、産業セクターを選び、それからそのセクター内の複数の先行株のチャートとファンダメンタルズを調べます。例えば、半導体産業グループが現在ナスダックのリーダーだとします。それで、半導体株でも最上の、インテル（INTC）、アプライドマテリアル（AMAT）、マイクロンテクノロジー（MU）などを選びます。各社の内部的な健康状態の感触を得るために、ファンダメンタルズをざっと品定めします（第4章を参照）。それから、それらの株の週足と日足のチャートを見て、どれをエントリー候補にするか判断します。週足チャートでは、その株の大局的な健康状態を見ることができます。

産業セクターのリストを作成しましょう。銀行（$BKX.X）、製薬（$DRG.X）、バイオテクノロジー（$BTK.X）、石油と石油サービス（$XOI.Xと$OSX.X）、半導体（$SOX.X）、コンピューターボックスメーカー（$BMX.X）、ネットワーキング指数（$NWX.X）、小売業（$RLX.X）、金銀指数（$XAU.X）などを含めてもいいでしょう。お金を儲けるうえで最も価値ある作業のひとつが、トレーディングを始めた早い段階で、このリストを作成することです。

次に、これらの各産業グループにおける有力株のリストを作成します。可能なら、それらの銘柄をオンラインの「ウオッチ」ポートフォリオに入力し、リアルタイムで更新される情報を見られるようにして

> **HOT TIP**
>
> ベーシングにある株が、ダブルボトム、逆ヘッド・アンド・ショルダーズ、カップ・ウィズ・ハンドルなどの底値に落ちると、おじけ付いた投資家たちは逃げ出し、その他の投資家たちは無視を決め込みます。株価が回復し、パターンが完成した段階で入ってくる買い手たちは、保有し続ける傾向が強いため、強固な基盤が形成されます。

おきましょう。そうすれば、どの株が強気で、どの株が弱気かをいつでも知ることができます。

先行産業の先行株を選ぶ２つ目の方法は、ターゲットとし、そのチャートを分析したいと思う銘柄を選ぶことです。ある程度条件に合った銘柄に絞り込んだら、それらが現在人気の産業に属していて、現在の環境でマーケットをリードする立場にあることを確認しましょう。インベスターズ・ビジネス・デイリー（IBD）社発表のランキング（第４章で説明済み）である「Industry Group Relative Strength」をチェックします。

最後に、私のウエブサイト（www.toniturner.com）にアクセスしてください。「Sectors & Stocks」タブをクリックすると、代表的な産業グループとそれぞれに属する代表的な企業を見ることができます。

というわけで、買いトリガーリストの２番目のガイドラインは、「先行産業の先行株をターゲットにする」となります。

ファンダメンタルズを調べる

モニターする銘柄にメドをつけたら、ファンダメンタルズ的に問題がないかどうかチェックしましょう。その手順については、IBDを利用した企業のファンダメンタルズの評価法について説明した、第４章で詳しく取り上げました。

チャート的に有望なのに、なぜ企業のファンダメンタルズをチェックしなければならないのでしょうか？　なぜなら、私たちはデイトレーダーではないからです。ファンダメンタルズは、数分から数時間しか株を保有する気のないトレーダーにとっては、ネズミのお尻ほどの意味もありません。

企業のファンダメンタルズ的な健全性をチェックすることは、数日

から数週間ポジションを保有するつもりなら当然のことです。ファンダメンタルズのランキングが高い銘柄には、特に機関投資家たちから、継続的にお金が流れ込む傾向があります。

ファンダメンタルズを評価するもうひとつの理由は、ハプニングが起こるからです。あなたは、仕事を始める前、昼休み中、休憩時間中などにオーダーを入れます。今日、オーダーを入れたとたんに会議に突然招集されてしまい、ストップロスを仕掛ける間もありませんでした。やっと会議から解放され、新しいポジションをチェックしてみたら、今日の安値を割り込むひどい状態。畜生！　でも、ファンダメンタルズは良いので、もう少し長く保有すれば、回復するチャンスはあるかもしれません。つまり、間違って下落株をつかんでしまうことはともかく、ファンダメンタル的に悪い株は絶対に避けるべきだということです。

ここで提案です。第4章に戻り、IBDランキングと最低基準のリストを作成しましょう。下に、左から、日付、銘柄のシンボル、属する産業セクター、それからIBDランキングの各欄を設け、書き込みます。それで、トレードしたり、保有し続ける優良銘柄のウオッチリストができました。あとは、相場の条件が整うのを待つだけです。

そういうわけで、買いトリガー第3号は「ファンダメンタルズがIBD基準以上になったとき」となります。

現在、産業セクターが強気

「そりゃ今聞いたばっかり」と、私に突っ込みを入れようとしていませんか？　ちょっと待ってください。私が混乱しているわけではありません。この点をもう少し詳しく説明したいのです。

「先行産業の先行株をターゲットにする」、それはそれで完璧です。でも、そのセクターが調整局面に入っていて、あなたの「明るい春の

日」に下降している可能性もあるのです。その株がそのセクターのリーダーである場合、そのセクターとともに調整に入る可能性があるのです。

　買った日に買値より下がってしまうようなことは、ぜひとも避けたいものです。あなたの最初のゴールのひとつは、どんなに小さくても、トレードの初日に利を乗せることです。心の安らぎが得られるだけでなく、利益を積み上げていく快適な土台になります。それを確実にする最高の方法のひとつは、あなたの株が属するセクターが上昇トレンドにある日に、トレードに入ることです。

　というわけで、4番目の買いトリガーは「セクターが上昇トレンドにあって、その日に上げていること」となります。

各種指標——すべての条件がゴーサイン！

　最終的にターゲットとして残った銘柄が、チャート的に有望なら、以下の各トリガーもほぼ合格なはずです。

　それでも、念には念を入れたほうがいいので、これらの情報をしっかりとつかんでおきましょう。

◆日足チャート上で、ベーシングを形成しているか、上昇トレンドにある。まもなく、コンソリデーションからブレイクアウトするか、サポートへ反落する。

◆強い出来高でレジスタンス（前日高値）を上に抜ける。

◆20日、40日、または50日の移動平均から反発したか、その近辺にあって、50日移動平均より上で取引されている。

◆RSIが30未満で上向いているか、上昇トレンドを描いている。買われ過ぎでない。

◆OBV（オン・バランス・ボリューム）が上昇してるか、上昇トレンドにある。

例外はあり？

　例えば「明るい春の日」だとしましょう。あなたの株はブレイクアウト寸前なので、各種指標は当然その状況に合致しているはずです。しかし、もしそのひとつが合致していなかったらどうでしょうか？
　私が説明した指標はすべて重要です。でも、買いトリガーに合致しなくてもよい指標をひとつあえて選ぶとしたら、私は、RSIか、あなたがRSIの代わりに選んだオシレーターを挙げます（警告　示度が80を超えていて、下降しているなら、私はトレードしません）。でも、その他のすべての条件がゴーサインを出していて、RSIが買われ過ぎポジションに鼻を近づけているか、中立の状態なら、ポジションに入るかもしれません（「かも」にご注目）。
　常に、コモンセンスを働かせましょう。

トリガーを引く準備をしよう――買い場

　では、あなたの株にズームインしましょう。
　取引日の午前半ばと仮定します。あなたはマーケットをモニターしていて、リスト上の最初の４つのトリガーを確認します。ダウとナスダックもハッピー。あなたがターゲットにしている株は人気産業のリーダー。今日、その産業がロケットのように打ち上がります。おお、トレーダー天国です！
　もしスイングトレードを狙っているなら、ベーシングからブレイクアウトしそうか、反落やコンソリデーションを抜けて上昇を再開しそうな株を見守ります。今日は「明るい春の日」になることが約束されています。その株は始値より上値で取引されていて、さらに上げ続けています。
　準備万端整い、あなたは最後の決めである、株価が前日高値の0.25

高を付けるのを待っています。そうなったらすかさず「買い」オーダーを入れ、続けてストップロスオーダーを入れます。ストップロスオーダーの出し方については第11章で説明します。

ポジショントレードを狙っている場合も、株が上昇し、「明るい春の日」を形成しているのを確認します。あなたは、ベーシングからブレイクアウトとしてレジスタンスを超えるのを忍耐強く待ちます。株価が前日高値を0.25ポイント上回ったら、あなたはスイングトレーダーのように、「買い」オーダーを入れます。買いに続き、ストップロスオーダーを入れます。

条件が整ったら、安全装置をはずして、トリガーを引きます！　買いトリガーリストの5番目は「ターゲット株がその日の始値より高い水準で取引されていて、上昇していること」となります。買いシグナルは「前日高値より0.25ポイント高値で取引されている」です。

買いトリガーリストが複雑過ぎるとか、考えなければならないことが多過ぎると感じているかもしれませんが、ちゃんと努力しさえすれば、勉強と経験によって、マーケット、産業、株の現状を数ナノ秒で評価できるようになります！

買いトリガーリスト

復習のために、すべての買いトリガーを以下に示します。これをコピーして、トレードするときに手元に置いておくといいでしょう。

1．マーケットのコンディション、ダウやナスダックが上昇している。
2．ターゲット株が先行産業の先行銘柄。
3．企業のファンダメンタルズが「IBD」基準以上。
4．産業セクターがそのトレード日に上昇トレンドにあって上向き。
5．その株が日足上でベーシングを形成しているか、上昇トレンド

にある。コンソリデーションまたはサポートへの反落からブレイクアウト寸前。

6．強い出来高を伴ってレジスタンス（前日高値）を上抜けする。

7．株価が20日、40日、または50日移動平均から反発しているか、その近辺にあって、50日移動平均より上で取引されている。

8．RSIが30未満で、上向いているか、上昇トレンドにある。買われ過ぎでない。

9．OBVが上昇しているか、上昇トレンドにある。

10．ターゲット株がその日に始値より高値で取引されていて、値上がりしている。買いシグナル＝前日高値より0.25ポイント高値で取引されている。

> **HOT TIP**
>
> 買いたいけれど、株価をモニターしていられないときは、「買いのストップ」オーダーを入れましょう。株価があなたの指定した価格になったら執行されます。

トリガーを引いてロングポジションに入るために必要な情報を持っていても、トレードに飛び込むのは第11章を勉強するまで待ったほうが賢明です。第11章では、株式市場でコンスタントに勝ち続けるというあなたのゴールを達成するために役立つ、マネーマネジメントのテクニックを学ぶことになります！

クイズ

1．株価パターンの2つのカテゴリーの名前は？
2．その2つのカテゴリーについて簡単に説明してください。
3．上昇トライアングルについて簡単に説明してください。これはどちらのパターンカテゴリーに属しますか？
4．ダブルトップとは何ですか？ 何を示唆していますか？
5．ダブルボトムについて説明してください。どこに現れることが多いですか？ あなたはどのようにトレードしますか？
6．ひとつの株をトレードするだけなのに、なぜダウやナスダックなど、マーケット全体のコンディションをモニターするのですか？
7．株が属する産業セクターが現在のマーケットリーダーであることがなぜ重要なのですか？
8．あなたの最初のゴールのひとつは、いかに小さくても、トレードの初日に儲けがあること。○か×か？
9．チャート的に最高の条件が整っていることを示す、3つの買いトリガーの名前は？
10．「買い」オーダーを入れることを意味する「トリガーを引く」ときに、最後にやることを説明してください。

解答

1．継続と反転。
2．継続パターンは、株価が、ブレイクアウトして以前のトレンドを再開する前に、反落またはコンソリデーションしている、トレンドのなかの休止期間を示します。反転パターンはトレンドの反転を示唆します。
3．上昇トライアングルは普通、上昇トレンドのなかで形成されます。数日から数週間ほどの期間にわたって2本のトレンドラインに挟まれた狭い範囲内で、コンソリデーションパターンを描いて取引されます。上方のトレンドラインは水平で、下方のトレンドラインは株価のボトムを切り上げるにつれて上昇していきます。強気で、ブレイクアウトして上昇トレンドを再開することを示唆します。
4．ダブルトップは（普通）長い上昇トレンドの後で現れます。新高値を付け、それからサポートまで反落しますが、直近高値まで上昇したとき、買い手たちがそれ以上の上値買いを拒むと下落し始め、「M」が形成されます。株価が「M」の真ん中の転換点であるサポート水準に達すると、パターンは完成です。さらにサポートを下回ると、とても弱気のシグナルになり、下降トレンドに落ちる可能性があります。
5．ダブルボトムが完全に形成されると、「W」と似た形状の、ダブルトップの鏡像になります。このパターンは、第1ステージのベーシング状態にある株に最もよく現れます。ダブルボトムでは、パターンが完成した後、横ばいのコンソリデーションで動くのをモニターし続けます。コンソリデーションからブレイクアウトしてレジスタンスを超えたとき、その他の買いトリガーがすべて整っていたら、買いです。
6．ダウやナスダックが低調なときは、遅くとも大引けまでに、大半の銘柄も道連れにされてしまいます。あなたのゴールは、すべての条件が整っているときに入ることです。

7．現在マーケットをリードしている産業グループの株を選ぶのが最善です。なぜなら、特別な上伸力をその株に与えるからです！ セクターが人気薄だと、どんなに強い株であっても、そのセクター内の株だとケチがついてしまいます。

8．もちろん、絶対、○です！

9．大きな出来高を伴ってレジスタンスをブレイクアウト。20日、40日、または50日の移動平均へ反落またはコンソリデーションする株。OBVが上方に反転したか、確実な上昇トレンドにある。

10．すべての買いトリガーが整っていて、前日高値の0.25ポイント高で取引されている。

センターポイント

悲しまず、憎まず、ただ理解せよ。――バルーフ・スピノザ

許すことに目覚めよう

　私たちは、自分の心や頭のなかに、自分なりのビジョンを作り上げていることがよくあります。私たちは、自分が感じたいものを感じ、生きたいと思う人生を生きます。私たちは、充実した仕事、愛すべき人間関係、はち切れるほどの健康、精神的な覚醒、あるいはそれらすべての目標に向かって努力することができます。

　ところが、突然、壁にぶつかります。目に見えない障害物が、私たちの行く手に立ちはだかっているのを感じるのです。それを突破し、旅を続けようといくら努力しても、立ちすくんでしまいます。私たちを妨げているものは何なのでしょうか？

　落ち着いて考えてみると、自分の過去において許すことが必要な、状況や人（自分自身を含む）が、思い浮かんでくることがよくあります。

　それは冷蔵庫に腐ったポテトを入れっぱなしにしているようなものです。カビの生えたポテトって、なんであんな酸っぱいにおいがするんでしょうか！　私たちは、新鮮な果物や野菜を買いに店に行きます。家に着くと、冷蔵庫を開けて、新鮮な食材を詰め込みますが、例のポテトはそのままにしておきます。新しく入れた新鮮な食材は、腐ったポテトのにおいを消したり、ポテトの悪化をストップさせることができるでしょうか？　ノーです！　ポテトは腐敗し続け、嫌なにおいを発し続け、新鮮な食材にもすぐに染み込んでいきます。

　私たちは、そんなふうに、古いわだかまりや怒りを、新しい人生にまで引きずり込み、なぜ行き詰まっているのか途方にくれるのです。

こう考えてみましょう。自分に悪さをしたと考えている人に対する恨みを心に抱いていると、自分のパワーをその人にあげてしまうことになるのです。
　また、状況に対してどう感じるかは、自分の選択だと考えましょう。残念ながら、怒りを感じたり、裏切ったりすることを選択すると、自分自身を傷つけてしまうことになるのです！
　自分に対して悪いことをした人がそういうことをしたのは、その人の人生の条件のなかで、それが唯一のできることだった可能性はありませんか？　あるいは、自分の責任ではなく、他人の責任にしたほうが簡単だったという可能性はありませんか？　さらに、その出来事には人生の教訓が含まれていませんでしたか？　忙し過ぎて、学ぶべきモノを見逃したことに気が付かなったということはないでしょうか？
　過去のわだかまりやとがめが詰まった、カビの生えたポテトの重い袋を引きずっていると、それが自分の重荷になるのです。そういう袋が、目標を達成するうえで、障害物やマイナスのエネルギーになることを認識した瞬間、その袋を投げ捨てる……許すことができるのです。
　許すことによって、自分の行く手に立ちふさがっていた障害物が消えます。私たちは、明るさと自由の爽快な感覚に包まれ、幸せにつながる道へ戻ることができるのです！

第11章
真価が問われるところ──マネーマネジメント・テクニック
Where the Rubber Meets the Road : Money-Management Techniques

> あぶく銭を追い求める者は、この……地球上に存在しないことを証明するために、高い授業料を払うことになる。──ジェシー・リバモア

　株を買うことは簡単です。公園を散歩するように、だれにでもできることです。必要なものは、いくらかの現金と取引口座だけ。マウスを1回クリックするか、電話を1本掛ければ、ほら！　あなたはもう株主です！

　少年と一人前の男、少女と一人前の女、あるいはもっとはっきり言えば、勝者と惨めな敗者を分けるものは、ポジションを管理する能力とマーケットでコンスタントに儲け続ける手腕です。

　そのための最初の一歩は、規律を貫くことです。それは絶対に必要です！　トレーディングに感情がいかに影響するかを復習するために、第3章を読み直してみるのもいいでしょう。

　あなたのゴールは、練り上げられたプランから生まれる穏やかな自信をもってトレードすることであることは覚えているでしょう。また「マーケットがあなたを傷つけるのは、あなたがそれを許したときだけ」であることも肝に銘じておいたほうがいいでしょう。本章では、勝ち続けるトレーダーになるために必要な、マネーマネジメント戦略について説明します。

トレードのプランを立て、そのプランに従ってトレードする

まず、トレード日誌とワークシートを作成しましょう。ワークシートはオプションです。「オプション」というのは、すべての必要な情報をひとつの総合的なログに記入してもいいし、2つに分けてもいいという意味です。あなたの選択次第です。

トレード日誌は、各列に見出しを付けたスプレッドシート形式です。以下に基本的な日誌について説明します。当然、自分のニーズに合わせて変更しても構いません。

どのような形式であっても、いつでも見られるように、あなたのパソコンのそばに特別な席を確保してください。レシートの束や書類などと一緒にしないでください。株価がキーっと電光石火のUターンを見せているときに、ストップロスの数値を書き留めたトレード日誌が見当たらないと、パニック谷に陥ることになります。

図11.1に示す見出しと欄を含む、基本的な日誌を作成することをお勧めします。

図11.1　基本的なログの形式

日付	銘柄記号	買い/空売り	株数	価格	ストップロス	手仕舞い日	価格	損益(含手数料)
3/7	BBT	買い	500	37.15	36.25	3/12	45.50	+4715

この日誌には、バーゲンバイオテク社の株のトレードに関するデータが記されています。3月7日に37.15ドルで500株買ったトレードです。ストップロスポイントは36.25ドルですが、随時トレイリング・ストップロス式に更新する可能性があります。このトレードは、5日

後に1株45.50ドルで手仕舞いされました。10ドルの手数料が往復で差し引かれています。ポジションのスケールインやスケールアウトをしようとしているなら、最初のトレード情報の下に追加株数を記入できるようにスペースを空けておきましょう。

　これは最も単純な形式の日誌です。実際の投資総額、このケースでは10ドルの手数料を含めた、1万8585ドルを記入する欄を設けるトレーダーもいます。そういう人たちは、収入も記入します。その場合は、手数料の10ドルを差し引いて総額2万2740ドルになります。これらの数値はブローカーのアカウント画面の現在高欄に表示されているはずです。

　次に、未決済のポジションを抱えているときに、ぜひ記録しておきたいその他の情報について見てみましょう。それらの数値は、図11.1の基本的な日誌に追加しても、別のワークシートに記入しても構いません。

　私自身は、黄色いリーガルパッドのワークシートが好きです。クイズマニアの皆さん！　リーガルパッドがなぜ黄色いか知ってますか？　黄色は脳を活性化し刺激すると言われているからです。

　例えば、バーゲンバイオテク社の株を買ったばかりとします。つまり「未決済のポジション」があるとします。ストップロスポイントを設定し、オーダーを入れました。次に、日足チャートを見て、ワークシートかトレード日誌に、その時点におけるその株のメジャーなサポートとレジスタンスを記入します。特に重要なのが、次のレジスタンス領域です。なぜなら、利食いをする目標価格になるかもしれないからです。これについては後で詳しく説明します。

　また、関連する産業セクターの日足チャートもチェックし、そのサポートとレジスタンスの領域にも注目したほうがいいかもしれません。さらに、株とセクターの週足チャートもチェックして、過去数カ月間にギャップとなっている価格領域があったら書き留めましょう。経験

を積んでいくと、ギャップ領域が原因で、さまざまな形で株価が突然跳ね上がることがあるのが分かってきてびっくりします！

パイを切り分ける

　例えば、バーゲンバイオテク株をさらに買い増したいと考えるとしましょう。たしかに、この株は上げ足が速く強いので、目いっぱい買い込まない手はない？　それはだめです！
　ひとつの株式に対する投資は、総資金の33と1/3％まで、つまり3分の1にとどめましょう。
　例えば、総資金が2万5000ドルなら、バーゲンバイオテク株に対する投資は合計で7507ドル以内に抑えます。これはトレードに入る前に計算します。ですから、7507ドルをバーゲンバイオテックの現値の37.13ドルで割ると202株になります。端株の注文を受け付けない証券会社もあるので、200株買うことになります。
　ご想像のように、あなたのゴールは、全資金をひとつの暴落株に投資してしまうことがないように、ポートフォリオを分散化することです。

> **HOT TIP**
> 自分がポジションを取っている株が取引停止になってしまう。それでうろたえない人はいないでしょう。取引停止とは、その企業に関して（良いこと悪いことにかかわらず）信じられないようなニュースが流れたため、そのニュースの真偽が明らかになるまで、取引所の役員たちがその株の取引を停止することを意味します。この宙ぶらりんの状況は数分から数日続くことがあり、一般的に停止時の引値と大きくかけ離れた価格で寄り付きます。これも、投資には分散化が重要である理由のひとつです！

リスクリターン・レシオ——その意味と計算方法

　ビールの買い置きが切れていました。金曜の夜7時です。あなたは1週間の激務でバテバテ。ビールをぐいっとやりたいと冷蔵庫をのぞいて見たら、黄金色のビール瓶が見当たりません。

　ノープロブレム。あなたは店まで車を飛ばし、6本パックをつかみます。今までに何千回も同じことをやっているし、その状況を知り尽くしているので、リスクリターン・レシオを量る必要はありません。

　でも、量ることが必要だったら？　こんなふうにできるかもしれません。

　リスク、つまりうまくいかない可能性。金曜はパーティーが多いので、あなたが店に到着したころにはビールが売り切れているかもしれません。レジの前に長い行列ができていて待たされるかもしれません。金曜の夜は渋滞がひどいし、タイヤがパンクしたり、突然エンジンが故障して、時間を食うかもしれません。あるいは、自動車事故に巻き込まれることだってあり得るわけで、そうなったらさらに時間を食うことになります。

　リターン、つまりうまくいく可能性。あなたはビールを買うお金を十分に持っています。あなたの車のガソリンは満タンで、整備も頻繁にやっているので、故障することはほとんどありません。あなたは慎重なドライバーで、いつもシートベルトを着用しているし、事故を起こしたことはありません。そのうえ、目的の店へは車でわずか10分の距離です。お気に入りのブランドが売り切れていても、ノープロブレム。ほかのブランドでもあなたは気にしません。レジの行列は覚悟しているので、なんてこともありません。それに、週末に食事や映画に一緒に行きたいと思っている友人にばったり会えるかもしれません。帰宅し、ソファーに落ち着き、冷たい、黄金色の液体を口にしたとき

の恍惚の瞬間、リターンが生まれます。

　リスクは？　　ロー。リターンは？　　ハイ。

　私たちは、見知らぬ人と話すとき、熱いストーブに手をかざすときなど、何をやるにしても事前に無意識にリスクを量ります。

　トレードのリスクリターン・レシオを推し量る方法を学ぶことは、時間を費やすだけの価値があり、トレードで成功するために不可欠な作業です。

　やるべきことはこうです。トレードのプランを立てるときは、いつも、利益目標、つまりリターンが、最大損失、つまりリスク（ストップロス）より少なくとも2倍、できれば3倍あるようにしてください。

　以下は、ハイリスクなシナリオです。こういうケースを避けられるように、リスクを認識できるようにしてください。

　あなたは、1と2の買いポイントに従って、タカビシャ銀行株をスイングまたはポジショントレードします。あなたはベーシングからのブレイクアウト時に買い（1）、それから「明るい春の日」にポジションを積み増します（2）。そこまでは、すべての買いトリガーが一致しています。タカビシャ銀行株は、1と2の買いポイントを過ぎ、最初の反落から立ち直り、先週付けた直近高値を目指して上がっています。マーケット全体も好調で、各種指数も安泰で、あなたはタカビシャ銀行が35を上抜けする〝前に〟引き金を引いて買い増ししたくてむずむずしています。図11.2を参照してください。

　これがなぜハイリスクプレーなのでしょうか？　なぜなら、直近高値から1ポイント未満で取引されている株を買うのは、大きな賭けだからです。

◆まず、ストップロスポイントはどこですか？　テクニカル的には、数ポイント離れた場所になります。ただし、追加分の株には適用できません。ストップロスポイントについては次の節で説明しま

図11.2 このトレードは良い選択か？

（図：価格チャート。$35の高値、$34での買いエントリー、ポイント1と2を示す）

ここ34ドルで買って早めに仕掛ける

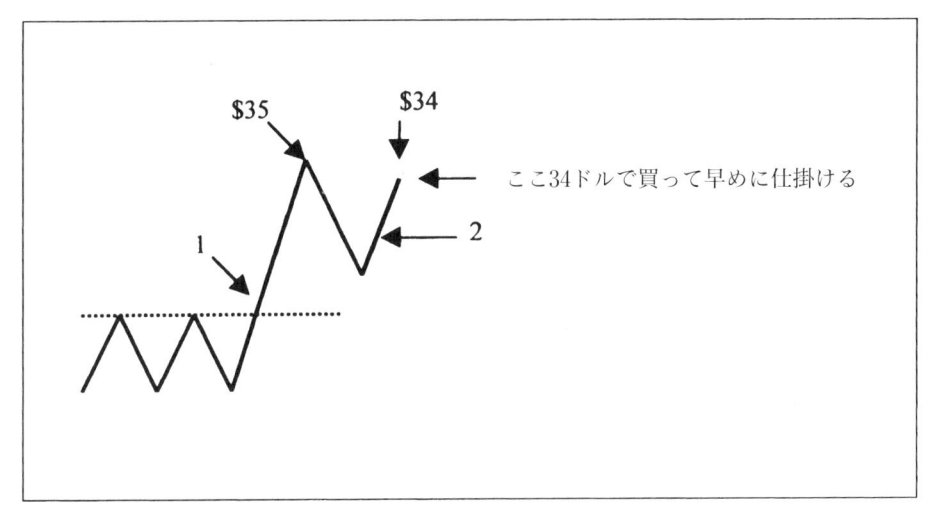

す。

◆次に、ほとんどの株は、レジスタンス（供給）によって、直近高値に到達するか、ほぼ到達したときに下げ戻すことを覚えておいてください。タカビシャ銀行（図11.2）が35を上抜けしなかったらどうでしょうか？ その場合は、買い増しせずに、1と2のエントリーで得た利益をすぐに確定すべきです。タカビシャ銀行が35に達せずに反落したら、ダブルトップを形成するかもしれません！ 34でエントリーしたらもう終わりで、引き潮にのみ込まれることになるでしょう。34でのエントリーから抜け出るために、タカビシャ銀行を下追いしなければならなくなるかもしれません。早めのエントリーでしっかり儲けるのとは逆に、あっという間にすべてを吐き出してしまうことになります！

この話の教訓は「エントリーに適した価格が付くまで買うな」とい

うことです。早めのエントリーはハイリスク・ローリターンです。

　もうひとつのシナリオを考えてみましょう。私は3日連続で上げている株を買うことはめったにしません。株価はフィナボッチ指数に従って上下する傾向があります。つまり、3日間上昇すると、2日間下降します。あるいは、5日間上昇すると、3日間下降します。3日連続で急上昇したら、利食いの対象になります。「上昇1日目に買った人は天才。上昇2日目に買った人は遅過ぎ。上昇3日目に買った人は愚か者だ」と言った人がいます。ダブルボトム、カップ・ウィズ・ハンドル、ごく普通のベーシング、上昇トレンドにおける2番目の上げ局面のいずれに注目している場合でも、買い場は、コンソリデーションまたは反落からのブレイクアウト時です。適切なエントリーポイントを逃したら、手控えましょう。1日、2日遅れたら、足を踏み入れないこと。次の上昇とその後の下げ押しが完了するまで待つこと。それから、買いトリガーが整っているときに、適切なポイントで入りましょう。

　トレードに早めに入ってしまうことは、「希望」に基づいているのです。第3章で説明したように、希望と楽観は日常生活では望ましい態度ですが、トレーディングでは御法度です。株式市場では、希望と楽観があなたを思い切り痛い目に遭わせます！

ストップロスを設定する場所

　「水の深さを両足で測るな」という古い格言があります。ストップロスはライフジャケットと同じです。片足を地面に残し、投資資金が溺れるのを防いでくれます。

　これから先、トレードに入る前

HOT TIP

選択肢は約9000銘柄あるのですから、ひとつの株を追いかける必要はありません。あと8999銘柄のなかに、ローリスク・ハイリターンの銘柄がきっとあるはずです。

に真っ先に自問することは「ストップロスポイントをどこに置くか？」になります。"トレードに入る前に"、自分のリスクポイント、つまりストップロスポイントを決めます。ストップロスポイントがエントリーポイントから離れ過ぎていたり、リスクが目標利益を上回るときは、そのトレードに入ってはいけません！

ストップロスポイントを決める方法はいろいろあります。自分のトレーディングサイクルと投資資金に最もマッチした方法を見つけ、守ることです。テクニカルストップ、パーセンテージストップ、または金額ストップのいずれを採用するにしても、重要なことは、設定し、守ることです。言い訳は許されません。以上です。

私の昔からのコモディティーのコーチは「ストップロスをどこに設定するかは、あなたの痛みに対する許容度に依存する」とよく言っていました。この言葉をもう少し洗練させて、もう少し肯定的なニュアンスを持たせられないか考えてみましょう。ストップロスポイントを決めるには、以下の各方法があります。

◆スイングまたはポジショントレードを始めるとき、トレードに入る日の安値の0.25下にストップロスを設定します。その日はもちろん「明るい春の日」でなければなりません。当日の安値と前日の安値のうちで低い方の値の0.25下に設定するトレーダーもいます。私はきつめのストップロスが好きなので、エントリーする日の安値を基準にしています。

◆投資資金の2％以上をひとつのトレードでリスクにさらさないこと。例えば、総資金が2万ドルだとします。その2％は400ドルです。タカビシャ銀行株を33ドルで400株買う場合、最大損切り幅は1ポイントになるので、ストップロスポイントを32ドルに設定します。そのストップロスではきつ過ぎるので、ストップアウトするまで2ポイントの余裕が欲しいなら（つまりストップロスを31ドルに設定したいなら）、200株しか買えません。このように

すれば、ポジションのサイズがいくらであっても、あなたが被る最大の損失は400ドルを超えなくなります。

◆ ストップロスを、株式のコストの7～8％に設定するトレーダーもいます。例えばタカビシャ銀行を1株33ドルで買うとします。33の7％は2.31なので、ストップロスを30.69ドルに設定します。

◆ 「トレイリングストップ」と私たちが呼ぶのは、ストップロスを株価に影のように付きまとわせる方法です。ポジショントレーダーが最も活用している方法です。賢明なスイングトレーダーたちも同じです。トレイリングストップは、好きなだけきつく設定できます。例えば、持ち株が1回目の上昇局面で上がり、それから反落するか、コンソリデーションに転じます。次に、株価のサポートまたは移動平均のサポートから反発して（買いポイント2）、再び上昇を開始します。そういうときは、反落時またはコンソリデーション時の安値より0.25ポイント下にストップロスポイントを設定し直しましょう。もし、株価が再び反落時またはコンソリデーション時の安値をたたいて、下抜けしたら、トレンドは崩壊です。そういう株は絶対にいりませんよね！

トレードに入ったら、次にやることはストップロスポイントを設定することです。待っていてはいけません。すぐにやりましょう！ オンラインブローカーを使っているなら、ストップをGTCで入れましょう。GTCは「取り消すまで有効（good till cancelled）」という意味です。株価がストップロスに達したら、保留されているオーダーはマーケットオーダーに変わり、成り行き価格で執行されます。現在、多くのレベルⅡブローカーで、ストップロスオーダーの入力が可能です。一部のブローカーでは、当日だけ有効な「デイオーダー」だけが可能で、翌朝再び設定し直すことが必要です。重要なことは、やることです。オーダーを入れたら、すぐにトレード日誌に記入しましょう。

あなたのブローカーで、自動的な売りストップ（ストップロス）を設定できない場合は、株価をずっとモニターしていなければなりません。私が「頭のなかのストップ」を設定したときは、トレード日誌に記入するだけでなく、丸印で囲みます。どういうわけか、ストップロス価格を丸印で囲むと、守らなければならないという気持ちになります。このストップ価格を丸で囲むのは、マインドコントロールのため？　そのとおり。わずらわしくないかって？　全然。そのおかげでエグジットすべきときにエグジットでき、それで私のお金が救われるのだから、喜んで従います。

　私がなぜストップロスポイントの設定についてしつこく話しているのかって？　なぜかというと、「正しくなければならない」ことに固執してしまってエグジットを無視することが、ほかのどんな行動よりも、多くのトレーダーに損失を与えているからです。私の頭がおかしいって？　元トレーダーになぜ破綻したか本音を聞いてみてください。「損含みのポジションに固執したから」というのが標準的な答えです。ボラティリティの大きいこのマーケットでは、いつまでも「敗者」にしがみついていると、投資資金は一瞬にして消えてなくなります。

　私だってそういう状況と無縁ではないのです。まだトレーディングを始めたばかりのころ、ストップロスを無視したり、下げたりしていました。設定をしなかったことさえあります。その結果？　ひどい大損を何度もしました。そういう辛い経験で、お金を失うより、お金を取り戻すことのほうがはるかに時間がかかることを学びました！

　ですから、どうか右手を挙げ、次の言葉を声に出して元気に読んでください。

　「本日以降、私、（あなたの名前）は、私のマウスパッドに対して、すべてのストップロスを固く守ることを厳粛に誓います。私は、何があっても絶対に、ストップロスを下げません。株価がストップに到達したら、私は、すぐに、トレードからエグジットします」

オーケイ。よくできました！　あなたが自分の誓いを守れば、この世界の99％のトレーダーと投資家たちより優位に立てるでしょう。だれかに「そんなに背が高かったっけ？」と聞かれたら、プロレスのテッド・デビアスみたいに「財布を踏み台にしてんだよ。ウァハッハッハ」と答えることができるようになります。

それからどうするか？

　トレードに入る前に目標価格を設定することは、ストップロスを設定するのとほとんど同様に重要です。トレードのこれら2つの構成要素を計画することは、リスクリターン・レシオの大きな部分を形成します。このように考えてください。行き先が分からなければ、そこにどうやって行くのでしょうか？

　以下に述べることのほとんどは、スイングトレーディングのテクニックに関するものです。ご存じのように、ポジショントレードでは、ベーシングからのブレイクアウト時に買い、そのトレンドが終わるか、ストップロスに達するまでとどまります。

　例えば、コソコソソフトウエア株が反落を終え、上昇トレンドの第2段が始まるのを待ち構えているとします。今日は反落の最終日かもしれません。マーケットのコンディションは午後になって改善し、ソフトウエア指数も立ち直りを見せています。明日はこの株の「明るい春の日」になる可能性が高いと思われます。

　日足チャートでコソコソ株の直近高値をチェックします。いつだったか？　いくらだったか？　それをワークシートか日誌に記入します。コソコソ株がベーシングからブレイクアウトしようというのに、直近高値は、はるか数週間から数カ月前であることもあります。素晴らしい！　直近高値という形のレジスタンスは、離れているほど、それが持つ意味は小さくなります。

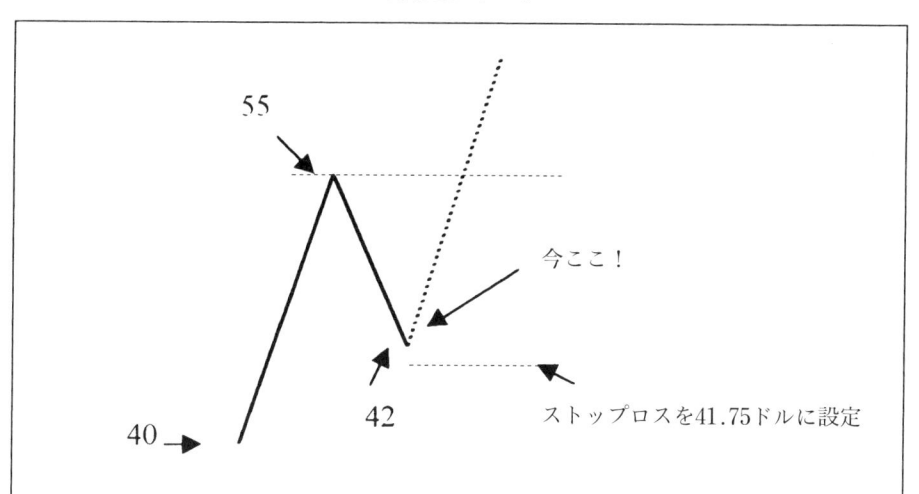

図11.3　コソコソ・ソフトウエアの日足チャート

一方、反落前の直近高値が3日前だったらどうでしょうか？　問題ありませんが、スイングトレードなら、それが利食い目標になるかもしれません。ポジショントレーダーたちは、トレンドが継続しているかぎりその株にとどまっているので、近くの高値はさほど重要でありません。私が言っていることを図11.3で確認してください。

あなたは、コソコソ株が反落またはリトレイスメント時の安値の42ドルから上昇に転じた「明るい春の日」にトレードに入ります。ストップロスを41.75ドルに設定します。最初の価格目標を、直近高値の55ドルに設定することもできます。コソコソ株のレジスタンス（供給）となる可能性が高いのがそこだからです。

つまり、リスクは1.25ポイントで、リターンは7ポイント（あるいはそれ以上）になります。

ひとつの戦略として、54ドルから54.50ドルに達したときにコソコ

ソ株のポジションの半分を売る方法もあります。もうひとつの戦略は、前述したように、株価が55ドルに近づいたときに、マーケットのコンディションをモニターして対処する方法です。上昇力が強く、55ドルより0.25ポイント上をつけたら、ポジションを買い増すこともできます。その場合、利益を守るためにストップロスを上に移動します。そして、次のレジスタンス領域になり得る価格帯を見つけます。それが新しい目標価格になります。

これでトレードをプランする方法が分かりましたよね。おめでとうございます！　これらの手法を駆使し、従うことによって、あなたはプロのレベルにランクアップし、コンスタントに勝ち続けることができるようになるでしょう。

「おめでとう」と一緒に「気をつけて」という言葉を贈ります。コソコソソフトウエアの目標価格を55ドルに設定しても、実際にそこまで上がるとはかぎりません。もちろん、あっという間に55ドルまで上昇し、突破して、弾道弾ミサイルのように高く飛んでいく可能性もあります。あるいは、44ドルまではいずり上がったと思ったら、しゃっくりし、咳き込み、42ドルを下抜けしてストップロスを突破して、20ドルでやっと止まるようなこともあります。

この数年間、身の程知らずの思い上がったトレーダーたちが発言したことを、新米トレーダーたちがそれをご託宣のように受け止めてしまうことが、数えきれないほどありました。大物トレーダーが「ワールドワイドワイヤレスは60ドルで取引されている。今度の金曜日には85ドルになるぞ！」とまくしたてます。

新米トレーダーは「よし。それに乗った！」と叫んで、ワールドワイドをトラックいっぱい買い込み、それから50ドルに下落するのを見て途方に暮れるのです。大物さんがその株は月まで上がると言っていたので、新米さんたちはストップロスのことなど忘れていたのです。「市場全体でも、個別株式でも、先行きを知っている人は地球上にだ

れもいない。だたのひとりも」。それは絶対的な真実です。

あなたのゴールは、できるかぎり感情を排除し、トレードを緻密にプランし、そのプランに従うことです。マーケットのプロたちの手法を学びながらも、自分自身の方法を確立するよう努力してください。自分の規律・知識・経験に基づき、自分自身で決定してください。それができたとき、あなたは成功の戸口に立つことができるのです。

日中の反転タイム──とは何で、どういう意味があるか

マーケットのダイナミックスによって、1日のなかに「反転タイム」が生まれます。取引時間中の株式市場を観察していると、毎日、時間帯によって満ち引きが繰り返されることに気が付くでしょう。活発なトレーダーほど、マーケットのリズムによく同調しています。特にスイングトレーダーの場合は、そのことを認識しておいたほうがいいでしょう。そうすれば、特定の時間帯になぜ株価がそのように動くのかが分かってきます。

ここではEST（東部標準時）を基準に説明するので、ご自分の地域に合わせて換算してください。

マーケットは午前9時30分に開きます。（注　以降の各時刻はすべてアバウトです）。

最初の反転タイムは、おおよそ9時50分から10時10分に起こります。つまり、9時30分の開場時から相場全体として上げていると、9時50分にリトレイスメントが始まり、10時10分までじりじりと下げ続けます。そうなるひとつの理由は、マーケットメーカーやスペシャリストたちが、あなたのトレードと反対のサイドをとるからです。その人たちはポジションを調整、つまり利食いのために株を放出します。強気の日には、10時10分に上昇が再開します。

次の反転はそれからわずか15分後の10時25分に起こりますが、わず

か5分間程度しか続きません。反転というより「シフト」に近いものです。気が付くこともないかもしれません。

11時30分になると、ランチタイムのムーディーブルースが聞こえてきます。トレーダーたちはランチ前の利食いを始め、機関投資家たちが休憩を取るので、買いが鳴りを潜めます。株価は下がり始めます。逆に、弱気の日には、ランチタイム中に株価が反発することもたまにあります。その一部は、空売りのカバーが原因かもしれません。その日の方向性がどうであれ、ランチタイム中は、ほとんどの株が横ばいに推移します。

午後1時30分から2時30分、新しい動きがマーケットに現れます。強気の日には、強い株がブレイクアウトするかもしれません。この時間帯に相場が思い切り急降下したのを見たこともあります。

次の反転は、アメリカ国債の取引が終わる午後3時に始まります。このとき、アメリカ国債の足かせから解放されたマーケットは、勢いを増して動き出します。3時30分に、機関投資家たちは、翌日に向けてポジションの調整に入ります。「日計り」のトレーダーたちも、ポジションを手仕舞います。最後の30分間にボラティリティが大きくなるのはそのためです。この時間帯に強い株が下落するのは珍しくありません。トレーダーたちにすぐに続いて、ポジションを手仕舞う空売り手たちがいます。空売り手たちのショートカバーによって株価が上昇します。最後の30分間がサーカスのようになることがあるのも無理からぬことです！

相場が午前中ずっと上げていたからといって、午後も当然上昇トレンドが続くというわけにはいかないことを覚えておいてください。上昇するかもしれないし、しないかもしれないのです。株式市場で絶対といえる唯一のことは、変化するということだけです。

マーケットオーダー、リミットオーダー、その他

株式の売買注文には、マーケットオーダー、リミットオーダー、買いストップ、売りストップという方法があります。

マーケットオーダー（成り行き注文）

「成り行き」で株を売買する場合、あなたはスペシャリストやマーケットメーカーに白紙委任状を与えているのです。その人が株の売買価格を選びます。本来は、あなたのオーダーが届いたときのインサイドビッドまたはインサイドオファーが売買価格になるはずです。ところが、マーケットオーダーの場合、不利な価格で執行されてしまうことが普通です。これは、第2章で説明した「スリッページ」の一形態です。急いで売買しなければならないときは、マーケットオーダーを使いましょう。そうでなければ、リミットオーダーを使いましょう。

リミットオーダー（指値注文）

リミットオーダーの場合、指定した価格で指定した株数を買うまたは売るという指示を出します。提示されているインサイドオファーより低い価格で買うためにリミットオーダーを使います。あるいは、提示されているインサイドビッドより高い価格で売るためにリミットオーダーを使います。スペシャリストやマーケットメーカーは、株価があなたが指定した価格またはそれよりあなたにとって有利な価格になったときにだけ、あなたのリミットオーダーを執行します。ビッドとアスク（オファー）の間の価格で株を買いたい場合に、価格を指定してリミットオーダーを出すのです。例えばスゲエアライン株が35×35.25で取引されているとします。35.15ドルで300株買うリミットオーダーを出します。あなたの注文は、マーケットメーカー（NYSEの場合はスペシャリスト）がその価格であなたに売ろうと思わなけれ

ば執行されません。もしスゲエアライン株が急上昇したら、あなたのリミットオーダーは執行されないかもしれません。その場合、そのリミットオーダーを取り消して、価格を上げる（つまり株を追いかける）かどうか決めることができるのはあなただけです。もちろん、その日いっぱい、そのオーダーを有効にしておくこともできます。

　売り注文の場合にも、同じ手順が当てはまります。株を保有していて、それを現在の提示価格よりも高値で売りたい場合は、リミットオーダーを出します。例えば、スゲエアラインを36ドルで300株売る場合です。この場合も、あなたの注文は執行されるかもしれないし、もし指定した価格にならなければ、執行されないかもしれません。また、AONを指定するという選択肢もあります。AONは「オールオアナッシング」を意味します。AONオーダーは、スペシャリストまたはマーケットメーカーに全株数を執行するよう要求します。もしその全株数を執行できないのであれば、まったく執行しないように指示します。ですから、特定の価格で500株のリミットオーダーをAONを指定して出すことは、その価格では350株しか執行できないときは、そのオーダーを完全に無視するという指示になります。

買いストップ（買いの逆指値注文）

　買いストップオーダーを入れるということは、その株の現在の提示価格より高い、特定の価格で買いたい株数を指定することを意味します。例えば、スゲエアライン株がメジャーなレジスタンスである35.50ドルで取引されているとします。35.50ドルを上にブレイクすれば、そこが完璧なエントリーポイントになります。スゲエアラインが35.50ドルより高値を付けると、じっと狙いをつけていたトレーダーたちが一斉に買いに入るので、価格が確実に急騰するとあなたは見ています。あなたはどうしたら有利に立ち回れるでしょうか？ 35.75ドルで買いたい株数を指定して、買いのストップオーダーを入

れるのです。もしスゲエアライン株が35.75ドルにならなければ、そのオーダーは執行されません。

　この方法の欠点は、買いのストップが、あなたが指定した価格を飛び越してそれより高値で執行される可能性があることです。マーケットが開く前にオンラインブローカーに35.75ドルでスゲエアライン300株の買いストップオーダーを出しておくと、開場のベルが鳴り、スゲエアラインが前日終値の35.50ドルから3ポイント上放れして寄り付くと、あなたのオーダーは38.50ドルで執行されてしまうのです。ウヒェー！　ここでの教訓は、マーケットが開く前に買いオーダーは出すなということです。マーケットが開いてから、株価をずっと見張っているわけにいかないとき、それが買いのストップオーダーの良い使い方です。

売りストップ（売りの逆指値注文）

　売りストップは、ストップロスオーダー（損切り注文）とよく呼ばれています。NYSE（ニューヨーク証券取引所）株を買い建てしている場合、その株の現在の提示価格より安値で売りストップ、つまりストップロスを出すことができます。その価格が付くと、ストップロスオーダーはマーケットオーダーに変わり、あなたのポジションは現金化されます。ナスダックは取引所としてはストップロスに対応していません。しかし、ほとんどのオンラインブローカーやレベルIIブローカーが、顧客サービスとしてナスダック株のストップロスオーダーに対応しています。保有している株数と価格を指定して、売りストップを出すことができます。株価がその価格になると、売りストップオーダーはマーケットオーダーに変わり、あなたのポジションは売却されます。指定した価格が付くとマーケットオーダーに変わるため、株価の動きの速さによっては、指定した価格から1ポイントの数分の1ずれた価格で執行されることがあります。

有事の際の対処法

　本書の執筆時点、アメリカ、そして世界中が、2001年9月11日にアメリカの国防省やワールドトレードセンターに向けられたテロの後遺症から立ち直り、落ち着きを取り戻すために戦っています。賢明な判断によって、当日の株式市場は開かれず、その後3日間閉鎖されていました。

　多数のトレーダーと投資家たちが、翌月曜日の9月17日にマーケットが開くのを、安堵と動揺の入り交じった気持ちで待っていました。数カ月前から弱含みだった株式相場は、買い支えなしにギャップダウンし、落ち放題に下落するのでしょうか？　私たちが愛するワールドトレードセンターのように、すべての投資資金が消滅してしまうのでしょうか？

　幸い、最悪の事態は起こりませんでした。「アタック・オン・アメリカ」の前日の9月10日、ダウ平均は9605ドルで引けています。9月17日は9580ドルで寄り付き、取引開始後1時間で8976ドルに下落し、その日の最後は8920ドルで引けました。下落は衝撃的で、前週の出来事の後だけに悲痛でさえありました。それでも、当日の取引は節度ある形で推移し、ポジションを手仕舞いたい人たちは閉じることができました。

　大事件が発生したときは、少し間を取ってから行動しましょう。どうしても必要でないかぎり、オープニングベルと同時に売りのマーケットオーダーを入れるようなことはしないこと。日足チャートで、あるいはお好みに応じて日中足チャートで、次のサポートレベルをチェックし、そのレベルの1ポイントの数分の1下でストップロスオーダーを出しましょう。足の遅い株から、インサイドビッド価格で、売りのリミットオーダーを出しましょう。あなたにとって最も肝心なことは、落ち着いて、頭を明晰に保つことです。パニックして売ってもい

いことはありません。また、ボラティリティが極まっているときは、新しいポジションを取るのは避けましょう。価格が激しく変動したり、オーダーが集中したときは、少なくとも、オーダーが正確に執行されるチャンスが減少します。落ち着いた、プロフェッショナルな態度で損切りし、それから見物に回りましょう。そういうときは、マーケットが、予期しなかったひとつのニュースに過剰に反応してしまうことがあることを覚えておいてください。ですから、現金化したら、沈静化するまで、現金のままでいましょう。

結論

　本章では、吸収すべきことがたくさんありました。ゆっくりと進みながら、これらのマネーマネジメント・テクニックをトレーディングに組み入れていけば、損を小さくし、儲けを大きくできることを確約します。
　おめでとうございます。あなたは、しっかりした、儲けることができるトレーダーを目指して順調に歩んでいます！

クイズ

1．ひとつの株式に投資する金額は、最大限で総資金のどのくらいに抑えるべきですか？
2．リスクリターン・レシオの一般的なルールは？
3．マーケットが良好であるかぎり、株価がレジスタンスを上抜けする前に、スイングトレードに早めに入るのは良い方法である。○か×か？
4．トレードに入る直前に自問すべき最も重要な質問は？
5．連続上昇3日目に株を買うのは、ハイリスクなプレーである。○か×か？
6．最初のストップロスポイントを決めるための、3種類の方法を説明してください。
7．ときには、設定してあるストップロスポイントを、マーケットのリズムに応じて下げることは、まったく問題ない。○か×か？
8．スイングトレードをプランしているとき、エグジットする目標価格を決めるためには、何を探しますか？
9．「反転タイム」とは何ですか？ マーケットが開いてから最初に起こる時刻は？
10．「リミットオーダー」について説明してください。

解答

1．ひとつの株式への投資は、総資金の3分の1以内に抑えるべきです。

2．リターン（利益目標が、リスク（損切幅）の少なくとも2倍あること。

3．×です。ときにはうまくいくかもしれませんが、リスクが高くなります。レジスタンスより上での取引が突然敬遠されてしまったら、それまでの利益を奪われてしまいます。

4．「ストップロスポイントをどこに設定するか？」

5．大〇です！ コンソリデーションや反落からブレイクして上昇した「初日」に買うのが鉄則です。

6．最初のストップロスを決める3つの方法は、（1）エントリー日の安値の0.25ポイント下にストップロスを設定する、（2）総資金の2％を計算し、それに合わせて株数とストップロスの位置を調整する、（3）株価の7％のところにストップロスを設定する、です。

7．大×です！！！

8．目標価格を見つけるには、直近高値を探します。その価格はレジスタンスになる可能性があり、利食いするエグジットポイントと考えることができます。

9．さまざまなマーケットダイナミックスによって「反転タイム」が生まれます。強気の日には、反転タイム中に株価は反落したり、じわじわと下げ押します。弱気の日には、反転タイム中に株価が上昇するのが普通です。最初の反転タイムは東部標準時で午前9時50分から10時10分までです。

10．リミットオーダーは、指定した価格で、指定した株数を買うまたは売りたいという注文です。

センターポイント

自分が望むものを手に入れる最も簡単な方法は、他人が望むものを手に入れる手助けをすることだ。——ディーパック・チョプラ

与えることの循環

　ダイナミックなエネルギーが、調和を保ちながら絶え間なく動いています。それは、「与えること」と「受け取ること」の循環です。与えることと受け取ることは、宇宙の法則なのです。

　私たち一人ひとりは、この宇宙の必要不可欠な要素であるため、与えることと受け取ることは、私たちの本性（ほんせい）に備わっていることなのです。与えることをストップすると、自分自身と自分の周りの人たちに対する寄与もストップします。山の斜面を小川が、滋養物を運び、生命を満たしながら、泡立てながら流れている様子を想像してみましょう。もしその流れを遮断してしまうと、せき止められた水は流れなくなります。そこより下の川底は、乾いてひび割れてしまいます。

　それと同様に、自分の人生の何らかの部分への、プラスのエネルギーの流れをストップしてしまうと、自分に戻ってくるはずだった、プラスのエネルギーという当然の還流が途切れてしまいます。お金は「カレンシー」と呼ばれますが、それは「流れる」という意味です。ですから、自分のお金を抱え込んでしまい、他人と共有しようとしないと、自分に返ってくるさらに多くのお金の流れが遮断され、妨げられてしまうのです。

　一日、厳しい、微笑みのない表情で過ごしてみてください。あなたが見返りとして何を受け取るか観察してみてください。翌日、心底から幸せそうに微笑んで過ごし、見返りのあいさつがどれほど違うか確

認してください！

　与えることと受け取ることの原理は明白です。「自分が受け取りたいものを与えること」です。人生においてもっと愛を受け取りたい？　では、愛を与えましょう。喜びや幸せがもっと欲しい？　ならば、真の喜びと安らぎをふりまく人になりましょう。もっと注目や評価が欲しい？　あなたの周りの人たちに注目と評価を与えましょう。もっと裕福な人生を送りたい？　ほかの人が裕福になるように手助けすることによって、あなたはもっと裕福になることができます。

　この原理を行動に移すには、純粋な意図を伴って与えることが必要です。スマイル、ハグ、評価、お金、何であれ、あなたの贈り物は、他人にとって良いものでなければなりません。与えることによって自分が失っていると感じたら、与えることの背後にあるエネルギーが、その贈り物と見返りを小さくしてしまいます。

　与えることと受け取ることに力を与える生命の力は、宇宙で最も重要なものです。自由と喜びをもって与えれば与えるほど、あなたに何倍にもなって返ってくるのです！

第12章
勝利をもたらす空売り戦略
Winning Strategies for Selling Short

前にも言ったように、マーケットの一方のサイドとだけ、死が互いを分かつまで連れ添っている必要はないのだ。──ジェシー・リバモア

　弱気相場の日に、部屋いっぱいのトレーダーたちに向かって、株を空売りしていたら手を挙げるよう尋ねてみましょう。手を挙げる人は、いたとしても少数でしょう。

　空売りがこれほど不当な扱いを受けているのはなぜでしょうか？　何よりも、アメリカ人の心理に原因があります。アメリカ人は楽観主義者です。私たちはグラスが半分空ではなくて、半分満たされていると考えるのが好きです。小説や映画はハッピーエンドでなくてはいけません。敗者をむち打ったりしません。それどころか、敗者を励ますことが普通だし、弁護することさえあります。私たちの両親は、自分たちより不幸な人たちを助けるように私たちを育てました。まともな人間は、他人の悲しみや不幸を自分の利益にしません。ですから、財務的なブルースを被っている企業の株を売るのを避けることは、理にかなっているのです。

　そのうえ、空売りのプロセスが、実に怪しげに思えるのです。「現実の人生」では、株でも、自動車でも、家でも、物を買ってから売ります。でも、空売りするときは、所有したことがまったくない株を売るのです。それも、その株が岩石のように落下することを、一心に祈りながら。そして、暴落したときに買い戻して、前の持ち主に返すのです。空売りは、「見知らぬ惑星を、そこの住民は不親切だという警

告だけを頼りに、地図も持たずにさまようのと似ている」と言われても仕方ありません。

それに、もし相場が思惑と逆に動いたら——最大限の損失が元手資金を失うことであるロング（買い持ち）の場合と異なり——ショート（空売り）の場合は、理論上、損失が無限大になる可能性があるのです。そんなことになったら、たまったものではありません！

私が初めて空売りしたとき、カーレースの学校に行っていたときに経験したのと同じ感情を再体験しました。想像してください。場所は、フロリダ州ウエストパームビーチのモロソ・レーストラック。車体の低い、低重音を響かせているフォームラフォードのオープンコックピットに、巨大なシートベルトでしっかりと縛り付けられ、私は四方八方に目を配りながら座っています。まるでペダル付きのロケットを操縦するような気分です。

インストラクターは、膝をつきながら、急カーブに差しかかったら、素早くステアリングを切れと私に指示します。タイヤの摩擦力の限界を超えて攻めていることを示すために、できるだけ大きなきしみ音を立てさせなければなりません。インストラクターは「ただし、ブレーキは絶対に踏むな」と言うのです。オーケイ。ノープロブラムさ。ヒェー！

私は腹を決めます。ギアを入れ、直線トラックを轟音を立てて激走し、カーブに突っ込みました。カーブで、車体は横滑りし、タイヤは金切り声を挙げ、私の耳のなかの血管がドッキンドッキンと破裂しそうに脈を打ちました。そのとき、普通の公道での30年間の運転経験で身についた「本能」が、私を支配したのです。

私はパニックし、ブレーキを強く踏んでしまったのです。

その瞬間、車体はトラックの外へ飛び出し、コマのように回りました。空がくるくる回り、周りの風景がぼやけて見えました。草や砂が舞い上がり、私のヘルメットやジャンプスーツに雨のように降りかか

りました。やがて、車は止まり、エンジンがブルブルと音を立てたと思ったら、死んだように静かになりました。私は我に返り、自分がまだ生きていることに気付き、ひと息吐いて、口のなかの砂をツバと一緒に吐き出しました。ヒェーッ！　フロントガラスにぶつかって死んでいる虫がよくいますが、危うくそうなるところでした。

　そうして、そうです。そういうことを繰り返し、いつしか、アクセルを全開にし、タイヤを空襲警報のサイレンのような音を立てさせ、トップガン並みの猛スピードでコーナーを回る技を学び取ったのです。でも、何年もの運転の癖を克服するには、練習が必要でした。

　コーナーを曲がるとき、特にタイヤがきしみ音を出すと、思わずブレーキを踏ませてしまうのと同じ防衛本能が、空売りを不自然だと思わせるのです。でも、本当はそうではないのです。空売りは、マーケットで儲けるためにトレーダーのツールキットに用意されている、単なるひとつのメカニズムにしかすぎません。

　それに、ご存じですか？　株価は上昇するときの３倍の速さで下降する傾向があるのです。なぜ？　なぜなら、パニックは欲望より３倍パワフルだからです！　つまり、空売りをうまくやれば、もっと短期間で儲けることができるのです。

空売りに対する抵抗感を克服する

　まず、空売りに対する抵抗感の原因を具体的に明らかにし、それからひとつひとつ論理的につぶしていきましょう。

　「まともな人間は他人の不幸で儲けたりしない」。トレーディングは慈善事業ではありません。それに、空売りするとその株の流動性が高まり、買い戻すとその価格を高めることになるのです。気分が楽になりませんか？

　「マーケットには上方バイアスがある」。あなたは「株価は下がる

より、上がることのほうが多い。弱気相場があるとしても、ダウやナスダックは、創設時から何千ポイントも上がっている」と分かったふうに言うでしょう。そのとおりです。でも、強気相場でも、少なくとも3分の1の期間は下げているのです。

「空売りでは、株価がUターンしてしまうと、損害が無制限に大きくなることがある。元手資金以上の損失を被ることがある」。その理解に間違いありません！　でも、プランを石に刻み込むように貫き通す、あなたのような賢明なトレーダーにとって、大きな損失など被る余地はありません。ロングトレードに入ったらすぐに売りストップを設定するのと同様に、ショートポジションに入ったらすぐに自動的な「買い戻し」オーダーを入れます。自分でやるなら、ほかのトレードとまったく同様に、その価格に到達した瞬間にオーダーを入れましょう。もしもトレードのコントロールを失ってしまったら（ああ天のお恵みを）、早く損切りし、自分が本当にトレードに向いているか考え直してみましょう！

「空売りは順番が反対のようなので、過ちを犯しやすい」。まったく、そのとおりです。人間は習慣的に反応する生きものです。特に安全にかかわる場合は。新米トレーダーがパニックして、トレードを手仕舞おうと思い、誤って株を売ってしまうことはよくあることです。そうなると、トレードを手仕舞うどころか、実際にはショートポジションが2倍になってしまいます。笑っても構いませんが、私も新米トレーダーのときにやりました！　実際の空売りを始める前に、ペーパートレードで練習しておけば、このようなパニックを避けることができます。まず売って、次に買うことに慣れるのに役立ちます。

空売りに不慣れなら、リスクを最小限に抑え、例えば50株から100株の小口取引で経験を積んでいきましょう。それに、NYSE（ニューヨーク証券取引所）株のように値動きが遅く、流動性の高い（出来高の大きい）銘柄を選びましょう。そうすれば、恐怖心を抑え、慌て

て退散するときでも、扉（売り手）をいつも見つけることができます。

空売り──そのルール

空売りを始める前に、空売りに関するルールを理解しておくことが必要です。

◆すべての株が空売りできるわけではありません。ブローカーが、毎日、市場が開く前に「ショートリスト」を発行しているかもしれません。そうでなければ、あなたがオーダーを入れるときに、その株が空売り可能かどうか教えてくれるでしょう。大きいブローカーほど、ショートリストは大きくなります。

◆信用取引口座（マージンアカウント）でなければ空売りできません。

◆アップティックルール。1929年の大暴落時のような投げ売りを防止するために取引所によって設定された規則です。アップティックルールは、まもなく廃止される可能性もありますが、アップティックまたはゼロプラスティック時にのみ空売りできると規定されています。ダウンティック時には空売りできません。オンラインブローカーで空売り注文する場合は、アップティックルールについて心配する必要はありませんが、数ポイントにわたってアップティックにならない急落株の場合、リミットオーダーが執行されないことがあることを覚悟しておくべきです。レベルⅡスクリーンでオーダーを入れる場合は、インサイドビッドより1セント高くなければなりません。そうでないと、キャンセルされてしまいます。

ティック

◆アップティック──直近の取引より1刻み高値で取引されたとき。

◆ダウンティック──直近の取引より1刻み安値で取引されたとき。
◆ゼロプラスティック──アップティックで取引され、それ以降の取引も同じ価格で取引されたとき。
◆NYSEのアップティックは、レベルⅡスクリーンに通常付属しているタイムアンドセールス画面に表示されます
◆ナスダックのアップティックは、インサイドビッドが1セント上がったときに成立します。そうです。あなたもその価格でオーダーを入れることによってアップティックを生み出すことができるのです。ただし、そのオーダーは、執行されることも、執行されないこともあります。

手順はこうなる

空売りの手順を簡単に説明します。

例えば、オンラインブローカーにスゲエアライン300株を40ドルで空売りするリミットオーダーを出すとします。ブローカーは自社の在庫またはほかの顧客の口座からスゲエアライン株を持ち出します。顧客の口座から持ち出す場合は、要求に応じてその株を戻す保証として借用書を残します。それから、あなたの口座から1万2000ドルと手数料を引き出し、必要なときに株を返すための保証金としてそれを保管します。次に、ブローカーは借りたスゲエアライン300株をマーケットで1株40ドルで売ります。その1万2000ドルを保管します。

それから2日、スゲエアラインは35ドルのサポートまで下落し

HOT TIP

空売りに「マーケット・オーダー」は使わないこと。アップティックが数ポイント起こらないと、想定していたエントリー価格から遠く離れた価格で執行される可能性があるからです。

ます。あなたは「ショートをカバーする」ための、買い戻しオーダーを入れます。ブローカーは保管口座から1万500ドルを取り出し、マーケットにおける現在値の1株35ドルでスゲエエアライン株を300株買います。それらの株を在庫または顧客の口座に戻します。次に、借用書を破棄します。

最後に、ブローカーはあなたの口座から引き出した保証金の1万2000ドルに、買い戻したときに残った1500ドルを加え、手数料を差し引いてあなたに返します。あなたの元手資金の1万2000ドルが1500ドル近くの利益を生んだのです。いけてる、でしょ？

空売りがうまくいく条件

株価は、以下のような条件があると下落する可能性があります。
◆マーケットのコンディションが全般的に弱気。
◆FOMC（連邦公開市場委員会）による利上げに対する期待。
◆産業セクターが機関筋に嫌われているか、アナリストたちに格下げされた。
◆企業のファンダメンタルズが弱い。
◆企業が悪いニュースや悪い決算を発表。「不正会計」の発表は、ほぼ確実に株価に大打撃を与えます。
◆恐怖とパニックに駆り立てられた売り。
◆買い手が無関心。

ファンダメンタルズ──何に着目するか

一般的に、弱気相場と強気相場では、異なる方法で空売り対象の株を選びます。大強気相場の真っただ中にいる場合は、空売り株として出遅れ産業の出遅れ株を探しましょう。マーケット全般が上昇してい

るときは、金やオイルの関連株が出遅れていることがよくあります。

しかし、弱気相場の泥沼にはまっているときは、お金が低業績株・債券・マネーマーケットファンドなどに移ってしまうために、セクターのリーダー株がレンガのように崩れ落ちてしまうことがあります（投資家たちが株を売って債券を買うことを、「安全への逃避」と呼ぶことがあります）。要するに、大規模な下落相場では、以前のマーケットリーダー株が、空売りの最高のターゲットになる可能性があるということです。

マーケットコンディションを評価したら、ファンダメンタルズの悪い株を空売りのターゲットとしましょう。買うときと同様に、インベスターズ・ビジネス・デイリー社（IBD）のランキングを使用します。ただし、勝者を見つけるのではなく、遅れている、弱々しい、人気のない株を見つけます。

空売りに最適なIBDランキングは以下のとおりです。

◆総合（Composite）＝50以下
◆EPS（1株当たり利益）＝50以下
◆RS（相対力）＝50以下
◆Grp RS（産業グループ相対力）＝C以下
◆SMR（売上＋利益率＋株主資本利益率））＝C以下
◆Acc/Dis（アキュムレーション／ディストリビューション）＝C以下

上記のレーティングのほとんどは弱気なのに、強気なのがひとつか2つあった場合はどうしたらいいかでしょうか？　大局を見ましょう。産業や株の日足チャートとともに、マーケット全体のコンディションを考慮に入れましょう。それでも、その株が空売りの良いターゲットかどうか判断してください。

チャートのパターンとセットアップ──何に着目するか

買うときは、第1ステージのベーシングにある株が上にブレイクするタイミングをとらえます。同様に、空売りするときは、第3ステージの横ばいパターンにある株が、下にブレイクするタイミングを待ち構えます。

第10章で説明したように、ダブルトップ、トリプルトップ、ヘッド・アンド・ショルダーズなどの反転パターンを見つけます。第3ステージにも、何の芸もない、極上の反転パターンを描くことのないものもあります。つまらないコンジェスチョンパターンで上げ下げしながら横ばいに動くだけです。あるとき、コンジェスチョンレンジの底をたたきます。買い手たちが、買い支えるのを拒むと、供給がマーケットにあふれ、第4ステージの下降トレンドに落ち込みます。

ポジショントレーダーは、トップとボトムを切り下げながら、第4ステージの下降トレンドが始まったときに空売りし、新高値を付けて下降トレンドが終わるまでポジションを保有します。

スイングトレーダーは、下降トレンドに入ったときに空売りし、日足チャート上で次のサポートレベルまで下がる直前に買い戻します。株価が前のレジスタンス(ここでは、下降トライアングルやペナント、または単純なコンソリデーションなどの継続パターン)まで反発し、それからまた下落が始まると再びエンターします。

ポジショントレーダーが行うトレードは基本的に2回(空売りに1回、買い戻して手仕舞うのに1回)です。しかしスイングトレーダーが空売りをうまくやるには、敏捷性がもっと求められます。ア

HOT TIP

一般的に、第2ステージの上昇トレンドの傾斜が急なほど、第4ステージの下降トレンドの傾斜は急になります。

ップティックルールが存在するかぎり、株価が急落する一方でアップティックが起こらないと、執行されません。

バーゲンバイオテック社が「不正会計」を発表したと想像してください。トレーダーや投資家たちは、我先にバーゲンバイオテック株を投げ売りします。買う人はいる？　ノーです。ちなみに、買いのみがアップティックを生むのです。ですから、哀れなバーゲンバイオテックは、地下室に投げ込まれてしまい、何ポイントもアップティックは起こりません。空売り注文は、執行されることがあるでしょうか？　されるかもしれないし、されないかもしれません。

対応策はこうです。株価の下落を早めに予測し、ロングの場合よりも多少、1ポイントの数分の1早めに引き金を引きましょう。つまり、弱気の、急落している株が、サポートを下回るまで待つのではなく、サポートを下抜けする瞬間に空売りするのです。リスクが増える埋め合わせとして、最初の買い戻しストップをきつめに設定し、利が乗る領域まで株価が落ちるまで値動きをモニターしていましょう。

また、早めに引き金を引くのは、すべての条件が整っているときだけです。その株またはその株が属する産業に悪材料があるとグッドです。例えば、悪い決算予想、悪い決算、売り上げの減少や在庫の増加の報告、株や産業の格下げなどです。

例えば、マーケットリーダーである株を保有しているとします。現在なら、シスコシステムズ（CSCO）がナスダックのベンチマークです。ナスダックが数日間下落し続けると、ハイテクのリーダー格のシスコシステムズも通常下落します。同様に、バンキングの巨人J・P・モルガン（JPM）は、銀行業界のトップリーダーで

> **HOT TIP**
>
> 本章でチャートを勉強するときは、紙を使って、チャートの右端からエントリー・ポイントまでを、目隠ししてください。そうすれば、仕掛ける前の状況を知ることができます。

す。$BKX.X（銀行指数）が下落すると、JPモルガンも一緒に下落すると想定できます。

　こう考えてください。$BTK.X（バイオテック指数）は行き過ぎの状態、つまりロールオーバーして第3ステージにあります。アムジェン（AMGN）とバイオジェン（BGEN）は、ともにバイオテックのリーダーです。バイオテックが下落すれば、アムジェンとバイオジェンも下落する可能性が高いのです。その場合、それぞれのチャートを見て弱気を確認してください。

　ここで、第10章とヘッド・アンド・ショルダーズのパターンを復習してください。その他すべての条件が整っていると仮定して、ヘッド・アンド・ショルダーズのパターンが現れている日足チャートでは、サポートの数分の1ポイント下で、またはネックラインを下抜けしたときに空売りすることを覚えておいてください。

　次の2つのチャート、図12.1と図12.2は、普通の芸のない第3ステージのロールオーバーから、第4ステージの下降トレンドに入っている様子を示しています。

空売りの指標──ブサイクなのがグッド！

　空売りする場合、すべての指標が弱気を示しているのが望ましい条件です。はっきり言って、「豚並みのブサイク」がグッドです！「ブサイク」とは、移動平均が下降し、オシレーターが買われ過ぎを示していることです。つまり、ロングの場合とその意味が逆転するのです。

出来高

　コンソリデーションまたは反落からのブレイクで買うときに、値上がりを保証する強い出来高を伴っているかをチェックすることは覚え

図12.1　この荒れ気味のPMCシエラ社（PMCS）の日足チャートでは、この半導体ネットワークシステム企業の株が9月の後半に新高値を付け続けることができない様子を見ることができる。週足、日足、日中足のいずれのチャートでも、新高値を付けることができないことは弱さのサインであり、ベアが狙いをつけていることを意味している。また、8/11～9/1にかけての上昇で、200ドル前後から245ドルに上がっていることにも注目。そのあと9/5～9/13にかけて、243ドルから198ドルへ下落し、前の上昇分をすべてご破算にしている。それは、この株に問題があることを示している！　下落の約50%を戻し、それからコンソリデーションし、下げに転じている。そこが第3ステージである。20日移動平均がまずは40日移動平均を下抜けし、さらに50日移動平均を下抜けし、追加の空売りシグナルを発している。RSIがOBVと並んで下降し始めている。10/3、株価は207ドルで寄り付き、199ドルのサポートを下抜けし、198ドルで引けている。スイングトレーダーとポジショントレーダーにとって、199ドルを下回ったときがショート・ポジションに入るチャンスだ。197ドルから183ドルのレンジにあるサポート領域に注目しておく必要がある。結局、哀れなPMCSはそこでサポートを得られず、10/11に151.69ドルまで下落した。株価が上昇より下落するスピードがのほうが速いことにも注目してほしい。強欲さより恐怖心やパニックのほうが強いからだ。この特性はたくさんのチャートで見ることができる！　この株は変動幅が大きいので、スイングトレーダーとポジショントレーダーは、10/13の最初の強気のサインが現れたとき、またはその前に、複数ポイントの利益を稼いでエグジットするといいだろう。OBVが売られ過ぎで、RSIが強気の乖離を示しているのも、空売りのエグジットを促すシグナルだ。利食いすべきタイミングだ！

図12.2 もうひとつの半導体株マイクロン・テクノロジー(MU)のこの日足チャートでは、ボリンジャーバンドが追加されている。また、煩雑さを避けるために50日と200日の移動平均だけが表示されている。50日移動平均をガイドとして使って、株価がロールオーバーするタイミングを判断してほしい。上昇していた50日移動平均が、8月末へかけて水平になっていることに注目。同時に、株価がトップを切り下げている。9/6に73ドルのサポートを下抜けし、7ポイント(アッレー!)ギャップダウンして71.25ドルで寄り付いている。ギャップは埋められる傾向があるので、大きくギャップダウンした日に翌日まで持ち越すポジションをとるのはリスクの高いプレーだ。翌日の9/7、株価は74.50ドルまで上がった。前日に建てられた一部のショート・ポジションは、早々とストップアウトされた可能性がある。9/8に、株価は71.50ドルで寄り付いたあと下落を始め、68.19ドルの安値を付け、結局69ドルで引けた。70ドル近辺のサポートを下抜けしたときが空売りのチャンスだった(1)。もちろん、半導体指数やナスダック総合なども同時に弱気になっているかを確認する。トレードに入ったら、200日移動平均が強いサポートになる可能性があるので注意して見守り、そのちょっと上で一部または全部を利食うといいだろう。もっと決定的な空売りチャンスが9/21に現れている。株価がギャップダウンして200日移動平均を下抜けし、57.50ドルの直近サポートまで下落したときだ。そこから、哀れなMUは続落し、チャート上には表示されていないが、結局28.50ドルの安値を付けた

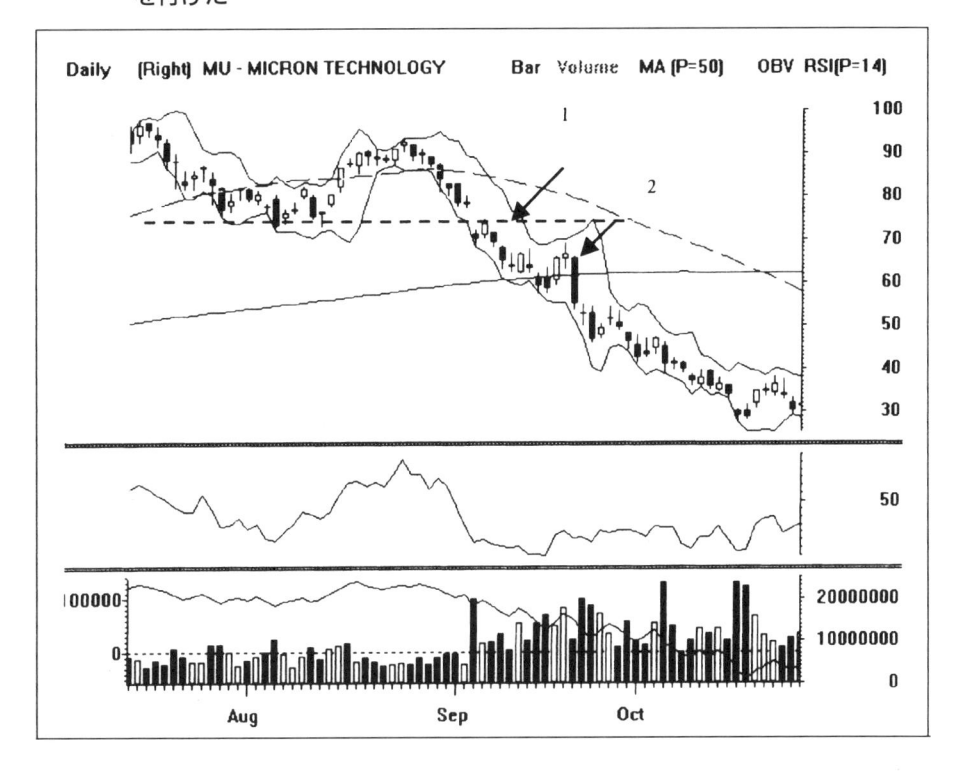

ていますか？　どうか、「イエス」と言ってください。空売りするときも、強い出来高に乗って入るのがベストです。とはいえ、株価は、少ない出来高でもきれいに下落します。少ない出来高は無関心を意味します。つまり、買い手たちはまるっきり興味を示さないので価格が下落するのです。

　例えば、あなたがビーチでビーズのネックレスを売っているとします。ひとりの女性が通りかかったので「ネックレス。たったの10ドルだけど？」と声を掛けます。返事がありません。「安くしますよ！」……彼女は振り向きもしません。「それじゃ！　半額でどお？」……売れません。

　ほかの通りすがりの人たちも、関心を示しません。あなたは、冷淡に目をそらされるたびに、ネックレスの値段を下げていきます。

　私が何を言いたいか分かりますか？　パニック売りは株価を急落させますが、無関心と冷淡さも、その様子はずっと地味ですが、株価を押し下げるのです。

移動平均

　空売りするには、株価より上にメジャーな移動平均が位置していて、下降トレンドに入っている株を見つけます。上昇トレンド中に反落したときに各移動平均がサポートになるように、株価が下降トレンド中に反発したときには各移動平均がレジスタンスになります。頭上の移動平均は、かなり強いガラスの天井になります。

　また、短期の移動平均が長期の移動平均を下に抜けると、弱気シグナルになります。例えば、20日移動平均が50日移動平均を下抜けして下落し続けたら、それは大きな弱気のシグナルです。

RSI（相対力指数）

　RSIは70より上で、買われ過ぎを示しているのが理想です。下向き

なら、確認の補強になります。RSIの弱気乖離とは、株価が上昇しているときに、RSIが下降していることを意味します。その場合、株価をモニターして弱気のサインに目を光らせましょう。

OBV（オン・バランス・ボリューム）
OBVは下降トレンドにあることが必要です。

ボリンジャーバンド
第9章に戻って、この便利なツールについて復習してください。株価は、上方ボリンジャーバンドに到達すると、やがて下方ボリンジャーバンドまで下落する運命にある、という前提で使用します。もし上方ボリンジャーバンドを上抜けしたら空売りしてはいけません。それは強気シグナルです。ほかのすべての指標が弱気なら、ボリンジャーバンドを使用しましょう。20日移動平均より上で取引されている、行き過ぎ状態の株価に関して、最も正確なシグナルを示すことを覚えておいてください。急傾斜の下降トレンドにある株は、下方ボリンジャーバンドまで下落する傾向があるので、弱気シグナルになります。

注文のタイミング

ターゲットにしている株が、サポートより数分の1ポイント下へブレイクしたとき、空売りオーダーを入れましょう。値動きの速い株の場合は、株価がサポートを下抜けすると同時にオーダーを入れます。

オンラインブローカー
株価の下落がゆっくりな場合、ビッドの0.01から0.04上でリミットオーダーを入れます。株価の下落が速い場合は、ビッドの0.25から0.30下で空売りのリミットオーダーを入れます。

レベルⅡプラットフォーム

　矢印（緑＝上／赤＝下）を見て、アップティックかどうかを判断します。株価がゆっくりと下げている場合は、インサイドオファー価格で空売りのリミットオーダーを出します。急降下している株の場合は、インサイドビッドより0.01から0.05上でリミットオーダーを出します。緑色の矢印が点灯してアップティックが成立した瞬間に「空売り」ボタンを押しましょう。ちなみに、レベルⅡスクリーンの上端近くにある矢印が緑色に点灯するとアップティック、赤色だとダウンティックです。ほとんどのレベルⅡシステムでは、赤色のダウンティック矢印が点灯している場合、インサイドビッド価格で出された空売りオーダーは自動的にキャンセルされます。

すぐに買い戻しのストップロスを設定する

　次に、その日の高値の0.25から0.50上に自動的な買い戻しのストップロスを設定します。あるいは、第10章で説明したポイントまたはパーセンテージ方式のストップロスを設定します。

空売り戦略——行き過ぎの株

　これまでは、株価が第3ステージから第4ステージに下がるときにショートポジションに入るという、最も常道的な空売り戦略を説明してきました。ポジショントレーダーは、下降トレンドを抜けるまで保有し、エグジットします。スイングトレーダーは、レジスタンスまで反発するたびに空売りし、下降トレンドの途上で何回もトレードを繰り返します。賢明なトレーダーは、2日から3日下落が続き、次のサポートレベルの1から2ポイント上にきたところで、ショートをカバーしてエグジットします。

　それとは別に、アドレナリンが豊富な方や、マウスさばきにたけて

いる方は、空売りのターゲットとして行き過ぎている株を見つけましょう。これはスイングトレード戦略で、ハイリスクなプレーです！注意深くモニターし、自動的な買い戻しストップをブローカーに出せるトレーダーだけがやるべきトレードです。

　日足チャート上で、第２ステージの上昇トレンドにあって、20日移動平均のかなり上を、叫び声を上げながら上昇している株を探します（注　健全な上昇トレンドの途上にある株を空売りするのとは違います）。上昇トレンドの角度が急なほどベターです！　その株が行き過ぎであることを確認するために、株価パターンを過去６カ月間以上チェックしましょう。20日移動平均まで下げ戻る前に、20日移動平均から何ポイントぐらいまで上げているでしょうか？　メジャーな移動平均は、磁石のように機能することを覚えておいてください。ポイント幅で、少なくとも過去と同じ程度に行き過ぎていますか？　行き過ぎているほどベターです！

　その株が属する産業セクターをチェックしましょう。産業セクターも行き過ぎていて、調整に入りそうなときが、最高の空売り場面です。

　次に、弱気の最初のサインを待ちます。そのサインを見つけたら、突撃の準備をします。前日のローソク足が、上に長く伸びた、レンジの広い実体で、今日、大きな出来高を伴ってイグゾースチョンギャップのギャップダウンをして寄り付いたら。理想的な空売り場面です。

　ローソク足については、もうひとつ望ましいパターンがあります。上昇トレンドのなかで株価が急上昇していても、前日のローソク足が、迷いと買い手の上値買い意欲の減少を示す、同事を形成している場合です。図12.3は、ここで説明した２つの基本的なローソク足パターンを示します。

　エンターする前に、マーケットが開いてから数分間、値が付くの待ち、いきなりギャップが埋められてしまわないことを確認しましょう。弱気を確認して、空売りのリミットオーダーを入れます（ギャップ時

図12.3　2つの空売り向きの行き過ぎ株のフォーメーション

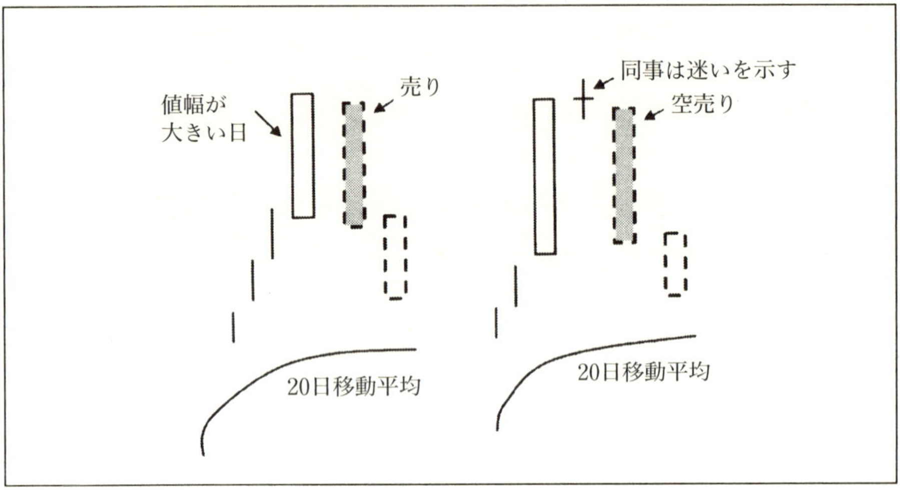

値幅が
大きい日
売り
20日移動平均
同事は迷いを示す
空売り
20日移動平均

のエントリーについては後で詳しく説明します)。

このテクニックの場合、とても変動の大きい株を相手にするため、すぐに買い戻すようにしましょう。以下の場合に、ショートをカバーします。

◆直近のサポートに近づいたとき。

◆最大で２～３日間下落しているとき。

◆複数ポイントの利益が乗っているとき。十分に儲かっているなら、１日でポジションを手仕舞っても何にも悪いことはありません。

変動が激しい状況なので、早めに利食いしてしまい、チャンスを十分に生かせないこともあるでしょう。私のアドバイス？　忘れることです！　チャンスを逃すことは、踏み上げ（ショートスクイーズ）につかまるよりずっとマシです。

各種指標

- ◆出来高──前述したように、下落時の出来高は株によってさまざまです。しかし、この場面では、大きな出来高（パニック売り）が株価の下落を速めるため、短期に複数ポイントの利益を得ることができます。
- ◆移動平均──20日移動平均など、すべてのメジャーな移動平均よりかなり上で取引されます。
- ◆RSI──売られ過ぎ。
- ◆OBV──下降。
- ◆ボリンジャーバンド──株価が上方バンドに到達しているか、近づいているが、突き抜けることはできない。

空売り戦略──行き過ぎのダブルトップ

　ダブルトップの反転パターンに発達する可能性のある、レジスタンスまでの反発で空売りを仕掛けるのは、事実上、行き過ぎの株の場合と同じ空売り場面です。

　この場合も、月ロケット級の上昇に乗って値を上げ、大幅に行き過ぎている株をターゲットにします。その株が最初の行き過ぎた高値を付けたときに、目をつけることもできるかもしれません。それがサポートまで反落し、それから反発して中央の転換点を形成します。それから上伸を再開します。直近高値がレジスタンス（供給）として働き、買い方が再びそれ以上の上値買いを拒否します。

　その他のすべてのシグナルがゴーサインなら、最初の弱気のサインで空売りし、前述した買い戻し

> **HOT TIP**
>
> 下落している株に、長くしがみついていてはいけません。複数ポイントの利益が乗っていて、自分の〝豚鼻〟が鳴り始めたら、利食いましょう！

図12.4　このマイクロソフト（MSFT）の日足チャートでは、このハイテク株が6月中旬から7月中旬までほぼ一本調子で上げているところに注目。7/16に、1ポイント上放れして95.50ドルで寄り付き、クライマックス的な出来高を伴って100ドルまで上昇した。20日移動平均を10ポイント近く行き過ぎているところ（矢印）に注目してほしい！　こんな行き過ぎの株を見つけたら、弱気が現れるのを待ってエントリーしよう。翌取引日の7/19、100ドルで寄り付き、100.75ドルに上がり、それから下がり始めて97.75ドルまで落ちた。前日終値の99.50ドルを下回ったときが、ストップロスを101ドルときつめに設定して、空売り手たちがスイングトレードのためにエントリーすることができる場面だった。翌日の7/20、2ポイント下放れして寄り付いたあと96.50ドルまで下落し、20日移動平均を下抜けた。92ドル前後にある7月初旬からの直近サポートに注意してほしい。8/10に81.63ドルの底値を付け、それから回復に転じている

のストップロスを設定しましょう。各種指標の値は、行き過ぎの場合と同じです。

　図12.4、図12.5、図12.6の各図は、行き過ぎでの空売りとダブルト

第12章●勝利をもたらす空売り戦略

図12.5 このソヌス・ネットワークス(SONS)の日足チャートでは、ダブルトップに注目。最初のトップは7/25、20日移動平均の17ポイント上の85ドルの高値を付けたときである！ 8/8には、20日移動平均の14ポイント上の94ドルまで跳ね上がっている。その日は、私が推奨する空売りスイングトレードの最大保有期間でもある3日間連続で下げ続けている絶好の空売り場面でだった。8/10の大引けに痛めつけられたこの株は、直近サポート近辺の65.33ドルまで下落し、複数ポイントの利益が乗っている。ここで利食いだ！ もちろん、経験豊富な空売り手だったら、この下降トレンドで空売りチャンスはもっと見つけられる。あなたは見つけられますか？

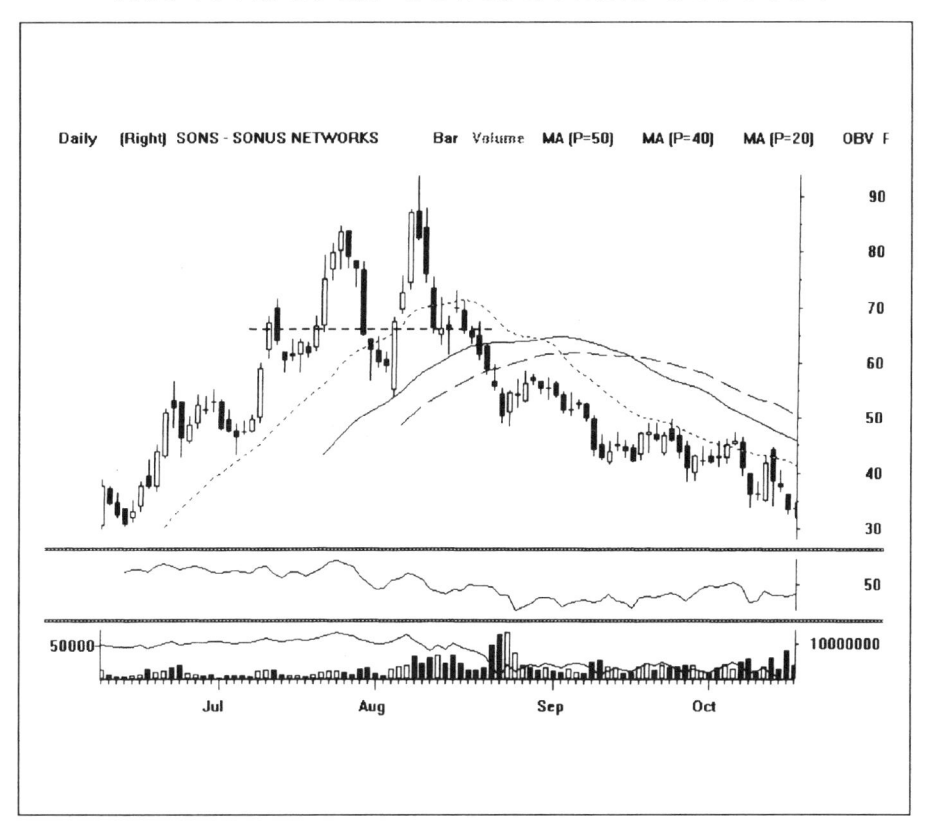

ップでの空売りの状況を示します。

ダブルトップは反転パターンなので、トップの転換点で空売りする必要はないことを覚えておいてください。サポート（「M」の中央の

図12.6 変動幅の大きいハイテク株シーベルシステムズ(SEBL)のこの日足チャートでは、3つのトップがすべて行き過ぎのきれいなトリプルトップを見ることができる。哀れなこの株は、それらトップの半値まで下落した。ダブルトップが弱気なら、トリプルトップは「死ぬ気」だ！ 11月の最後のトップまでは、50日移動平均より上をきれいに歩いていることに注目。しかし、いったん移動平均を下抜けしたら、宴は終わりだ。その下落は、私たちにレッスンを与えるぐらい大幅だった。下降トレンドは上昇トレンドと比べて変動が大きく、節度がないのが普通だ。この株のように変動幅の大きい株を空売りするときは踏み上げにつかまらないように、短期間で手仕舞うことだ。3つめのトップの形成によって、新高値を付ける余力がないことが明らかになった。前日安値の119.31ドルのすぐ下で、ストップロスを120ドルにきつめに設定して、空売り手たちがエントリーできる場面でだった

転換点の水準)が最後の下落を支えきれずに下降トレンドに勢いがついたときに、スイングとポジショントレード向きの空売り場面が形成されます。

余談ですが、図12.4には、マイクロソフトをロングサイドで保有している人たち向けのレッスンが存在します。例えば、上昇トレンドに突入した6月中旬に買ったとします。7月16日には、クライマックス的な出来高を伴って新高値を付け、20日移動平均のはるか上の「鼻血ブー」領域で取引されています。それが利食いシグナルです。まず、一本調子で上がるものは、一気に下がります。次に、100という価格はサイコロジカル的に大きなターゲットです。100より上を付けたと思ったらすぐに下落する株は、しばらく下降トレンドに入る傾向があります。

空売りトリガーリスト

　空売りトリガーリストを示します。幾つかの項目は、重複していると感じるかもしれません。でも、空売りの条件はたくさんあるので、これでも要約にしかすぎません。リスト上のすべての項目がひとつ残らず当てはまらなければトレードできないわけではありませんが、できるかぎりたくさんつぶすようにしましょう。多くの条件が整っているほど、リスクは下がり、財布は厚くなるものです。
　以下が空売りトリガーリストです。
　１．マーケットのコンディション、つまりダウやナスダックが弱気。
　２．ターゲットにしている株が、不況産業に属する遅行株（例外　弱気相場では、先行株が最も速く下落することがあります）。
　３．企業のファンダメンタルズがお粗末。
　４．産業グループがエントリーの日に下降トレンドにあって弱気。
　５．株価が第3ステージのロールオーバーを形成し、サポートをたたいているか、日足チャート上で下降トレンドに入っている。あるいは、大幅に行き過ぎていて、イグゾースチョンギャップしているか、ブレイクダウンしている。

6．強い出来高を伴ってブレイクダウンしているのがベストだが、必ずしも必須ではない。

7．メジャーな移動平均より下で取引されていて、それを上抜できない。あるいは、20日移動平均のはるか上で取引されている行き過ぎ状態（スイングトレードのみ）。

8．RSIが70を超えていて、下向きか、下降トレンドを描いている（売られ過ぎでない）。

9．OBVが下落しているか、下降トレンドにある。

10．ターゲットにしている株が、その日の始値より下で取引されていて、下落している。一般的な空売りシグナルは、サポートまたは前日安値より0.25から0.50下で取引されていること。

空売りの秘訣——FAQ（よくある質問）

「ターゲット株が、私のエントリー価格を飛び越して、寄り付きでギャップダウンしてしまったらどうすればいいのでしょうか？」 あなたが空売りしようと待ち構えている株が、寄り付きで0.50以上ギャップダウンした場合、すぐに上げ戻してそのギャップを埋めないことを確認するために、15分から30分待ちましょう。それから最初の30分間の安値より0.25下ぐらいで（追いかけないこと！）空売りしましょう。

「上昇トレンドで上がっている株の反落を利用して空売りできますか？」 もちろんです。もしあなたがアドレナリンを大量に燃やすことに喜びを感じるなら……ですが。ただし、強い株を空売りすることは、私はお勧めしません。その主な理由は踏み上げです。

踏み上げの定義。例えば、コソコソソフトウエア株を空売りするとします。ナスダックは弱気、コンピューターソフトウエアセクターも弱気、そしてコソコソソフトウエアも仲良く下落します。突然、ナス

ダックがUターンして急上昇。コソコソソフトウエアは急ブレーキで止まり、サポートを得て、上昇に転じます。空売り手たちはポジションをカバーしようと必死に買いに走ります。

そのとき、買い手が買っています。空売り手も買っています。上昇を減速させる供給（売り注文）がマーケットに少ないため、株価が叫び声を上げながら一本調子で上がっていきます。株価の早期警戒シグナルを見落とした空売り手たちは、カバーするために値上がりを数段階追いかけて「スクイーズ」（踏み上げ）に会い、利益を吐き出したり、損失を被ることになります。

愛する人にスクイーズされる（抱きしめられる）のは楽しいことですが、ショートスクイーズは楽しいどころではありません。そういうスクイーズは、上昇トレンドにある強い株を空売りしたときに、最も起こる可能性があります。

「空売りを利用してヘッジできますか？」　もちろんできます。ヘッジの方法はたくさんありますが、シンプルな方法をお教えしましょう。www.holdrs.comにアクセスします。HOLDRSはAMEX（アメリカン証券取引所）で取引されている株で、それぞれが特定のセクター内の複数の株が盛られたバスケットになっています。HOLDRSの優れているところは、ダウンティックでも空売りできることです。

「HOLDRS Outstanding」をクリックして、どういうセクターがあるか見てください。例えば、ブロードバンド株のコムバーステクノロジー社（CMVT）300株を買い持ちしているとします。その株価は、あなたが設定したストップロスポイントからかなり離れています。それでも、ブロードバンドセクターは下げていて、まだ数日間下げ続けそうな様子です。あなたは、下げが続いている間、BDH（ブロードバンドHOLDRS）を空売りしておき、セクター回復の最初のサインで買い戻します。そうすれば、調整中も損をしないどころか、利益を増やすことができます！　（警告　HOLDRSには出来高の少ないも

のもあります。1日100万株の出来高のある株だけをトレードして、リスクを低く抑えましょう）。

以下の指数株も、ダウンティックで空売りできます。

- ◆DIA（Diamonds Trust Series 1 Index）──ダウジョーンズ工業指数と連動。
- ◆SPY（Standard & Poor's Depositary Receipts）──S&P500指数と連動。
- ◆QQQ（Nasdaq 100 Trust Series 1 Index）──ナスダック100と連動。

ご覧のように、ひとつのセクターをターゲットにする必要はありません。例えば、ブロード指数のS&P500と連動しているSPY（トレーダーの間では「スパイダーズ」と呼ばれている）を空売りできます。

皆さんがこの空売り学習マラソンを楽しまれたことを望みます。次の章では、実際のトレードをステップ・バイ・ステップで体験することになります。そして自分を誉めてあげてください。あなたは知識豊富なトレーダーへの道を順調に歩んでいます！

クイズ

1．株価が上昇時の3倍の速さで下落する傾向があるのはなぜですか？

2．空売りを始めたばかりのときに、「出血性の潰瘍」を避けるために役立つ2つの「予防薬は」？

3．アップティックルールを説明してください。

4．「ダウンティック」とは何ですか？

5．主要取引所で取引されている株はすべて空売りできる。○か×か？

6．空売り注文を出すとき、自分が所有していない株を売っています。その株はどこから来るのですか？

7．空売りの候補として適している株の条件をひとつ挙げてください。

8．数ポイント、アップティックにならない可能性のある、急落している株をターゲットにする場合、注文が執行される確率をどうやって上げることができますか？

9．ポジショントレードまたは最初のスイングトレードのために、空売りする株を物色するときのポイントとなる、パターンをひとつ挙げてください。

10．ポジショントレーダーが、株価が下降トレンドを開始したときに空売りしました。そのショートをカバーして利食いするのに最も適しているのは、どういうタイミングですか？

11．空売り向けに行き過ぎている株を物色しているとき、最初に探すシグナルを幾つか挙げてください。

12．空売りの条件がすべて整っていると仮定して、ダブルトップを形成している株の空売り注文はいつ出しますか？

13．空売りとして理想的なRSIの値は？

14．空売りとして理想的なOBVの向きは？

解答

1．株価が上昇するより下落するのが速いのは、恐怖とパニックが欲望より強いからです。
2．空売りに慣れないうちは、50株から100株程度の小さなロットで、動きの遅い、出来高の大きい株だけをトレードしましょう。NYSEの株が理想的な候補になるでしょう。
3．アップティックルールは、アップティックまたはゼロプラスティックの場合にだけ空売りできると規定しています。ダウンティック時には空売りできません。
4．株価は、直前の取引より1刻み安値で取引されたときにダウンティックを形成します。
5．×。
6．空売りするために、ブローカーから株を借ります。
7．企業が悪い材料や決算を発表する。
8．弱い、急落している株は、サポートより下で取引されるまで待たずに、サポートを下抜けしたときに空売りします。
9．第3ステージのロールオーバーを経て、第4ステージの下降トレンドに落ちようとしている株を探します。ヘッド・アンド・ショルダーズが理想的です。
10．トップ値を切り上げることによって、下降トレンドをブレイクしたとき。
11．ターゲット株がサポートから1ポイントの数分の1でも下回ったら、空売り注文を出します。値動きの速い株の場合は、株価がサポートを下抜けると同時に注文を出します。
12．最高の行き過ぎの空売り候補は、急傾斜の上昇トレンドにあって、日足チャート上で20日移動平均のはるか上で取引されていて、属する産業セクターと一緒にかなりの買われ過ぎの状態でなければなりませ

ん。
13. 空売りとして最高のRSIは、70を超えているか、(30未満の売られ過ぎ領域外で) 下向きか、その両方。
14. 下、下、下向き。

センターポイント

私たちの心の奥底にある恐怖は、自分が無力であることではありません。私たちの心の奥底にある恐怖は、自分が計り知れないほどの力を持っていることです。──マリアンヌ・ウィリアムソン

恐怖心を払いのけ、自分の光を輝かせよう

　欧米社会においては、ほとんど生まれたときから、自分のユニークな才能とかかわりを持たないように教えられます。私たちの文化では、「自画自賛」する人間は生意気で、思い上がっていると決めつけられます。そういう人間は鼻もちならない「エゴイスト」なのです。

　私たちは、その教えを心に深く刻み込みます。誉められてもそれを否定するだけでなく、自分自身でも、天賦の才能を軽んじたり、その価値を認めないようにします。自分がほかの人たちのように優れても、賢くも、魅力的でもないことを頭に植え付けるための、マインドコントロールテープを繰り返し再生して聞くのです。私たちが自分のビジョンを行動に移したがらないのも、これでは無理からぬことです。私たちは、いつも、恐怖心から出発し、恐怖心を抱きながら暮らし、自分の展望を恐怖心によって描いているのです。

　恐怖心は、自分のユニークな、本来の自分を明らかにすることを妨げる心の状態です。それは、でっち上げられた制約に自らを拘束し、自分たちに与えられている、あらゆる素晴らしい可能性に触れたり、味わったり、学ぶことから私たちを妨げているのです。

　私たちの恐怖心は、自分の快適ゾーンの外にあるすべての人とすべてのものに向けられています。私たちは、自分の目の周りに側面目隠しをつけ、リスクを避け、耳を傾け同意してくれる人がいれば愚痴をこぼし、自分の夢の実現をためらったり、あきらめるのを自分以外の

せいにしようとするのです。

　いつの間にか、世界が自分をどう扱うかは、自分が選んでいるということを忘れてしまうのです。私たちは、キャンバスを自分でつくっているのです。私たちは、自分の人生を、不安と恐怖でも、喜びと愛と充足感で満たされた筆使いでも描くことができます。どちらにしても、私たちは、自分が選んだことを体験することになるのです。

　この精神的・感情的な恐怖の泥沼から、どのようにしてはい上がることができるのでしょうか？　チャールズ・デュボワは「重要なことは、いかなるときでも、将来の自分の可能性のために、現在の自分を犠牲にできることだ」と言っています。

　私たちは、自分自身を見つめ、経験するための、古いやり方を捨てなければなりません。「自分にはそれはできない」という言葉が自分の考えや唇から漏れたら、「私にはそれができる、おまけにきっと楽しくなるぞ！」に変えるように努めましょう！

　恐怖心を払いのけ、真の自分を大切にしましょう。私たちは、自分の最高の可能性に向かって発せられ、広がる、輝く光なのです。私たちの才能は、その可能性を実現するためのツールなのです。その才能を磨き、自分の人生のあらゆる領域で輝かせましょう！

第13章
トレードの構造
Anatomy of a Trade

マーケットでプレーをするには、自分の考え方に凝り固まっていてはいけない。新しい考え方を受け入れる柔軟性が必要だ。
——ジェシー・リバモア

　トレーディングに関する本を読んだり、セミナーを受けたりすると、私もそうですが、著者や講師たちはチャートを示しながら「この株をトレードするなら、こういう状況で、ここで買って、ここで売りましょう」と、さも簡単なことのように説明します。簡単そうに聞こえますが、エントリーからエグジットへの旅路は、実際には簡単とはほど遠いものです！

　買った瞬間から売る瞬間まで（あるいはその逆でも）、株・セクター・マーケットは、あっちへこっちへと転がり回ります。あなたは頭のなかで無数の選択肢を比較熟考し続けなければなりません。

　「あれー。あたしの株が下がってる。セクターも。だけどマーケットは上がってる。どうすればいいの？」

　「ワーイ。僕の株がレジスタンスを突破したあ！　ここで半分利食いしちゃおうかな。それとも全部利食いすべきかな。全部しちゃうと、大儲けできるチャンスを逃しちゃうかもしれないし」。（天を一瞬仰いで）「僕はどうしたらいいの？」。

　「イヤーン。私の株が下落してる！　あと半ポイントで売りストップになっちゃう。でも悪い材料が見当たらない。いったい何が悪いの？　ストップされるまでただ見ていていいの？　それとも今エグジットして半ポイントでも救うべきなの？　助けて！」

あなたは小さな損を被るかもしれないし、がっちり利益をものにするかもしれません。いずれにしても、スタートからゴールまでの旅路で、たくさんの選択を行うでしょう。

本章では、スイングトレードの旅を体験します。実際のチャートを使用して、私がどのように考え、どのように行動したかを説明します。あなたは実際のチャートを前もって見ることになります。トレード日誌は、私が日々どのように考え、行動したかを詳細に示しているので、特定の状況で私がどのように行動するか分かっていただけるでしょう。私のスタイルである「熟考と決断」は、あなたとはもちろん、地球上のあらゆるトレーダーとも異なっていることを頭に入れておいてください。あくまでガイドラインとして活用してください。

ターゲットにする産業セクターを見つける

NYSE（ニューヨーク証券取引所）やナスダックなどのマーケットの現在のムードについては、分かっていると仮定してスタートしましょう。投資家向けチャンネルなどの情報源を利用すれば、「ここのところ、石油と製薬が主役を演じており、ハイテクは出遅れている」というような表現で、マーケットの中心にある産業セクターに関する最新情報を継続的に入手できます。

ですから、ターゲットにする産業セクターを特定し、忘れずに「もし、なら／たら」ロジックを駆使してそのセクターに的を絞りましょう。それには、各セクターのチャートをじっくり検討して、最適と思えるセクターを見つけます。本書のなかで前述したように、「ウオッチリスト」内を産業セクターに分け、それぞれに5銘柄以上の主要株を含めるといいでしょう。

自分のウオッチリストを簡単に立ち上げる方法は、第12章で言及したHOLDRSを利用することです。www.holdrs.comにアクセスし、

「HOLDRS Outstanding」をクリックします。AMEX（アメリカン証券取引所）で取引されているセクターに対応するHOLDRS株の一覧が表示されます。各HOLDRSをクリックすると、組み入れられている上場株が表示されます。セクターとしては、ソフトウエア、テレコミュニケーション、インターネットアーキテクチャー、製薬、バイオテック、地方銀行、石油サービスなどなどがあります。

毎週金曜日に、インベスターズ・ビジネス・デイリー社（IBD）が「Weekend Review」を発行します。これは Industry Group Relative Strength Ratings を基準としたトップパフォーマー銘柄のリストで、ウオッチリストを立ち上げ、維持していくためのもうひとつの大切な情報源になります。さらに、一部の終値チャートプログラムでは、主要産業の主要株が設定されています。

あと、私のウエブサイト（www.toniturner.com）にアクセスして、「Sectors＋Stocks」をクリックしてみてください。各セクターとそれぞれに属する主要株のリストがあります。リストは常時更新されています。これは読者の皆さんへの無料サービスです。ぜひ利用してくださいね！

準備

では、具体的な例を見てみましょう。

トレードの期間——2000年の1月20日から2月22日。この日付自体は重要ではありません。重要なことは、株価パターン、株と関連指数との相互関係、損を小さく抑えて儲けを大きくするための行動です。

セクターは、ネットワーキング。株価の動きと並行してウオッチしていく指数は、ネットワーキング指数の$NWX.Xです。

銘柄は、ジュニパーネットワークス社（JNPR）。ISP（インターネットサービスプロバイダー）などの電気通信事業者向けに、インタ

図13.1 このネットワーキング指数(NWX)の日足チャートで見ることができるように、私たちが見ていくトレードに先立つ数カ月間、穏やかな上昇トレンドを描いているが、1月の初旬に50日移動平均まで下げて調整している。1月中旬にレジスタンスまで上がり、再び50日移動平均のサポートをたたく。それからナスダック全体と一緒に反発し、2月中上がり続ける。2月中旬に指数が上昇しているのに、RSIが下降を始めているところに注目してほしい。弱気の乖離だ。賢明なトレーダーならこれを察知して、2月末まではトレードを手控えて安全地帯にいるだろう。やがて、RSIがその正しさを証明することになる

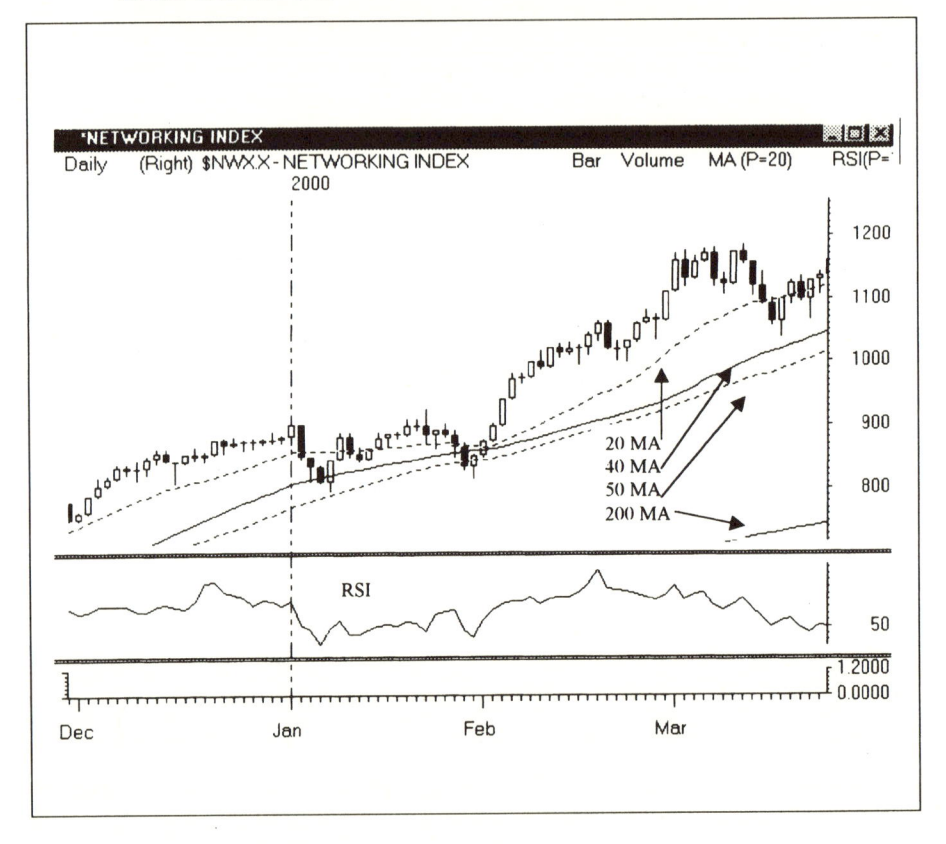

―ネットインフラストラクチャーソリューション（ルータ）を提供している企業です。2000年の1月から2月の期間のIBDファンダメンタルズ情報は今では入手できないため、同期間中のこの株は、ランキング的には良好だったと仮定します。

図13.2 このジュニパー・ネットワークス社（JNPR）の日足チャートはこの期間中、この株が属しているNWXより強気であることを示している。1月まで続いてる幅の狭いベーシングに注目してほしい。最高のフラットなベーシングである。「フラット」なベーシングがダブルボトムやカップ・ウィズ・ハンドルなどの反転パターンを形成することはまずあり得ない。横ばいに動くだけで、変動幅はせいぜい10～15％だ。このようなコンパクトなベーシングは、スイングとポジションのトレーダーに絶好のチャンスを提供する。1月の第2週と3週に、株価が比較的フラットなのにもかかわらず、出来高が増加していることに注目してほしい。その出来高増はアキュムレーションのシグナルだ。また、同じ期間中のRSIとOBVの強気乖離も見てほしい。これらシグナルは声を合わせて「注目、もうすぐ楽しいパーティーが始まるよ！」と叫んでいる（この株は上場間もないため、この期間中の200日移動平均線はない）

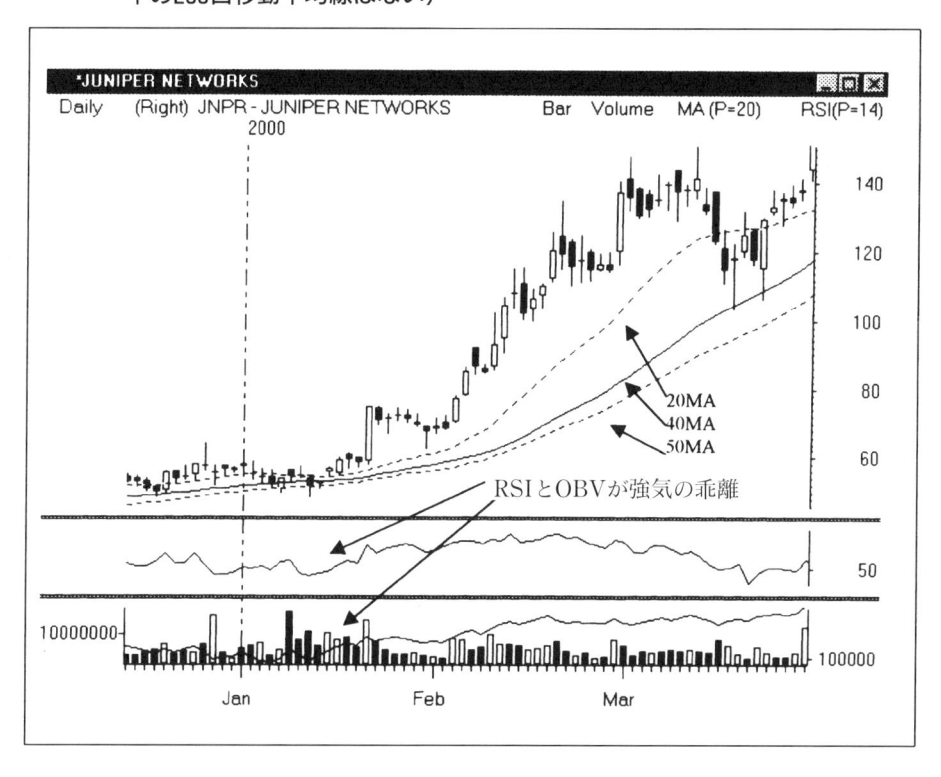

このセクターと銘柄を選んだ理由は、$NWX.XとJNPRが、この期間に先立つ数カ月間に、傾斜が浅いとはいえ、節度のある上昇トレンドを着実に描いて上がっているからです（節度のあるベーシングの

図13.3 このナスダック100指数(NDX)のチャートとネットワーキング指数の図13.1が似ていることに注目してほしい。このチャートでも、見事に移動平均に沿って上がり、下落しても50日移動平均でとどまっている。この指数が行き過ぎの領域まで上昇する兆候を発する3月まで、NDXはきれいな節度のある上昇トレンドを描いている(3月のRSIの弱気乖離に注目。指数が新高値を付けているときに、RSIが下降している。これはトレーダーと投資家たちに対する大きな警告である)。スイングとポジションのトレーディングにおあつらえ向きの状況だ

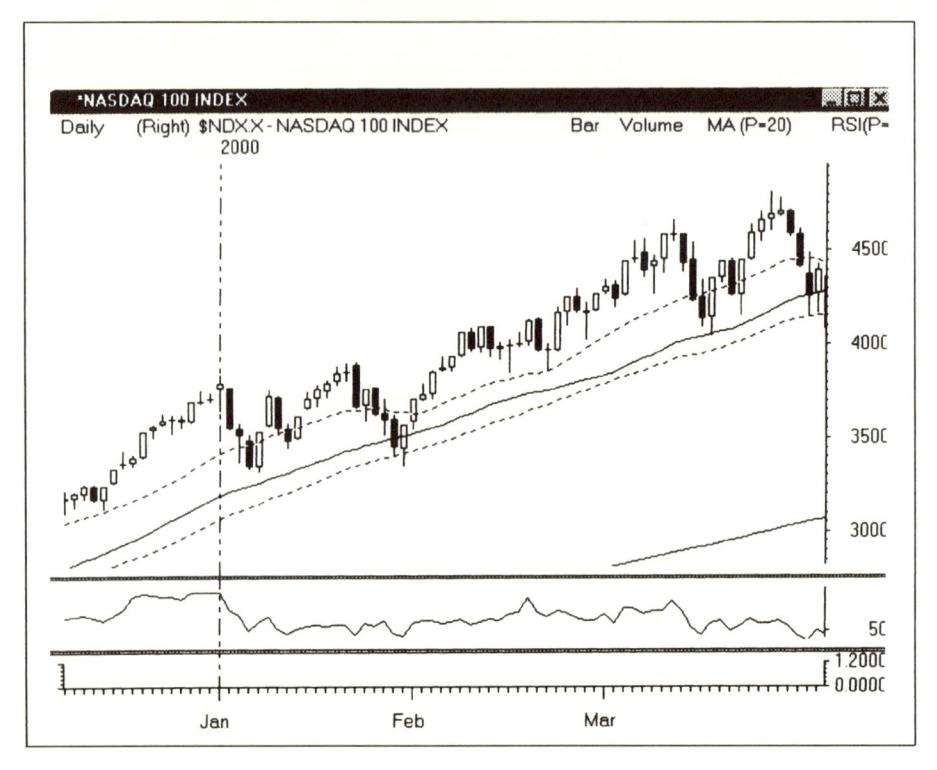

状態であっても申し分ありません)。ナスダック100指数も健全な上昇トレンドを描いていて、減速の兆候もなく、スイングとポジションのトレーディングにとって完璧な状況でした。図13.1、図13.2、図13.3の各図は、各トレードを行った期間中の$NWX.X、JNPR、ナスダック100指数の推移を示します。

旅の日誌

　1月18日。ついに始まりました！　過去数カ月間、ネットワーキング指数がすいすいと上昇するのを見て、私は幅の狭いベーシングを横ばいに推移しているジュニパーネットワークス社（JNPR）をターゲットに選びました。今日、この株がレジスタンスを突破したのです。ベーシング中の直近高値は58.90ドル前後なので、エントリーポイントを59ドルに設定しました。このセクターが強気であることを示すように、NWX（ネットワーキング指数）も同様に上げ、その日の高値885ドルで引けています。ナスダック100指数もその日の高値近辺の3705ドルで引けています（すべての指数は小数点以下を四捨五入してあります）。

　株価が大きな出来高を伴ってレジスタンスを上抜けしたらすぐに、JNPR300株を59.15ドルで買いました。暫定的なストップロスオーダーを先日終値の57.15ドルの下、56.50ドルに設定しました。それだけの幅があれば小さな揺れがあっても大丈夫だし、明日に値上がりしたらすぐにストップを上に移動するつもりです。JNPRは変動幅が大きい株なので、ストップロスを近くに設定し過ぎると簡単にストップアウトされてしまいます。また、昨今のマーケットメーカーたちは、株価を小数点以下の幅で操作するのを好んでいるようです。たくさんのストップロスが、0.25ポイントぐらい下でひしめいているのを知っているからです。ストップアウトされた株をマーケットメーカーたちが買った後で、株価が再び反発することがあります。マーケットメーカーたちは、そこで高値で売って差額を懐に入れているのです。

　JNPRの次のレジスタンスは、12月28日に設定されている高値の64.06ドルです。

　リスクリターン・レシオを計算します。リスクは－2ポイント（59.15－57.15）、期待できるリターンは約5ポイント（64.06－

図13.4 エントリー・ポイントを探るためにベーシングをウオッチするときは、各トップより上に水平のトレンドラインを描こう。それから、ほかのトリガー・シグナルがすべてゴーなら、そのレジスタンスの0.13から0.25上に買値を設定する(これは1・2・3ポイントの1)。エントリー日のチャートの様子を再現するために、チャートの右端から1/18までを紙などで隠してみてほしい。それから1日ずつずらし、どのように動いたかを体験してほしい

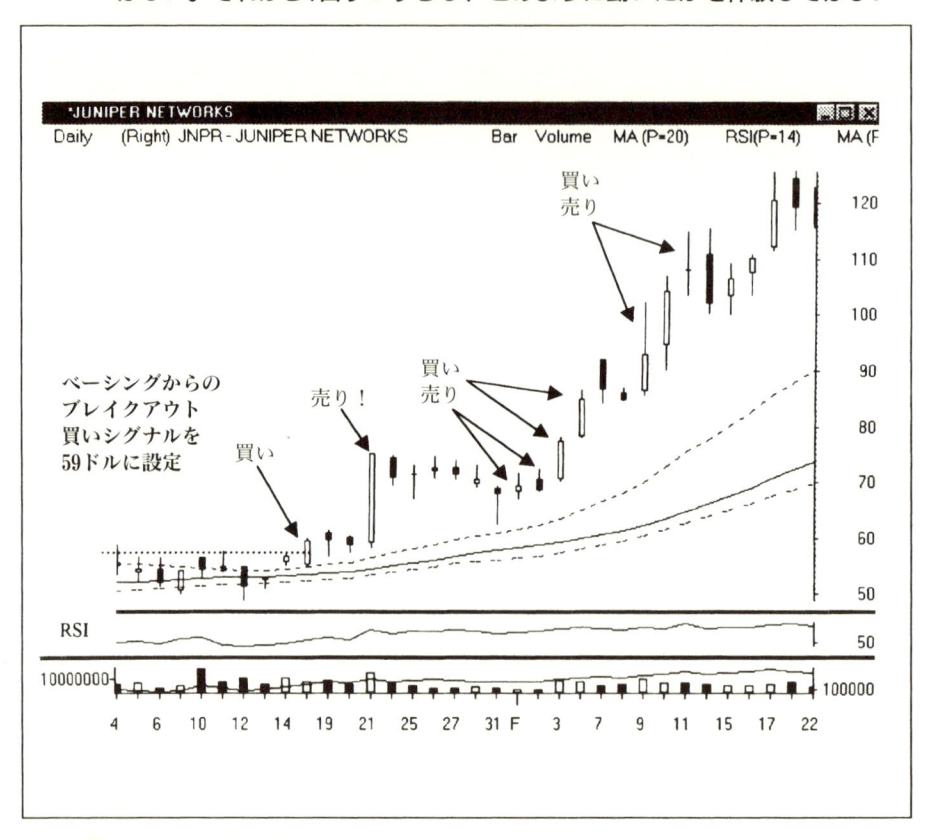

59.15) ですから、比率は1対2.50になります。

　64.06ドルを突破してしまうと、それより上には青い空しかありません！　おまけに、日足チャートは最高です。株価は20日移動平均上に居座っていて、極上のベーシングからブレイクアウトしようとしています。RSI（相対力指数）は強気乖離を描いたばかりだし、OBV（オン・バランス・ボリューム）は出来高増大を伴ってきれいに上げ

360

図13.5 このネットワーキング指数のクローズアップ版の日足チャートでは、ダブルボトムを見ることができる。あなたには見えますか？（ヒント＝1月7日と31日の転換点に注目） 買いシグナルの日に株価が20日移動平均上にあり、レジスタンス突破の準備ができている様子に注目。その日の20日移動平均は横ばいだが、40日と50日の移動平均は上昇している。これは強気のサインだ。1/31からトレードを手仕舞う2/11まで、株価はきれいに上昇し、それから行き過ぎ状態に入っている

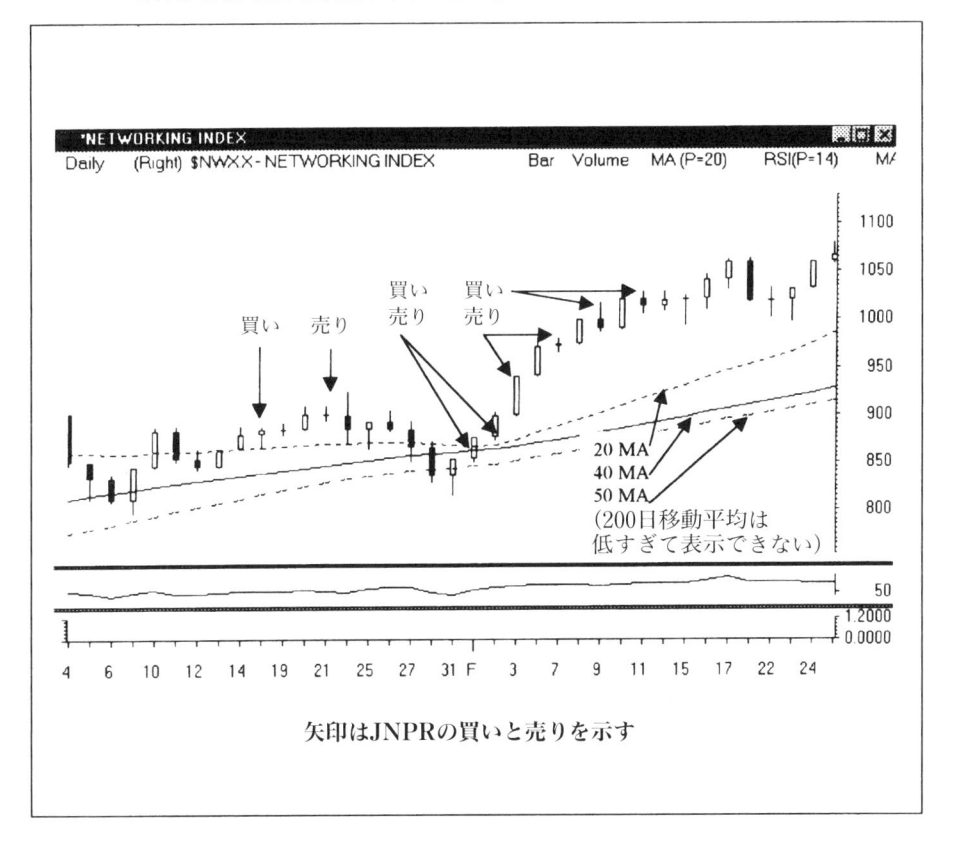

ています。株価はその日の高値近辺の59.38ドルで引けています。グッドサインです。

図13.4、図13.5、図13.6の各図では、現在の動きがクローズアップされています。

1組の矢印は1回のトレードを示します。1番目の矢印は、JNPR

図13.6 ジュニパー・ネットワークス社(JNPR)株を買った1/18、ナスダック100指数堅調だった。その日の高値近辺で引けている。強気のサインだ。ナスダックがほぼ同事線で引けた1/21は、JNPRの利食いどきだった。それは正解だった。なぜなら1/24にナスダックが下落したからだ。しかし、JNPRはそれほど激しくは下落しなかった。この先の強気を暗示している可能性がある。1/31からトレードを終えるまでの期間、ナスダック100指数は節度のある上昇トレンドを描き、絶好のトレーディング環境を提供してくれた

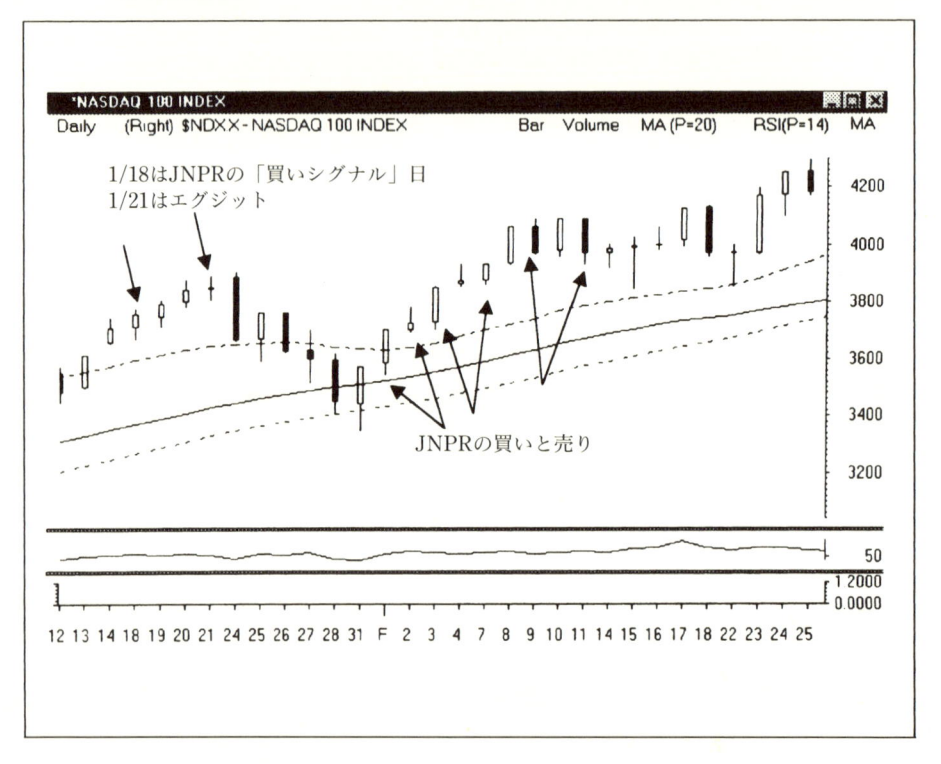

*NASDAQ 100 INDEX
Daily (Right) $NDXX - NASDAQ 100 INDEX   Bar Volume   MA (P=20)   RSI(P=14)   MA

1/18はJNPRの「買いシグナル」日
1/21はエグジット

JNPRの買いと売り

を買った日を指しています。2番目の矢印は、売った日を指しています。

1月19日。JNPRがギャップアップして60.88ドルで寄り付きます。NWXは先日終値と同値で寄り付き、ナスダック100指数は36ポイントと大幅にギャップアップして寄り付きます。JNPRが61.25ドルに

上がったので、ストップロスを上げようとしていたとき56.82ドルに下がりました。私は正直、息が止まりそうでした。NWXは、その日の終値で、同事線を形成します。同事は、横ばいのどっちつかずの動きです。ナスダック100指数はその日も強気でした。JNPRはその日の安値から反発して59.50ドルで引けました。私のポジションは、まだぎりぎりでプラスの状態です。やれやれです。

　1月20日。JNPRは0.75ギャップアップして60.25ドルで寄り付きます。NWXは前日終値と同値で寄り付き、上昇トレンドを描き始めます。ナスダック100指数はギャップアップして寄り付き、これも上方に向かいます。

　いいぞ、もっと上がれ！　私はストップロスを57ドルに上げる決心をします。そのとたん、株価が57.44ドルに下がったのです。トレーディングはほんとに人間修行にもってこいです！

　JNPRは、私の買いポイントから0.50と少し離れているだけの、58.47ドルで引けます。私は浮かれていたわけではありませんが、ストップロスを上げてしまっています。明日も弱含みなら、たとえストップロスに達しなくても、利食いして退散してしまうかもしれません。

　1月21日。JNPRは再びギャップアップし、この日は59.07ドルで寄り付きます。NWXはほとんど同値で寄り付きますが、それから上向きます。ナスダックも同値で寄り付き、上向きます。しかし、気まぐれなJNPRはギャップを埋めるように、前日終値の少し下まで下落します。なんたることでしょう。株価が58.25ドルでどうにか反発したとき、人間修行はもう十分だと私は決断します。NWXとナスダック100指数がその日上向いているというのに、この呪うべき株は私の買値まで戻ってしまうかもしれないのです。そうなったら、私はトレーダーたちが言うところの「供給」の一部を喜んで担うでしょう。

　ありがたいことにJNPRは持ち直し、寄値まで戻します。私がまさにプラグを抜こうと思ったその瞬間に、株価が笑いながら空に向かっ

て打ち上がったのです。緊急発進し、上へ、上へ、もっと上へと。59.50ドルを通り過ぎ、60ドルへ、65ドルへと。私はストップロスを60ドルに上げました。この儲けは手放さないわよ。絶対に！　きっとJNPRに関する好材料が流れたのでしょう。

　私はすぐにニュースウエブサイトにアクセスしますが、その前に日足チャートをちらっと見てみました。その日までのJNPRの変動幅は、大きい日でも5ポイントです。それより大きいのは一大事ですから、この値動きはまさに超一大事です。RSIは深刻な買われ過ぎ領域に差しかかっています。私の頭は空っぽではないので、引ける前に利食いしたいと思いました。

　その日の引けにかけて、JNPRが月ロケット並みの勢いで上場以来高値の75.09ドルをつけます。私は大引け直前に、74.30ドルでエグジットして利益を確定します。トレードを手仕舞った後、電卓で計算しました。手数料を引いて、4540ドルの儲けでした。

　とはいえ、ロケットのように値上がりしたことが自分の手柄だと勘違いしてしまうほど、私は物知らずではありません。たしかに、適切なポイントで入り、すべてのシグナルはゴーでした。そして、そうです。私はいつもストップロスを守り通します。それでも、株価がほとんど何の警告もなしに、あっという間に上昇したり、暴落してしまうことがあることを経験から知っています。今日は、たまたま、母なるマーケットが私に微笑んでくれたのです。

　1月24日。今日は月曜日。栄光の急騰を演じた金曜日から週を改めて、JNPRがどういう動きを示すか興味があります。反落するだろうと予想しながら見守るつもりです。現在は行き過ぎの状態なので、条件が整うにはかなりのポイント動かなければなりませんが、おそらく数日のうちにエントリーポイントがまた現れるでしょう。

　74.32ドルで寄り付き、74.88ドルの高値までなんとか上げたものの、それから69.41ドルの安値に落ちて、70.69ドルで引けました。うむむ。

金曜日の大急騰の後なので、私はもっと激しく下落するだろうと想像していたのに。金曜日の長いローソク足を見ていて、「長い実体の中間点がサポート（またはレジスタンス）になることが多い」ことを思い出しました。計算してみると、そのローソク足の中間点は約66ドルでした。

NWXが、レジスタンスと年初来高値の900.7ドルを突破するという急騰を演じているのに、ナスダック100指数と同様、値を下げて引けていることに注目しました。

1月25日。ローソク足の中間点の計算は当たりでした。JNPRはその日横ばいに推移し、ほぼ同事線を形成して引けました（迷い）。その日の安値はいくらだったと思いますか？　そう、67ドル。かなりいい線……ですよね？

1月26日、27日、28日。その週いっぱい、20日移動平均まで下がるのを待っていましたが、無駄でした。それどころか、コンソリデーションし、横ばいし、フラグを形成しました。なんて強い株なんでしょう！　それでも、JNPRがはるかに行き過ぎていることは明らかなので、条件が整うまで待つために、私は忍耐の手綱を締め直します。金曜日の1月28日、ずるずると下がり始めます。来週には、この強力なネットワーキング株がまた儲けるチャンスを与えてくれるはずです（だめなら、ほかに目をつけている銘柄があります）。

1月31日。オーケイ！　JNPRは崩れ、20日移動平均の直前まで下落します。ナスダック100指数は先週かなり回復しましたが、今日は50日移動平均を下抜けしました。これは良いことではありません。反発するか見守ります。NWXはそれほど下がってはいませんが、機関筋が買いに入る50日移動平均をまだ下回っています。

NWXは、安値の815ドルで引け、1月7日につけた直近安値の797ドルのサポートに近づきました。明日は正念場になるでしょう。エンド・オブ・デイ・チャート（立会日の深夜に更新）で見ると、JNPR

がトンカチで引けています。それは強気を示します。NWXとナスダック100指数が明日反発し、JNPRが今日の高値の69.32ドルを大きな出来高を伴って上回ったら、私はスイングトレードに入るつもりです。

2月1日。JNPRは68.19ドルで寄り付きました。RSIは強気の乖離を2～3日前から形成し始めています。OBVは上げ基調。NWXはギャップアップして寄り付き、高値基調を開始。ナスダック100指数はその日上向き。用事があって出掛けなければならないので、オンラインブローカーにJNPR400株を69.50ドルで買う「買いストップ」オーダーを入れておきます。オーダーが執行されたかどうか、後でブローカーに確認するつもりです。執行されていたら、その日の安値のすぐ下にストップロスを設定します。

JNPRには、ギャップダウンしたときのレジスタンスが存在することを私は認識しています。それが、突破しなければならない1番目のレジスタンス領域で、1月28日の終値の70.38ドルから先日の始値の69ドルまでの範囲です。その次は、もう少し上にあって、1月27日の終値の71.22ドルから1月28日の始値の69.50ドルまでの範囲です。そして、再び青天井を見るには、最近付けた上場来の高値である75前後のレジスタンスを突破することが必要になります。

その日、私の買いオーダーは69.55ドルで執行されました。その日の安値が67.10ドルと比較的近いので、ストップロスを66.50ドルに設定しました。

2月2日。JNPRはさい先よくギャップアップして70.50ドルで寄り付きます。NWXは前日終値と同値で寄り付き、少し下げ、それから上げに転じます。ナスダック100も追随。そうなんです！ 今日も期待できそうです。

ところが、どうも出来高が増えません。少ない出来高はブレイクアウトの失敗を意味します。値は下がり始め、68.50ドルまで下落。参りました。また人間修行のトレードになりました。

JNPRは、その日の安値で引けそうな気配になりました。それは、十中八九、翌朝ギャップダウンすることを意味します。そのときストップアウトされてしまう可能性があります。それで私は、クロージングベルが鳴る数秒前に売りました。68.58ドルでした。１株当たり0.93、つまり手数料込みで約392ドルの損失でした。悔しい！

　なぜ売った？　今日はNWXが上げているので、JNPRも上がってもよい状況でした。ナスダック100指数は多少上げましたが、引けにかけて軟化し、その日の安値をわずかに上回って引けました。よくありません。

　昨日JNPRを買ったときは強気に見えましたが、引けにかけて出来高がしぼみました。これも弱気のサインです。私は、「迷ったら手仕舞え」という古いトレーダーの格言に従ったのです。株価が反発し、私の買いトリガーに合った状況になったら、また買うつもりです。

　２月３日。オープニングベルが鳴ると同時に、JNPRがロケットのように打ち上がりました。私は苦々しく思いながらも、少しうれしくなりました。2.5ポイント、ギャップアップして70.57ドルで寄り付いたのです。もちろん私を置いてきぼりにして。NWXも寄り付きから一気に上げます。ナスダック100指数はギャップアップし、少し下げ、それから高く飛んでいきました！

　私は小声で「悔しい」とつぶやきました。

　やめましょう。それは間違った考え方です。私はすぐに先日に売ったことを後悔する気持ちを払いのけました。私は手元にある情報に基づき、できるかぎりの決断をしたのです。自分の原則を貫き通すための決断です。それに、後悔は判断をゆがめてしまいます。私は、クリアでシャープな判断ができるように、前向きの考え方にすぐに切り替えました。

　JNPRがギャップアップを埋めるのを待ちましたが、わずか0.25ポイント下げただけで、きわめて強い出来高を伴って上昇しました。私

は前日高値の72.41ドルを超えるのを待って、72.50ドルで400株買いました。JNPRが最初の30分間の高値を超えたときに、もうひとつの買いポイントが現れました（このギャップオープン戦術については第9章を参照）。その日の安値70.25ドルのすぐ下の69.50ドルにストップロスを設定しました。

JNPRは最近のすべてのレジスタンスを突破して、新高値を更新し続けました。NWXも追随しました。ダウ、S&P500指数、ナスダック100、ナスダック総合など、すべての指数が上げています。JNPRのRSIとOBVは、日足チャート上で帆を揚げて上がり続けています。もうお祭りです！

株価が上場来高値の75.09ドルを粉砕したところで、200株買い増しします。執行価格は75.30ドルでした。

JNPRのその日の出来高はほぼ900万株で、平均的な1日の出来高の2倍以上ありました。ストップロスを直近サポートの75ドルに移動します。株価はその日77.47ドルで引けました。トレーディングでひとつ確かなことがあります。それは、退屈ということが絶対にないということです！

2月4日。JNPRは0.5ポイント、ギャップアップして寄り付き、下げる気配はまったくありません。私はこの目のくらむような強さを見て、ストップロスを引き揚げます。NWXは1日中ほとんど上昇し続け、引け時に多少反落します。ナスダック100指数は、その日上げ基調で、1月からのレジスタンスに出合ったものの、3874ドルを付けます。

大引け近くになって、JNPRは再び新高値の86.47ドルを付けます。この株はまだまだ上げそうな勢いですが、トレードを手仕舞い、85ドルで売ることを決断します。

エグジットする理由は、十分に儲けたこと以外に幾つかあります。JNPRとNWXが日足チャート上で行き過ぎの状態にあります。それ

に、前述したように、ナスダック100指数が1月24日に確立された高値の3905ドルというレジスタンスにぶち当たりました。日中に一時3929ドルをつけましたが、結局その日の安値近くで引けています。明日は、そのレジスタンスによって、簡単に押し下げられてしまう可能性があります。

JNPRは再び3日連続でギャップアップしました。出来高は前日と比べいくらか減りました。今日の高値近くで引けたので、月曜日の朝は確実にかなりの出来高を伴ってギャップアップで寄り付くでしょう。売らなければもう少し儲けられたかもしれませんが、欲張な豚さんたちと同じ目には遭いたくありません！

現在までのトレード利益は、手数料を除いて6900ドルです。私はとってもご機嫌です。

2月7日。もう少し儲けられたという予測は的中しました！ JNPRは、私に流し目を送りながら、寄り付きから飛び出し、7ポイント、ギャップアップして92.07ドルをつけます。私は買いたくてたまりませんが、規律がオーダーを入れることを許してくれません。私は経験から学んでいます。不用意なトレードは利益を縮小させます。私はパソコンをシャットダウンして、ビーチに向かいました。

2月9日。JNPRが過去2日間、反落しています。2月7日は下げ、昨日はギャップダウンして、狭いレンジで引けています。マーケット参加者たちの迷いを表しています。

今日は、1ポイント少々ギャップアップして86.25ドルで寄り付きました。株価はまだ行き過ぎの水準ですが、一服して力を回復したように見えます。RSIはOBVと同様に、かなりの出来高を伴って上昇しています。すべての移動平均が上向いています。NWXはその日強気で、新高値をすぐに達成しそうな勢いです。ナスダック100はそれほど元気ではありませんが、踏ん張っています。

JNPRが前日高値の87.07ドルを超えたので、私は200株だけ87.30

ドルで買いました。きつめのストップロスをその日の安値のすぐ下の85.50ドルに設定しました。このハイテク株は、ためらいもなく、さらに新高値の102.35ドルに突入しますが、大引けになって93ドルに反落します。NWXは活力を失い、ナスダック100指数もその日の安値近辺で引けます。どちらにしても、私はポジションが小さいのでさほど心配していません。

　2月10日。JNPRが1.5ポイント、ギャップアップして94.50ドルで寄り付きます。そのギャップを埋める方向で90.32ドルまで下落し、それからミサイルのように107ドルまで急上昇。私はストップロスを100ドルに上げ、びくびくしながら見守ります（再び100ドルを割ったら、一気に大きく落ちる可能性があります）。NWXは、前日高値の1016ドルを少し上回る、上場来の新高値の1021ドルに突進。ナスダック100指数も新記録の高値4090ドルを付けます。人生っていいものですね。ひょっとするとうまくいき過ぎかもしれません。大引けの数分前、ポジションの半分の100株を104ドルで売りました。

　2月11日。JNPRはギャップアップして108.03ドルで寄り付きます。これで3日連続でギャップアップ。またもや！　でも私はリスクを冒しません。NWXは現状維持に必死、ナスダック100も弱含みです。私は残り100株の売りオーダーを入れ、107.50ドルでエグジットしました。

　私がエグジットした理由はこうです。NWXとナスダック100指数の日足チャートで、RSIが少し下方に曲がり、弱気の乖離が始まる可能性があります。両指数ともに行き過ぎの水準。JNPRも行き過ぎの水準にあり、かなりの買われ過ぎで、RSIは90まで上昇しています。私は、売り手の殺到に巻き込まれてお釈迦にされるよりも、みんながまだ買っているときに売りたいと思っています。私のように保有株数が少なくても、手数料を引いて4370ドルの利益を得ることができました。

JNPRはひるまず115ドルに跳ね上がり、また新たな新高値を付けます。ところが、大引けは同事線。迷いが広がっている確かなサインです。私は売ることを決断したことに二重の喜びを感じます。株価は20日移動平均よりなんと32ポイントも上で取引されています。そんな高値で取引されていたら、すぐに鼻血ブーになるのは確実です！

　JNPRが20日移動平均まで下がったら再び入ろうと考えます。でも、それまでは手を出しません。その間、ベーシングからブレイクアウトしそうな株をほかに物色していようと思います。

その後のストーリー……

　JNPRは、2000年10月15日の週についに244.50ドルで天井を打ちました！　その直後、この並み外れたハイテク株は、鼻血よりもはるかに激しい不快感を強いられることになります。マーケット全体と一緒に、変動の大きい下降トレンドを転げ落ちたのです。

　図13.7は、JNPRの週足チャートを示します。2001年4月1日の週に、この株が（本書の執筆時現在の）最安値に暴落しているのが分かります。その価格？　28.60ドルです。1998年6月の公開時の価格から、わずか数ドル高いだけです！

　ここでの教訓はこうです。2001年の弱気相場が私たちに教えてくれたように、株が永遠に上がり続けることはありません。昨今のような、静まることのないローラーコースター的なマーケットにおいては、適切なエントリーポイントを見抜くことは良いことですが、エグジットするタイミングを心得ていることのほうが重要です。高値でつかんだJNPRを、安値になっても保有している投資家の気持ちを想像できますか？

　例として使用したJNPRのトレードは、急傾斜の上昇トレンドによって恩恵を受けました。ご存じのように、ほとんどの株は、これほど

図13.7 このジュニパー・ネットワークス社（JNPR）の週足チャートでは、トレーダーたちをローラーコースターに乗せて振り回すような完全なサイクルが描かれている！　私たちのスイングトレードは、両矢印の間で行った。その後、火はさらに激しく燃え上がった！　4/9の週を見てほしい。株価が137ドルの高値から76ドルの安値に下落している。10/22の週もよく見てほしい。237ドルから160ドルへ崩れ落ちている。心臓が止まりそうだ！

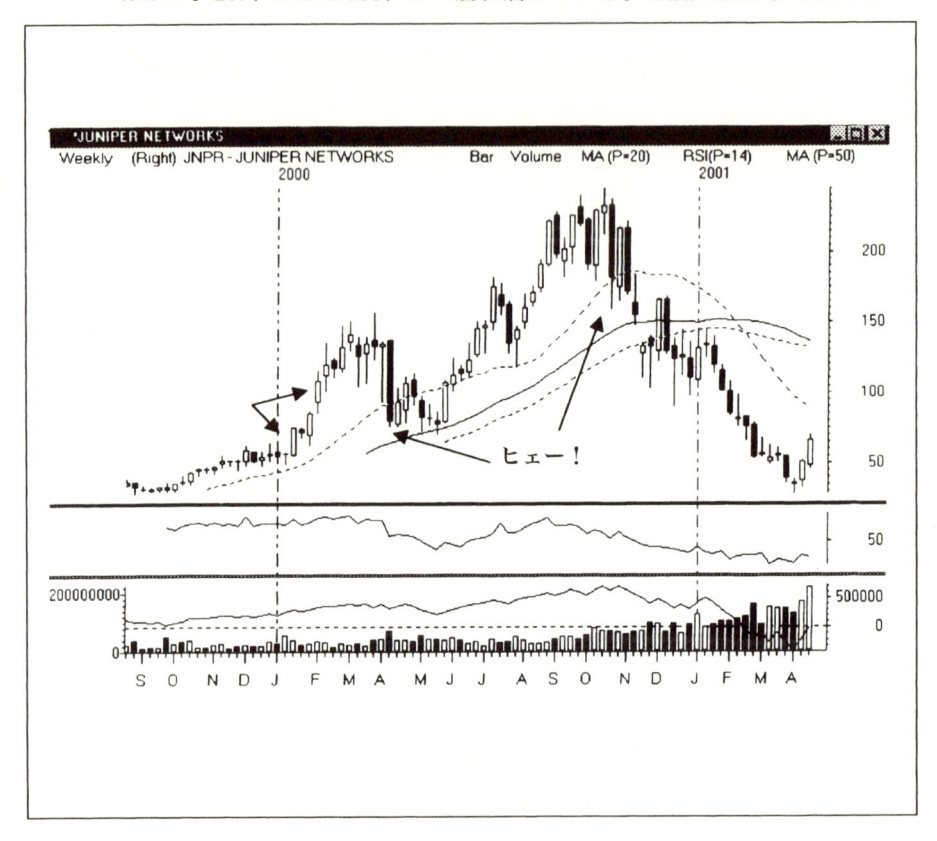

　高く・速く値上がりすることもなく、これほど大きな利益をもたらすこともありません。

　私の意図は、大きなボラティリティを見てもらい、株の値動きと各種指数の動きを比較考察する方法を知ってもらうことでした。

　もちろん、私と同じように、JNPRの上昇トレンドでトレードした熟練トレーダーたちも、大きな利益を手にしました。でも、2月と3

図13.8 このコーニング社(GLW)の日足チャートでは、1月の年初来の高値の72.19ドルから4月の安値の18.9ドルまでの下降トレンドを見ることができる。そこで、強気パターンのラウンドボトムまたはソーサー(鍋底)を描いている。4月の最後の3日間でベーシングを脱して、直近のレジスタンスを上抜けしているところに注目してほしい。これは買いだ

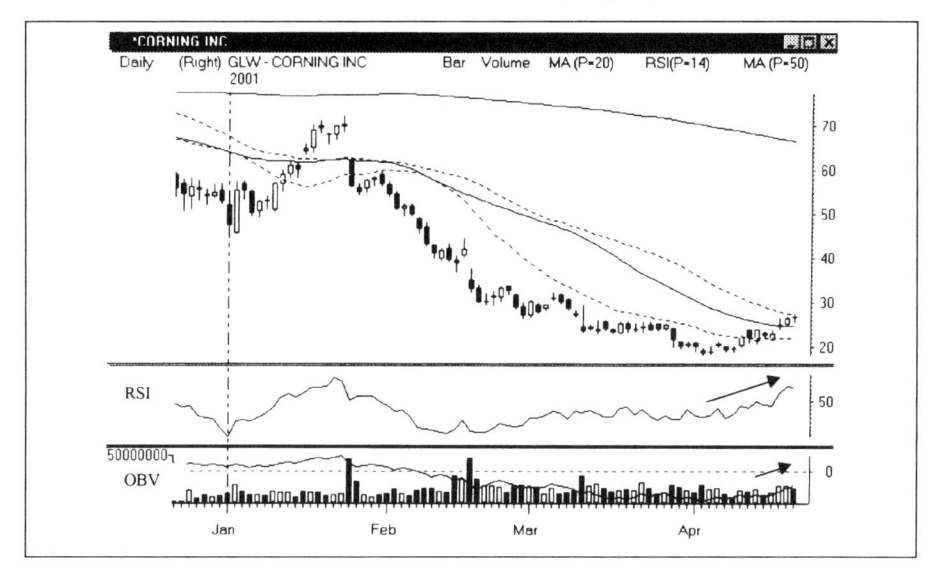

月に急激に変動したときにもJNPRのトレードを続けていた人たちは、何回もストップアウトを食らい、利益の一部を吐き出さされたことでしょう。その期間中、上昇トレンドが優しい性格から厳しい性格に変わったのです。株はみな性格を変えるものですが、株が性格を変えたら、利益はほかのところで求めましょう。

日中チャートを見てみる

トレードの構造を見ていくうえで、この短い節は、自分のポジションをもっと細かくウオッチし、日足チャートと比較して日中足チャートがどのようなものかを知りたい方のために用意しました。

図13.9 このチャートは、図13.8のGLWのチャートの最後の33日間をクローズアップしたものだ。このチャートでは、3月末から4月にかけてラウンドボトムが現れているのがよく分かる。また、GLWがベーシングからギャップアップして抜けた場所を正確に見ることができる。RSIとOBVが上昇し、強い出来高を伴ってブレイクアウトしているところに注目してほしい。各種移動平均が下降トレンドにあるのに、多数のマーケットプレーヤーが買い時だと認識している

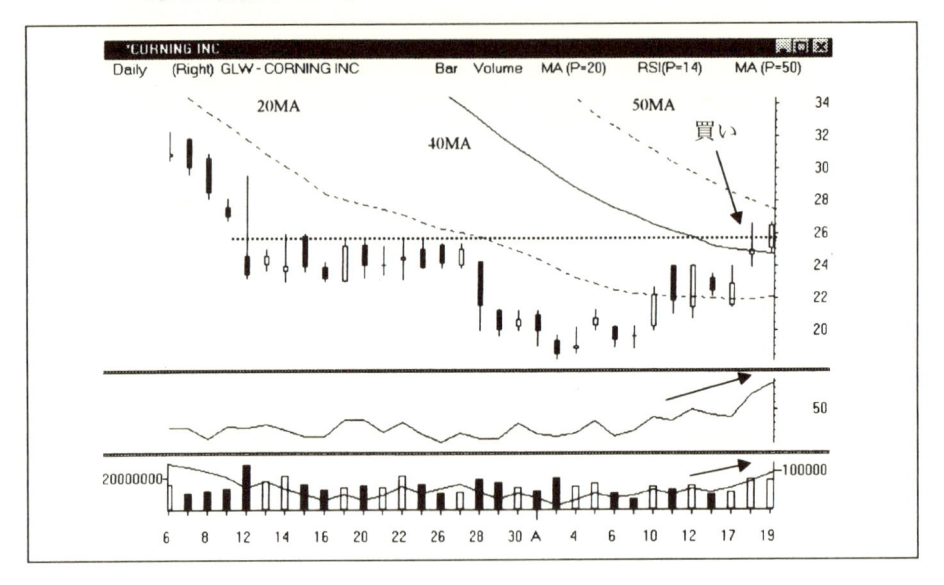

　図13.8は、コーニング社（GLW）の日足チャートを示します。図13.9は、そのチャートの直近33日間をクローズアップしたものです。図13.10は、日中60分チャートを使って、その直近19日間をさらにクローズアップしています。日中チャートは、1日のなかで、株価がトレーディングレンジ内でどのように動くかを明らかにします。

　スイングトレーダーとポジショントレーダーのなかには、エンターとエグジットの参考チャートとして、60分以下の短期の日中チャートのほうを好む人たちもいます。

　日中チャート上のシグナルを使ってエンターとエグジットすることは、トレードに早めにエンターできるので有効なトレーディングテク

図13.10　このGLWの60分足チャートは、直近14日間の値動きの「レントゲン写真」だ。各ローソク足は1時間足を表している。日中チャートを使ってスイングやポジショントレードに入るトレーダーたちは、日足チャートだけを使っている人たちよりも、多少早めに仕掛ける準備ができている可能性がある。すべての移動平均（20日、40日、50日）が4/6と4/9に収斂し、20日と40日という短期の移動平均が50日移動平均を上にクロスする強気シグナルを発していることに注目してほしい。また、株価上昇に転じる可能性を暗示している4/9のRSIの強気の乖離にも注目してほしい。株価は4/10にそのとおりに上がる。4/11、ギャップアップし、下落し（RSIの下降に注目）、それから4/12に多少ギャップダウンし、前日からの24ドルのレジスタンスへ上昇した。GLWが各移動平均を上抜いたあと、20日移動平均をわずかに下抜け、4/12に40日移動平均まで下落し、4/17に50日移動平均まで下落していることに注目してほしい。どちらの場合も反発しているのは良いサインである。この日中チャートで4/18にGLWがギャップアップしているのをよく見て、それから前の日足チャート上の同じギャップと見比べてみよう。面白い……でしょ？

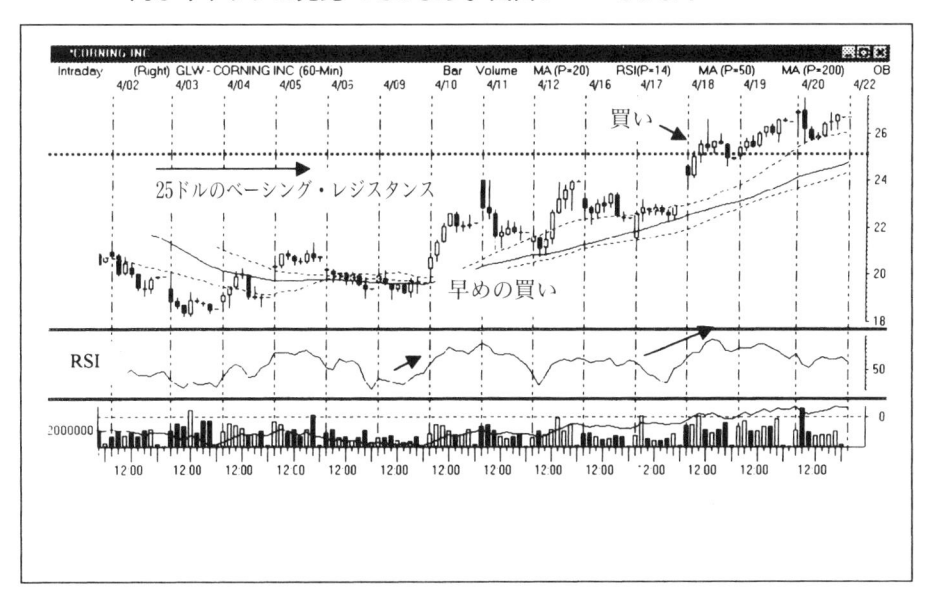

ニックですが、リスクはより高くなります。この方法を試すときは、十分に経験を積んでからのほうがいいでしょう。

　今までこの方法をやったことがない場合は、本物の現金をつぎ込む前に何回か「ペーパートレード」をしてみるのが賢明なトレーダーで

す。
　本章の内容の性質から、最後のクイズはありません。でも、安心して気を抜くことがないように。次章のクイズでたっぷり補いますからね！

センターポイント

そして未知の世界、つまりあらゆる可能性が存在する場所に足を踏み込もうとするとき、私たちは、宇宙のダンスを演出する創造の心に自分自身をゆだねることになるのです。——ディーパック・チョプラ

執着しない心が新しい可能性をもたらす

　人生のあらゆる分野において、成功をもたらす最も刺激的で、実りのある発想のひとつは、最も理解しづらい発想のひとつでもあります。「執着を捨てる」ということです。

　西欧社会では、自分の存在の範囲内のあらゆることに執着を持つよう教えられます。人、場所、物に執着することによって、重要なゴールである「安らぎ」が得られると考えています。問題は、それらのものがなくなってしまうと、空虚感におそわれることです。おまけに、そういうものは、なくなることが珍しくないのです。私たちのいわゆる「安らぎ」は錯覚にしかすぎないのです。

　消費者主導の物質主義的な社会に暮らしている私たちアメリカ人は、かっこいい車、大きな家、見栄えの良い資産ポートフォリオの実現に大きな価値を置いています。そのような成功のシンボルを手に入れることは、楽しいことであるかもしれませんが、自尊心や安心感をそれらのものと結びつけたときに問題が起こるのです。

　私たちは、安心感を特定の状況の結果とも結びつけるのです。金融市場では、それは「間違いを認めたくない気持ち」を助長するため、破滅的な結果をもたらすことがあります。その他の分野においては、非創造的で、よどんだ考え方につながることがあります。あなたはもちろん「そういうやり方はできない。そういう前例がないから」という言葉を耳にしたことがあるでしょう。そういう態度は、もっと効果

的な方法となる可能性がある、ほかの選択肢を除外してしまうのです。

　執着を捨てることによって、私たちは、自由になり、自分自身のなかに自分の「安らぎ」が存在していることに気づくのです。力を与えられている存在である私たちは、生まれながらにして、あらゆるニーズを満たすための方法を知っているのです。私たちは、また、自動車、家、ポートフォリオが自分の願望の現れであることも理解しています。

　状況の結果に執着しなくなれば、私たちは、心のなかのビジョンによって行動することができます。私たちは、自分が描いたビジョンを凌駕する可能性のある、新しい選択肢やアイデアを受け入れることができます。

　あなたの「安らぎ」はあなたのなかに存在します。あなた自身の内的な力による「安らぎ」を感じているときにわき上がる、高揚感に意識を向ければ、あなたは無限の可能性に満ちた世界へ足を踏み入れることができるのです。

第14章
あなたはオッズの魔法使い
You, the Wizard of Odds

だが、マーケットがおれの思惑どおりに動き始めたとき、おれは生まれて初めて自分に味方がいると感じた。世界で最も強く、最も忠実な、大局という味方だ。──ジェシー・リバモア

　本章では、大局的なダイナミックスについて話します。これまでの各章で、大金を投じるとき、マーケットの全体的なコンディションを考慮に入れることがいかに重要であるかを分かっていただけたと思います。ここでは、よく遭遇する幾つかの状況について説明します。そういう状況を有効に活用するスキルを磨き、トレーダーとして成功するための方法を学びましょう。

後ろに下がって大局を見る

　私がトレーディングを始めたころ、ある気難しいコモディティートレーダーの教育コースを受けました。彼はいつも「後ろに下がれ！　後ろに下がって大局を見ろ」と怒鳴っていました。
　彼の言い方はたしかに愛嬌に欠けていましたが、忘れることができないほどのインパクトがありました。おまけに彼は正しかったのです！　完璧な条件の整ったセットアップを見つけ、完璧なポイントでエンターし、株価が上昇するのをひとり悦に入って見ていたら、アレー！　予期せぬことが起こるのです。何かが起こるのです。例えば、FRB（連邦準備制度）議長のアラン・グリーンスパンが投資家向けチャンネルに出演し、インフレが忍び寄っていると発言するのです。

「ヒューーードッカーーーン！」（これは金融相場が、崖から巨岩が落下するように暴落する音です）。

そういうとき、賢明なトレーダーであるあなたは、しっかりトレイリング・ストップロスを仕掛けています。あなたはおそらくグリーンスパンがそういう発言をすることを、何かで読んでいたか、どこかで聞いていたでしょう。あなたは同氏の発言に対するこのような反応を考えて、ストップロスをきつめに設定していました。もしそうなら、素晴らしい。それが「大局的な」発想法です。以下に、マーケットのダイナミックスを有利に活用できるように、考え方を調整するその他の方法幾つか紹介します。

「もし、なら／たら」発想法

私の前著『ビギナーズ・ガイド・トゥ・デイ・トレーディング・オンライン（A Beginner's Guide to Day Trading Online）』で、マーケット全体のコンディションに対する「もし、なら／たら（if, then）」発想力を高めることについて話しました。この考え方は、トレーダーとして成功するためにきわめて重要なので、本書でも繰り返したいと思います。

「〈もし〉これが起き〈たら〉あれが起こる」と考えることです。例えば、もしアラン・グリーンスパンが「インフレが忍び寄っている」とコメントしたら、それはFOMC（連邦公開市場委員会）がインフレを食い止めるために次回の会合で金利を引き上げる可能性があることを意味します。簡単に言えば、金利が高くなることは、企業がお金を借りるために支払う費用が増えることを意味します。それが利益を減らし、ひいては株の評価を下げるのです。

その他の「もし、なら／たら」シナリオを幾つか紹介しましょう。ただし「株式相場に絶対はない」という警告を忘れないようにしてく

ださい。一般に「金の価格と金鉱株は、ほかの株が落ちると上がる」と言われていますが、必ずそうなるとはかぎりません。少なくとも短期的には。ですから、以下のことはあくまでガイドラインと考えてください。

◆金と米ドルは反対の関係にあります。つまり、金相場はインフレに敏感に反応するため、インフレの先行指標としても働きます。〈もし〉株式相場が全般的に行き過ぎの水準にある〈なら〉、金鉱株が面白いかもしれません。

◆〈もし〉ドルが強い〈なら〉、海外におけるアメリカ製品の価格が高くなり、海外輸出に依存している一部の製薬会社・小売業者・ハイテク企業は打撃を受けます。逆に、私たちアメリカ人は、輸入製品が安く購入できるので、エリクソンテレフォンやトヨタのような株は上がります。

◆アメリカ国債の相場が株式相場をリードするのが普通です。債券の価格が上がると、その利回り、つまり付随する金利が下がります。債券が下落すると、金利が上がります。〈もし〉債券が上がっ〈たら〉、株が上がります。〈もし〉債券価格が下がっ〈たら〉、株式相場もつられて下がる可能性があります。

◆アメリカ国債とCRB（コモディティリサーチビューロー）指数は反対の関係にあります。コモディティー（例えば、大豆、穀物、金属、家畜、石油、綿、コーヒー、砂糖、ココア）の価格が下落することは、債券価格が上がることを意味します。〈もし〉コモディティー価格が下落し〈たら〉、債券と株式の価格が上昇する可能性があります。

◆〈もし〉債券価格が下落し、金利が上昇し〈たら〉、お金が「循環株」に流れ込む可能性があります（紙、アルミ、自動車、一部のハイテク、小売業者など、周期的に業績が変わる企業は、金利にあまり依存していません）。

- 〈もし〉債券が上がり、金利が下がっ〈たら〉、金融機関や住宅建設業者のような金利に敏感な株が上昇します。金利が低くなるということは、銀行がお金を借りる費用が減るので、借りるお金と貸すお金の差額が広がります。それに、金利が下落すると、新規の住宅購入や借り換えが増えます。
- 〈もし〉石油価格が上がっ〈たら〉、運送株が下落します。逆に、〈もし〉石油価格が下がっ〈たら〉、運送株が上がります。なぜ？ なぜなら石油価格が高いと、運送にもっとお金がかかるからです。航空会社の場合、燃料費が上がると、乗客を目的地まで運ぶのにもっとコストがかかります。

ブロードマーケットを分析する

できるだけ毎日、DJIA（ダウジョーンズ工業平均）、SPX（S&P500）、そしてNDX（ナスダックの100指数）またはCOMP（総合指数）の日足と週足チャートを分析してください。あなたのチャート情報源でこれらの指数が入手できない場合は、ダウにはDIA、S&P500にはSPY、ナスダック100指数にはQQQを代用してください。

それぞれを大局的にチェックしてください。母なるマーケットのご機嫌はいかがでしょうか？ 前述したように「ママが幸せでないときは、だれも幸せじゃない」のです。逆に、ママである取引所が元気なときは、富を気前よく与えてくれることがあります。

ブロードマーケットの指数チャートは、株価チャートと同じように見てください。上昇トレンド、下降トレンド、あるいは第1ステージや第3ステージの横ばいの、どのモードにあるか？ サポートとレジスタンスはどこか？ 行き過ぎか？ 買われ過ぎか？ 売られ過ぎか？

主要なマーケットのトレンドを売買判断の参考にしましょう。ナス

ダックの主要ハイテク株をロングしているときに、ナスダック100が行き過ぎ、買われ過ぎの領域に達したら、利食いましょう！ 大手銀行株をロングしていて、ダウもかなりの高値で足踏みしていたら、利食いましょう。金融株がダウの先導役になることはよくあります。

また、トップやボトムの転換点が形成されていないかどうか、ほかの指数もモニターしましょう。例えば、XOI（石油指数）がサポート上の大底値にあるとします（石油はコモディティーです。覚えてますか？）。そういう場合、「ブロード株式指数は高値にある」ほうに私のアヒルスリッパを賭けてもいいですよ。石油価格が低迷しているときは、株価が天井圏にあることがよくあるからです。利食いして、特等席に座って観覧するのも悪くないでしょ？ そうすれば、あなたほど賢明でないマーケットプレーヤーたちが、叫び、手を振りながら、やっと見つけた出口に殺到している様子を涼しい顔で見ていることができるのです！

トレーディング環境を評価する

ここで、皆さんがすでにご存じのひとつのポイントを要約します。マーケット環境を評価して、自分のトレーディングスタイルに適しているかどうかを判断することは、重要なことです。プロのようにトレードするには、どういう環境がハイリターン・ローリスクのシナリオを提供し、どういう環境を避けるべきかを学んでください。

まず、「トレンドはあなたのフレンド」という古いトレーダーの格言について再考してみましょう。このよく耳にする言葉は、そのときのトレンドに沿ってトレードするようアドバイスしているのと同時に、トレンドが存在するときにトレードすることを奨励しています。別の言い方をすれば、横ばいパターンは友情の手を差し伸べてくれないのです。不規則な弾力性のある横ばい相場の最中に株を翌日まで持ち越

すと、思いっきり手をひっぱたかれるのがおちです。

　ご存じのように、横ばい相場は第1ステージと第3ステージに現れます。例えば、ナスダックが第1ステージでベーシング状態にあるとします。上方でも下方でも、ブレイクアウトは成就しないのが普通です。その日に強気な株でも、翌日にはギャップダウンして、安値ですり泣きます。結果？　そういう株を翌日まで持ち越すと、破滅的な結果になります。

　そういう不規則に変化する横ばい領域では、だれが儲けるのでしょうか？　毎日大引けまでに手仕舞いしているアクティブなトレーダーたち、そして底値を拾い、きつめのストップロスオーダーを入れ、痛みに耐えて待ち続ける、長期投資家たちです。

　主要取引所の相場が第2ステージの上昇トレンドにあるときは、上昇局面をとらえてロングポジションを建てさえすれば、スイングトレーダーでもポジショントレーダーでも、駄菓子屋さんでの金持ちの子供のように、思う存分、儲けることができます。

　空売りする場合は、スイングでもポジションでも、第4ステージの下降トレンドで現れる下降局面で儲けます。

　ここで大切なことをひとつ。「現金もオーケー」です。投資の世界にどっぷり漬かっている大トレーダーたちでも、毎日トレードしているわけではありません。また、ポートフォリオに株のポジションがいつもあるわけでもありません。あなたのような賢いトレーダーは、そういう人たちを手本にすべきです。

　マーケットがベーシング状態にあるか、バブリーな天井圏にあるときは、現金化してトレードを手控えましょう。そういう期間こそ、休みを取るべきときです。うそではありません。遊びやレジャーにいくらお金を使ったとしても、トレードしていたら被ったであろう損失には、遠く及ばないでしょう。どうして私に分かるかって？　なぜなら、私もそういうことをやって、そういう目に……何度も遭っているから

です。写真を撮ったり、Tシャツを店ごとでも買えたというのに。マーケットが私のお金をのみ込んでいくのを眺めていたのです。

　要するに、方向性のない相場では、ひと休みすべきだということです。リフレッシュして、ポケットのお金をジャラジャラならしながら戻ってきましょう！

騰落ライン——マーケットを要約して伝えてくれるナレーター

　大学時代にシェイクスピアの戯曲や古典的な作品を読む代わりに、「クリフツノーツ」というアンチョコを読んでいませんでしたか？ マーケットのムードや状況について、クリフツノーツ式に簡単に知りたい場合は、騰落ライン（A/Dライン）をチェックしましょう。証券新聞やウエブサイトで見ることができます。

　騰落ライン（NYSE、AMEX、ナスダック）は、株式相場の上昇・下降の幅を測定するラインチャートです。スイングトレーダーなら、この指標を数日おきに確認すべきです。ポジショントレーダーなら週1回で十分でしょう。

　騰落ラインの仕組みはこうです。毎日または毎週、上昇銘柄数と下降銘柄数が比較されます。上昇銘柄数が下降銘柄数を上回ると、その差がそれまでの総合計に加えられます。下降銘柄数が上昇銘柄数を上回ると、その差が合計から引かれます。

　騰落ラインを、例えばダウやナスダック総合と比較します。多くの場合、どちらも同じ方向に動いています。でも、相場の底や天井に近づくと、乖離することがあります。そのときは、騰落ラインを買われ過ぎ／売られ過ぎオシレーターと同じように読みます。マーケットが下向きなときに、騰落ラインが底打ちから上向きに転じているなら、株価もすぐに反転する可能性があります。

経済指標や決算に要注意

トレーディングが「気楽な稼業ランキング」の上位に入ることは絶対にないでしょう。乗った利益を枕に昼寝でもしようかと思ったその瞬間、経済指標値の発表や決算のニュースが突然流れます。そうなったら要注意です。

CNBCなどの投資家向けテレビチャンネルでは、専門家たちが「CPI」「GDP」「PPI」などの略語を連発しています。それらの略語は、アメリカ経済全体の健全性に関連する指標です。

毎月、一部は四半期ごとに、たくさんの経済指標値が発表されます。非農業部門雇用者数と失業率など、直ちにマーケットに大きなインパクトを与える指標も幾つかあります。株価は、発表される数値によって上がりも下がりもします。変動の激しいマーケットでは、こういう発表がある日の前日に、利益の一部または全部を確定しておくことを考えましょう。

バロンズ紙の表紙近くのページに毎週掲載される「レビュー・アンド・プレビュー」セクションをチェックしてください。翌週に発表される指標の一覧をひと目で見ることができます。この2ページで構成されるセクションには、コンセンサス予想、業績予想、その他の重要なイベントに関する情報も掲載されています。

以下は、一部の経済指標とその簡単な説明です。

◆**CCI（消費者信頼感指数）**。金融、経済、雇用、高額商品の購入予定などに関する消費者見通しを測定する月例調査を実施して作成されます。消費者が悲観と楽観のどちらの見通しを持っているかは、景気を左右する個人支出に反映されるため、これは先行指標です。

◆**CPI（消費者物価指数）**。労働統計局が発表するこの指数は、消費者レベルでの価格の変化を示します。CPIは給与、社会保障給

付、年金などに影響します。これは遅行指標です。

◆**耐久財受注統計**。耐久財は耐用年数が3年以上の商品です。アメリカ商務省が発表するこの指標は、企業が将来のニーズに対応するために、資本投資を行う意欲があるかどうかを示します。需要の変化が、設備を拡大するための耐久財の購入に影響を与えるため、先行指標と見なされます。

◆**GDP（国内総生産）**。特定期間中のすべての最終製品とサービスを含む、アメリカの総生産を示します。四半期ごとに発表され、アメリカ経済が拡大しているか、縮小しているかを示す、最も広範な指標です。遅行指標です。

◆**住宅着工許可件数**。この数値は、許可が発行済みの新規の住宅と集合住宅内のユニット数を示します。今までの実績を見ると、住宅着工は経済全体より6カ月前に立ち上がるので、先行指標と見なされます。

◆**景気先行指標総合指数**。アメリカ商務省が発表するこの指数は、各種の先行指数統計から構成されています。3～6カ月先の景気の先行きを予測します。

◆**NAPM（全米購買部協会景気総合指数）**。300社の購買担当管理者に対する調査に基づくこの月例NAPMは、3～6カ月先の景気動向を示します。この指数が50を超えていると、製造セクターが上向きであることを示します。50未満は下向きであることを示します。

◆**非農業部門雇用者数と失業率**。労働統計局が毎月第1金曜日に発表します。これはアメリカで創出された農業以外の雇用者数から、減少分を差し引いた数を示します。失業率は、求職中の未就業者数に基づき算出されます。非農業部門雇用者数と失業率は、アメリカ大衆の景気の強さに対する信頼感に影響を与えます。遅行指標であっても、これらの数値が発表されると、株式相場がムード

的に反応します。

◆**PPI（生産者物価指数）**。この指数は、卸売り製造レベルにおける価格の変化を測定します。毎月中旬に、前月のデータを基に発表されます。労働統計局が、総合指数と変動の大きい食品とエネルギーの価格が除外されたコア指数の2つの数値を発表します。
PPIは、価格の変化を予告し、インフレ圧力を示すための先行指標です。

もうひとつの「要注意」が、決算シーズンです。つまり、株式を公開している企業が四半期決算を発表するときです。そうです。決算報告書がひと騒動起こすことがあるのです。

クロージングベルが鳴った後で決算報告を発表する予定の企業の株を、翌日まで持ち越すのはやめましょう。翌朝その株価が大きくギャップダウンして寄り付くかもしれません！

さらに、超大型主要株の企業が業績を発表する予定があるときは、その企業とたとえわずかでもかかわりのある株を保有していたら、発表前にそのポジションをクローズしましょう。なぜ？　なぜなら、このボラティリティの時代には、ある産業の主要株の息づかいがおかしくなると、かかわりのあるすべての株も同調して失神してしまうからです。非常に多くのハイテク株が、機器や販売の統合化によって相互に依存しているのです。1社が不調になると、全社が不調になります。賢いトレーダーは、疫病が蔓延する前に利食いします！

新米トレーダーを困らせるもうひとつのやっかいなマーケットにおける出来事は、企業が好決算を発表したときです。その結果？　その株価が下落します。好決算になるといううわさが、正式の発表以前に流れてしまうことがあります。株価は数日間そのうわさの翼に乗って上昇します。で、増収増益が株価に織り込み済みになるため、実際に発表されると、売り手が急いで利食いするので株価が下落するのです。

「うわさで買い、ニュースで売れ」というトレーダーの格言を頭に入れておきましょう。

オプション行使期限日——はい、それまでよ～！

株式オプション契約は毎月の第3金曜日に満期を迎えます。また、3月、6月、9月、12月という四半期第3月目の第3金曜日のオプション行使期限日は、株式と株式指数と先物の契約が切れるため「トリプルウィッチングデイ」と呼ばれます。

トリプルウィッチングデイであるかどうかにかかわらず、オプション行使期限日には、トレードを避けましょう。きっとトレードしないでよかったと思うはずです。その日、ときにはその数日前、オプションのプレーヤーたち、アービトレイジャー（サヤ取りトレーダー）、機関投資家の運用担当者たちがポジションをシフトするため、不規則で不合理な値動きが起こります。ブレイクアウトやブレイクダウンが失敗すると、ボラティリティが支配します。

未決済のポジションを持っていたら、自動ストップロスをチェックして、その日はトレードを休みましょう。現金化しておけば、何の心配もありません。

FOMCレポート

休みを取る機会がもうひとつがあります。ある日、FOMC（連邦公開市場委員会）が招集されると、金利を上げるか下げるか決定され、その2日後に発表されるのが普通です。発表日には、ポジションをすべてフラットにしておいたほうがいいかもしれません。

近ごろ「インフレ」という言葉が人々の口の端にのぼっています。ニュース番組では、FRB議長のアラン・グリーンスパンが次に金利

をどうするか、いろんな意見が飛び交っています。FRBの発表が出るたびにマーケットがおかしくなるのも無理ありません！

　利下げのニュースで、S&P先物が株価を道連れに暴落したことがあります。今では、利下げが株価の上昇を意味することを、みんなが知っています。なのになぜ利下げ直後に相場が下落するのでしょうか？　ご気分に応じて「本日の理由」を選んでください。理屈がどうであれ、賢いトレーダーなら、けりがつくまでブルとベアにけんかをさせ、それを高見から見物していましょう。感情的な喧騒が収まってからトレードに戻りましょう。

　このテーマを終える前に、インフレについて簡単に説明します。あなたの「もし、なら／たら」シナリオに、さらに有利な情報を加えることになるでしょう。

　インフレに関する事実――
◆各国の中央銀行――アメリカの場合はFRB（連邦準備制度）――の最優先事項はインフレの抑制です。好景気のなかで物価が上昇すると、稼いだ1ドルの価値が減少します。なぜなら、その購買力が減るからです。抑制しないと、インフレが経済を絞め殺してしまうのです。
◆中央銀行は金融政策、つまり金利と通貨供給量を通じてインフレを抑制します。金利は、お金を借りるときのコストです。
◆株は次の3つの理由からインフレに対して脆弱です。（1）企業が稼ぐドルの購買力が減少します。（2）金利上昇は企業の資金借り入れコストが上がることを意味します。それが負債構造のコストを高め、将来の成長に悪影響を及ぼします。（3）金利が上昇すると債券価格が下がり、お金を安全に運用したい投資家たちの関心が債券に移ります。

母なるマーケットのコントラリアン指標

この地球上で株式相場ほど気まぐれで、へそ曲がりなものはありません。どんなにうれしくても、どんなに悲しくても、その感情が長く持続することはないようです。

それでも、訓練すれば、その気分を予期することができるようになります。過度な楽観主義や過度の悲観主義に陥っているときは、逆に考えればいいのです！

以下の3つの指標は逆の心理を表します。つまり、それらの指標は、マーケットに過度の楽観主義や過度の悲観主義が広まっていると、やがて逆の反応が現れることを示唆しています。極端な状況では、特に要注目です。

ブルベア・レシオ

ニューヨーク州ニューロシェルのインベスターズインテリジェンス社は、週1回、投資アドバイザーに対するアンケートを基にブルベア・レシオを発表しています。CNBCでは、取引時間中、ブルベア・レシオが随時伝えられています。

このアンケート調査では、アドバイザーたちが株式相場を強気・弱気・中立のいずれに見ているかが集計されています。レシオは、強気のアドバイザー数を、強気のアドバイザー数と弱気のアドバイザー数の合計で割って算出されます。中立のアドバイザー数は計算に使用されません。

これはコントラリアン（逆張り）指標であるため、強気のアドバイザーが多いほど、弱気を示唆します。例えば、55〜60％のアドバイザーが強気と答えた場合、その極端な楽観主義は相場が頭打ちで、あとは下がるだけであることを示唆しています。数値が40％まで下がり、極端な悲観主義を示しているとき、そのブルベア・レシオは強気への

反転が近づいていることを示唆しているのです。

強気のコンセンサス

毎週発表されるこの数値は、カリフォルニア州パサデナのハダディパブリケーションズ社が発行するニュースレターのライターたちに対するアンケート調査に基づいて算出されています。ニュースレターのライターたちの80％が強気と答えたら、その相場は買われ過ぎで、値下がりが近いと見なされます。30％未満は、売られ過ぎを暗示し、強気と見なされます。

CBOE（シカゴオプション取引所）の株式プットコール・レシオ

CBOEの株式プットコール・レシオは、オプション市場における投資家のトレードを基に算出されます。プット・オプションの出来高をコールオプションの出来高で割って計算されます。プットとコールとは、指定された期間内に、指定された価格で対象証券を売る（プット）または買う（コール）権利を与えるオプション契約です。証券新聞には、毎週、CBOEの株式プットコール・レシオが掲載されています。また、投資家向けチャンネルでも耳にするでしょう。

これもコントラリアン心理指標です。オプションプレーヤーたちの悲観レベルが高いほど、相場の見通しは強気になります。例えば、プットコール・レシオが0.80以上だと、強気と見なされます。レシオが0.30に近づくと、弱気シグナルの発信です。

コンディションの変化に注目しておく

スティーブ・ナイソンが気に入っている日本の格言のひとつが「相場のことは相場に聞け」です。マーケットのコンディションは、常に世界の出来事と関連付けてとらえておくことが大事です。昨日うまく

いったトレーディングスタイルでも、明日には通用しないかもしれないのです。

しばらくは利益を生んでいたのに、損ばかり出すようになる「トレーディングシステム」が多いのはそのためです。私たちの心のように、マーケットも特定の刺激に反応し、特定の結果を期待するようにプログラミングされているのです。異なる結果が生まれると、そのシステムは混乱してしまいます。私たちの脳みそと同じです。

このビジネスで成功するには、マーケットの変化に合わせて、自分のトレーディングテクニックを変えていくことが必要です。賢明なトレーダーは、週7日、1日24時間、先入観を持たずに、マーケットのコンディションを把握することに努めなければなりません。ときおり状況を見失ってしまうこともあるでしょう。問題ありません。母なるマーケットは、遠からずあなたの頭を強くたたいて、あなたの目を覚ましてくれるでしょう！

世界の各マーケットが、相互の結び付きをますます強くしているため、ひとつの国で起きたことは、ほかのマーケットにもドミノ効果的に影響を及ぼします。大きな変動は、金融相場をかき乱します。例えば、現在の日本のように、中央銀行が国家経済をなんとか浮上させようと努力していると、アジアとの結び付きが強い産業グループに属する株の値動きが荒っぽくなるので、トレーダーにとってどのように対処すべきか判断が難しい状況になっています。

これをもっと身近な、私の個人的なルールにするとこうなります。自分の思いどおりに行かなかったトレードが連続で2回あったら、私はトレーディングをストップして、マーケットのコンディションを見直すことにしています。そして、私は「スモール」モードに切り替えます。つまり、現状の資金を維持するために、ロットサイズを減らして、きつめのストップを設定し、控えめに利食いします。マーケットのリズムに再び合ったと感じたら、通常のロットサイズに戻します。

損失について一言

だれでも連敗することはある。そのとおりです。大切なことは、その症状に気づき、止血帯を素早く結び、その経験から学ぶことです。

あなたはもちろん「愚の骨頂」とはどういうことか知っているでしょう。異なる結果になることを期待しながら、同じ行為を何度も繰り返すことです！

ですから、繰り返しますが、2回連続で損をしたら、トレーディングをストップしましょう。現金化して、2、3日休みを取りましょう。後ろに下がって、マーケットの全体的なコンディションを見渡しましょう。異なる視点を得るために、いつも読んでいない証券新聞や雑誌を読んでみましょう。その目的は、リフレッシュして、活力を取り戻すことです。マーケットに戻る準備ができたと感じたら、小さな歩幅で進み、しばらく「スモール」でいきましょう。

また、休みの後でトレードに戻るときは、数日間トレードせずに観察するのがベストです。そのほうが、速く、そのときのマーケットのリズムを自分のものにし、マーケットに戻ることができます。

自分に与える最高の贈り物──トレード日誌

トレーダーとして確実に成功するための最高のテクニックのひとつは、トレード日誌をつけることです。私はみんなにこの作業を勧めています。トレーディング能力の向上を飛躍的にスピードアップします。

丈夫な装丁のノートを買ってください。私のはグリーン、お金の色です。負けても勝ってもトレードごとに簡潔に記録します。「このトレードに入ったのは……ファンダメンタルズがピカイチ、マーケットとセクターのコンディションが上向き、売られ過ぎだが20日移動平均から反発、リスクリターン・レシオ＝1：5……だから」などと記入

します。次に、そのトレードに関する情報を短く書き留めます。いつ、いくらで、そしてなぜそのトレードをクローズしたかも含めます。週1回、日誌を読み直します。あなたのトレードには一貫した特徴がありますか？

利益がどんなに小さくても、勝ったトレードについては自分にご褒美をあげてください。小さな利益でも積もれば大きな利益になります。次に、思いどおりにいかなかったトレードを評価します。また同じ状況になったとき、あなたはどう対応しますか？ 自分の過ちから学び、負けを勝ちに転じるのです！

レベルⅡトレーディング——あなた向き？

何年か前、それも株価が小数点化される前は、一部の株式のビッドとアスクのスプレッドはグランドキャニオンより広大だったのです。1ポイント以上も珍しくありませんでした。

私自身を含め、新米のアクティブなトレーダーたちは、ビッドがものすごい勢いで下がっていくのを見ると、必要以上にストレスを感じてしまうのです。腰掛けている椅子を突然引き抜かれて、床に放り出されたような感じです。

1997年に、レベルⅡスクリーンとダイレクトアクセスブローカーの登場によって、マーケットに透明性がもたらされました。今では個人トレーダーでも、その株を買いたいプレーヤーが何人いるのか、その人たちがそれぞれいくらでどれだけ買いたいのかを知ることができます。もちろん広いスレッドは今でも存在しますが、トレーダーは、プレーヤーたちとときにはその意図まで見極めることができるのです。

今では、ビッド価格で買い、アスク価格で売るオーダーを入れることによって、トレーダーが、スペシャリストやマーケットメーカーたちと同じ土俵で勝負できるのです。それは、卸売価格で買って、小売

価格で売っているのと同じです。それに、一部のアクティブなトレーダーは、1日に100～2000回のトレードをやります。いや誤植ではありません。100から2000です。ですから、1回のトレードで少しでもお金を増やせば、全体として大きな儲けになるのです！

　小数点化は、このゲームに変化をもたらしました。1セント刻みで注文が出されることで、ビッドとアスクのスプレッドが劇的に狭まりました。それでも、ダイレクトアクセスブローカーが提供するレベルII注文入力システムを使用しているトレーダーたちが、レベルIシステムしか使えない人たちに比べて、売買価格に関してより大きなコントロールを持っていることに変わりはありません。

　レベルIIスクリーンを備えたダイレクトアクセスシステムは、オンラインブローカーが提供するレベルIの単純な売買画面と比べて、けっして使いやすいものではありません。ですから、ご想像のように、ブローカーたちはハイブリッド型を開発中です。もうすぐ、レベルIIスクリーンを介した市場の透明性を享受しながら、株式の売買注文を簡単に出せるようになるでしょう。

　図14.1はレベルIIスクリーンを示します。ご覧のように、ジュニパーネットワークス社（JNPR）を買いたい人たちが左の欄に並んでいます。右の欄は、売りたい人たちです。

　オンラインブローカーが提供する標準的なレベルIスクリーンでは、JNPRの気配値は「33.19×33.20」と表示されます。普通、買い注文は33.20ドルで出すことになります。その価格はインサイドアスク（オファー）であり、即時に執行された場合の成り行き価格です。

　しかし、レベルIIスクリーンが表示されるダイレクトアクセスのサービスでは、JNPRのインサイドビッドに対して提示されているのが400株だけだということが分かります。マーケットメーカーのKnight（NITE）は100株買うというビッドを提示していて（「Size」欄の数値に00を足す）、Mayor Schweitzer（MASH）は300株を買うという

第14章●あなたはオッズの魔法使い

図14.1 レベルⅡスクリーン――銘柄＝ジュニパー・ネットワークス社（JNPR）

Name	Bid	Size		Name	Ask	Size			
								13:53	
JNPR		33.20		300	Qt	13:53		33.18	200
Bid	33.19	Ask	33.20	Vol	11286400			33.18	200
# Bid	2	# Ask	3	Spread	.01			33.16	100
								33.17	100
Name	Bid	Size		Name	Ask	Size		33.18	100
NITE	33.19	1		REDIBK	33.20	3		33.18	500
MASH	33.19	3		BTRD	33.20	10		33.18	900
ISLAND	33.15	500S		ISLAND	33.20	250S		33.18	100
ISLD	33.15	5		ISLD	33.20	2		33.18	200
NDBC	33.14	1		INCA	33.20	10		33.20	200
RSSF	33.10	2		REDIBK	33.21	2		33.20	200
INCA	33.10	13		REDI	33.21	5		33.20	500
ISLAND	33.10	1		GSCO	33.25	2		33.20	1000
ISLAND	33.06	10		COST	33.25	1		33.20	400
PRUS	33.06	1		ISLAND	33.25	15		33.20	100
BTRD	33.06	5		ISLAND	33.27	10		33.20	300
SLKC	33.05	1		MSCO	33.30	2			
BRUT	33.05	5		MLCO	33.31	3			
ISLAND	33.05	25		ARCA	33.31	15			
WARR	33.04	1		ARCHIP	33.31	15			
LEHM	33.03	2		ISLAND	33.31	5			
ISLAND	33.03	1110S		MONT	33.34	1			
ISLAND	33.02	20		SBSH	33.36	1			
PERT	33.01	1		SLKC	33.42	1			
SBSH	33.01	1		ISLAND	33.43	50S			

ビッドを提示しています。アスク（オファー）欄では、Redibook ECN、Bloomberg ECN（BTRD）、Island ECN（ISLD）、Instinet ECN（INCA）が、合わせて2万7500株の売りを提示しています。このように売り圧力が強いと、短時間（数秒から数分）のうちにビッドが次の価格レベルの33.15ドルに下がるのは確実です。

33.15ドルでは、ECNのIslandが5万8000株という大口の買いで待ち構えています。アスク（オファー）側の売り手が応じることができ

397

なければ、その比較的大口の買い注文は、これも短時間のうちにJNPRの価格を押し上げるはずです。

要するに、レベルⅡ注文入力システムを利用できるダイレクトアクセスアカウントを持っていれば、33.15ドルでJNPRの買い注文を出せるのです。つまり、現在のインサイドアスク（オファー）の33.20ドルより0.05安く執行されるチャンスがあるのです。1000株なら50ドルになるので、手数料分を賄うことができるかもしれません。

また、ダイレクトアクストレーディングでは、エントリーとエグジットの価格を完全にコントロールできます。普通のオンラインブローカーの注文入力システムでリミットオーダーを出して、そのオーダーが執行されたのかどうか長いこと分からなかったことはありますか？　ダイレクトアクセスの注文入力システム画面を使えば、自分の注文が執行されるのを確認することができます。

自分のトレーディングスタイル、そして1カ月に行うトレードの回数を考えてください。1カ月内に完了するトレードが5回未満なら、レベルⅠ気配値を利用した、オンラインブローカーの基本的な注文入力画面のままでよいかもしれません。もっと回数が増えたら、多数のブローカーが提供する、レベルⅠとダイレクトアクセス（レベルⅡ）を組み合わせた、新しいハイブリッド型の注文入力システムについて調べてみましょう。

おめでとう！　ここでお祝いを申し上げます。この本の内容をすべて吸収されたことで、コンスタントに勝てるトレーダーになるという、あなたのゴールへ大きく近づきました。この分野で成功するには、それ以外に、根性と粘りが必要です。あなたはここまで来ることができたのですから、残りの道程も必ず歩みきられることでしょう！

私があなたのそばにいつもいることを覚えておいてください。ご質問があれば、私のウエブサイトwww.toniturner.comにアクセスし、「Contact Us」をクリックしてください。できるだけ早くお答えしま

す。それでは、ご健闘をお祈りします。グッドラック。そして「グリーン」なトレードを！

クイズ

1. ＿＿＿、＿＿＿式の発想をするトレーダーは、その他大勢と差をつけることができる。
2. 金とドルは＿＿＿＿の関係にある。
3. 普通、＿＿＿＿市場は株式市場に先行する。
4. 債券価格が下がると、金利が＿＿＿＿。
5. 石油価格が上がると、＿＿＿＿（産業グループ）株が下がる傾向がある。
6. スイングトレードで株を大量に持ち越す最高のタイミングは、相場が横ばいのときである。○か×か？
7. ブルベア・レシオ、強気コンセンサス、プットコール・レシオに共通する特徴は？
8. 騰落（A/D）ラインについて簡単に説明してください。
9. 非農業部門雇用者数と失業率が発表される前日に、いくらか利食いしておくことは良い考えである。○？
10. あなたが保有する株の企業が、今夜マーケットが閉まった後で決算を発表する予定であるとき、あなたはどうしますか？　（A）できるかぎりその株を買い集める（できればバーサおばさんの分も）。（B）利食いをし、手を引いて、興味津々で観察する。
11. オプション行使期限日における正しいトレード法は？
12. 株がインフレに弱い理由をひとつ挙げてください。
13. 日誌を記録することがあなたのトレーディングの成功に大きく役立つのはなぜですか？
14. レベルⅡ注文入力システムを使用する主な理由は？

解答

1．もし、なら／たら。
2．逆。
3．アメリカ国債。
4．も下がります。
5．輸送。
6．まさか「○」なんて言わないですよね！
7．ブルベア・レシオ、強気コンセンサス、プットコール・レシオはコントラリアン指標なので、多幸感が支配しているときは、利食ってベッドの下で隠れていようと示唆します。嫌悪感と悲観主義がその日を支配しているときは、元気を出しましょう。すぐに期待の光が輝き始めるでしょう！
8．騰落ライン（NYSE、AMEX、ナスダック）は、値上がり株数と値下がり株数の差によって、株式相場の騰落の幅を示すラインチャートです。
9．完全に○です。
10．（B）が正解です。
11．あなたには答えがないはずです。なぜなら、オプション行使期限日にトレードするつもりがないからです！
12．株式がインフレに弱いのは、金利が上がると企業による資金の借り入れコストが上がり、将来の成長に影響を与えるからです。
13．日誌をつけることによって、成功への道程がスピードアップします。なぜなら、勝ちに結び付く行動と結び付かない行動を迅速に見極め、それに基づき改善できるからです。
14．レベルII注文入力画面によって、売買注文をもっと思いどおりにコントロールできるようになります。

センターポイント

あらゆる創造の源は純粋な意識……顕在化されていないものを顕在化しようとする純粋な潜在力である。——ディーパック・チョプラ

センターに戻ろう

　最近、トップトレーダーのデビッドとトレーディング心理について話をしました。
　「僕がどうしてこんなに成功したか分かる？」青い瞳の彼は真剣なまなざしで私を見つめながら言いました。「中庭に滝状の噴水があるんだ。毎朝、15分間座って、水に意識を集中する。自分がリラックスしたと思ったら、その日のトレードのことを想像するんだ。自分が完璧なポイントで売買する様子を思い浮かべる。それに、プランどおりにいかないトレードについても思い浮かべる。トレードを悔いることなくクローズするのを想像する。正しい行動を取るときに感じるのは満足感だけだ。そういう静かな時間が、僕のトレーディング能力、それに収支を驚くほど向上させてくれるんだ！」と。
　デビッドは私に素晴らしい贈り物をくれました。最高のパフォーマンスを達成するには、自分のセンターポイント、自分のコアとなる本性（ほんせい）に戻ることが必要であることを私に思い起こさせてくれました。そこには、いつでも利用可能な力にあふれた泉があって、私たちは自分の「エネルギーバッテリー」を充電することができます。毎日少しずつ時間を取り、自分のコアな存在と交流してエネルギーを得ることは、肉体的、身体的、感情的に健康という形で大きなリターンをもたらします。
　やり方はとても簡単です。完全にひとりになれる、静かな場所を見つけましょう。リラックスし、手足は組まずに座ります。目を閉じ、

自分の息づかいに意識を向け、体からすべての緊張を解放します。次に、自分が大きな、立派なエレベーターに入るのを想像します。扉が閉まり、あなたは10階にいることに気が付きます。あなたは１階のボタンを押し、それからエレベーターが下がるときに、９、８、７、６、５、４、３、２、１と各階のボタンが点灯するのを見守ります。

　扉が開き、あなたは青々と茂った庭に足を踏み入れます。暖かい陽光が差し込み、そよ風があなたのほほを優しくなでます。生き生きとした草木があなたを囲みます。お望みなら、熱帯のビーチや山の隠れ家など、自分が安心できる、幸せだと感じる場所をつくってください。

　庭の一角には長椅子があります。そこに行き、横たわり、クッションに身を沈めます。目を閉じ、心と体に安らぎを招き入れます。それから、その日を、落ち着いて、能率的に、目的をもって過ごしている自分を静かに思い描きます。あなたは会う人ごとに微笑みを与え、背中を軽くたたき、激励の言葉を投げかけます。あるいは、デビッドのように、自分が落ち着いて、完璧なやり方で、注文を出すところを思い描いても構いません。１日のシーンを想像し終えたら、ラウンジから出て、エレベーターに乗り、10階のボタンを押します。１から10の各ボタンが点灯するするのを見ます。エレベーターの扉が開いたら、深呼吸して、微笑み、１日を迎えましょう！

　この方法を試してみてください。あなたの１日が、今まで以上に生産的で、豊かなものになります。１日をより高いところから始めれば、自分のキャリア、自分の愛する人たち、そして自分自身に、より多くのものを与えることができるのです！

トレード金融用語の解説

1株当たり利益（Earnings Per Share） 企業の収益を発行済み株式数で割って算出します。

ECN（Electronic Communication Network） 電子商取引ネットワーク。注文をマッチングし、個人トレーダーが現在のビッドやアスク（オファー）よりも良い価格を提示することを可能にする、Island（ISLD）、Archipelago（ARCA）、Bloomberg（BTRD）、SelectNet（NASD）、Instinet（INCA）、Spear Leeds（REDI）などの自動システム。

FOMC（Federal Open Market Committee） 連邦公開市場委員会。FRB（連邦準備制度）における政策立案を行う組織。この委員会は通貨供給と信用の規制に関するFRBの方針と一致する金融政策を決定。FOMCの主たる仕事は、通貨供給量を増減させる政府証券の売買。また、FOMCは、公定歩合などの主要金利を規制するために2カ月ごとに会合を開きます。

GDP（Gross Domestic Product） 国内総生産。所定の期間中にアメリカ国内で生み出されたすべての財とサービスの価値を示す経済指標。

IPO（Initial Public Offering） 新規株式公開。その企業の初めての株式公開。

アイランド（Island／ISLD） 大手のECN。

405

アイランドリバーサル（Island Reversal）　離れ小島。イグゾースチョンギャップで始まり、その反対方向にブレイクアウェーギャップする株価パターン。2つのギャップ間の期間は通常短い。チャート上では何本かのローソク足が孤立し、価格反転の可能性を示唆します。

アウト・オブ・ザ・マネー（Out-of-the-Money）　行使価格が対象証券の市場価格より高い場合、そのコール・オプションはアウト・オブ・ザ・マネーになります。行使価格が対象証券の市場価格より安い場合、そのプットオプションはアウト・オブ・ザ・マネーになります。

アキュムレーション（Accumulation）　「アキュムレーション」とは、機関投資家たちが株を買い集めていることを意味します。また、買い圧力が増加していることも意味します。アキュムレーションは、株価チャートで出来高が増加していることで分かります。

アスク（Ask）　売り呼値。証券を売るために提示されている価格。「インサイドアスク」とも「オファー」とも呼ばれ、ブローカーやディーラー（またはその代理人のECN）がその株式を売る意思のある最低価格。顧客がその証券を買うことができる最低価格。

アセットアロケーション（Asset Allocation）　資産配分。投資ポートフォリオを、株式・債券・現金などの各種資産にどのように配分するかを設計するプロセス。各資産のリスク水準（例えば、優良な債券はハイテク株よりリスクが低い）が配分割合の決め手になります。

イグゾースチョンギャップ（Exhaustion Gap）　トレンドの終了時に現れる価格ギャップ、つまり上放れ窓／下放れ窓（ローソク足用語）で、そのトレンドが終了したことを示します。短期間に急騰した

株でよく現れます。

移動平均（Moving Average／MA）　マーケットや株がトレンドで動いているときに最も威力を発揮する、テクニカル分析で使用されるライン指標。この遅行指標は、株価パターンのサポートやレジスタンスとして働くことが多々あります。単純50日移動平均は、直近50日間の終値の合計を50で割って算出されます。新しい日の終値が追加されるたびに、最も古い日の終値が計算から除外されます。各日の平均値を結ぶとライン指標が形成されます。短期の平均（例えば20日）が長期の平均（50日）をクロスして上に抜けるのは強気のシグナル。長期の平均が短期の平均をクロスして下へ抜けるのは弱気のシグナル。移動平均には、単純、加重、指数平滑の3種類があります。

イン・ザ・マネー（In-the-Money）　行使価格が対象証券の市場価格より安い場合、そのコールオプションはイン・ザ・マネーになります。行使価格が対象証券の市場価格より高い場合、そのプットオプションはイン・ザ・マネーになります。

インサイダー（Insider）　企業の役員または取締役、企業の少なくとも10％を所有する個人または家族、もしくはその企業の非公開の内部情報を知り得る人物。インサイダー取引は証券取引委員会（SEC）規則144によって規制されています。

インサイドデイ（Inside Day）　その取引日の価格レンジが前日の価格レンジ内にとどまることで、チャート上で簡単に確認できます。

インサイドマーケット価格またはインサイド価格（Inside Market Price, Inside Price）　所定の瞬間における株式の最低ビッド価格と

最高アスク（オファー）価格。

インスティネット（Instinet） 機関投資家の注文を扱うことで知られているECN。

イントラデイ（Intra-day） 日中。1取引日のなかで起こる値動きを指します。

インフレリスク（Inflation Risk） 物価の上昇が投資収益の価値を減少させたり、なくしてしまうリスク。

ウイップソー（Whipsaw） 二重損。株価の動きの両サイド、つまり買いと空売りの両方のポジションを取り、両方のトレードで損すること。

売られ過ぎ（Oversold） オシレーターによって示されるマーケットや株のコンディション。株が売られ過ぎの場合、オシレーターは下方領域まで下降していて、すぐに反発する可能性があります。

エリオット波動理論（Elliot Wave Theory） 1939年にラルフ・ネルソン・エリオットが提唱した理論。フィボナッチ数列を基礎に、価格パターンが、5つの上昇波と3つの下降波（修正波）からなる8つの波で形成されるひとつのサイクル（周期）に従うという理論。

追証の請求（Margin Call） 信用取引口座の資産価値が規定額以下に減少した場合、ブローカーは顧客に追証の請求をして、顧客に直ちに必要な資金を差し入れることを求めることができます。

オシレーター（Oscillator） 株が買われ過ぎか、売られ過ぎかを示す、テクニカル分析指標。

オファー（Offer） 売り気配値。「アスク」価格と同じ。

オファーアウト（Offer Out） 指定した株式を「ザ・オファー」で売ることを提示すること。成り行きやベストビッド価格よりも高い価格で執行されます。

オプション（Option） 指定された期間内に、指定された価格で株式を売買する権利を保有者に与える金融商品。

オン・バランス・ボリューム（On-Balance-Volume／OBV） 出来高を基礎に、証券へのお金の出入りを示すライン指標。ある株が前日終値より高値で引けた場合、その日の全出来高が上昇出来高として累計に加算されます。前日終値より安値で引けた場合、その日の全出来高が下降出来高として累計から減算されます。

乖離（Divergence） 指標が株価パターンと逆か別の方向へ動いたときに、チャート上に発生します。例えば、RSI（相対力指数）またはストキャスティックスが下向きのときに、株価が高値を更新した場合です。乖離が起こると、指標やオシレーターが向かっている方向に、まもなく株価が転換する可能性があります。

確認（Confirmation） 各種のテクニカルシグナルが一致したときに「確認」が成立します。例えば、ブレイクアウトが強い出来高を伴って起こった場合、出来高が価格上昇を「確認」しています。各種のシグナルが反対方向に動くと、それは「乖離」と呼ばれ、ブレイクア

ウトやその他の想定される値動きが失敗する可能性があります。

下降トライアングル（Descending Triangle） 横ばいのコンソリデーションの株価パターンで、弱気と見なされます。下方のサポート線が水平のまま推移し、上方のレジスタンス線が下降することによって、三角形の2辺を形成します。

下降トレンド（Downtrend） 株、指数、またはマーケットが、トップとボトムの転換値を切り下げていく、テクニカル分析で使用される株価パターン。直近の高値を上回る高値が付いたときに、下降トレンドは終了します。

加重移動平均（Weighted Moving Average） 特定の期間で、直近の終値ほど大きなウエートを与えて算出する移動平均。

株式指数先物（Stock Index Futures） 対象とする株式指数に基づきトレードされる先物契約。

株価収益率（Price/Earnings Ratio） 株式の現在価格と過去1年間の1株当たり利益との比率。P/Eは、その企業の将来性に対するマーケットの期待を示します。そのため、「成長株」と呼ばれる株の株価収益率は、割安株の場合より高いのが普通です。

株価純資産倍率（Price/Book Ratio） 1株当たり価格を、1株当たり簿価で割った率。

株式（Share） 企業から株主に対して発行される所有権の単位。

株式オプション（Equity Options）　普通株式を原資産とするオプション取引。

空売り（Short Sale）　ブローカーから株を借り、あとで安値で買い戻す意図をもってそれをマーケットで売ること。売り価格と買い戻し価格の差額が利益になります。

空売り残高（Short Interest）　空売り（ショート）され、まだ買い戻（カバー）されていない株数。

買われ過ぎ（Overbought）　オシレーターによって示されるマーケットや株のコンディション。株が買われ過ぎの場合、オシレーターは上方領域まで上昇して、すぐに反落する可能性があります。

キーリバーサルデイ（Key Reversal Day）　主要転換日。株価が上昇トレンドにある場合は、前日の高値を上回る新高値で寄り付き、それから前日の安値を下回って引けた日。株価が下降トレンドにある場合は、新安値で寄り付き、それから前日の終値を上回って引けた日。ローソク足用語の「包み線」に相当。レンジが広く、出来高が大きいほど、トレンド反転が起こる可能性は高くなります。

ギャップ（Gap）　窓。株価パターンのなかで、取引が行われていない空白の部分。「ギャップアップ」は、マーケットまたは株が前日の高値を上回る水準で寄り付き、取引されていること。ローソク足用語では「上放れ窓」と呼ばれ、強気を示します。「ギャップダウン」は、マーケットまたは株が前日の安値を下回る水準で寄り付き、その後も取引されていることで、弱気を示します。ローソク足用語では「下放れ窓」と呼ばれます。ギャップには、ブレイクアウエー、ランナウエ

一、イグゾースチョンの3種類があります。

継続パターン（Continuation Pattern）　それまでのトレンドがひと息ついているか、コンソリデーションにあることを示すチャート上の株価パターン。最も一般的な継続パターンは、フラグ、ペナント、トライアングル。株価がこれらのパターンのひとつを完成すると、前のトレンドを再開するのが普通。

行使期限日（Expiration Date）　オプションとオプションを行使する権利が満了する日。

効率的市場理論（Efficient Market Theory）　すべての既知の情報が、株式市場において考慮され、株価に反映されるとする理論。

小口注文処理システム（Small Order Execution System／SOES）　1998年にNASDによって利用が開始されました。主に、ダイレクトアクセス口座を有する個人トレーダーによって使用され、特定の注文要件についてはマーケットメーカーが遂行することが必要。

債券（Bond）　企業、組織、または政府が資金調達のために発行するローン、つまり借用書の一種。発行者は、定期的に利息を払い、「償還期限」と呼ばれる指定した日にその債券を額面で買い戻すことに合意します。債券は30年以上の期限で発行できます。

裁定取引（Arbitrage）　アービトレイジャー（裁定取引をする人）は、関連する2つの異なる金融商品を同時に売買します。乖離によって生まれるスプレッドが利益になります。例えば、S&P500指数が上昇し、S&P先物が下落した場合、現物指数を空売りし、先物を買い

ます。「プログラムトレーディング」を参照。

先物（Futures／Futures Contract）　将来の指定した日に所定の数量のコモディティー（原材料や金属）、金融商品、または通貨を売買する契約。

サポート（Support）　支持線。株価を支えるだけの買い手によるサポートが十分に存在する価格帯。

時価総額（Market Value）　企業の発行済み株式数を1株当たり価格で乗じた額。

指数平滑法（Exponential Smoothing）　単純移動平均と同じデータを利用しながら、直近の価格ほど大きな重みを加えて計算される移動平均。

失敗したスイング（Failure Swing）　下降トレンドにおいて新安値、または上昇トレンドにおいて新高値が付かないこと。

収益（Earnings）　全費用を引いた後の、企業の正味収入。

収益伸び率（Earnings Growth Rate）　過去5年間における、企業の平均年間収益伸び率。

収入（Income）　債券の利息や株主配当からの収益。

純資産（Net Assets）　総資産から総負債を引いたもの。

証券取引委員会（Securities and Exchange Commission／SEC）　アメリカの株式・債券市場、登録されている投資アドバイザー、ブローカー／ディーラー、投信会社の規制を行う政府組織。

証拠金必要額（Margin Requirement）　トレーダーや投資家が信用取引を利用したポジションをカバーするために、維持する必要がある金額。ほとんどの口座は、毎日「値洗い」（現在価格で再計算）され、証拠金必要額も調整されます。

上昇トライアングル（Ascending Triangle）　価格レンジ（2本の収斂するトレンドラインの間）が徐々に狭まっていく、横ばいのコンソリデーションパターン。上方ラインがほぼ水平でとどまっているのに対し、下方ラインが上昇します。このパターンは強気です。

上場株（Listed Stocks）　通常、ニューヨーク証券取引所とアメリカン証券取引所に上場されている株式を指します。

信用取引口座（Margin Account）　顧客が資金の一部（通常50%）を借りて株式を購入することが可能な、証券会社が提供する口座。ブローカーが顧客に与える信用額はレギュレーションTによって規定されています。

ストップまたはストップロス（Stop, Stop-Loss）　損切り。損失を限定する戦術として、トレーダーはエントリーポイントの下または上に「ストップ」または「ストップロス」ポイントを設定します。株価がストップロスに達すると、その株はマーケットオーダーによって次に出合った価格で売買されます。

ストップオーダー／買いのストップと売りのストップ（Stop Order／Buy Stop, Sell Stop）　逆指値注文。現在の価格以上で買う注文、または現在の価格以下で売る注文。株価が指定した価格になると、ストップオーダーはマーケットオーダーに変わります。

スプレッド（Spread）　ビッド価格とアスク（オファー）価格の差。

スペシャリスト（Specialist）　ニューヨーク証券取引所とアメリカン証券取引所のフロアで特定の株を担当します。スペシャリストは、相場の公正と秩序を守り、対応する注文が存在しないときは自己勘定で注文を執行しなければなりません。

スモールキャップ企業（Small Capitalization/Cap Company）　時価総額が50億ドル未満の企業。スモールキャップ企業は、配当を支払う代わりに、利益を開発・拡大プロジェクトに使うのが普通。

成長株（Growth Stocks）　売上高または収益が好調に伸びている企業の株式。これらの株式は、配当がほとんど払われず、簿価と比較して高値で取引されることが多い。多数のハイテク株がこのカテゴリーに属します。

セレクトネット（SelectNet）　注文をマッチングするECNで、NASDによりサポートされています。

センチメント指標（Sentiment Indicator）　株式市場における強気または弱気の程度を示すサイコロジカル指標。センチメント指標は、逆張りシグナルとして機能し、極端な買われ過ぎや売られ過ぎのマーケットで最も威力を発揮します。

全米証券業協会（National Association of Securities Dealers／NASD） ナスダック市場を規制・管理するためと、一般投資家たちを詐欺行為から保護するために設立されたブローカーやディーラーの団体。

対称トライアングル（Symmetrical Triangle） 収斂に向かう2本のトレンドラインによって形成されるコンソリデーション株価パターン。買いと売りの圧力が互角で、上下の幅が狭まっていきます。株価がブレイクアウトすると、以前のトレンドを再開し、ボラティリティが大きくなることがよくあります。

タイム・アンド・セールス（Time and Sales） レベルIIスクリーンの隣に配置されていることが多い欄で、最新取引の時刻、価格、ロットサイズが表示されています。

ダウ理論（Dow Theory） ウォール街の最古のテクニカル理論のひとつであるダウ理論は、ダウジョーンズ工業株平均とダウ輸送株平均が以前の高値を上回って引けたときに「買い」シグナルを発します。逆に、両平均が相前後して以前の安値を下回って引けたときに「売り」シグナルを発します。

ダブルトップ（Double Top） この反転パターンは、「M」のように、2つの顕著なピークで形成されます。最後のひと画が「M」の中央の転換点を下回ったときに完成します。弱気を示唆します。ダブルボトムは、このダブルトップの逆さまで「W」に似ていて、強気を示します。

単純移動平均（Simple Moving Average） 各日の終値に同じウエ

ートを与えて計算される移動平均。

短期資本利得（Short-Term Capital Gain） 短期キャピタルゲイン。1年以内保有していた株式や投資信託を売却して得た利益。

チャネルライン（Channel Line） トレンドラインに並行して描かれる直線。上昇トレンドでは、高値の転換ピークを結んでチャネルラインを描きます。下降トレンドでは、安値の転換ボトムを結んでチャネルラインを描きます。上方のチャネルラインがレジスタンスに、下方のチャネルラインがサポートになります。

長期資本利得（Long-Term Capital Gain） 長期キャピタルゲイン。1年を超えて保有していた株式や投資信託を売却して得た利益・利得。

ティッカーシンボル（Ticker Symbol） 取引所に上場されている証券を識別する英字符号。

ティック（Tick） 株価が上方・下方へ動く最小単位。「アップティック」は、株が直近価格より高い価格で取引されること。「ダウンティック」は、株が直近価格より低い価格で取引されること。「ゼロプラスティック」は、直近の取引でアップティックになり、それから現在の取引でもそれと同じ価格で執行されること。

ティック指数（Tick Index） ティックアップしている銘柄数からティックダウンしている銘柄数を引いて算出する、短期指標。ゼロ以上は強く、ゼロ以下は弱気を示します。ティックは取引所ごとに異なります。

出来高（Volume） 特定の期間内に取引された株数。出来高は、チャートのいちばん下にヒストグラム形式で表示されています。株価パターンを解釈するうえで、テクニカル分析にとって重要な情報を与えてくれます。

テクニカル分析（Technical Analysis） 株価パターンと出来高を示すチャートを利用してマーケットや株の動きを研究すること。チャートと適用される指標から、価格の動きやトレンドを予測できます。

転換点（Pivot Point） 株価が方向を転換するときの株価パターン。転換点に注目することは、初期のフロアトレーダーたちがチャートを見ずにサポートやレジスタンスを判断するために使用した戦術でした。株価が以前のサポートやレジスタンスに達したときに、転換点が形成されることがよくあります。

騰落ライン（Advance/Decline Line） ニューヨーク証券取引所の値上がり銘柄数から値下がり銘柄数を差し引きます。その差が正のときは現合計に加えられ、負のときは現合計から引かれます。騰落ラインがダウジョーンズ工業株平均やS&P500指数から乖離すると、トレンド転換の早期シグナルになります。

トライアングル（Triangle） 株価が収斂する2本のトレンドラインの間で変動する、横ばいのコンソリデーションパターン。トライアングルには、上昇、下降、対称の3つの種類があります。

取引単位（Round Lot） 通常、100株で構成される単位またはロットサイズ。

トリプルトップ（Triple Top） 三山。ほぼ同じ価格領域に3つのトップがある株価パターン。このパターンが完成すると、弱気を示します。「トリプルボトム」（逆三山）は上下反対の同じパターンで、強気と見なされます。

トレイリングストップ（Trailing Stops） 株価の上昇に合わせてストップロスポイントを上に移していく損切りテクニック。空売りしている場合は、株価の下落に合わせて下に移していきます。

トレーダー指数（TRIN） リチャード・アームズによって開発され、アームズ指数と呼ばれることもあります。「TRIN」は「Traders Index」の略。ティックと連携して使用されることが多い短期指標。「値上がり銘柄数／値下がり銘柄数」を「値上がり出来高／値下がり出来高」で割って算出されます。

トレンド（Trend） 上方または下降への強い動きを示す株価パターン。上昇トレンドは、トップとボトムの転換点が切り上がっていくことによって形成されます。下降トレンドは、トップとボトムが転換点が切り下がっていくことによって形成されます。

トレンドライン（Trendline） 上昇トレンドでは少なくとも2つの転換ボトム、下降トレンドでは2つの転換トップを結んでいる直線。結ぶポイントが多ければ、トレンドラインはそれだけ強くなります。価格がトレンドラインを「ブレイク」すると、そのトレンドは終了したと見なされ、すぐに方向転換が起こる可能性があります。

ドローダウン（Drawdown） トレードによる総資産価値の減少。

内在的価値（Intrinsic Value） オプションがイン・ザ・マネー（利益状態）になっている部分のドル額。

値洗い（Mark-to-Market） 口座に保有している株の価値を現在の市場価格で計算し直すこと。

ネックライン（Neckline） ヘッド・アンド・ショルダーズ株価反転パターンで、2つのボトムを結ぶ垂直の線（サポート領域）。株価がネックラインを割ると、ヘッド・アンド・ショルダーズのパターンが完成します。このラインは、サポートおよびレジスタンスとして機能し、売買シグナルを発します。

ハード・ライト・エッジ（Hard Right Edge） 価格チャートのいちばん右端。

ハイビッド（High Bid） 前のビッドより高いビッドに対してオファーが現れること。

バイ・アンド・ホールド（Buy-and-Hold） 企業のファンダメンタルズに注目し、短期的な相場変動を無視する、伝統的な長期投資法。

配当落ち（Ex-Dividend） 次回配当の発表から支払いまでの期間。株式が配当落ちで取引されている期間中に買ったトレーダーは、配当を受け取る権利が得られません。新聞紙上では、一般的に、配当落ちの株式には「×」を付けて表記されます。

端株（Odd Lot） 100株未満の株を売買する注文。

バスケットトレード（Basket Trades） さまざまな証券から構成される大口取引。

パターン分析（Pattern Analysis） チャート上に現れた価格フォーメーションを評価し、先行きのトレンドを予測するためにテクニカルアナリストによって使用される方法。

反転ギャップ（Reversal Gap） 当日の安値が前日高値を上回り、当日の引値が寄り付き値を上回っているときにチャート上に現れる価格フォーメーション。

反転パターン（Reversal Pattern） トレンドの反転や変化がすぐに起こることを暗示する、テクニカルアナリストが使用するチャート上のフォーメーション。代表的な反転パターンに、ダブルトップ、トリプルトップ、ヘッド・アンド・ショルダーズ、カップ・ウィズ・ハンドルがあります。

ビッグボード（Big Board） NYSE（ニューヨーク証券取引所）の愛称。

ビッド（Bid） 買い呼値。スペシャリスト（マーケットメーカー）がその株式を買う意思のある、ベスト、つまり最高の価格。したがって、「インサイドビッド」は、成り行き価格で証券を売ったトレーダーが受け取り得るベストの価格。

ファンダメンタル分析（Fundamental Analysis） 財務諸表、株価収益率、収入、マーケットシェアなどを利用して、普通株式を発行している企業の財務状況を評価する方法。ファンダメンタル分析では、

需要と供給に基づく分析が大きな部分を占めます。

フィボナッチ数列（Fibonacci Numbers） 20世紀のイタリア人数学者レオナルド・フィボナッチが考案したこの数列は、各数値が前の2つの数値の和に等しく、1、1、2、3、5、8、13、21、34、55、89、144、と続きます。アーク（円弧）、ファン（扇）、リトレイスメント、タイムゾーンが4大フィボナッチ分析法。これらの方法で描かれたラインは、しばしばサポートとレジスタンスとして機能します。

フィル（Fill） 金融商品の売買注文が執行される価格。

フェイド（Fade） トレンドと反対のトレードをすること。例えば、ギャップアップを「フェイド」するには、その株を空売りします。ギャップダウンを「フェイド」するには、株を買います。

プット（Put） 指定された期間内に、指定された価格で対象株式を売る権利を保有者に与える金融商品。

プットコール・レシオ（Put/Call Ratio） プットオプションの出来高をコールオプションの出来高で割った比率。プットコール・レシオが高い場合、マーケットは売られ過ぎと見なされ、強気を示します。プットコール・レシオが低い場合、マーケットは買われ過ぎと見なされ、弱気を示します。

フラッグ（Flag） 現行のトレンドとは逆の傾斜を持つ横ばいのコンソリデーションを示す、継続的な株価パターン。株価はこのパターンからブレイクアウトして、トレンドの方向に動くことが多い。

ブラケッティング（Bracketing）「レンジ内取引」と同じ意味で使用されることがあります。「株価は高値と安値の間に〝ブラケット〟（挟まれて）されて上下している」というように使われます。

ブルーチップ株（Blue Chip Stocks）　優良株。ダウジョーンズ工業株平均指数の計算に組み入れられている株は「ブルーチップ」とよく呼ばれます。この名前は、ブルーのチップが最も高い価値を持つ、ポーカーゲームに由来します。ブルーチップ企業は、成長を続け、配当を支払っていて、アメリカ産業の象徴と見なされています。

ブレイクアウエーギャップ（Breakaway Gap）　大きな株価パターンを描いた後で、上方または下方にギャップ（窓）を開けて値を付けること。このギャップは、意味のある値動きを予告している可能性があります。

ブローオフトップ（Blow-Off Top）　株価が火山のように噴火して、上方に打ち上がり、それから突然下方に転じる現象。イグゾースチョンギャップを含むこともあります。

ブローカーディーラー（Broker-Dealer）　一般大衆向けに金融商品を販売し、自己勘定でのトレードも行う証券会社。機関投資家のために株の売買を行うケースもあります。

プログラムトレーディング（Program Trading）　プログラムトレーディングは、現物指数に対する指数先物契約をトレードするアービトレイジャーが、乖離が起こったときに使用するトレーディング戦術。「裁定取引」を参照。

ブロックトレード（Block Trades） 1万株単位で売買される、特定の株式の大口取引。

ベータ（Beta） ポートフォリオの過去の価格変動を、マーケット全体、つまり指数と比較した、リスク対リターン値。マーケット、つまり指数自体のベータは1.0になります。したがって、ベータが1.20のポートフォリオ（投信など）は、マーケット全体が10％騰落したときに20％騰落すると想定されます。

ヘッジ（Hedge） ポートフォリオの損失を限定するために使用される戦略。通常、既存のポジションの反対に向かうトレード。例えば、ハイテク株のポジションを持っているトレーダーが、QQQ（ナスダック100に連動する銘柄）を空売りするか、同じ株式を別の口座で空売りするか、あるいはプット（オプション）を買ってマーケットリスクを減らすこと。

ヘッド・アンド・ショルダーズ（Head-and-Shoulders） 三尊。人間の頭のようないちばん高い山と肩のような両側のそれより2つの低い山で構成される株価反転パターン。価格が2つのボトムを結ぶ水平のネックライン（サポートエリア）を下抜けすると、このパターンは完成し、価格がさらに下落していくことを示唆します。ヘッド・アンド・ショルダーズと上下逆のパターンは、逆ヘッド・アンド・ショルダーズと呼ばれます。

ペナント（Pennant） 旗に似た継続株価パターン。ただし、ペナントは対称トライアングルに近く、価格が「ひと息つく」期間で、その後でそれ以前のトレンドを再開することがよくあります。

ポイント(Point) 株式市場の言葉で、1ドルを意味します。株価が「3ポイント」上がると、その株の価値は3ドル上がります。

ボラティリティ(Volatility) 金融市場や金融商品の価格レンジの大きさ。価格レンジが広いほど、マーケットのボラティリティは高くなります。

マーケットオーダー(Market Order) 成り行き注文。その時点の最も良い価格で売買する注文。

未決済残高(Open Interest) 取引日終了時点でまだ決済されていない(精算されていない)オプションまたは先物契約の数。未決済残高の増減は、オプションや先物契約へのお金の出入りを示すことによって、センチメントや流動性を表します。

マーケットメーカー(Market Maker) NASD(全米証券業協会)に申請し、特定のナスダック株の「マーケットメイク」(値付け)をすることに合意したブローカーまたはディーラー。マーケットメーカーは、自己勘定でその株を保有し、買いと売りの両サイドに同時に参加しなければなりません。

弱気相場(Bear Market) 一般的に、下降トレンドにあって、高値水準から20%以上下落している株式相場を大局的に表します。弱気相場で痛みを被らないのは、空売りしている人と現金化している人たちだけ。

ラージキャップ企業(Large Capitalization/Cap Company) 時価総額(現在の株価X発行済み株式数)が50億ドルを超える企業。

ラリートップまたはラリーハイ（Rally Top, Rally High） 上昇株価パターンが供給に出合い、売られて下落するときに現れる転換点（ピボットポイント）。

ランナウエーギャップ（Runaway Gap） 上昇トレンドまたは下降トレンドの半ばで起こることが多い価格ギャップ。「メジャリングギャップ」とも呼ばれます。

リスクリターン・レシオ（Risk/Reward Ratio） 期待リスク（許容損失）と期待リターン（目標利益）の比率。

リトレイスメント（Retracement） 押し／戻し。株価が上方または下方へ強く動いているときに、その動きの一部を修正、つまりリトレイスメントしてから、再び元のトレンドを継続します。50％リトレイスメント（半値戻し）がいちばんよく知られています。テクニカルアナリストは、38％、50％、62％のエリオット波動やフィボナッチリトレイスメントも使用します。

リミットオーダー（Limit Order） 指値注文。指定した価格またはそれより有利な価格で株を売買する注文。リミットオーダーには、デイオーダー（当日かぎり注文）とGTC（取り消すまで有効な注文）があります。

流動性（Liquidity） 株式に関連して使用された場合、流動性の良さは、1日の平均出来高が高い株を指します。投資に関して使用された場合、ほとんどの株式は「流動性がある」、つまりすぐに現金化できることを意味します。住宅は流動性の低い投資商品と見なされます。

ラウンドボトムまたはソーサー（Rounding Bottom, Saucer） 鍋底。値下がりが徐々に止まり、少ない出来高を伴って横ばい状態に移り、それから高値へ戻る、という強気の動きに転じる、チャート上の株価パターン。このフォーメーションは、単独でも、カップ・ウィズ・ハンドル・パターンのカップの部分と逆ヘッド・アンド・ショルダーズで現れることがあります。

レベルⅠ（LevelⅠ） ビッドとアスクについては、現在のインサイドビッドとインサイドアスク（オファー）価格だけが表示される株価情報。それ以外に、直近取引価格、出来高、日中の高値・安値が表示されます。

レベルⅡ（LevelⅡ） レベルⅡスクリーンには、ニューヨーク証券取引所、アメリカン証券取引所、ナスダックのビッドとオファーがリアルタイムのストリーミング方式で表示されます。株価以外に、執行された取引のロットサイズと執行時刻が表示される「タイム・アンド・セールス」画面も装備されているのが普通。

レベルⅢ（LevelⅢ） レベルⅢスクリーンは、取引所のプロによって使用され、「リフレッシング」形式でインサイドビッドとインサイドアスク（オファー）を提示できます。

連邦準備制度理事会（Federal Reserve） 「ザ・フェッド」ともFRBとも呼ばれる連邦準備制度理事会は、金融政策をつかさどるアメリカの中央銀行。通貨供給量、金利、信用を監視します。その目的は、インフレを抑制しながら、アメリカの通貨と経済の安定を維持すること。7人の理事会によって運営される同制度には、12の地域連邦準備銀行、25の支店、そして同制度の一部として機能するすべての国

立・州立の銀行が含まれます。

オススメの本

スティーブ・ナイソン著『ビヨンド・キャンドルスティック（Beyond Candlesticks: More Japanese Charting Techniques Revealed)』(John Wiley & Sons)

ニコラス・ダーバス著『私は株で200万ドル儲けた』（パンローリング刊）

スティーブ・ナイソン著『ジャパニーズ・キャンドルスティック・チャーティング・テクニック（Japanese Candlestick Charting Techniques)』(Prentice-Hall Press)

エドウィン・ルフェーブル著『欲望と幻想の市場——伝説の投機王リバモア』（東洋経済新報社刊）

スタン・ウエンスタイン著『テクニカル投資の基礎講座』（パンローリング刊）

ジャック・D・シュワッガー著『マーケットの魔術師【株式編】』（パンローリング刊）

バリー・ラッド著『ストック・パターン・フォー・デイトレーディング（Stock Patterns for Day Trading)』(Traders Press)

スティーブン・B・アケリス『テクニカル・アナリシス・AトゥZ（Technical Analysis A to Z)』(Irwine Professional Publishing

刊)

ジャック・D・シュワッガー著『新マーケットの魔術師』(パンローリング刊)

ジョージ・S・クレイソン著『バビロンの大富豪』(キングベアー出版)

アレキサンダー・エルダー著『投資苑』(パンローリング刊)

マーク・ダグラス著『ゾーン』(パンローリング刊)

アリ・キエフ著『トレーディング・トゥ・ウィン（Trading to Win)』(John Wiley & Sons)

■著者紹介
トニ・ターナー（Toni Turner）
ベストセラー『ビギナーズ・ガイド・トゥ・デイトレーディング・オンライン（A Beginner's Guide to Day Trading Online）』『SHORT-TERM TRADING IN THE NEW STOCK MARKET（パンローリングより近刊予定）』の著者であり、ビデオ・DVD『ターナーの短気売買入門』（パンローリング）の講師。長年にわたり投資とトレードで成功を収めている。ターナー女史は、トレンドスター・トレーディング・グループ社（Trendstar Trading Group, Inc.）の社長。ウエブサイトのwww.toniturner.comでは、さまざまなトレーディング情報が入手可能。カリフォルニア州アリソビエホ在住。

■訳者紹介
古河みつる（ふるかわ・みつる）
慶応義塾大学卒、南カリフォルニア大学MBA。（有）フルクサス代表。訳書に『マベリック投資法』『くそったれマーケットをやっつけろ！』『ターナーの短期売買入門』『オニールの相場師養成講座』『トレンドフォロー入門』『ロビンスカップの魔術師たち』『FXトレーディング』（パンローリング）ほか。

2003年6月24日	初版第1刷発行	
2004年3月18日	第2刷発行	
2006年5月1日	第3刷発行	
2007年8月1日	第4刷発行	
2008年7月1日	第5刷発行	

ウィザードブックシリーズ㊴

ターナーの短期売買入門
3日から3週間で最大の利益を手にする法

著 者	トニ・ターナー
訳 者	古河みつる
発行者	後藤康徳
発行所	パンローリング株式会社
	〒160-0023　東京都新宿区西新宿7-9-18-6F
	TEL 03-5386-7391　FAX 03-5386-7393
	http://www.panrolling.com/
	E-mail　info@panrolling.com
編 集	エフ・ジー・アイ（Factory of Gnomic Three Monkey Investmant）合資会社
装 丁	新田"Linda"和子
印刷・製本	株式会社シナノ

ISBN978-4-7759-7014-0

落丁・乱丁本はお取り替えします。
また、本書の全部、または一部を複写・複製・転訳載、および磁気・光記録媒体に
入力することなどは、著作権法上の例外を除き禁じられています。

©Mitsuru FURUKAWA 2003　Printed in Japan

アレキサンダー・エルダー博士の投資レクチャー

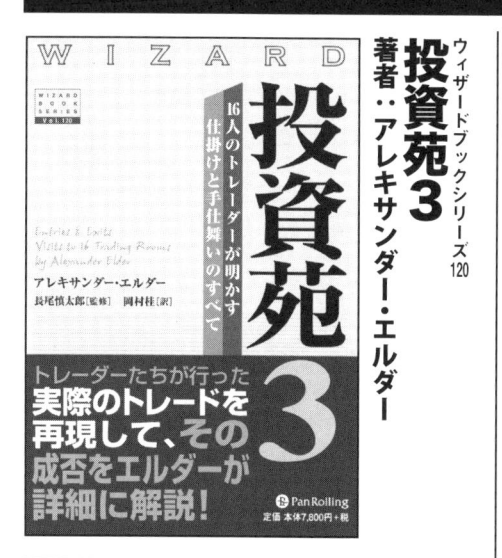

投資苑3

ウィザードブックシリーズ 120
著者：アレキサンダー・エルダー
長尾慎太郎［監修］　岡村桂［訳］

16人のトレーダーが明かす仕掛けと手仕舞いのすべて

トレーダーたちが行った実際のトレードを再現して、その成否をエルダーが詳細に解説！

定価 本体7,800円＋税　ISBN：9784775970867

【どこで仕掛け、どこで手仕舞う】
「成功しているトレーダーはどんな考えで仕掛け、なぜそこで手仕舞ったのか！」――16人のトレーダーたちの売買譜。住んでいる国も、取引する銘柄も、その手法もさまざまな16人のトレーダーが実際に行った、勝ちトレードと負けトレードの仕掛けから手仕舞いまでを実際に再現。その成否をエルダーが詳細に解説する。ベストセラー『投資苑』シリーズ、待望の第3弾！

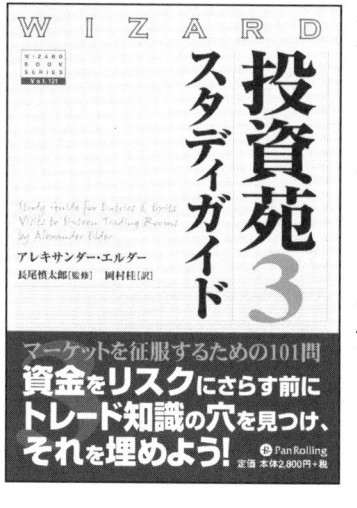

投資苑3 スタディガイド

ウィザードブックシリーズ 121
著者：アレキサンダー・エルダー
長尾慎太郎［監修］　岡村桂［訳］

マーケットを征服するための101問
資金をリスクにさらす前にトレード知識の穴を見つけ、それを埋めよう！

定価 本体2,800円＋税　ISBN：9784775970874

【マーケットを理解するための101問】
トレードで成功するために必須の条件をマスターするための『投資苑3』副読本。トレードの準備、心理、マーケット、トレード戦略、マネージメントと記録管理,とレーダーの教えといった7つの分野を、25のケーススタディを含む101問の問題でカバーする。資金をリスクにさらす前に本書に取り組み、『投資苑3』と併せて読むことでチャンスを最大限に活かすことができる。

DVD トレード成功への3つのM～心理・手法・資金管理～

講演：アレキサンダー・エルダー　　定価 本体4,800円＋税　ISBN：9784775961322

世界中で500万部超の大ベストセラーとなった『投資苑』の著者であり、実践家であるアレキサンダー・エルダー博士の来日講演の模様をあますところ無く収録。本公演に加え当日参加者の貴重な生の質問に答えた質疑応答の模様も収録。インタビュアー：林康史（はやしやすし）氏

DVD 投資苑～アレキサンダー・エルダー博士の超テクニカル分析～

講演：アレキサンダー・エルダー　　定価 本体50,000円＋税　ISBN：9784775961346

超ロングセラー『投資苑』の著者、エルダー博士のDVD登場！感情に流されないトレーディングの実践と、チャート、コンピューターを使ったテクニカル指標による優良トレードの探し方を解説、様々な分析手法の組み合わせによる強力なトレーディング・システム構築法を伝授する。

トレード基礎理論の決定版!!

投資苑

ウィザードブックシリーズ 9
著者：アレキサンダー・エルダー
定価 本体5,800円＋税　ISBN:9784939103285

【トレーダーの心技体とは？】
それは３つのM「Mind＝心理」「Method＝手法」「Money＝資金管理」であると、著者のエルダー医学博士は説く。そして「ちょうど三脚のように、どのMも欠かすことはできない」と強調する。本書は、その３つのMをバランス良く、やさしく解説したトレード基本書の決定版だ。世界13カ国で翻訳され、各国で超ロングセラーを記録し続けるトレーダーを志望する者は必読の書である。

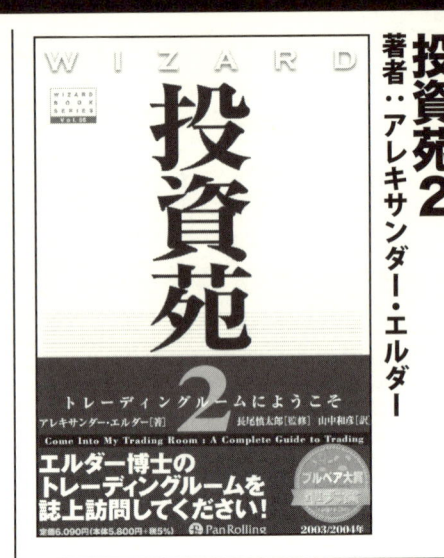

投資苑2

ウィザードブックシリーズ 56
著者：アレキサンダー・エルダー
定価 本体5,800円＋税　ISBN:9784775970171

【心技体をさらに極めるための応用書】
「優れたトレーダーになるために必要な時間と費用は？」「トレードすべき市場とその儲けは？」「トレードのルールと方法、資金の分割法は？」──『投資苑』の読者にさらに知識を広げてもらおうと、エルダー博士が自身のトレーディングルームを開放。自らの手法を惜しげもなく公開している。世界に絶賛された「３段式売買システム」の威力を堪能してほしい。

ウィザードブックシリーズ 50
投資苑がわかる203問
著者：アレキサンダー・エルダー　定価 本体2,800円＋税　ISBN:9784775970119

分かった「つもり」の知識では知恵に昇華しない。テクニカルトレーダーとしての成功に欠かせない３つのM（心理・手法・資金管理）の能力をこの問題集で鍛えよう。何回もトライし、正解率を向上させることで、トレーダーとしての成長を自覚できるはずだ。

投資苑2 Q&A
著者：アレキサンダー・エルダー　定価 本体2,800円＋税　ISBN:9784775970188

『投資苑2』は数日で読める。しかし、同書で紹介した手法や技法のツボを習得するには、実際の売買で何回も試す必要があるだろう。そこで、この問題集が役に立つ。あらかじめ洞察を深めておけば、いたずらに資金を浪費することを避けられるからだ。

バリュー株投資の真髄!!

ウィザードブックシリーズ 4
バフェットからの手紙
著者:: ローレンス・A・カニンガム

定価 本体 1,600円+税　ISBN:9784939103216

【世界が理想とする投資家のすべて】
「ラリー・カニンガムは、私たちの哲学を体系化するという素晴らしい仕事を成し遂げてくれました。本書は、これまで私について書かれたすべての本のなかで最も優れています。もし私が読むべき一冊の本を選ぶとしたら、迷うことなく本書を選びます」
——ウォーレン・バフェット

ウィザードブックシリーズ 87・88
新 賢明なる投資家
著者:: ベンジャミン・グレアム　ジェイソン・ツバイク

定価 (各) 本体 3,800円+税　ISBN:(上)9784775970492
(下)9748775970508

【割安株の見つけ方とバリュー投資を成功させる方法】
古典的名著に新たな注解が加わり、グレアムの時代を超えた英知が今日の市場に再びよみがえる！　グレアムがその「バリュー投資」哲学を明らかにした『賢明なる投資家』は、1949年に初版が出版されて以来、株式投資のバイブルとなっている。

ウィザードブックシリーズ 10
賢明なる投資家
著者：ベンジャミン・グレアム
定価 (各) 本体 3,800円+税
ISBN:9784939103292

ウォーレン・バフェットが師と仰ぎ、尊敬したベンジャミン・グレアムが残した「バリュー投資」の最高傑作！　「魅力のない二流企業株」や「割安株」の見つけ方を伝授する。

ウィザードブックシリーズ 116
麗しのバフェット銘柄
著者：メアリー・バフェット、デビッド・クラーク
定価 本体 1,800円+税
ISBN:9784775970829

なぜバフェットは世界屈指の大富豪になるまで株で成功したのか？　本書は氏のバリュー投資術「選別的逆張り法」を徹底解剖したバフェット学の「解体新書」である。

ウィザードブックシリーズ 44
証券分析【1934年版】
著者：ベンジャミン・グレアム、デビッド・L・ドッド
定価 本体 9,800円+税
ISBN:9784775970058

グレアムの名声をウォール街で不動かつ不滅なものとした一大傑作。ここで展開されている割安な株式や債券のすぐれた発掘法は、今も多くの投資家たちが実践して結果を残している。

ウィザードブックシリーズ 125
アラビアのバフェット
著者：リズ・カーン
定価 本体 1,890円+税
ISBN:9784775970928

バフェットがリスペクトする米以外で最も成功した投資家、アルワリード本の決定版！　この1冊でアルワリードのすべてがわかる！　3万ドルを230億ドルにした「伸びる企業への投資」の極意

マーケットの魔術師 ウィリアム・オニールの本と関連書

ウィザードブックシリーズ12
成長株発掘法
著者：ウィリアム・オニール

定価 本体2,800円＋税　ISBN:9784939103339

【究極のグロース株選別法】
米国屈指の大投資家ウィリアム・オニールが開発した銘柄スクリーニング法「CAN-SLIM（キャンスリム）」は、過去40年間の大成長銘柄に共通する7つの要素を頭文字でとったもの。オニールの手法を実践して成功を収めた投資家は数多く、詳細を記した本書は全米で100万部を突破した。

ウィザードブックシリーズ71
相場師養成講座
著者：ウィリアム・オニール

定価 本体2,800円＋税　ISBN:9784775970331

【進化するCAN-SLIM】
CAN-SLIMの威力を最大限に発揮させる5つの方法を伝授。00年に米国でネットバブルが崩壊したとき、オニールの手法は投資家の支持を失うどころか、逆に人気を高めた。その理由は全米投資家協会が「98～03年にCAN-SLIMが最も優れた成績を残した」と発表したことからも明らかだ。

ウィザードブックシリーズ93
オニールの空売り練習帖
著者：ウィリアム・オニール、ギル・モラレス
定価 本体2,800円＋税　ISBN:9784775970577

氏いわく「売る能力もなく買うのは、攻撃だけで防御がないフットボールチームのようなものだ」。指値の設定からタイミングの決定まで、効果的な空売り戦略を明快にアドバイス。

DVDブック
大化けする成長株を発掘する方法
著者：鈴木一之　定価 本体3,800円＋税
DVD1枚 83分収録　ISBN:9784775961285

今も世界中の投資家から絶大な支持を得ているウィリアム・オニールの魅力を日本を代表する株式アナリストが紹介。日本株のスクリーニングにどう当てはめるかについても言及する。

ウィザードブックシリーズ19
マーケットの魔術師
著者：ジャック・D・シュワッガー
定価 本体2,800円＋税
ISBN:9784939103407

オーディオブックも絶賛発売中!!

トレーダー・投資家は、そのとき、その成長過程で、さまざまな悩みや問題意識を抱えているもの。本書はその答えの糸口を「常に」提示してくれる「トレーダーのバイブル」だ。

ウィザードブックシリーズ49
私は株で200万ドル儲けた
著者：ニコラス・ダーバス　訳者：長尾慎太郎、飯田恒夫
定価 本体2,200円＋税　ISBN:9784775970102

1960年の初版は、わずか8週間で20万部が売れたという伝説の書。絶望の淵に落とされた個人投資家が最終的に大成功を収めたのは、不屈の闘志と「ボックス理論」にあった。

マーケットの魔術師シリーズ

ウィザードブックシリーズ 19
マーケットの魔術師
著者：ジャック・D・シュワッガー
定価 本体2,800円＋税　ISBN:9784939103407

【いつ読んでも発見がある】
トレーダー・投資家は、そのとき、その成長過程で、さまざまな悩みや問題意識を抱えているもの。本書はその答えの糸口を「常に」提示してくれる「トレーダーのバイブル」だ。「本書を読まずして、投資をすることなかれ」とは世界的トレーダーたちが口をそろえて言う「投資業界の常識」だ！

ウィザードブックシリーズ 13
新マーケットの魔術師
著者：ジャック・D・シュワッガー
定価 本体2,800円＋税　ISBN:9784939103346

【世にこれほどすごいヤツらがいるのか!!】
株式、先物、為替、オプション、それぞれの市場で勝ち続けている魔術師たちが、成功の秘訣を語る。またトレード・投資の本質である「心理」をはじめ、勝者の条件について鋭い分析がなされている。関心のあるトレーダー・投資家から読み始めてかまわない。自分のスタイルづくりに役立ててほしい。

ウィザードブックシリーズ 14
マーケットの魔術師
株式編《増補版》
著者：ジャック・D・シュワッガー
定価 本体2,800円＋税　ISBN:9784775970232

投資家待望のシリーズ第三弾、フォローアップインタビューを加えて新登場!!　90年代の米株の上げ相場でとてつもないリターンをたたき出した新世代の「魔術師＝ウィザード」たち。彼らは、その後の下落局面でも、その称号にふさわしい成果を残しているのだろうか？

◎アート・コリンズ著 マーケットの魔術師シリーズ

ウィザードブックシリーズ 90
マーケットの魔術師
システムトレーダー編
著者：アート・コリンズ
定価 本体2,800円＋税　ISBN:9784775970522

システムトレードで市場に勝っている職人たちが明かす機械的売買のすべて。相場分析から発見した優位性を最大限に発揮するため、どのようなシステムを構築しているのだろうか？ 14人の傑出したトレーダーたちから、システムトレードに対する正しい姿勢を学ぼう！

ウィザードブックシリーズ 111
マーケットの魔術師 大損失編
著者：アート・コリンズ
定価 本体2,800円＋税　ISBN:9784775970775

スーパートレーダーたちはいかにして危機を脱したか？　局地的な損失はトレーダーならだれでも経験する不可避なもの。また人間のすることである以上、ミスはつきものだ。35人のスーパートレーダーたちは、窮地に立ったときどのように取り組み、対処したのだろうか？

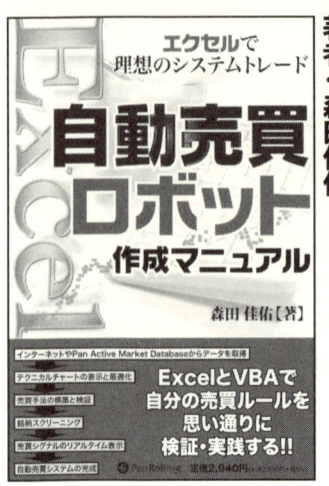

トレーディングシステムで機械的売買!!

自動売買ロボット作成マニュアル
エクセルで理想のシステムトレード
著者：森田佳佑

定価 本体 2,800円＋税　ISBN:9784775990391

【パソコンのエクセルでシステム売買】
エクセルには「VBA」というプログラミング言語が搭載されている。さまざまな作業を自動化したり、ソフトウェア自体に機能を追加したりできる強力なツールだ。このVBAを活用してデータ取得やチャート描画、戦略設計、検証、売買シグナルを自動化してしまおう、というのが本書の方針である。

売買システム入門
ウィザードブックシリーズ11
著者：トゥーシャー・シャンデ

定価 本体 7,800円＋税　ISBN:9784939103315

【システム構築の基本的流れが分かる】
世界的に高名なシステム開発者であるトゥーシャー・シャンデ博士が「現実的」な売買システムを構築するための有効なアプローチを的確に指南。システムの検証方法、資金管理、陥りやすい問題点と対処法を具体的に解説する。基本概念から実際の運用まで網羅したシステム売買の教科書。

現代の錬金術師シリーズ
自動売買ロボット作成マニュアル初級編
エクセルでシステムトレードの第一歩
著者：森田佳佑
定価 本体 2,000円＋税　ISBN:9784775990513

操作手順と確認問題を収録したCD-ROM付き。エクセル超初心者の投資家でも、売買システムの構築に有効なエクセルの操作方法と自動処理の方法がよく分かる!!

トレードステーション入門
やさしい売買プログラミング
著者：西村貴裕
定価 本体 2,800円＋税　ISBN:9784775990452

売買ソフトの定番「トレードステーション」。のプログラミング言語の基本と可能性を紹介。チャート分析も売買戦略のデータ検証・最適化も売買シグナル表示もできるようになる！

ウィザードブックシリーズ54
究極のトレーディングガイド
全米一の投資システム分析家が明かす「儲かるシステム」
著者：ジョン・R・ヒル／ジョージ・プルート／ランディ・ヒル
定価 本体 4,800円＋税　ISBN:9784775970157

売買システム分析の大家が、エリオット波動、値動きの各種パターン、資金管理といった、曖昧になりがちな理論を適切なルールで表現し、安定した売買システムにする方法を大公開！

ウィザードブックシリーズ42
トレーディングシステム入門
仕掛ける前が勝負の分かれ目
著者：トーマス・ストリズマン
定価 本体 5,800円＋税　ISBN:9784775970034

売買タイミングと資金管理の融合を売買システムで実現。システムを発展させるために有効な運用成績の評価ポイントと工夫のコツが惜しみなく著された画期的な書！

心の鍛錬はトレード成功への大きなカギ！

ウィザードブックシリーズ 32
ゾーン 相場心理学入門
著者：マーク・ダグラス

定価 本体2,800円＋税　ISBN:9784939103575

【己を知れば百戦危うからず】
恐怖心ゼロ、悩みゼロで、結果は気にせず、淡々と直感的に行動し、反応し、ただその瞬間に「するだけ」の境地、つまり「ゾーン」に達した者こそが勝つ投資家になる！　さて、その方法とは？　世界中のトレード業界で一大センセーションを巻き起こした相場心理の名作が究極の相場心理を伝授する！

ウィザードブックシリーズ 114
規律とトレーダー 相場心理分析入門
著者：マーク・ダグラス

定価 本体2,800円＋税　ISBN:9784775970805

【トレーダーとしての成功に不可欠】
「仏作って魂入れず」――どんなに努力して素晴らしい売買戦略をつくり上げても、心のあり方が「なっていなければ」成功は難しいだろう。つまり、心の世界をコントロールできるトレーダーこそ、相場の世界で勝者となれるのだ！　『ゾーン』愛読者の熱心なリクエストにお応えして急遽刊行！

ウィザードブックシリーズ 107
トレーダーの心理学
トレーディングコーチが伝授する達人への道
著者：アリ・キエフ
定価 本体2,800円＋税　ISBN:9784775970737

高名な心理学者でもあるアリ・キエフ博士がトップトレーダーの心理的な法則と戦略を検証。トレーダーが自らの潜在能力を引き出し、目標を達成させるアプローチを紹介する。

ウィザードブックシリーズ 124
NLPトレーディング
投資心理を鍛える究極トレーニング
著者：エイドリアン・ラリス・トグライ
定価 本体3,200円＋税　ISBN:9784775970904

NLPは「神経言語プログラミング」の略。この最先端の心理学を利用して勝者の思考術をモデル化し、トレーダーとして成功を極めるために必要な「自己管理能力」を高めようというのが本書の趣旨である。

ウィザードブックシリーズ 126
トレーダーの精神分析
自分を理解し、自分だけのエッジを見つけた者だけが成功できる
著者：ブレット・N・スティーンバーガー
定価 本体2,800円＋税　ISBN:9784775970911

トレードとはパフォーマンスを競うスポーツのようなものである。トレーダーは自分の強み（エッジ）を見つけ、生かさなければならない。そのために求められるのが「強靭な精神力」なのだ。

相場で負けたときに読む本 〜真理編〜
著者：山口祐介
定価 本体1,500円＋税　ISBN:9784775990469

なぜ勝者は「負けても」勝っているのか？　なぜ敗者は「勝っても」負けているのか？　10年以上勝ち続けてきた現役トレーダーが相場の"真理"を詩的に表現。

※投資心理といえば『投資苑』も必見!!

日本のウィザードが語る株式トレードの奥義

生涯現役の株式トレード技術
著者：優利加
定価 本体 2,800円＋税　ISBN:9784775990285

【ブルベア大賞2006-2007受賞!!】
生涯現役で有終の美を飾りたいと思うのであれば「自分の不動の型＝決まりごと」を作る必要がある。本書では、その「型」を具体化した「戦略＝銘柄の選び方」「戦術＝仕掛け・手仕舞いの型」「戦闘法＝建玉の仕方」をどのようにして決定するか、著者の経験に基づいて詳細に解説されている。

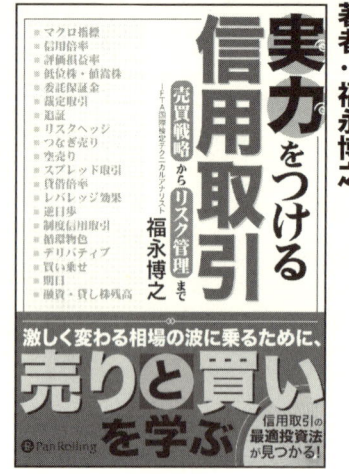

実力をつける信用取引　売買戦略からリスク管理まで
著者：福永博之
定価 本体 2,800円＋税　ISBN:9784775990445

【転ばぬ先の杖】
「あなたがビギナーから脱皮したいと考えている投資家なら、信用取引を上手く活用できるようになるべきでしょう」と、筆者は語る。投資手法の選択肢が広がるので、投資で勝つ確率が高くなるからだ。「正しい考え方」から「具体的テクニック」までが紹介された信用取引の実践に最適な参考書だ。

生涯現役の株式トレード技術【生涯現役のための海図編】
著者：優利加
定価 本体 5,800円＋税　ISBN:9784775990612

数パーセントから5％（多くても10％ぐらい）の利益を、1週間から2週間以内に着実に取りながら"生涯現役"を貫き通す。そのためにすべきこと、決まっていますか？　そのためにすべきこと、わかりますか？

DVD 生涯現役のトレード技術【銘柄選択の型と検証法編】
講師：優利加　定価 本体 3,800円＋税
DVD1枚 95分収録　ISBN:9784775961582

ベストセラーの著者による、その要点確認とフォローアップを目的にしたセミナー。激変する相場環境に振り回されずに、生涯現役で生き残るにはどうすればよいのか？

DVD 生涯現役の株式トレード技術　実践編
講師：優利加　定価 本体 38,000円＋税
DVD2枚組 356分収録　ISBN:9784775961421

著書では明かせなかった具体的な技術を大公開。4つの利（天、地、時、人）を活用した「相場の見方の型」と「スイングトレードのやり方の型」とは？　その全貌が明らかになる!!

DVD 生涯現役の株式トレード技術【海図編】
著者：優利加　定価 本体 4,800円＋税
DVD1枚 56分収録　ISBN:9784775962374

多くの銘柄で長期間に渡り検証された、高い確率で勝てる、理に適った「型」を決め、更に、それを淡々と実行する決断力とそのやり方を継続する一貫性が必要なのである。

トレード業界に旋風を巻き起こしたウィザードブックシリーズ!!

ウィザードブックシリーズ1
魔術師リンダ・ラリーの短期売買入門
著者：リンダ・ブラッドフォード・ラシュキ

定価 本体 28,000円＋税　ISBN:9784939103032

【米国で短期売買のバイブルと絶賛】
日本初の実践的短期売買書として大きな話題を呼んだプロ必携の書。順バリ（トレンドフォロー）派の多くが悩まされる仕掛け時の「ダマシ」を逆手に取った手法（タートル・スープ戦略）をはじめ、システム化の困難な多くのパターンが、具体的な売買タイミングと併せて詳細に解説されている。

ウィザードブックシリーズ2
ラリー・ウィリアムズの短期売買法
著者：ラリー・ウィリアムズ

定価 本体 9,800円＋税　ISBN:9784939103063

【トレードの大先達に学ぶ】
短期売買で安定的な収益を維持するために有効な普遍的な基礎が満載された画期的な書。著者のラリー・ウィリアムズは30年を超えるトレード経験を持ち、多くの個人トレーダーを自立へと導いてきたカリスマ。事実、本書に散りばめられたヒントを糧に成長したと語るトレーダーは多い。

ウィザードブックシリーズ 51・52
バーンスタインのデイトレード【入門・実践】
著者：ジェイク・バーンスタイン　定価（各）本体7,800円＋税
ISBN:（各）9784775970126　9784775970133

「デイトレードでの成功に必要な資質が自分に備わっているのか？」「デイトレーダーとして人生を切り開くため、どうすべきか？」——本書はそうした疑問に答えてくれるだろう。

ウィザードブックシリーズ 130
バーンスタインのトレーダー入門
著者：ジェイク・バーンスタイン
定価 本体 5,800円＋税
ISBN:9784775970966

ヘッジファンドマネジャー、プロのトレーダー、マネーマネジャーが公表してほしくなかった秘訣が満載！　30日間で経済的に自立したトレーダーになる！

ウィザードブックシリーズ 53
ターナーの短期売買入門
著者：トニ・ターナー
定価 本体 2,800円＋税
ISBN:9784775970140

「短期売買って何？」という方におススメの入門書。明確なアドバイス、参考になるチャートが満載されており、分かりやすい説明で短期売買の長所と短所がよく理解できる。

ウィザードブックシリーズ 37
ゲイリー・スミスの短期売買入門
著者：ゲイリー・スミス
定価 本体 2,800円＋税
ISBN:9784939103643

20年間、大勝ちできなかった「並以下」の個人トレーダーが15年間、勝ち続ける「100万ドル」トレーダーへと変身した理由とは？　個人トレーダーに知識と勇気をもたらす良書。

相場のプロたちからも高い評価を受ける矢口新の本！

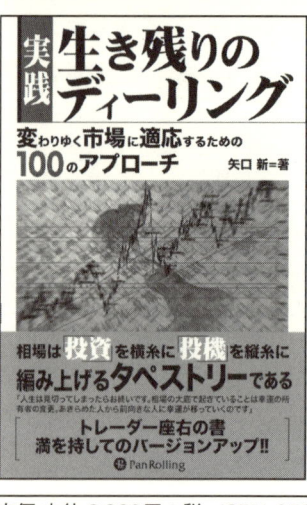

実践 生き残りのディーリング
著者：矢口新
定価 本体2,800円＋税　ISBN:9784775990490

【相場とは何かを追求した哲学書】
今回の『実践 生き残りのディーリング』は「株式についても具体的に言及してほしい」という多くの個人投資家たちの声が取り入れられた「最新版」。プロだけでなく、これから投資を始めようという投資家にとっても、自分自身の投資スタンスを見つめるよい機会となるだろう。

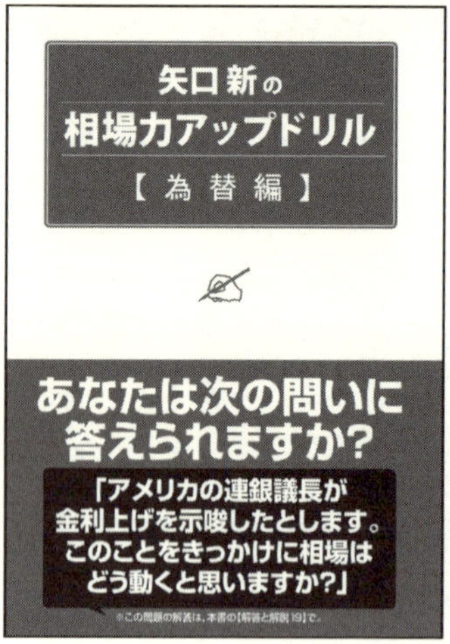

矢口新の相場力アップドリル【為替編】
著者：矢口新
定価 本体1,500円＋税　ISBN:9784775990124

相場を動かす2つの要因、実需と仮需について徹底的に解説!!
「アメリカの連銀議長が金利上げを示唆したとします。このことをきっかけに相場はどう動くと思いますか？　さぁ、あなたの答えは？」──この質問に答えられるかで、その人の相場に関する基礎的な理解が分かる。本書を読み込んで相場力をUPさせよう。

矢口新のトレードセンス養成ドリル
著者：矢口新
定価 本体1,500円＋税　ISBN:9784775990643

インターネットの本屋さん「マネーのまぐまぐ」に連載中の問題に、本書の核になる「TPAの視点」からという本書ならではの解説を追加編集。「価格変動の本質とは何か」や「価格の動きがもっとも大切なこと」など、さまざまな問題を解きながら、トレードセンスを向上させるための"ドリル"です。

矢口新の相場力アップドリル［株式編］
著者：矢口新
定価 本体1,800円＋税　ISBN:9784775990131

相場の仕組みを明確に理解するうえで最も大事な「実需と仮需」。この株価変動の本質を54の設問を通して徹底的に理解する。本書で得た知識は、自分で材料を判断し、相場観を組み立て、実際に売買するときに役立つだろう。

オーディオブック 生き残りのディーリング決定版
著者：矢口新
定価 CD・DL版 2,800円＋税　収録時間約510分
ISBN:9784775929056

―投資で生活したい人への100のアドバイス―
相場で生き残るための100の知恵。通勤電車が日々の投資活動を振り返る絶好の空間となる。

心構えから具体例まで充実のオプション実践書

最新版 オプション売買の実践
著者:増田丞美

定価 本体 5,800円+税　ISBN:9784775990278

【プロが実際のトレードでポイントを解説】
瞬く間に実践者のバイブルとなった初版を最新のデータで改訂。すべてのノウハウが実例を基に説明されており、実践のコツが分かりやすくまとめられている。「チャートギャラリープロ」試用版CD-ROM付き。

最新版 オプション売買入門
著者:増田丞美

定価 本体 4,800円+税　ISBN:9784775990261

【オプション売買は難しくない】
世界的なオプショントレーダーである著者が、実践に役立つ基礎知識、ノウハウ、リスク管理法をやさしく伝授。小難しい理論よりも「投資家」にとって大切な知識は別にあることを本書は明確に教えてくれる。

オプション売買学習ノート
頭を使って覚えるオプションの基礎知識 & 戦略

著者:増田丞美　定価 本体 2,800円+税
ISBN:9784775990384

「より勉強しやすいカタチ」を求めて生まれたオプション書初の参考書&問題集。身に付けた知識を実践で応用が利く知恵へと発展させる効率的な手段として本書を活用してほしい。

オプション売買の実践　＜日経225編＞

著者:増田丞美
定価 本体 5,800円+税　ISBN:9784775990377

日本最大のオプション市場である日経225オプション向きの売買戦略、そしてプロたちの手口を大公開。225市場の特色に即したアドバイス、勝ち残るための知恵が収められている。

オプション倶楽部の投資法

著者:増田丞美
定価 本体 19,800円+税　ISBN:9784775990308

増田丞美氏がスーパーバイザーを務める「オプション倶楽部」が会員だけに公開していた実際の取引を分かりやすく解説。オプション売買の"真髄"的な内容が満載された究極の書。

プロが教えるオプション売買の実践

著者:増田丞美
定価 2,800円+税　ISBN:9784775990414

オプション取引が「誤解」されやすいのは株式投資や先物取引とは質もルールも全く異なる「ゲーム」であると認識されていないから。ゲームが異なれば優位性も異なるのだ。

資産運用としての オプション取引入門 （DVDブック）

著者:増田丞美　定価 本体 2,800円+税
DVD1枚 122分収録　ISBN:9784775961384

まずはDVDを一通り見てみよう。そしてテキストで学んだことを復習してほしい。投資家として知っておきたいオプションの本質と優位性が、初心者にも着実に理解できるだろう。

サヤ取りは世界三大利殖のひとつ！

為替サヤ取り入門
著者：小澤政太郎

定価 本体 2,800円＋税　ISBN:9784775990360

【為替で一挙両得のサヤ取り】
「FXキャリーヘッジトレード」とは外国為替レートの相関関係を利用して「スワップ金利差」だけでなく「レートのサヤ」も狙っていく「低リスク」の売買法だ!!　本書はその対象レートを選択する方法、具体的な仕掛けと仕切りのタイミング、リスク管理の重要性について解説している。

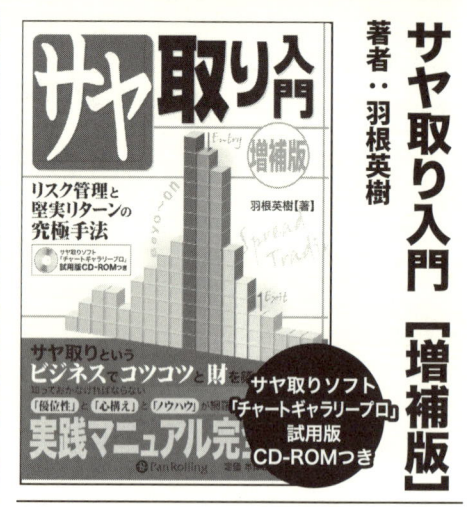

サヤ取り入門【増補版】
著者：羽根英樹

定価 本体 2,800円＋税　ISBN:9784775990483

あのロングセラーが増補版となってリニューアル!! 売りと買いを同時に仕掛ける「サヤ取り」。世界三大利殖のひとつ（他にサヤすべり取り・オプションの売り）と言われるほど独特の優位性があり、ヘッジファンドがごく普通に用いている手法だ。本書を読破した読者は、売買を何十回と重ねていくうちに、自分の得意技を身につけているはずだ。

マンガ サヤ取り入門の入門
著者：羽根英樹、高橋達央
定価 本体 1,800円＋税
ISBN:9784775930069
サヤグラフを表示できる「チャートギャラリープロ」試用版CD-ROMつき

個人投資家でも実行可能なサヤ取りのパターンを全くの初心者でも分かるようにマンガでやさしく解説。実践に必要な売買のコツや商品先物の基礎知識を楽しみながら学べる。

マンガ オプション売買入門の入門
著者：増田丞美，小川集
定価 本体 2,800円＋税　ISBN:9784775930076

オプションの実践的基礎知識だけでなく「いかにその知識を活用して利益にするか？」を目的にマンガで分かりやすく解説。そのためマンガと侮れない、かなり濃い内容となっている。

マンガ オプション売買入門の入門2 [実践編]
著者：増田丞美，小川集
定価 本体 2,800円＋税　ISBN:9784775930328

マンガとしては異例のベストセラーとなった『入門の入門』の第2弾。基礎知識の理解を前提に、LEAPS、NOPS、日経225オプションなどの売買のコツが簡潔にまとめられている。

実践的ペアトレーディングの理論
著者：ガナパシ・ビディヤマーヒー
定価 本体 5,800円＋税　ISBN:9784775970768

変動の激しい株式市場でも安定したパフォーマンスを目指す方法として、多くのヘッジファンドマネジャーが採用している統計的サヤ取り「ペアトレーディング」の奥義を紹介。

Audio Book

Pan Rolling オーディオブックシリーズ

売り上げ1位
相場で負けたときに読む本 真理編・実践編
山口祐介　パンローリング
[真] 約160分 [実] 約200分
各 1,575円（税込）

負けたトレーダー破滅するのではない。負けたときの対応の悪いトレーダーが破滅するのだ。敗者は何故負けてしまうのか。勝者はどうして勝てるのか。10年以上勝ち続けてきた現役トレーダーが相場の"真理"を詩的に紹介。

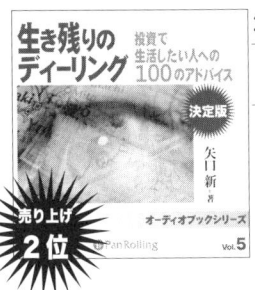

売り上げ2位
生き残りのディーリング
矢口新　パンローリング
約510分　2,940円（税込）

——投資で生活したい人への100のアドバイス
現役ディーラーの座右の書として、多くのディーリングルームに置かれている名著を全面的に見直しし、個人投資家にもわかりやすい工夫をほどこして、新版として登場！現役ディーラーの座右の書。

その他の売れ筋

マーケットの魔術師
ジャック・D・シュワッガー
パンローリング　約1075分
各章 2,800円（税込）

——米トップトレーダーが語る成功の秘訣
世界中から絶賛されたあの名著がオーディオブックで登場！

マーケットの魔術師 大損失編
アート・コリンズ，鈴木敏昭
パンローリング　約610分
DL版 5,040円（税込）
CD-R版 6,090円（税込）

「一体、どうしたらいいんだ」と、夜眠れぬ経験や神頼みをしたことのあるすべての人にとって必読書である！

規律とトレーダー
マーク・ダグラス，関本博英
パンローリング　約440分
DL版 3,990円（税込）
CD-R版 5,040円（税込）

常識を捨てろ！
手法や戦略よりも規律と心を磨け！
ロングセラー『ゾーン』の著者の名著がついにオーディオ化!!

NLPトレーディング
エイドリアン・ラリス・トグライ
パンローリング約590分
DL版 3,990円（税込）
CD-R版 5,040円（税込）

トレーダーとして成功を極めるため必要なもの……それは「自己管理能力」である。

私はこうして投資を学んだ
増田丞美
パンローリング　約450分
DL版 3,990円（税込）
CD-R版 5,040円（税込）

10年後に読んでも20年後に読んでも色褪せることのない一生使える内容です。実際に投資で利益を上げている著者が現在、実際に利益を上げている考え方&手法を大胆にも公開！

マーケットの魔術師 ～日出る国の勝者たち～ Vo.01
塩坂洋一，清水昭男
パンローリング　約100分
DL版 840円（税込）
CD-R版 1,260円（税込）

勝ち組のディーリング
トレード選手権で優勝し、国内外の相場たちとの交流を経て、プロの投機家として活躍している塩坂氏。「商品市場の勝ちパターン、個人投資家の強み、必要な分だけ勝つ」こととは！？

マーケットの魔術師～日出る国の勝者たち～

- **Vo.02** FX戦略：キャリートレード次に来るもの／松田哲, 清水昭男
- **Vo.03** 理論の具体化と執行の完璧さで、最高のパフォーマンスを築け!!!!／西村貴郁, 清水昭男
- **Vo.04** 新興国市場——残された投資の王道／石田和靖, 清水昭男
- **Vo.05** 投資の多様化で安定収益『銀座ロジックの投資術』／浅川夏樹, 清水昭男
- **Vo.06** ヘッジファンドの奥の手拝見　その実態と戦略／青木俊郎, 清水昭男
- **Vo.07** FX取引の確実性を摑み取れ／スワップ収益のインテリジェンス／空ę́人, 清水昭男
- **Vo.08** 裁量からシステムへ、ニュアンスから数値化へ／山口祐介, 清水昭男
- **Vo.09** ポジション・ニュートラルから紡ぎだす日々の確実収益術／徳山秀樹, 清水昭男
- **Vo.10** 拡大路線と政権の安定 — タイ投資の絶妙タイミング／阿部俊之, 清水昭男
- **Vo.11** 成熟市場の投資戦略 — シクリカルで稼ぐ日本株の極意／鈴木一之, 清水昭男
- **Vo.12** バリュー株の収束相場をモノにする！／角山智, 清水昭男
- **Vo.13** 大富豪への王道の第一歩：でっかく儲ける資産形成＝新興市場＋資源株／上中康司, 清水昭男
- **Vo.14** シンプルシステムの成功ロジック：検証実績とトレードの一貫性で可能になる安定収益／斉藤正章, 清水昭男
- **Vo.15** 自立した投資家（相場の）未来を読む／福永博之, 清水昭男
- **Vo.16** IT時代だから占星術／山中康司, 清水昭男

Audio Book

満員電車でも聞ける！オーディオブックシリーズ

本を読みたいけど時間がない。
効率的かつ気軽に勉強をしたい。
そんなあなたのための耳で聞く本。
それがオーディオブック!!

パソコンをお持ちの方はWindows Media Player、iTunes、Realplayerで簡単に聴取できます。また、iPodなどのMP3プレーヤーでも聴取可能です。

オーディオブックシリーズ12
規律とトレーダー
相場心理分析入門
著者：マーク・ダグラス

定価 本体 3,800円+税（ダウンロード価格）
MP3 約440分 16ファイル 倍速版付き

ある程度の知識と技量を身に着けたトレーダーにとって、能力を最大限に発揮するため重要なもの。それが「精神力」だ。相場心理学の名著を「瞑想」しながら熟読してほしい。

オーディオブックシリーズ11
バフェットからの手紙
バフェット本の決定版！
著者：L・A・カニンガム

定価 本体 4,800円+税（ダウンロード価格）
MP3 約707分 26ファイル 倍速版付き

バフェット「直筆」の株主向け年次報告書を分析。世界的大投資家の哲学を知る。オーディオブックだから通勤・通学中でもジムで運動していても「読む」ことが可能だ!!

オーディオブックシリーズ13
賢明なる投資家

市場低迷の時期こそ、威力を発揮する「バリュー投資のバイブル」日本未訳で「幻」だった古典的名著がついに翻訳

オーディオブックシリーズ25
NLPトレーディング

最先端の心理学　神経言語プログラミング
(Neuro-Linguistic Programming)が勝者の思考術を養う！

オーディオブックシリーズ5
生き残りのディーリング決定版

相場で生き残るための100の知恵。通勤電車が日々の投資活動を振り返る絶好の空間となる。

オーディオブックシリーズ8
相場で負けたときに読む本〜真理編〜

敗者が「敗者」になり、勝者が「勝者」になるのは必然的な理由がある。相場の"真理"を詩的に紹介。

ダウンロードで手軽に購入できます!!

パンローリングHP
（「パン発行書籍・DVD」のページをご覧ください）
http://www.panrolling.com/

電子書籍サイト「でじじ」
http://www.digigi.jp/

■CDでも販売しております。詳しくは上記HPで──

Chart Gallery 4.0 for Windows

パンローリング相場アプリケーション
チャートギャラリー
Established Methods for Every Speculation

成績検証機能が加わって新発売！

最強の投資環境

検索条件の成績検証機能 [New] [Expert]

指定した検索条件で売買した場合にどれくらいの利益が上がるか、全銘柄に対して成績を検証します。検索条件をそのまま検証できるので、よい売買法を思い付いたらその場でテスト、機能するものはそのまま毎日検索、というように作業にむだがありません。

表計算ソフトや面倒なプログラミングは不要です。マウスと数字キーだけであなただけの売買システムを作れます。利益額や合計だけでなく、最大引かされ幅や損益曲線なども表示するので、アイデアが長い間安定して使えそうかを見積もれます。

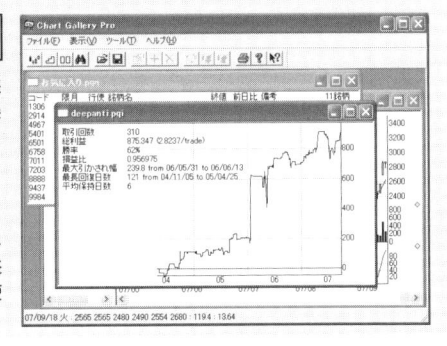

チャートギャラリープロに成績検証機能が加わって、無敵の投資環境がついに誕生!!
投資専門書の出版社として8年、数多くの売買法に触れてきた成果が凝縮されました。
いつ仕掛け、いつ手仕舞うべきかを客観的に評価し、きれいで速いチャート表示があなたのアイデアを形にします。

●価格（税込）
チャートギャラリー 4.0
エキスパート **147,000 円** ／ プロ **84,000 円** ／ スタンダード **29,400 円**

●アップグレード価格（税込）
以前のチャートギャラリーをお持ちのお客様は、ご優待価格で最新版へ切り替えられます。
お持ちの製品がご不明なお客様はご遠慮なくお問い合わせください。

プロ2、プロ3、プロ4からエキスパート4へ	105,000 円
2、3からエキスパート4へ	126,000 円
プロ2、プロ3からプロ4へ	42,000 円
2、3からプロ4へ	63,000 円
2、3からスタンダード4へ	10,500 円

がんばる投資家の強い味方　Traders Shop

http://www.tradersshop.com/

24時間オープンの投資家専門店です。

パンローリングの通信販売サイト「**トレーダーズショップ**」は、個人投資家のためのお役立ちサイト。書籍やビデオ、道具、セミナーなど、投資に役立つものがなんでも揃うコンビニエンスストアです。

他店では、入手困難な商品が手に入ります!!

- ●投資セミナー
- ●一目均衡表 原書
- ●相場ソフトウェア
  チャートギャラリーなど多数
- ●相場予測レポート
  フォーキャストなど多数
- ●セミナーDVD
- ●オーディオブック

ここでしか入手できないモノがある。

さあ、成功のためにがんばる投資家は
いますぐアクセスしよう！

トレーダーズショップ 無料 メールマガジン

●無料メールマガジン登録画面

トレーダーズショップをご利用いただいた皆様に、**お得なプレゼント**、今後の**新刊情報**、著者の方々が書かれた**コラム**、**人気ランキング**、ソフトウェアのバージョンアップ情報、そのほか投資に関するちょっとした情報などを定期的にお届けしています。

まずはこちらの
「**無料メールマガジン**」
からご登録ください！
または info@tradersshop.com まで。

パンローリング株式会社
お問い合わせは

〒160-0023 東京都新宿区西新宿7-9-18-6F
Tel：03-5386-7391 Fax：03-5386-7393
http://www.panrolling.com/
E-Mail info@panrolling.com

携帯版